Den beiden Vorkämpfern
des Naturschutzes,
Otto Kraus und Anton Micheler,
zum Gedächtnis

Alfred Ringler

Gefährdete Landschaft

Lebensräume auf der Roten Liste

Eine Dokumentation in Bildvergleichen

BLV Verlagsgesellschaft
München Wien Zürich

Zum Bildpaar S. 2
Bevor sich das Buch dem Schicksal einzelner Lebensräume zuwendet, lenkt es den Blick auf den Wandel der gesamten Landschaftsstruktur. Auftaktbeispiel ist das Schwillachtal bei Taing im Isen-Sempt-Hügelland östlich von München.

1939 (oberes Bild) gingen die vom Wiesen-Kerbel *(Anthriscus sylvestris)* beherrschten Hangwiesen fast unmerklich in die Talfeuchtwiesen mit viel Wiesen-Knöterich *(Polygonum bistorta)* über. Brachvögel und Wachtelkönige brüteten darin. Den weiten Talgrund durchzog ein Strang Niedermoorstreuwiesen entlang eines Quellbaches (Hintergrund). Birkenreihen und Einzelgehölze waren Sitzwarten für den Raubwürger und den Baumpieper. Hochstauden und Brachstreifen an den Gräben waren für das Braunkehlchen wichtig.

1984 ist die Szenerie nur noch an der fernen Hügelkette mit dem Einzelgehöft wiedererkennbar. Das feuchte, stark differenzierte Dauergrünland des moorigen Talgrundes ist großenteils umgebrochen und besser entwässert. Der Humusschwund des Niedermoortorfs wird dadurch beschleunigt. Von den artenreichen Extensivfeuchtwiesen ist nichts mehr erhalten. Das Bild dokumentiert aber auch die Gehölzausräumung. Alle hier 1939 und noch in den 50er Jahren beobachteten selteneren Vogelarten sind längst verschwunden.

Satz und Druck: Appl, Wemding
Buchbinder: Conzella, Urban Meister, München

Printed in Germany · ISBN 3-405-13256-8

CIP-Kurztitelaufnahme der Deutschen Bibliothek

Ringler, Alfred:
Gefährdete Landschaft: Lebensräume auf d. roten Liste; e. Dokumentation in Bildvergleichen / Alfred Ringler. - München; Wien; Zürich: BLV Verlagsgesellschaft, 1987.
ISBN 3-405-13256-8

Bildnachweis

Aletsee, L.: 72
Angermayer, T.: 68
Averhoff, R./G. Janssen: 93 o
Bellmann, H.: 128 u
Dittrich, B.: 115
Eisenreich, W.: 6
Gebhard, I.: 120 u
Geiser, R.: 17 or
Janssen, G.: 93 u
Kraus, O.: 14, 80, 105 o, 158
Limbrunner, A.: 48, 63, 153
Micheler, A.: 26, 32, 40, 42, 59 o, 64, 118 o, 132, 164
Milbradt, J.: 37, 146, 147, 181 o
Murböck, T.: 38
Pforr, M.: 44, 76, 99 o, 100, 101, 135, 152, 154
Pott, E.: 20, 83
Pretscher, P.: 87
Quedens, G.: 23, 110, 113
Reinhard, H.: 13, 90, 99 u, 106, 129, 130, 140, 168
Schedler, J.: 124, 125
Schmelzenbach, M.: 30, 116
Schmidt, H.: 127, 128 o
Schumacher, W.: 139
Synatzschke, G.: 71
Weiss, H.: 119, 150, 151
Woike, M.: 24, 25
Wothe, K.: 99 M
Wunderlin, S.: 84, 144
Zschr. d. D. u. Ö. Alpen-Vereins 1914: 120 o
Zilker, G.: 62, 178
Alle anderen Fotos stammen vom Autor

Grafiken: G. Blachnik, S. Bundscherer, B. von Damnitz, A. Füllgraf, I. Gebhard, S. Germer, M. Langer, E. Müller, M.-L. Rommel, S. Schmucker, D. Singer, B. Winkler, A. Wohlmacher, K. Zellinger

Umschlagfotos: vorn: P. Pretscher, hinten: A. Ringler

Vorwort

In mehreren, sich immer mehr steigernden Wellen gestaltete der Mensch seit einem Jahrhundert die Kulturlandschaft in nie dagewesenem Maße um. Dieser unerhörte Landschaftswandel erreichte aber erst nach 1950 auch den »hintersten« Winkel. Die breite Öffentlichkeit registriert nur einen Teil dieser Veränderungen, nämlich die medienwirksamen Großeingriffe wie z.B. Autobahn-, Kanal-, Kraftwerks- und Pistenprojekte. In ihrer Summenwirkung eher noch schwerwiegender sind aber die wenig beachteten permanenten Einwirkungen auf die freie Natur: Wer macht Aufhebens vom Einsickern überschüssiger Düngestoffe in ein Feuchtbiotop, vom langsamen Absinken des Grundwasserstandes, vom Einpflügen eines Ackerraines oder der Umwandlung eines Moorrestes in ein Maisfeld?
Dieses Buch versucht, eine erste Zwischenbilanz der Landschaftsveränderungen seit dem letzten Weltkrieg unter besonderer Berücksichtigung der naturnahen Lebensräume zu ziehen, die in ganz Mitteleuropa beschleunigt ablaufen.
Gerüst des Buches sind Bildpaare vom gleichen Standpunkt im Abstand von 3–50 Jahren aufgenommen. Seit 1983 begleiten Körbe voller Dias und Alben mit älteren Landschaftsfotos fast jede Fahrt des Verfassers. Mehrmalige Anläufe müssen gemacht, Bäume erklettert, Gestrüpp durchdrungen, Landwirte bei der Feldarbeit unterbrochen, Hausbewohner um Einlaß oder gar die Feuerwehr um ihre lange Leiter gebeten werden, bevor derjenige Punkt ausfindig gemacht ist, an dem vor 20, 30 oder 50 Jahren schon einmal die Kamera klickte. So einschneidend sind die Landschaftsveränderungen, daß oft Stunden schweißtreibender Suche vergehen, um ein Indiz für die Standortgleichheit zu finden, etwa eine charakteristisch gekrümmte Astgabel.
Die Begleittexte zu den einzelnen Lebensräumen sind um Allgemeinverständlichkeit bemüht; einige Kartenbeispiele und Grafiken versuchen etwas auszugleichen, daß aus Platzgründen auf viele Details verzichtet werden mußte. Das Buch will sich nicht im Anprangern erschöpfen. Ohne reißerische Zuspitzung soll Bilanz gezogen, aber auch zu einem schonenderen Umgang mit dem immer kostbareren natürlichen Erbe angespornt werden. Nicht Schuldzuweisungen an die Landwirtschaft sind eine Konsequenz des Buches, sondern der Appell, Sachzwänge zu ändern, die unsere Bauern gezwungen haben, noch aus dem letzten Fleckchen etwas herauszuholen.

Prof. Otto Kraus und Anton Micheler setzten in mir die »Eichmarken«, das ganze Ausmaß des Umbruchs unserer natürlichen Umwelt zu ermessen. Frau Else Kraus und Frau Franziska Micheler danke ich herzlich für die teilweise Überlassung des fotografischen Nachlasses ihrer Gatten. Ein Grundstein des Buches sind ungezählte Farbdias und mündliche Zeugnisse meines Vaters, Max Ringler, aus seiner langjährigen Tätigkeit im ehrenamtlichen Naturschutz. Entscheidende Anstöße und wichtige Fotodokumente erhielt ich von Herrn Georg Zilker, dem ich für ungezählte Exkursionen herzlich danke.
Daß das Daten- und Fotomaterial weit über meine südbayerische Heimat hinausreicht, verdanke ich nicht zuletzt Frau S. Wunderlin, den Herren Dr. A. Grünig und H. Weiss (Schweiz), J. Milbradt und H. Mathä (Bayern), Dr. J.G. de Molenaar (Niederlande), D. Baldock (England), Dr. M. Woike und P. Pretscher (Nordrhein-Westfalen), Dr. W. Riedel und G. Janssen sowie der Freiwilligen Feuerwehr Barmstedt (Schleswig-Holstein), Dr. J. Schedler (Baden-Württemberg), Dr. G. Völksen und J. Göttke-Krogmann (Niedersachsen), der Danske Hede-Selskap, der Emsland GmbH und vielen anderen.
Nur pauschal danken kann ich den vielen Menschen, insbesondere Landwirten, die mir bei der Standortsuche geholfen und wichtige Informationen darüber gegeben haben, was sich zwischenzeitlich auf der Fläche abgespielt hat.
Ohne die unermüdliche Mithilfe von Frau I. Gebhard und G. Blachnik hätte das Buch nicht in dieser Form entstehen können.
Den Mitarbeitern der BLV Verlagsgesellschaft danke ich für ihren großen Einsatz bei der Produktion des Buches.

Inhaltsverzeichnis

Einführende Gedanken

»Nach langen Jahren in der Fremde lenkte der Wanderbursche seine Schritte wieder der Heimat zu. Bei den Eichen oben auf der Kuppe verweilte er ein letztes Mal. Von hier konnte er die Stätten seiner Kindheit übersehen: Den Kirchturm, das Elternhaus unter den Nußbäumen, den Ententeich am Dorfrand mit den Butterblumen, den gewundenen Bach mit den Gumpen und Erlen, den Hohlweg mit den Hagebuchen und Schlehen. Alles erstand vor seinen Augen wieder, nur die Geliebte nicht...« Solche Standardsituationen vieler Heimatromane und romantischer Erzählungen wären undenkbar, wenn die geschilderte Landschaft nicht Bestand über Jahrzehnte gehabt hätte.

Wer dagegen heute als enttäuschter Auswanderer nach 20 Jahren Übersee in seine Heimat zurückkehrt, findet wenige Wiedererkennungspunkte. In seiner Erinnerung gab es den Hohlweg mit den Sand-Nelken und dem unablässigen Gezirpe der Heuhupfer, die Kornblumen im Feld, die Talwiese mit den Dotterblumen und Blutströpfchen, die Mooswiese mit den Pracht-Nelken, den Krebsbach, die vielen Schlupfwinkel im Dorf. Er findet sie von Tennisplätzen, Lagerhallen, Fichtenkulturen, Maisäckern, Teerstraßen, Thujenhecken und Löwenzahnwiesen besetzt. Die neue Skyline hat den Heimatort fast unkenntlich gemacht. Der Kirchturm lugt nur noch verschämt zwischen Bauklötzen hervor. Nur der Grundriß des Dorfkernes und der Zuschnitt der Waldflächen taugen zur Wiedererkennung.

Doch neigt der Mensch dazu, alles endgültig Vergangene zu verklären. Was Kinderaugen erlebten, wächst in der Erinnerung. Muß der Erwachsene die Welt nicht schon deshalb eintöniger finden, weil er das Kleine und Unscheinbare nicht mehr so beachtet wie in der Kinderzeit?

Wir sollten also subjektive Übersteigerung nicht ausschließen, wenn vom Untergang der bunten Blumenwiesen, von der Verödung der Schmetterlingswelt die Rede ist. Und wir sollten zuverlässige Zeugnisse aus der Vergangenheit zum Vergleich heranziehen. Dies ist eine der Aufgaben dieses Buches. Dann läßt sich entscheiden, ob das Lamento über die Ausräumung der Landschaft berechtigt ist, oder etwa nur von einer hysterischen Minderheit gepflegt wird, die bei kleinster Veränderung ein Zetergeschrei anhebt und verkennt, daß jeder Umgang des Menschen mit der Landschaft auch Zerstörung bedeutet.

Gesamtschau der Veränderungen, nicht drastische Einzelfälle

Nicht jedes Verschwinden einer Baumgruppe, eines Gebüschs oder einer Allee muß alarmierend sein, wenn daneben Ähnliches nachwächst. Erst wenn sich der Saldo zwischen Verlorenem und Neugewonnenem rapide verschlechtert, wenn ein Sterben nicht mehr ersetzbarer Lebensräume (Biotope) einsetzt, ist Besorgnis geboten. Der Saldo unserer Landschaftsentwicklung kann nicht damit ermittelt werden, daß den unzähligen Umwelt-Horrorbildern in den Medien weitere frisch umgelegte Bäume, Karosserien in Gewässern und ähnliches angefügt werden. Es kommt uns nicht darauf an, durch Aneinanderreihung drastischer Einzelfälle ein möglichst apokalyptisches und überzeichnetes Gesamtbild zu entwerfen. Vielmehr wird versucht, den Rückgang ausgewählter Lebensräume in den letzten Jahrzehnten zu überschlagen. Viele Teilaspekte und Regionen müssen aus Platzgründen leider unerwähnt bleiben.

Bei der Auswahl der Foto-, Zahlen- und Kartenbeispiele aus einem viel umfangreicheren Archiv wurde darauf geachtet, daß keine Ansammlung von Extremfällen, sondern ein auch für andere Gebiete zutreffender Gesamteindruck entsteht.

Natur ist kein Verschiebebahnhof

In Jahrtausenden gewachsene Bestandteile der Heimatlandschaft können nicht einfach wie ein altes Bauernhaus abgebrochen und in einem Museum wieder aufgebaut werden.

Ein Dünenhügel im Oberrheintal, eine 200 Jahre alte Wallhecke in Oberfranken, ein mooriges Toteisloch in Mecklenburg lassen sich nicht containerartig herausheben und dorthin verschieben, wo es dem Agronomen oder Straßenbauer besser ins Konzept paßt. Menschenwerk kann man imprägniert und konserviert an beliebiger Stelle ausstellen.

Aus der Landschaft gewachsene Lebensgemeinschaften sind dagegen mit vielen Lebensadern an ihren umgebenden Nährboden geknüpft und konnten sich nur an dieser einen Stelle in Jahrhunderten und Jahrtausenden so herausbilden.

Dies wird durch die Internationale Gartenbau-Ausstellung in München 1983 bestätigt: Zwar konnte man ohne weiteres einen Waldlerhof und eine thailändische Pagode aufstellen, der verpflanzte Moorbiotop ließ sich jedoch nur mit großem technischem Aufwand eine Zeitlang am Leben erhalten – vergleichbar dem Versuch, einen Wal auf dem Trockenen durch ständiges Begießen durchzubringen.

Der Fehlschlag oder zweifelhafte Erfolg vieler Verpflanzungs- und Wiederherstellungsversuche von naturnahen Biotopen zeigt immerhin viel deutlicher, als man es bisher wußte: Was die Natur in Jahrtausenden an unwiederholbaren Traditionen investiert hat, läßt sich nicht auf Bestellung in kurzer Zeit nachahmen. Diese Erkenntnis verlangt, noch viel sorgfältiger mit den noch ungestörten Lebensräumen umzugehen. Ist jedem Landwirt, der in seiner letzten Streuwiese einen Graben zieht, bewußt, daß er damit aus dem Landschaftsmosaik einen Stein herausbricht, der nie wieder nachwachsen oder ersetzt werden kann?

Landschaftswandel erfordert Bewußtseinswandel

Als man entdeckte, daß der Fernseher besser in eine Warenhaus-Kombination hineinpaßt, wurde der alte Bauernschrank hinausgefeuert. Die Rückbesinnung setzte jedoch ein, als die Städter immer gieriger nach bäuerlichen Requisiten fahndeten. Man entdeckte nicht nur, daß mit dem »Plunder« etwas zu verdienen war, sondern in manchem Hof hielt man fortan das »alte Gerümpel« wieder in Ehren und Gebrauch – auch

1944 war Oppolding, ein Weiler im oberbayerischen Tertiärhügelland, in eine reich gegliederte bäuerliche Kulturlandschaft eingebettet. Vom grasigen Wegsaum leitete eine Staudenflur zur welligen Dauerweide über, die einen röhrichtumsäumten Weiher (Mittelgrund links) schützend umgab. Die Spannung zwischen den unregelmäßigen Vegetationskulissen, dem geschlangelten Weg und den Vertikallinien der Bauwerke im Hintergrund erzeugte räumliche Tiefe und Lebendigkeit.
Gestalter dieser biologisch reichen und harmonisch aufgebauten Kulturlandschaft war eine noch wenig mechanisierte Landwirtschaft mit geringer Spezialisierung und auf den natürlichen Grünlandertrag abgestimmten Viehbeständen.

1983 sind nur die Bauelemente wiedererkennbar. Umstellung auf Bullenmast, damit intensiver Futterbau (Mais), Silierung, Verzicht auf Weideflächen und Schlagvergrößerung verwischten das Gefüge ineinander verzahnter Kleinlebensräume. Maispflanzreihen überziehen die ehemalige Weide, aber auch den aufgefüllten Weiher und den früheren Weg, von dem nur noch ein Bogen im Hintergrund existiert. Der nur wenig gelichtete Baumgürtel mildert etwas die optische Isolierung des Weilers.
Die Oppoldinger Feuchtweide ist Teil jener 15% (718000 ha) Wiesen und Weiden, um die die Kulturlandschaft der Bundesrepublik allein 1973–1983 ärmer geworden ist.

wenn vielleicht die Warenhaus-Konfektionsware praktischer sein mochte.
Auf diesem Weg sind auch die Traditionswerte der Naturgeschichte. Auch hier leisten erholung- und schönheitensuchende Städter Schrittmacherdienste. Durch ihre »Nachfrage« regulieren sie den »Marktwert« der »unpraktisch« gewordenen Streuwiesen, Moore, Magerrasen, Kleingewässer, Flurbäume usw. Dies könnte dem Landwirt als dem wichtigsten Landschaftsgestalter – sozusagen dem eigentlichen Landschaftsarchitekten – zur Einsicht verhelfen, daß »nutzlos« nicht gleich »wertlos« sei.
Wertschätzung hat in hohem Maß auch mit Seltenheit zu tun. Seltenheit bemißt sich weniger an einer absoluten Zahl, sondern entspricht eher dem Verhältnis zwischen der Verfügbarkeit und räumlichen Verteilung einer Ware einerseits und dem Interesse an ihr und ihrer räumlichen Verteilung andererseits. Das Gefühl der Seltenheit stellt sich leicht ein, wenn irgend etwas merkbar abnimmt (Hamsterkäufe, Preisregelung durch Drosselung des Angebots etwa bei Diamanten oder Edelmetallen). Seltener werden bedeutet stets kostbarer werden. Gelingt es, alle Landschaftsgestalter (Bauern, Forstleute, Straßenbauer usw.) für das Seltener- und Kostbarer-Werden von Lebensräumen und reich ausgestatteten Landschaften empfänglich zu machen, so ist eine wichtige Voraussetzung für den schonenderen Umgang mit wertvoller Natur geschaffen. Auch hierzu will dieses Buch einen Beitrag leisten, indem es den Bestand einzelner Lebensräume in verschiedenen Regionen zwischen gestern und heute vergleicht.

Der Umschlag vom Überfluß zum Mangel, vom Ödland zum Biotop

Könnte man eine Landschaft von Ruisdael oder der Münchner romantischen Schule irgendwo unserer heutigen Kulturlandschaft einpflanzen, so würde sie unverzüglich in die Biotopkartierung aufgenommen und unter Schutz gestellt. Sogenannte halbnatürliche Vegetationsbestände, die für den Artenschutz in Mitteleuropa heute zentrale Bedeutung haben, herrschten damals vor: die bräunlichen bis fahlgrünen Töne der Magerwiesen, Hutweiden, Streugründe und grasigen Haine.

Könnte man eine Landschaftsradierung von Rembrandt in unsere Zeit und Landschaft versetzen, so hätte man ein Dorado für die sogenannte »Kleinstrukturkartierung«, die die Bayerische Landesanstalt für Bodenkultur und Pflanzenbau in den Flurbereinigungsgebieten durchführt. Die Sujet-Gebiete eines Rembrandt gehören heute - soweit sie nicht überbaut sind - zu den intensivsten Agrargebieten Europas.
Was heute das Etikett »Biotop« erhält, war einst das Vorherrschende, Süßgraswiesen und Äcker dagegen das Außergewöhnliche. So etwa die wenigen stallmistgedüngten Akkerinseln (»Esch«) inmitten der nordwestdeutschen Heidegebiete oder der endlos scheinenden Grasheiden der Münchner Ebene, die den einreitenden Gustav Adolph von Schweden den Ausruf entlockten, München sei ein »goldener Sattel auf dürrer Mähre«. Noch 1830 verlor sich das heute vorstadtartige Hallbergmoos in den weiten Sümpfen des Erdinger Mooses. An der Stelle des Münchner Vorortes Karlsfeld gab es noch um 1920 Quellsümpfe mit Hunderten goldgelber Bergaurikeln. Wohnblocks, in denen heute Naturschutzinitiativen tagen, liegen auf ehemaligen Balzplätzen des Birkwildes, Kieswerke auf Brutplätzen der Uferschnepfe und Wiesenweihe. Wo bis 1963 die Frühlings-Kuhschelle ihr letztes Vorkommen im Alpenvorland aufwies, breiten sich heute ganze Siedlungen und Friedhofsanlagen aus. Letzte Vorkommen von Stengellosem Enzian, Finger-Kuhschelle und Bienen-Ragwurz an Donau und Salzach mußten Raffinerien weichen.
Hunderte solcher Fälle begleiten den großen Landschaftsumbruch, der im 19. Jahrhundert, vielerorts auch erst nach dem 2. Weltkrieg einsetzte. Mit der unaufhaltsamen Ausdehnung der Kultur- und Siedlungsflächen gerieten die Ödländereien, Triften und Hutungen ins Minimum. Mit einer gewissen Verzögerung avancierten diese nun vom verachteten Unland zum hochgeschätzten Biotop. Nur wenige Landschaften tragen noch Züge der vorindustriellen Kulturlandschaft, z. B. die Lange Rhön, der Naturpark Lüneburger Heide, die Cevennen, das Hohe Venn und die alpinen Almen. Sie erfüllen heute die bewußten oder unbewußten Sehnsüchte ungezählter Städter, die sich in hellen Scharen in diese Rückzugsbiotope ergießen.

Der Wert sinkt schneller als die Menge

Ein Sandhaufen, eine Fichtenanpflanzung oder eine Reihenhaussiedlung sind nichts weiter als zweckdienliche Anhäufungen von Material der gleichen Art, also Sandkörnern, Fichten und Reihenhäusern. Der Grundcharakter solcher Kollektive ändert sich nicht, wenn etwas weg- oder dazukommt, ist also von der Menge unabhängig. Lediglich der wirtschaftliche Wert wächst oder sinkt entsprechend.
Das lebendige Gefüge einer Landschaft dagegen ist dank seiner inneren Wechselwirkungen mehr als die Summe seiner Teile, mithin mehr als eine Addition von Bäumen, Gewässern, Vögeln, Biotopen usw.
Entnimmt man dem Sandhaufen Sand, so liegt auf der Schaufel derselbe Sand wie im restlichen Haufen. Entnimmt man einer Landschaft eine »Schaufel voll« Biotope nach der anderen, so werden die vielen unsichtbaren Fäden zu den verbleibenden Lebensräumen abgerissen und es verändert sich der Charakter des Ganzen. Diese Fäden sind z. B. Nahrungsbeziehungen von Tierarten, Wasserströmungen im Boden oder Samenflug. Die Restflächen können ihre Leistungen für die ganze Landschaft nicht mehr so gut ausüben. Erreicht die Schrumpfung einen kritischen Punkt, so lohnt die Erhaltung der Reste zumindest aus ökologischen Gründen kaum mehr, weil sie mangels Masse zu einer nennenswerten Funktion nicht mehr fähig sind (z. B. Moore für die Wasserrückhaltung). Bezogen auf die Ökonomie der Natur, den Landschaftshaushalt, wirkt ihre Verknappung eher wertmindernd als wertsteigernd. Dies ist um so schmerzlicher, als ihre Bedeutung für das Ganze meist erst durch ihr Verschwinden bemerkt wird - ein großer Unterschied zur menschlichen Ökonomie, wo von Anfang an Preise genannt werden.
Ein zweites Beispiel soll unser Verständnis noch etwas weiter führen: Erzvorkommen sind nur dann ein wirkliches Kapital, wenn ihre Vorratsmenge und Metallkonzentration eine Amortisation der Erschließungs-, Förder- und Aufbereitungskosten erwarten lassen. Auch hier ist erst eine gewisse Mindestmenge interessant und es gilt keineswegs: je

In der vom Menschen unberührten Naturlandschaft spiegelten die Lebensgemeinschaften aus Pflanzen und Tieren die fließend wechselnden Standortunterschiede wider wie ein Farbenspektrum.

Seit der Jungsteinzeit beansprucht der Mensch Siedlungsplätze und Flächen zur direkten und indirekten Nahrungsproduktion und »durchlöcherte« dabei das einstige Lebensraumspektrum. Solange sich seine Landnutzung weitgehend auf die Aushagerung der Böden (Waldweide, Hutungen, Streuwiesen) oder die Entfernung der Pflanzendecke (Ackerbau) beschränkte und gleichzeitig intakte Ersatzgemeinschaften und ein dichtes Netz an besiedelbaren Kleinstrukturen bedingte, behielt die entstandene Kulturlandschaft nahezu die Gesamtheit aller biologischen Übergänge bei.

Spätestens nach dem 2. Weltkrieg war die Schwelle zur sogenannten »Zivilisationslandschaft« überschritten. Mit dem Schwinden extensiver Nutzungsformen und vieler Kleinstrukturen wurden auch die meisten Übergangsbereiche zerstört, die Reste naturnaher Lebensräume immer stärker zersplittert und voneinander isoliert, bis der Lebensraummindestbedarf vieler Arten unterschritten oder die Barrieren zwischen verschiedenen Flächen unüberwindbar wurden.

weniger, desto wertvoller. Solche wirksamen Mindestmengen werden auch für unsere Kulturlandschaft diskutiert. So fordern manche Ökologen für einen funktionstüchtigen Landschaftshaushalt 5–10% an unbewirtschafteten Lebensräumen.

Solche Richtwerte sollte man indessen nicht zu schematisch anwenden, etwa in dem Sinn, daß ab einem Biotopanteil von 15% die Schutzwürdigkeit einer Landschaft beginnt. Wertmaßstäbe können sich verschieben, ähnlich wie bei Erzvorkommen, die anfangs wegen zu geringer Metallkonzentration geringgeschätzt wurden, später aber wieder interessant wurden.

Garantie gibt es nur für größere Portionen

Zunächst verhalten sich natürliche Lebensräume in unserer Zivilisationslandschaft durchaus wie ein Goldvorrat: Sinkt das Angebot, so steigt der Wert. Ein seltenes und wertvolles Besitzstück kommt in den Safe; Standorte seltener Pflanzen und Tiere werden manchmal immerhin umzäunt oder bewacht. Erst das Seltener-Werden löst die Schutzanstrengungen aus.

Im weiteren Verlauf jedoch hinkt der Vergleich. Denn viele der mühevoll gesicherten Biotop-Bruchstücke sind nicht wertbeständig wie Edelmetall, bei dem es nicht auf die Aufbewahrungsform ankommt (Barren, Nuggets, Gries, Blattgold usw.). Unversehens werden besonders Kleinlebensräume von Allerweltsarten erobert – beispielsweise eine Orchideenwiese von Süßgräsern – und verlieren ihre schutzwürdige Qualität immer mehr. Anscheinend kommt es hier nicht nur auf das anfängliche Gesamtangebot an, sondern auch auf die »Aufbewahrungsform«, d.h. auf die Größe der Restbiotope und Schutzgebiete. Denn Tier- und Pflanzengemeinschaften sind vielfältigen Einflüssen aus den umgebenden Anbau-, Siedlungs- und Verkehrsflächen ausgesetzt. Je kleiner sie sind, desto rascher machen sich Düngereinwehung oder -einwaschung, Entwässerungswirkungen durch benachbarte Gräben und andere Störungen bemerkbar. Ihre Pufferfähigkeit gegenüber negativen Einflüssen hängt von ihrer Lage und Größe ab.

Hier gilt also nur bedingt, daß der Spatz in der Hand besser sei als die Taube auf dem Dach. In vielen Fällen zerschmilzt auch der Spatz unversehens in der Hand und es wäre doch sinnvoller gewesen, sich gleich um die Taube zu bemühen!

Diese Überlegungen veranlassen uns, nicht nur die Gesamtmenge der heutigen und früheren Biotope zu vergleichen, sondern auch ihre »Teilchengröße«, d.h. ihren heutigen und früheren Flächenzuschnitt. Dazu sind Luftbilder eine wichtige Voraussetzung.

Serien sind besser als Einzelstücke

Nicht die bloße Zahl der Marken bestimmt den Wert einer Briefmarkensammlung, sondern die Vollständigkeit der Sätze. Ähnliches gilt auch für eine Klosterbibliothek oder eine naturgeschichtliche Sammlung: Erst in der Ergänzung durch andere Stücke gewinnt das Einzelteil seine volle Bedeutung, durch Ver-

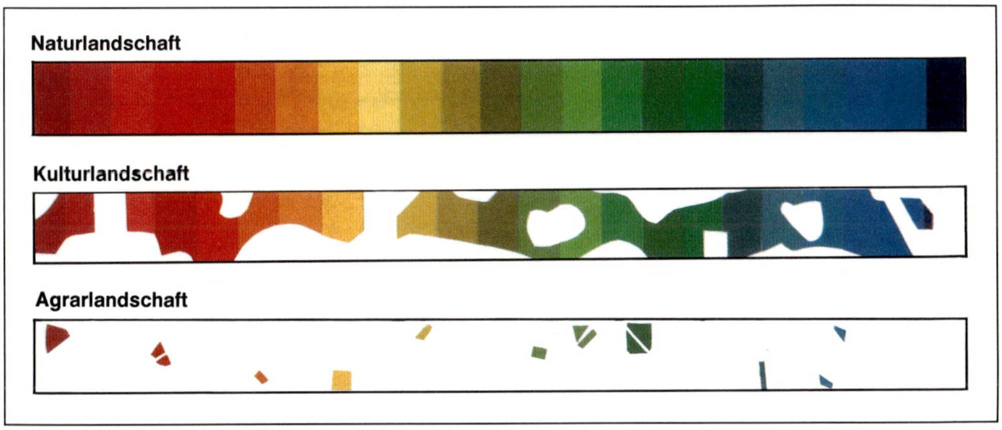

einzelung verliert es sie. Eine gut aufgebaute Sammlung vermeidet Wiederholungen, d.h. erreicht größtmögliche und trotzdem geordnete Vielfalt bei knappstem Aufwand.
Zwar ist die Landschaft keine Sammlung, doch ist auch sie meist in Abfolgen aufgebaut, die nur in abgewandelter Form wiederkehren. Nur selten wiederholt die Natur ihre Elemente über größere Strecken und besteht dann quasi aus Serien mit lauter gleichen Briefmarken (z.B. die früher riesigen Hochmoore des Emslandes oder die Taiga).
Zerstückelt der rodende, kultivierende, straßenbauende Mensch diesen Kanon, so nimmt er Verbindungsglieder, ja Verbindungsketten heraus und macht den Zusammenhang und die Entstehungsgeschichte immer undeutlicher. So ist zum Beispiel das Vorkommen der Narzissen-Anemone auf einem Bichl bei Andechs so rätselhaft wie die Statuen auf der Osterinsel. Im ganzen Alpenvorland gibt es heute kein zweites Vorkommen mehr. Alle benachbarten Hügel sind längst der Löwenzahnwiesenlandschaft einverleibt. Sämtliche Spuren über Herkommen und Wanderwege der alpinen Anemone wurden damit verwischt. Ihre Trittsteine wurden weggezogen.
Manchmal passiert es, daß eine besonders reich ausgestattete Stelle von der vordringenden Landnutzung ausgespart wird. Das hieße im obigen Vergleich, daß eine Blaue Mauritius oder ein Archaeopteryx-Urvogel aus dem Schutt gerettet werden konnte. Geheimnisvoll und unerklärlich wie eine Sphinx in der Wüste ziehen solche Restlebensräume viele Menschen an. Man denke etwa an den exotischen Reiz des Steppenblühens in der Garchinger Haide vor den Toren Münchens.
»Zufallstreffer« dieser Art sind aber nur die »Rosinen« in einem zusammenhängenden Lebensraum. Für eine wirkliche Überlieferung des natürlichen Erbes an die Nachwelt bedarf es vielfältiger Abfolgen mit ihren unansehnlicheren Zwischengliedern. Leider glimmen vom früheren Spektrum nur noch da und dort ein paar Farbtupfer auf; die überleitenden »Spektralbereiche« sind meist der Landnutzung zum Opfer gefallen. Manchmal läßt sich der Gesamtbogen noch erahnen, wenn z.B. ein Moor in eine Heide und ein Auwald in eine Brenne (offene Trokkenstelle) übergeht. Solche letzten Zeugnisse vom Aufbau der »großen Sammlung« Natur verdienen, besonders gehütet zu werden.

Auch »Spätfolgen« sind tödlich

Mit dem Registrieren von Verlusten ist es nicht getan. Welche Lebewesen, Lebensvorgänge und Wechselwirkungen sind vom Aufstau einer Flußlandschaft, vom Abholzen eines Gehölzes oder der Verfüllung eines Teiches betroffen? Dieses Buch versucht, auch hinter die Kulissen zu blicken und auf unscheinbar langsame Spätfolgen hinzuweisen. So etwa das Zurückgehen einer Heuschreckenpopulation, weil die Futterpflanze durch Düngereintrag zu stickstoffreich und damit ungenießbar wird. Oder die langsame Verdrängung einer Pflanzenwelt durch kräftigere Konkurrenten, die sich nach einer Grundwasserabsenkung ausbreiteten.
Solche Nachwirkungen können nicht auf Fotos gebannt werden. Erst exaktes Zählen und Messen über längere Zeiträume deckt sie auf. Wer ahnt zum Beispiel, daß ein brütendes und flötendes Brachvogelpaar in der mehrfach und frühzeitig bearbeiteten Futterwiese gar keine Jungen mehr hochbringt und somit bereits der Biotopgeschichte angehört, obwohl es wegen seiner Ortstreue und hohen Lebenserwartung (bis zu 30 Jahren) noch jahrelang ins ehemalige Fortpflanzungsgebiet zurückkehrt?
Erst seit wenigen Jahren sind wir auf Aussterbe- und Degenerationsprozesse aufmerksam geworden, die durch die Zerschneidung und Zerstückelung von Lebensräumen ausgelöst werden. Man erkannte, daß sich Gesetzmäßigkeiten von Ozeaninseln auf das Binnenland übertragen lassen: Je höher die biologischen Barrieren zwischen zwei Lebensräumen, desto mehr Arten darin werden langfristig aussterben und desto weniger Neueinwanderer werden die Verluste ausgleichen. Das Artengleichgewicht kommt in Unordnung und sinkt auf ein tieferes Niveau. Es zeigte sich, daß ausgebaute Wirtschaftswege auf bodenlebende Insekten fast den gleichen Trenneffekt ausüben wie Autobahnen! Deshalb wird gezeigt, wie das Maschennetz der Verkehrswege immer dichter geknüpft und damit die Zwischenräume immer kleiner werden.

Wälder in einem Buch mit dem Untertitel »Rote Liste«? Tatsächlich gehören auch unsere Waldlebensgemeinschaften zu den hochbedrohten Biotopen, und dies bereits lange vor dem Waldsterben: Die Tanne, deren Anteil z.B. in den bayerischen Alpen auf ein Zehntel des Bestandes vor 100 Jahren gesunken ist, gilt nicht nur wegen ihrer starken Immissionsbetroffenheit als gefährdet. Die Eibe gehört schon seit einigen Jahrhunderten zu den bedrohten Baumarten. Naturnahe Altholzmischbestände schrumpfen wohl noch rascher als letzte Streuwiesen und Magerrasen. Eine Reduktion der Schalenwildbestände, die wieder eine standortgemäße Mischbestockung hochwachsen ließe, ist immer noch nicht in Sicht.

Wälder

Bisweilen stößt der Waldspaziergänger an entlegener Stelle auf Überreste römischer Grenzwälle, Keltenschanzen, Hügelgräber, Altstraßen, Hochäcker, Fluchtburgen, ja sogar Hausfundamente und Kapellen längst abgegangener Dörfer. Tatsächlich eroberte der Wald in Perioden wirtschaftlichen Niederganges Lichtungen zurück, die ihm bis ins ausgehende Mittelalter mühsam abgerungen worden waren. Noch vor wenigen Jahrzehnten »verschluckte« er hochgelegene Grenzland-Dörfer, so z. B. in den Grenzgebieten der DDR und CSSR.

Die Jahrhunderte vorher war der Wald vom Mittelmeer bis zur Ostsee, vom Atlantik bis nach Rußland hinein, fast ständig auf dem Rückzug. Nach Bibelberichten sollen zur Zeit des Salomonischen Tempelbaues im Libanon 30000 Holzfäller und 70000 Lastträger im Einsatz gewesen sein. Die Seemacht Venedig beschäftigte im 15. Jahrhundert 15000 Arbeiter mit der Verarbeitung des Holzes, das nach den gewaltigen Schlägerungen und Devastierungen der Antike in den entfernten »Holzkolonien« Istrien und Dalmatien gewonnen werden mußte. Im »Ruhrgebiet des Mittelalters«, der Oberpfalz, war der jährliche Holzbedarf für die Köhlereien, Eisenhütten, Waffen-, Zeug-, Blech-, Kupfer- und Nagelschmieden allein im Gebiet der Amberger »Hammer-Einigung« auf rund 400000 Festmeter gegen Ende des 15. Jahrhunderts angestiegen.[1]

Verglichen mit frühgeschichtlichen, heute von prächtigen Buchenwäldern bestockten Erzgruben ist der heutige Waldverlust aber oft irreversibel: Wohnsiedlungen auf Munitionsanlagen des 2. Weltkrieges, wo die älteren Karten geschlossene Wälder vermelden; riesige Sand-, Kies- und Braunkohlengruben, Trinkwasser-Talsperren und Speicherseen auf Kosten von Wäldern; 50–120 m breite, durch Windwürfe oft zusätzlich erweiterte Schipisten-, Autobahn- oder Hoch-

1956 grenzte der kiefernreiche Jura-Trokkenwald im Schwarzachtal bei Greding (Mittelfranken) mit einem Gebüschsaum an ein heckenreiches Ackerterrassengebiet. Waldinneres, Waldsaum und Flurgehölze konnten biologisch miteinander korrespondieren.

spannungsschneisen; 15–30 Laufmeter forstliche Wirtschaftswege pro Hektar; vor allem aber die durch Rauchgas- oder »neuartige« Waldschäden kilometerweit entwaldeten, savannenartigen Hochlagen des Harzes und Erzgebirges, auf denen z.Zt. kein Fichten-Jungwuchs mehr hochzubringen ist – Vorwegnahme des zukünftigen Bildes vieler Waldgebiete Mitteleuropas?

Wald ist also nichts Festgefügtes. Seine Grenzen pendeln nach wie vor, wenn auch nicht für jeden erkennbar. In überregionalen Statistiken leidet »der Wald« nicht unter einem Rückgang – wie die anschließend behandelten Biotope. In Ballungsgebieten wird ihm zwar weggenommen, in Randgebieten aber hinzugefügt. Per Saldo nimmt die Waldfläche der Bundesrepublik und anderer westeuropäischer Staaten sogar zu.

Es kommt aber vor allem auf die Art der Bewaldung an: Eine gleichaltrige, in gleichen Abständen gepflanzte »Plantage« aus Fichten, Kiefern, Nordmannstannen oder Douglasien in ehemaligen Heidegebieten ist kein Äquivalent für bodenständige Eichen-Birken-Mischwälder mit rankendem Jelängerjelieber und Stechpalmenunterwuchs. Eine Fichtenpflanzung, die bei anhaltend hohem Rehwildbestand bis zum nächsten Kahlhieb eine fast unterwuchsfreie Monokultur mit immer höherer Nadelstreuschicht bleiben wird, ist von einem stufig aufgebauten Laubmischwald so verschieden wie ein Maisfeld von einer wenig gedüngten Blumenwiese. Sie hat mit dem Urwald, in dem Siegfried einst den Wiesent, Auerochs und Elch bejagte, allenfalls die statistische Bezeichnung »Holzbodenfläche« gemeinsam.

Nutzungsgeschichte unserer Wälder

In den Altsiedlungsgebieten nördlich der Alpen, vor allem den warmen und ackerbaubegünstigenden Lößgebieten, werden schon um Christi Geburt fast alle Wälder vom Menschen und seinem Vieh durchstreift und genutzt gewesen sein. Die systematische Rodungstätigkeit des Mittelalters zwischen 800 und 1200, durch die Klöster vorangetrieben, löste auch die von Tacitus so furchterregend geschilderten ausgedehnten Wälder außerhalb der Erstbesiedlungsgebiete in Bruchstücke auf. Die heutige Feld-Wald-Verteilung war in den Grundzügen spätestens um 1400 erreicht.

Gleichzeitig entwickelte sich im Mittelalter, dem »hölzernen Zeitalter«, ein enormer Nutzungsdruck auf die Restwälder, der erst im 18. Jahrhundert seinen Höhepunkt erreichte: Direkt oder über Zwischenschritte lieferte der Wald Brenn- und Bauholz, Kienspäne, Gerberlohe, Wachs, Teer und Pech,

1985 ist der Kontakt zwischen Wald- und Offenland-Lebensraum durch ein Siedlungsband völlig unterbrochen, der Waldsaum zerstört und auch die Stufenraine mit ihren Hecken überbaut. Die Veränderung des Baumwipfelhorizontes deutet auf ein rasches Kiefernwachstum, wie es nur in gepflanzten und nicht in ursprünglichen Beständen typisch ist.
Bis auf ein neues Gewerbegebiet (linker Mittelgrund) mit den damit verbundenen Auffüllungen blieb die Schwarzach-Aue mit ihren Bachgehölzen erhalten. Früher öfter zurückgehauene Weiden sind inzwischen höher gewachsen.

Holzkohle, Pottasche und Honig. Zwischen 1500 und 1600 verfeuerte allein die Lüneburger Saline bis zu 300000 Festmeter Buchen- und Eichenholz pro Jahr.[2]

Ebensoalt wie die Holzgewinnung ist die Nutzung des Waldbodens. Waldweide mit Rindern, Schafen und Ziegen, Eichelmast der Schweine, Laubstreunutzung, Plaggenhieb und Wanderfeldbau mit Brandkultur griffen vor allem in den »gemeinen Marken« das in den Jahrtausenden seit der Eiszeit angehäufte Humuskapital an, unterbanden das Zuwachsen der durch Holzraubbau geschaffenen Schläge und weiteten die vom Großwild herrührenden Verlichtungen und Wildwiesen stetig aus, bis sich das Waldkleid über weite Strecken in eine Gras- oder Zwergstrauchheide mit einzelnen kapitalen Überhältern verwandelt hatte. In Ostfriesland beispielsweise schrumpfte die Waldfläche von 65% auf 5%.[2]

1594 wurden allein im Solling 14703 Schweine in die Eichelmastwälder eingetrieben.[3] Die schwankende Eichelproduktion, also die Eichelmast, war die Grundlage für die Fleischversorgung der in vieler Beziehung waldabhängigen Bevölkerung. Ein Ausbleiben der Mast konnte in der autarken Hauswirtschaft geradezu katastrophale Folgen haben. In Eichelmastwäldern wurde zwar die Eiche seit dem 12. Jahrhundert auch durch Nachpflanzen vor anderen Baumarten begünstigt, der Gehölznachwuchs aber viel weniger beeinträchtigt als durch Waldweide: Die Solling-Wälder waren um 1750 durch 9365 Stück Hornvieh, 1225 Pferde, 24394 Schafe und 119 Ziegen belastet.[3]

In den randlichen Steillagen der Gemarkung, wo die Stockausschläge nicht so häufig vom Weidevieh zurückgebissen wurden, begann man im 13. Jahrhundert mit dem Niederwaldbetrieb. In dieser primitivsten Form planmäßiger Holznutzung setzte man ausschlagfähige Gehölze wie z.B. Hasel, Hainbuche, Linde, Erle, Esche und Weiden zur Brennholzgewinnung alle 15–25 Jahre auf den Stock. Durch Weideführung der Hirten sowie durch Erdwälle, Dornverhaue oder Zäune wurde der junge Stockausschlag vor dem Verbiß des Viehs geschützt. In fast allen laubholzbetonten Wäldern war der Niederwaldbetrieb bis ins 19. Jahrhundert, teilweise bis nach dem 2. Weltkrieg, die vorherrschende Waldnutzungsform. Er verdrängte zwangsläufig die wenig ausschlagfähigen Baumarten, insbesondere die Buche, und merzte einen gewissen natürlichen Nadelholzanteil vollständig aus.

Wachsen einzelne Kernwüchse von Lichtholzarten durch, entsteht ein Mittelwald. Zwei Etagen mit unterschiedlicher Umtriebszeit durchdringen sich. Bereits im 15. und 16. Jahrhundert waren Mittelwälder aus stark verlichteten Hudewäldern oder Eichel-

mastwäldern hervorgegangen. Weniger als 1,5% der Holzbodenfläche der Bundesrepublik Deutschland sind heute noch als Mittelwald betrieben, darunter aber sogar Furniereichenstandorte, die sich wie z. B. der Iphofer Stadtwald mit den Erträgen von Eichen-Hochwäldern messen können.
Im späten 18. und frühen 19. Jahrhundert führten landwirtschaftliche Neuerungen zu einer nie dagewesenen Ausdehnung der Laubstreugewinnung: Einerseits stieg der Einstreubedarf durch die Einführung des Kleebaues und die damit ermöglichte Sommer-Stallfütterung. Andererseits verknappte der zur Branntweingewinnung ausgedehnte Kartoffelanbau das Getreidestroh dermaßen, daß es verfüttert und kaum mehr eingestreut wurde. Noch 1864 lieferten die Domanialforsten bei Münden und der Hannoversche Solling nicht weniger als 10000 vierspännige Fuder Laubstreu.[3] Nur sehr zögernd ließen sich die Streurechte ablösen. Noch in den 50er Jahren beispielsweise wurden mittelfränkische Kiefernwälder ausgerecht. Im stroharmen Berchtesgadener Land wird heute noch in besonders berechtigten Lagen das »Laabrecheln« durchgeführt.
Die Streunutzung - ebenso wie das »Schneiteln« für Fütterungszwecke, das Abäsen durch Ziegen oder gar das Abplaggen des Waldbodens beispielsweise zur Abdeckung der Kohlenmeiler - bedeutet einen Raubbau am Nährstoffhaushalt des Waldes, denn der Mineralstoffvorrat in der gesamten Blatt-Trockensubstanz ist etwa 20mal höher als im Holz. Kehren die von den Bäumen umgesetzten Stoffe nicht mehr in den Boden zurück, so verliert der Wald allmählich sein Humus-Kapital. Anspruchslosere Holzarten wie Fichte und Kiefer rücken auf ehemalige Laubholzstandorte vor. Monotone Kiefern-»Steckerleswälder« etwa um Nürnberg oder Frankfurt entspringen keineswegs nur forstlichem Produktionsdrang, sondern sind auch eine jahrhundertelange Hypothek früherer Raubbaunutzungen.

Naturnahe Wälder als Lebensraum

Den »deutschen Wald« gibt es nicht. So vielfältig wie die Klimaverhältnisse, die Geländeform, der Gesteinsuntergrund und die Höhenstufen sind auch die Waldtypen. Allein die Aufzählung aller von Vegetations- und Forstwissenschaftlern beschriebenen Pflanzengesellschaften der Wälder würde dieses Kapitel ausfüllen. Mit Streiflichtern müssen wir uns begnügen.
Mit Standort und Baumartenmischung wechselt auch der »Baustil« der Wälder, nämlich Schichtaufbau, die Dichte des Laubdaches, die Stellung der Stämme, aber auch Humusform und Streuform. Im Hallenbuchenwald norddeutscher Jungmoränengebiete tragen schlank aufstrebende Buchenschäfte ein fast gewölbeartig dichtes Laubdach, in dem jeweils 3 Schichten aus Sonnenblättern und Schattenblättern weit über 60% der Sonneneinstrahlung und rund ein Fünftel der Jahresniederschläge abfangen. Wenige Sträucher und niedere Bäume mindern den Eindruck der Regelmäßigkeit und Weiträumigkeit kaum. Wenn im Juni die Belaubung voll ausgetrieben hat, haben fast alle lichtbedürftigen Blütenpflanzen der niedrigen Krautschicht ihre Blüte beendet.
Welcher Kontrast zu einem Ahorn-Eschen-Kleebwald an einem sickerfrischen Schatthang des Schwäbischen oder Schweizer Jura! Bereits im März ist der weiche und fette Oberboden von Märzenbechern *(Leucojum vernum)* bedeckt, im Mai vom knoblauchduftenden Bär-Lauch *(Allium ursinum)*. Eine reiche Strauch- und mehrstufige Baumschicht beanspruchen jenen Luftraum, der im fast unterwuchsfreien Moderhumus-Buchenwald auf der Albhochfläche völlig frei von grünen Pflanzenteilen ist. Das natürliche Nährstoffangebot des tiefgründigen, sickerfrischen Mullbodens übertrifft mit über 300 kg pflanzenverfügbarem Stickstoff pro Hektar und Jahr sogar einen intensiv gedüngten Acker.
Noch zahlreiche überraschende Wendungen könnte unsere Waldexkursion quer durch Mitteleuropa nehmen. Wir erfahren, daß nur vier Baumarten ohne Hilfe des Menschen in der Lage sind, Wälder fast allein aufzubauen: die Buche vor allem auf nicht zu nassen und wenig spätfrostgefährdeten Standorten in Küstennähe, die Tanne auf tiefgründigen, z. T. vernäßten Regenstaulagen am Alpen-Nordwestrand, die Fichte in den Hochlagen der Gebirge, die Kiefer in den östlichen Sandgebieten und auf trocken-heißen Karbonathängen der inneren Alpen. Fichte,

In einem unberührten Erlenbruchwald nordwestlich Wasserburg/Inn wucherten 1978 verschiedene Großseggen, Farne und die Sumpf-Calla zwischen aufgestelzten Schwarz-Erlen und vielen Wasserstellen mit stark schwankendem Wasserstand (großes Foto). Wie eine Zisterne konnte der Bruch das Regenwasser speichern. Leider lag er auf der Plantrasse einer Bundesstraße.
Im September 1979 (kleines Foto oben rechts) war der etwa 2 m mächtige, einige Jahrtausende alte Bruchwaldtorf bereits zur Hälfte ausgetauscht; die bereits im Frühjahr geschlagenen Erlen trieben ein letztes Mal als »Stammbusch« aus. Kurz darauf erinnerten nur noch einige trockengefallene Erlen am linken Straßenrand an eine hochdifferenzierte Bruchwald-Lebensgemeinschaft (Mitte rechts). Schließlich war der Bruchwald durch Asphalt und eine Böschungsansaat ersetzt, die Wasserrückhaltefunktion durch die Straßenentwässerung völlig aufgehoben und die Umrahmung der eiszeitlichen Mulde durchbrochen (unten rechts).

Tanne und Buche gehen sich zwar in ihren Optimalgebieten aus dem Weg, finden sich aber in den höheren Mittelgebirgen, an den unteren Alpenhängen und im Alpenumkreis zum Inbegriff eines mitteleuropäischen Waldbildes zusammen, dem Buchen-Tannen-Fichten-Mischwald.

Im Zyklus von Optimal-, Schluß-, Zerfalls- und Wiederaufbauphase ändert sich das Bild des natürlichen Bergmischwaldes unablässig. Das vollendete Ineinandergreifen der drei Hauptbaumarten erzeugt jedoch ein Fließgleichgewicht von höchster Selbstregulationsfähigkeit. Ein Grundprinzip ist dabei der Baumartenwechsel: Der Aufwuchs der einen Hauptholzart gedeiht unter dem Schirm einer anderen Art besser, z. B. Tanne besser unter Fichte als unter Tanne. Eine Schlüsselrolle übt dabei die Weißtanne aus: Dank besonders sparsam arbeitender Schattennadeln können Tannen im Unterstand bis zu 150 Jahre ausharren, bis eine neuentstandene Kronenlücke den unter Umständen angejahrten Kümmerling aus dem Schattenschlaf erweckt und rasch in die obere Baumschicht aufschließen läßt.[4]

Verlustbilanz der Wälder

Im Licht großräumiger Statistiken über längere Zeiträume nimmt der Waldanteil heute eher zu: Das Gebiet der Bundesrepublik Deutschland ist heute zu knapp 30% bewaldet; 1938 waren 69 500 km^2, 1960 71 000 km^2 und 1978 72 200 km^2 bestockt. Ein mittlerer Rodungsverlust von ca. 7000 ha/Jahr wird durch Neuaufforstungen überkompensiert. Die Forstflächen Niedersachsens wuchsen 1938–1974 um 6%, 1872–1952 sogar um 22%.[5] Rheinland-Pfalz hat heute 5% mehr Waldfläche als 1950.[6] Auf dem Boden der Niederlande waren 1850 ca. 197 000 ha, 1975 aber 309 000 ha bewaldet[7] (+43%!).

Betrachtet man Wald nur als mit hohen Holzgewächsen bestandene Fläche, so gibt es in Mitteleuropa überregional gesehen

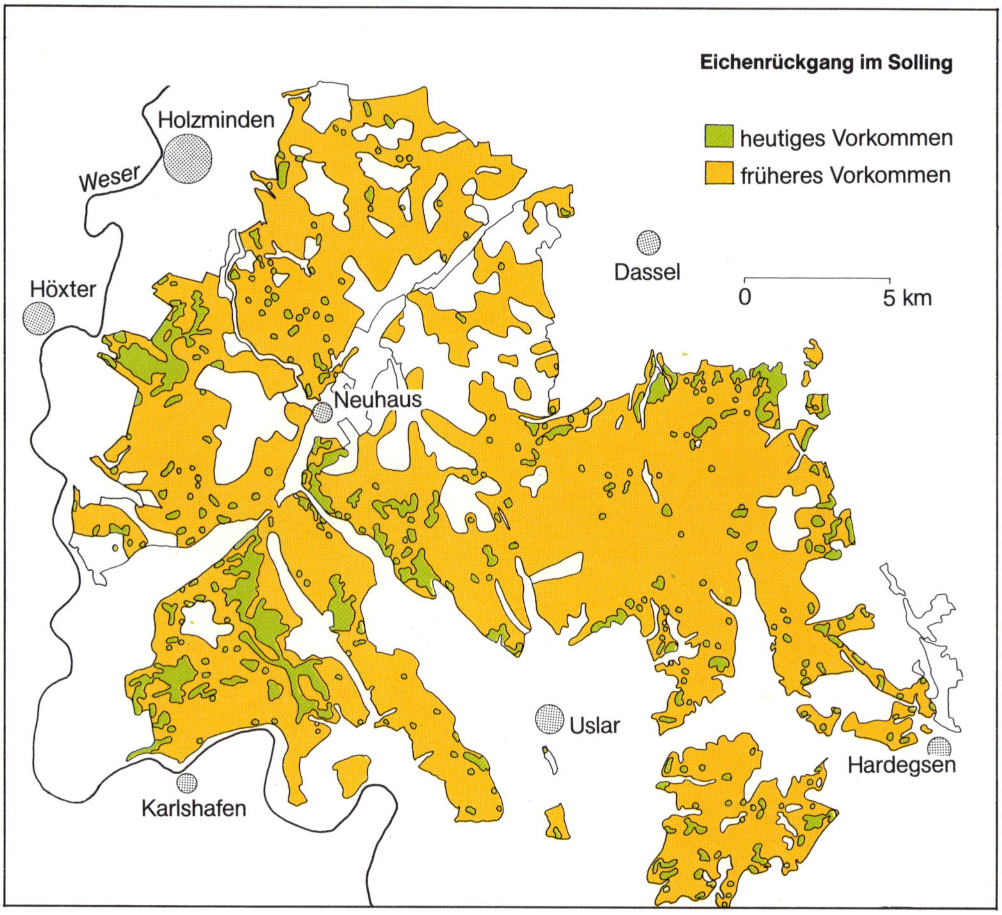

Begünstigt durch die Eichelmast und die Verordnungen zum Nachpflanzen von Eichen-Heistern erreichte die Eichenausbreitung im Solling (Weserbergland) im 17. Jahrhundert ihren Höhepunkt. Der Bauholzbedarf nach dem Dreißigjährigen Krieg, vermehrter Vieheintrieb und Umwandlung von Hude- in Hochwälder gegen Ende des 18. Jahrhunderts drängten zunächst die Eiche zugunsten der Buche zurück. Ab etwa 1800 wurde die hier eigentlich standortfremde Fichte, die auf den ausgehagerten Standorten konkurrenzkräftig war, zunächst auf die Lichtungen eingebracht. Bis 1960 hatten sich die Fichtenforste auf Kosten der Eiche (9%) und Buche (44%) auf 47% ausgedehnt. Der Niedersächsische »Buchenerlaß« von 1964 empfahl die Nadelholzeinbringung auf allen für die Buche nicht optimalen Standorten und beschleunigte die Fichtenausdehnung. Erst neuerdings bemüht man sich um Laubholzwiedereinbringung in die Nadelholzkulturen, was durch überhöhte Schalenwildbestände zu ähnlichen Verbiß-Schutzvorkehrungen zwingt wie zu Zeiten der Eichenförderung. Grafik nach Wöbse (1970).

kaum Verluste zu beklagen. Diese Aussage genügt jedoch keineswegs. Während Moore oder Magerrasen nach drastischer Nutzungsintensivierung längst in Acker oder Fettwiese übergegangen wären, firmiert auch ein Hochleistungs-Fichtenacker noch unter »Waldfläche«. Eine Waldbilanz muß deshalb vor allem anderen nach Veränderungen des Waldzustandes und der räumlichen Verteilung fragen.

Wo schrumpft der Wald, wo dehnt er sich aus?

Rechnerisch hat jeder Bundesbürger vom bewaldeten Drittel der Bundesrepublik etwa 1200 m², d.h. eine gut vorstadtgartengroße Fläche zur Verfügung. Doch leider sind Bevölkerungs- und Waldverteilung sehr wenig aufeinander abgestimmt. Während sich die streß- und abgasgeplagten Bewohner von Ballungsgebieten nach mehr stadtnahen Erholungswäldern sehnen, fühlt sich die »Restbevölkerung« der Abwanderungsgebiete durch immere stärkere Bewaldung umzingelt oder »nach Sibirien versetzt«. Je großstadtferner, grenznäher und landwirtschaftlich ungünstiger ein Mittelgebirge liegt, desto rascher wachsen seine Neuaufforstungen. Stellvertretend sei der Bayerische Wald herausgegriffen: Bezogen auf die einzelnen Topografischen Karten 1:25000 sind etwa 12–30% der heutigen Bestockungsflächen erst nach dem 2. Weltkrieg durch Neuaufforstung von landwirtschaftlichen Nutzflächen, vor allem aber Trocken- und Feuchtbiotopen entstanden. Die hohe Brachlegungstendenz landwirtschaftlicher Nutzflächen in Rheinland-Pfalz beschleunigte dort die Aufforstungstätigkeit: 1978–1981 kamen ebensoviele Waldflächen hinzu wie 1950–1978 (je 19000 ha)![6]
Karten und Luftbilder der Vorkriegszeit zeigen im allgemeinen mehr Waldlichtungen, -durchlässe, -lücken und -buchten als heute. Benachbarte Waldstücke verschmelzen zu

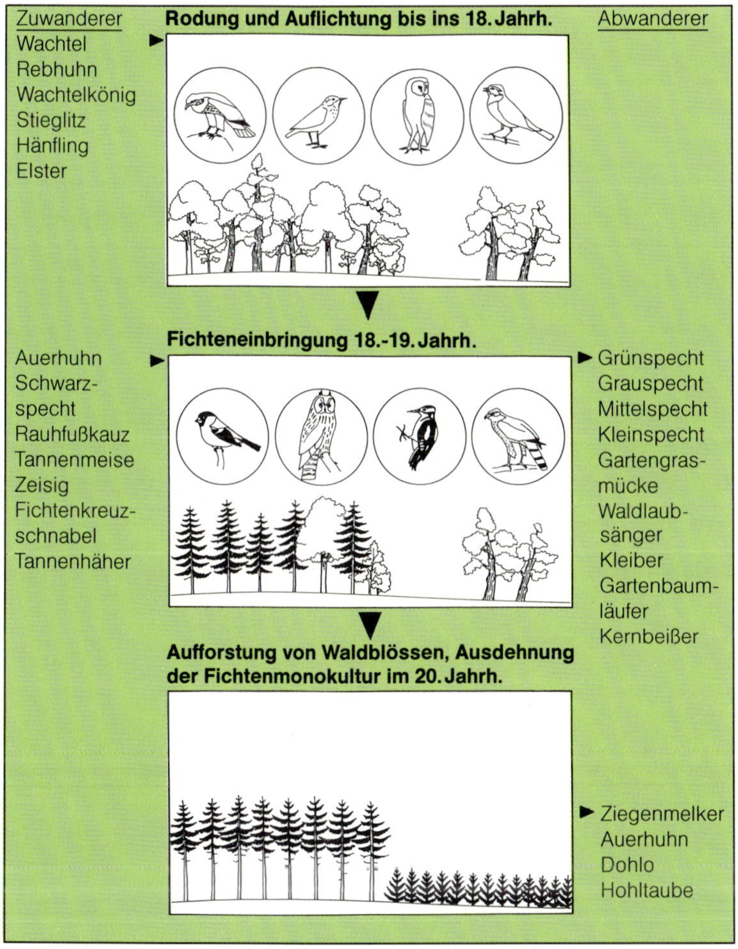

Diese Abbildung zeigt die »Ein- und Auswanderung« von Vogelarten als Folge der Waldveränderungen im Solling (in Anlehnung an Scherner, zit. nach Bezzel 1982). In den Kreisen sind jene Arten symbolisiert, die schon da waren, aber durch den jeweiligen Waldzustand begünstigt wurden: im oberen Block u. a. Mäusebussard, Star, Schleiereule und Goldammer, im mittleren Block Gimpel, Waldohreule, Buntspecht und Sperber. Die weitere Ausbreitung des dichten Altersklassen-Nadelforstes und die Verfichtung der Blößen führte das bisher vogelärmste Stadium herbei.

geschlossenen Blöcken mit überwiegend geraden Randlinien. Trotz Waldzuwachs verkürzen sich die landschaftsbereichernden Waldränder. Wiesentäler, durch ihre Abgelegenheit reizvolle Lichtungen, Durchblicke und steile Wiesenzungen verschwinden.

Der Wald-Ausdehnung in den wirtschaftlich benachteiligten Gebieten und Mittelgebirgen steht die Wald-Schrumpfung am Rand der Ballungsgebiete und in den »Entwicklungsachsen« der Landesentwicklungsprogramme gegenüber. Durch Autobahn- und Schnellstraßenbau, Energieleitungen, Siedlungs-, Industrie- und Flughafenerweiterungen entstehende Schneisen, Buchten und Durchlässe sind allerdings kein Ausgleich für den Waldrandverlust in abgelegenen Regionen. Denn diese windwurf- und rindenbrand-gefährdeten, uneingewachsenen Bestandes-Aufhiebe sind durch Tausalzschäden, Staub, Autoabgase, Lärm, Ablagerungen und meist schnurgeraden Verlauf von vornherein erholungsunwirksam.

Eine der europäischen Hauptentwicklungsachsen mit den höchsten Waldverlusten ist das Oberrheintal. Im Raum Freiburg verschwanden 1900–1980 »nur« 576 ha überwiegend laubholzreiche Stromauenwälder, im Raum Karlsruhe dagegen 2213 ha oder 14,3%.[8] Der Forstbezirk Rastatt büßte noch 1977–1984 nicht weniger als 160 ha (17%) z. T. naturnaher Terrassen- und Hartholzauwälder ein, der Forstbezirk Bühl sogar 21%. Die Rheinebene verlor seit 1945 insgesamt ca. 33% ihrer Auen-, Eichen-Hainbuchen- und Flugsandkiefernwälder.[9]

Die Zersiedelung und »Zerstraßung« großstadtumgebender Waldgürtel ist am Beispiel des Nürnberger Reichswaldes exemplarisch nachzuvollziehen. Um 1820 etwa 31 000 ha groß, waren bis 1945 trotz Reichsparteitagsgelände und Reichsautobahn noch 27 000 ha vorhanden. Bis 1960 gingen 500 ha verloren, 1960–1977, also in einer vergleichbaren Zeitspanne, aber rund 2500 ha, also das 5fache.[10] Noch 1977–1982 betrug die jährliche Verlustrate durchschnittlich 31 ha.

Bedenklicher als der Gesamtflächenverlust von rund 24% ist die enorme Zerstückelung des Wald-Lebensraumes. Verkehrsreiche, z. T. von Wildzäunen begleitete Straßenbarrieren und sonstige Schneisen zergliedern den vor dem 1. Weltkrieg ununterbrochenen Großlebensraum in voneinander isolierte Inseln.

Erfreulicherweise beschränkt man Waldopfer zunehmend auf Großprojekte mit Unabweisbarkeitsanspruch wie Autobahnen und Startbahnen. Stromleitungen, Kiesgruben, Siedlungen, Schrebergärten und dergleichen versucht man aus den Wäldern herauszuhalten. Das Schutzinstrument der Bannwälder findet zögernd auch auf die Waldgürtel der Ballungsgebiete Anwendung. Nicht nur Lawinenangst im Gebirge, sondern auch die zunehmend verspürte Unwirtlichkeit der Städte verschafft den Wäldern eine nie gekannte Wertschätzung. Leider erwacht dieser Sinneswandel erst zu einer Zeit, in der auch außerhalb klassischer Rauchgas-Schadensgebiete die Wälder einem ungewissen Schicksal entgegengehen. Auf riesiger Fläche absterbende oder siechende Kiefernwälder im oberschlesischen und Warschauer Industrierevier – führt dieses Schicksal alle Bannwaldbemühungen in unseren großstadtnahen Forsten ad absurdum?

Zwergstrauchheiden

Den Grasheiden – Kalktrockenrasen, Wacholderheiden, bodensauren Magerrasen (vgl. die folgenden Kapitel) – stehen die Zwergstrauchheiden gegenüber. Nicht Gräser und Seggen sondern verholzte Heidekrautgewächse geben den Ton an. So sehr, daß der Begriff »Heide« sofort die Vorstellung eines einfarbig rosaroten, fast endlosen Blütenteppichs auslöst, der höchstens durch melancholische Säulenwacholder, einzelne Birken und Eichen oder einen Sandweg unterbrochen ist.

Viele Menschen lernen die Heide heute nur noch im Naturschutzpark der Lüneburger Heide südlich Hamburg kennen. Ein Ausflug »in die Heide« ist fast gleichbedeutend mit einem Besuch des Wilseder Berges oder Totengrundes. Dabei zieht sich der nordwesteuropäische Heidegürtel von Südschweden, über Jütland, die Geest Schleswig-Holsteins, Nordostniedersachsen und Ostholland bis nach Belgien, Nord- und Westfrankreich, überzieht einen Großteil der Britischen Inseln und springt auch auf die höheren Bergländer des Binnenlandes über. Mit Ausnahme der Beerstrauchheiden in der Waldkampfzone des Hochgebirges, des Schwarzwaldes, Böhmerwaldes, der Sudeten und der skandinavischen Fjällgebiete wird der Heidelebensraum von einer einzigen Art, der Besenheide *(Calluna vulgaris)* geprägt. In den feuchteren Heiden in Küstennähe können auch die Glocken- oder Doppheide *(Erica tetralix)* und die Grau-Heide *(Erica cinerea)* zur Vorherrschaft gelangen.

Heidelandschaften sind jedoch weit mehr als nur eintönige niedere Zwergstrauchdikkichte. Heideweiher, kleine Heidemoore mit Kolken, perlmuschelbesetzte und von Pfeifengrasfluren gesäumte Heidebäche, kleine Sanddünen und grellweiße Windausblasungen, Eichenkratts, Hudewälder und germanische Hünengräber gehören ebenso dazu wie die Attribute der Heidewirtschaft: Heid-

Das Foto aus einem der letzten Heidereste zeigt nur einen Teil der typischen Landschaftselemente einer ursprünglichen Geestlandschaft: hohlwegartige Schaftriebwege, ständig umgelagerte Flugsandverwehungen, sogar kleinere Wanderdünen mit Sand-Segge, festgelegte Dünen mit Krähenbeere, Heidetümpel, einzelne Findlinge aus rotem skandinavischen Granit, die durch regelmäßigen Schafverbiß oder Plaggennutzung erneuerte Besenheide mit einzelnen Wacholdern, dem »Machangelboom« der Märchen. Leider ist das vollständige Bild einer Heidelandschaft praktisch ausgelöscht. Wenn von einem um 1840 noch 70% bedeckenden Biotoptyp weniger als 5% übriggeblieben sind, so sind dies keine Heidelandschaften mehr, sondern Heidefragmente mit einzelnen malerischen Säulenwacholdern oder winderdrehten Kiefern darauf.

schnucken, windschiefe Schafställe, Bienenkörbe, Schäfer.

Die meisten Besucher wären wohl darüber erstaunt, daß die Heide nichts Naturgegebenes, sondern das Ergebnis jahrhundertelangen Raubbaues ist. Abgesehen von Krähenbeerheiden auf den Friesischen Inseln, ständig umgelagerten Binnendünen und Gebirgsheiden an der Waldgrenze waren alle Heidestandorte ursprünglich mit Wald, vorwiegend Eichen-Birkenwald, bedeckt. Die Waldauflichtung begann jedoch schon in der Jungsteinzeit mit Waldweide und Wanderfeldbau. Um 1500 v. Chr. müssen die Wälder stellenweise bereits verheidet gewesen sein. Aber erst das Mittelalter verwüstete die von »Markgenossenschaften« bewirtschafteten Hudewaldungen des Gemeinbesitzes. Durch Rinder-, Pferde- und Schafaustrieb verbissen und des Jungwuchses beraubt, verfielen die Restwälder mehr und mehr dem Raubbau für die Salinen, die Eisenerzverhüttung, Wanderglashütten, Pechherstellung und den Holzhandel. Zur Belieferung des gesamten Ostseeraumes verheizten die zeitweise über 50 Salzsiedehäuser Lüneburgs pro Jahr bis zu 300000 Festmeter Buchen- und Eichenholz und hatten in ihrem Einzugsbereich schon im 17. Jahrhundert sämtliche Wälder bis zur Weser-Elbe-Wasserscheide ersatzlos verbraucht.[11]

Heute unvorstellbare Schafherden, durch die aufblühende Tuchweberei und entsprechend gestiegene Wollpreise gefördert, verhinderten seit dem 14. Jahrhundert die Wiederbewaldung der »heidebewachsenen Dauersteppe«. Mit der Heideausdehnung und Bodenverarmung entwickelte sich seit der Eisenzeit die Heidewirtschaft, die im nordwesteuropäischen Heidegürtel vom frühen Mittelalter bis zum Beginn des Industriezeitalters ausgeübt wurde: Sie verkoppelte Akkerbau, Heidenutzung und Imkerei in einem fein ausbalancierten Verhältnis. Wenige meist mit Winterroggen bestellte Äcker (»Esch«) benötigten das 10–30fache an Heideflächen zur Düngergewinnung. Ältere Heidebestände wurden mit der »Twicke« (Heidesense) alle 4–10 Jahre zur Stalleinstreu abgehauen und wanderten in Mistform auf die Äcker. Zum Auslegen der Schafställe schälte man alle 20–40 Jahre mit der Plaggenhaue Narbenstücke 10 cm tief bis auf den Sanduntergrund ab, die nach Durchmischung mit dem besonders nährstoffreichen Schafkot die »Plaggenesch«-Felder düngten. Durch die jahrhundertelange Streu- und Plaggenzufuhr häuften sich auf den alten Äckern bis über 1 m tiefe Humusschichten, die sogenannten Eschböden an.[11]

Gleichzeitig dehnten sich die Heideflächen auf Kosten der letzten bodenständigen Laubwälder bis zur Mitte des 18. Jahrhunderts immer weiter aus. Damals zog sich z. B. ein über 20 km breiter Heidegürtel von den Harburger Bergen bei Hamburg bis zur Aller. Von der Nordspitze Jütlands bis nach Holland war die Zwergstrauchheide, stellenweise von Wacholdern oder »Machangelboomen« und verbissenen, niederwaldartigen Eichenkratts oder »Stühbüschen« unterbrochen, das beherrschende Landschaftselement.

Lebensraum und Lebensgemeinschaft der Zwergstrauchheiden

Beherrschende Pflanze ist die Besenheide *(Calluna vulgaris)*. Mit ihrer Mykorrhiza, nadelförmigen Blättern, einer dicken Lederhaut und einer verdunstungshemmenden Spaltöffnungsmechanik ist sie auf den windausgesetzten, trockenen, extrem nährstoffarmen und sauren Heidestandorten fast konkurrenzlos. Besenheidepflänzchen kommen nach 2–3 Jahren zum Blühen. Nach 15–20 Jahren endet ihre Optimalphase. Vom Zentrum her sterben die *Calluna*-Sträucher ab. In den Löchern keimen Gräser und Birken. Die Heide würde verwalden, wenn nicht durch Plaggen und Abbrennen der für *Calluna* besiedelbare Sandboden von seiner Rohhumusschicht befreit und eine neue Pionierphase der Heide eingeleitet würde. Rasches Feuer, Heidschnuckenverbiß, aber auch Flächenfraß des Heidekäfers *Lochmaea suturalis* erneuern die zuletzt 50 cm hohe Heide im »Kurzschluß«, ehe sie struppig wird und zusammenbricht.[12] Der Zyklus von Pionier-, Optimal- und Degenerationsphase fehlt in Heidschnuckengebieten. Heidschnucken sind hier außerdem die Bundesgenossen des Imkers, weil sie die Heideblüte, das »Brot der Bienen«, fördern und die unzähligen bienengefährlichen Spinnennetze in den Heidbüschen zerreißen.

Sonst nur noch im Schilfröhricht ist die gesamte Lebensgemeinschaft so eng an eine einzige Basispflanze gebunden wie in der Heide. Allein ca. 300 pflanzenfressende Insektenarten sind auf *Calluna* spezialisiert. Kaum ein Pflanzenteil der Besenheide bleibt dabei ungenutzt: Die Blüten sind für Bläulinge, Feuerfalter, Ochsenaugen, Samtfalter, Nachtfalterarten, Hummeln, Sandbienen und Furchenbienen die Nektar- und Pollenquelle; über die Honigbiene - allein in der Lüneburger Heide standen 1857 nicht weniger als 120000 Bienenstöcke - war sie jahrhundertelang die einzige Zuckerquelle des Heidebauern. Die Blättchen werden von zahlreichen Käfer-, Klein- und Großschmetterlingslarven ausgefressen, z. B. von Blattkäfern, Rüsselkäfern, von Spanner-, Spinner- und Eulenarten, auch vom Kleinen Abendpfauenauge. Von den Pflanzensäften der Heide leben mehrere Weich-, Boden-, Sichelwanzen, Zikaden und Blattflöhe. Eine Rüsselkäferart hat sogar die Früchte für sich entdeckt, eine andere die Wurzeln. Viele Spinnenarten verankern ihre Fangnetze in der ausgewachsenen Heide oder lauern darin auf Beute. In der Heidestreu entwickelt sich eine eigenständige Bodenlebensgemeinschaft aus Asseln, Springschwänzen, Hornmilben und 2-10 mm großen, weißlichen Enchytraeiden, die das Fehlen von Regenwürmern überbrücken. Maulwürfe, deren Gänge im lockeren Sand einstürzen würden, werden durch Mistkäferarten und andere röhrenbewohnende Insekten ersetzt, die zur Larvenaufzucht bis zu 1 m tiefe Gänge »abteufen«.[12]

Bedeutung der Zwergstrauchheiden

Einst war die Heide das tragende Fundament der gesamten Landwirtschaft in der Geest. Mitte des 19. Jahrhunderts hatte ein typischer norddeutscher Heidehof 33 Morgen Wiesen, 170 Morgen Ackerland, 45 Morgen Forst, aber 1400 Morgen Heide! Der Getreide-, Kartoffel- und Buchweizenertrag beruhte in der mineraldüngerlosen Einfelderwirtschaft vor allem auf der Stoffzufuhr aus riesigen Heideflächen. Ein Heidehof benötigte 780-830 Fuder Heidestreu und Plaggen pro Jahr.[11] Aus den niederländischen Heiden wurden schätzungsweise insgesamt etwa 2,1 Milliarden Kubikmeter Plaggen gewonnen.[13] Noch heute zehren norddeutsche Großlandwirte von den angehäuften Eschböden ihrer Vorfahren.

Deutlicher jedoch schlug sich die Heide im Viehbestand nieder: Ein idealtypischer Heidehof besaß nur 6-7 Milchkühe, aber 500-700 Schnucken! Noch um 1800 beanspruchten etwa 500000 Schnucken in der Lüneburger Heide eine Weidefläche von ca. 250000 ha.

Zwar weiden in den 4450 ha Heideflächen des Naturschutzparks Lüneburger Heide heute wieder 3500 Schafe, wesentlich höher ist jedoch heute die Touristendichte: Mußte eine Heidschnucke einst mindestens 0,5 ha zur Verfügung haben, so entfallen bei einer Jahresbesucherzahl von 4,5 Millionen an Spitzentagen höchstens 1/10 ha Heide auf jeden Besucher. Teile des Naturparks erinnern zeitweise eher an städtische Fußgängerzonen, im Umfeld haben sich 1600 Ferienwohnungen und 28000 Gästebetten etabliert.[11] Auch Heidereste in Dänemark, den Niederlanden und Hochheiden der Mittelgebirge ziehen riesige Besucherscharen geradezu magnetisch an. So ist die materielle Bedeutung der Heiden vom agrarischen in den touristischen Sektor umgeschlagen! Davon unberührt bleibt ihre Rolle für den Artenschutz und Landschaftshaushalt, die man leider erst heute wahrnimmt.

Sandheiden sind dank ihrer Wasserdurchlässigkeit, ihres ausgeprägten Kleinreliefs und ihrer Vegetationsrauhigkeit zur Wasserrückhaltung und Versickerung ins Grundwasser prädestiniert. Heidegebiete besitzen zwar Quellbäche, aber keine Oberflächenabflüsse. Jahrhundertelang hing eine ergiebige Grünlandnutzung in den Geestniederungen von einem ausreichend hohen Bachwasserstand und Talgrundwasserspiegel ab. Den auch in Trockenzeiten nachhaltigen Abfluß »produzierten« die ausgedehnten Heiden des Bacheinzugsgebietes. Als die Mineraldüngung und Intensivierung in den östlichen Niederlanden auch eine Wasserspiegelsenkung in den Tälern nach sich zog, wurde die Wasserspeicherung der Heidegebiete überflüssig. Die Trocken- und Feuchtheiden wurden melioriert. Ein darauffolgender Anstieg der Hochwasserwellen in den ehemaligen Heidebächen löste Ausbaumaßnahmen aus.[14]

Calluna-Heide auf der Geest-Insel Amrum/Nordfriesland in den 60er Jahren. Die großen norddeutschen Heidegebiete - sie sind teilweise mehrere Jahrtausende alt - entstanden überwiegend durch jahrhundertelange Plaggennutzung. Auf Amrum wurde der Heide zwischen 1950 und 1970 durch flächendekkende Aufforstungen ein Ende bereitet.

Heute wächst an dieser Stelle ein junger Kiefernwald heran. Der ausgebleichte Sandweg ist an der kleinen S-Kurve im Hintergrund wiedererkennbar. Die Lebensgemeinschaft des »Calluno-Genistetum« (Besenheide-Ginster-Flur) hat damit wieder eine ihrer immer selteneren Restflächen eingebüßt, nachdem allein zwischen 1850 und 1900 z. B. in der Lüneburger Heide jährlich 900 ha Heiden mit staatlicher Unterstützung aufgeforstet worden waren.

Die hohe Bedeutung von Restheiden für die Qualitätssicherung des Grundwassers wird indirekt daran sichtbar, daß unter intensiv gedüngten Ackerkulturen ehemaliger Heidegebiete die höchsten Nitratwerte des Norddeutschen Tieflandes auftreten. Schadstoffniederschläge werden zum erheblichen Teil an den chemischen Bindungsstellen des Heidehumus zurückgehalten.

Bedrohung der Zwergstrauchheiden

Der Bevölkerungsdruck des ausgehenden 18. Jahrhunderts führte zu einer Übernutzung und extremen Nährstoffarmut der Heideflächen. Die abgeplaggten Flächen brauchten zu ihrer Wiederbewachsung immer länger. Überbeweidung verhinderte die Regeneration oft ganz und gar. Nackte, windverblasene Sandflächen dehnten sich immer weiter aus. Der Nutzungsdruck auf die verbliebenen Heiden verstärkte sich dadurch, zumal die Ackerfläche und damit der Streu- und Plaggenbedarf gleich geblieben waren. Die Verkoppelungen, also die Aufteilung der Heideflächen in Gemeinschaftsbesitz zu Anfang des 19. Jahrhunderts verschärften die Übernutzung noch, weil ein Teil dieser Flächen zur Ablösung von Grunddienstbarkeiten dem Staat übertragen wurden und die Bauern bei der Plaggen- und Streugewinnung nur mehr auf die zugeteilten Parzellen zurückgreifen konnten.
Mitte des vorigen Jahrhunderts war in Nordwestdeutschland nur noch ein Drittel der Heide als Schafweide geeignet, der Rest war »verhauen«. Besucher der Lüneburger Heide berichteten damals von kärglichen Äkkern, elenden und zerfallenden Gehöften und hungrigen Raben, die über das tote Sandmeer einer norddeutschen »Sierra Morena« flattern.[11]
Durch geregelte Fruchtfolge, Gründüngung und Mergelausbringung versuchte man schon ab etwa 1830 den Ackerbau von der Plaggenwirtschaft abzukoppeln. Nach Einführung des Mineraldüngers um 1870 konnten die Nährstoffmängel der Sandböden ausgeglichen werden und so verdreifachten sich die Ackerflächen allein von 1880 bis zum 1. Weltkrieg auf Kosten der Heide.
Der Zusammenbruch der Schafwollpreise gegen Ende des 19. Jahrhunderts, die Ackerintensivierung durch verbesserte Sortenwahl und Kartoffelausweitung, der Vormarsch der Schweine- und Rinderzucht und die Entwässerung sumpfiger Heidetäler versetzten der Heidewirtschaft nach dem 1. Weltkrieg den endgültigen Todesstoß. Spezielle Organisationen widmeten sich der Heidekultivierung, so etwa der 1830 gegründete »Land- und forstwirtschaftliche Provinzialverein für das Fürstentum Lüneburg«, die holländische »Heidemaatschappij« und der Dänische Heideverein.
Mit neuen Dampfpflügen war man in der Lage, die Ortsteinschicht aufzubrechen. Die kulturtechnischen Fortschritte in der Lüneburger Heide beschreibt Waltemath 1914 folgendermaßen: »Wer die Lüneburger Heide vor 20 bis 30 Jahren durchwandert hat und sie jetzt wieder durchquert, der vermag sie nicht wiederzuerkennen. Wo früher die kümmerliche Heide war mit ihren Heidschnukkenherden, mit der Armut ihrer Bewohner, wo selbst auf urbarem Land nur kärglich das Korn und der Buchweizen wuchs, wo noch die überaus alte Brandkultur geübt wurde, da freut sich das Auge an üppig gedeihenden Feldern mit mannshohem Roggen, mit Kleebau, Haferfeldern, schönen Weiden und Wiesen, auf denen prächtiges Rindvieh grast. Der Buchweizen ist ganz selten geworden, die Heidschnucken fast verschwunden. Die zahlreichen kleinen Bäche, deren Naß früher nutzlos abfloß, sind für Rieselwiesen dienstbar gemacht worden.«[11]

Das Naturschutzgebiet Westruper Heide im Lkr. Recklinghausen/Nordrhein-Westfalen hatte 1980 seinen Charakter als Zwergstrauchheide durch Aufhören der Schnuckenbeweidung und übermäßigen Erholungsverkehr völlig eingebüßt. Steppenartige Drahtschmielenrasen *(Avenella flexuosa)* und massenhafter Birkenanflug hatten die Besenheide und ihre noch konkurrenzschwächeren Begleitarten fast völlig unterdrückt. Über einen Birken-Vorwald hätte sich die Heide wieder zum Eichen-Birkenwald zurückentwickelt, aus dem sie vor Jahrhunderten durch die Heidewirtschaft hervorgegangen war. Dasselbe Schicksal war und ist allen Heideresten mit nachlassender Schnuckenbeweidung beschieden.

Dieselbe Fläche in derselben Blickrichtung nach einem Wiederherstellungsversuch im Dezember 1981. Die Landesanstalt für Ökologie in Nordrhein Westfalen entschloß sich, durch großflächiges Abschieben der Humusschicht bis auf den Bleichsand der Besenheide wieder günstige Keimbedingungen zu schaffen. Aus aufgebrachtem Heide-Mähgut ausgefallene Samen bildeten einen *Calluna*-Rasen, der sich von 5% im 1. Jahr auf 70% im 3. Jahr (1984) ausgedehnt hatte. Durch umfangreiche Besucherlenkung werden die wiedergewonnenen trittempfindlichen Jungheide-Bestände geschützt.

Nach Abschluß der Gemeinheitsteilungen setzte eine durch staatliche Grundankaufsprogramme und Aufforstungsdarlehen planmäßig geförderte Aufforstung der Heideflächen ein. Allein in der Lüneburger Heide wurden ab 1878 jährlich 900 ha Heide mit Kiefern aufgeforstet.[11] Noch 1930 hatte man zwischen Arnhem und Aapeldorn einen freien Blick über Heiden und Sandflächen, welche inzwischen unter Aufforstungen verschwunden sind.[14] In Jütland transportierte man noch 1959 913 000 t Mergel aus 7000 Mergelgruben in der Grundmoräne zu den Heidekulturgebieten. Allein von 1866 bis 1890 verwandelte man 350 000 ha Heide in Ackerland und Aufforstungen; der Waldanteil stieg von 2,2 auf 10%.[15] Heideumbruch und -aufforstung verändern die gesamte Lebensgemeinschaft schlagartig.

Mit der Verinselung und dem extremen Flächenrückgang konzentrierte sich der Erholungsverkehr immer mehr auf die stimmungsvollen Heidereste mit ihren windschiefen Schafställen, ihren Hügelgräbern und Wacholdern. Schon Hermann Löns klagte vor dem 1. Weltkrieg über jene Ausflügler, die in hellen Scharen in die Heide einbrachen, Birkhühner vergrämten und Unrat zurückließen. Das Ausmaß der heutigen Heidenostalgiebewegung hätte er sich jedoch nicht träumen lassen. Großstadtnahe Heidflächen verwandeln sich aufgrund der Trittempfindlichkeit der Besenheide schon bei mäßigem Besucherdruck in niedergetretene Grasfluren aus Borstgras oder Draht-Schmiele bzw. in kahle Sandflächen. Einige seltene Pflanzenarten wie z. B. der Zypressenbärlapp sind dadurch bedroht. Im 62 ha großen Naturschutzgebiet Westruper Heide nördlich Recklinghausen haben bis zu 2000 Tagesbesucher die Wegefläche von 3% (1954) auf 6,4%, die trittverwüstete Fläche auf 4,1% und die ruderalisierte Fläche auf 9,4% ansteigen lassen.[16]

Von Heidschnucken verwaiste Heideinseln verfallen häufig dem Sandabbau, stadt- und dorfnahe auch der Bebauung oder der Zweckentfremdung als Müllgruben.

Die militärische Nutzung bewahrte einerseits ausgedehnte Heiden vor Kultivierung und Aufforstung – die einzigen größeren Heidereste des Emslandes liegen im Schießplatz Sprakeler Heide – devastiert aber andererseits Teile der Restheiden. Von den insgesamt 65 000 ha Truppenübungsplätzen der Lüneburger Heide sind rund 1700 ha als Panzerübungsgelände weitgehend umgewühlt.[11]

Ebenfalls neuartig ist die Bedrohung der Heidemoore und -niederungen durch die Grundwasserabsenkungen der Wasserwerke. Schon die Wasserbilanzveränderungen durch die umfangreichen Aufforstungen lösten zusammen mit Entwässerungsmaßnahmen eine Verschiebung der Quellhorizonte, d. h. eine Bachverkürzung aus, so etwa an der Este. Der Absenkungstrichter der Hamburger Wasserwerke am Rand des Naturschutzparks Lüneburger Heide beginnt sich bereits auf Feuchtheiden, Heidemoore und Heidegewässer auszuwirken.

Viele Heidereste stehen zwar unter Naturschutz, die bestandeserhaltende Heidenutzung konnte der Naturschutz aber nicht »mitliefern«. Ohne regelmäßiges Abbrennen, Plaggenhauen und Beweiden erwachsen den Restheiden drei große Gefahren: die Überalterung und das Zusammenbrechen der Besenheide, die Vergrasung insbesondere mit Draht-Schmiele *(Avenella)* und die Birken-, in Nordfriesland auch Espenbestokkung. Nährstoffeintrag aus angrenzenden Äckern und die Stickoxidniederschläge aus der abgasbelasteten Atmosphäre scheinen den Vegetationsumbau zu fördern. 1970 waren fast 50% der Heideflächen im Naturschutzgebiet Lüneburger Heide »verbirkt«. Radikalkuren wie z. B. Herbizideinsatz lösten heftige Diskussionen aus. Der Einsatz

genügend großer Heidschnuckenherden ist nur in großen Restheiden wie z. B. im Lüneburger Naturschutzpark zu bewerkstelligen. Deshalb ist das weitere Schicksal der meisten Heidereste höchst ungewiß. Örtliche Nachahmung der Plaggennutzung wie z. B. im Zwillbrocker Venn und in Ostholland, Entbirkung durch Naturschutzgruppen oder Muffloneinsatz wie z. B. im »Heiligen Meer« bei Hopsten verraten zwar die heftigen Bemühungen um die Rettung eines im Grunde bereits vergangenen Biotop- und Landschaftstyps, können aber das Überleben der Heide auf Dauer nicht gewährleisten.

Aber auch die beste Pflege kann nicht die Absplitterung und Isolierung der Heidereste ausgleichen. Die Restareale werden für ein Überleben von Tierbevölkerungen zu klein; die Abstände zu Nachbarflächen, von denen aus Einwanderungen erfolgen könnten, werden zu groß. So z. B. kommen Spinnenarten mit geringer Ausbreitungsfähigkeit nur in großflächigen Heiden vor, Wanderspinnen dagegen, die sich im Altweibersommer auf ihren fliegenden Fäden überallhin tragen lassen, finden sich auch in den kleinen Heideinseln.[12]

Verlustbilanz der Zwergstrauchheiden

Keine deutsche Kulturlandschaft wurde als Lebensraum und im Landschaftsbild so tiefgreifend »umgekrempelt« wie die nordwesteuropäische Geest- oder Heidelandschaft. Zwischen 1880 und 1960 verschwanden beinahe alle Zwergstrauchheiden der mitteleuropäischen Küstenregion bis auf bescheidene Reste. In Schleswig-Holstein nahmen um 1800 rund 255 000 ha Heide 17% der Landesfläche ein. Knapp 15 000 ha oder 0,33% der Landesfläche waren 1980 noch heideartig, vergrasen und bestocken sich aber unaufhaltsam.[12] In der Niederung der Oberen Arlau/Nordfriesland sind die 23 ha Heidefläche von 1880 restlos umgewandelt;[17] völlig aufgebraucht wurden auch die 4,25 ha Heide des Niehuuser Tunneltales. In den meisten Geestgebieten schwanken die Verluste seit 1880 zwischen 84 und 99%, so z. B. in der Sankelmark 84%, in Lundtop/Jardeland 96%, in Süderlugum 98%, in der Bordelumer und Langenhorner Heide 97%.[18] Erhebliche Anteile der noch existierenden Restflächen sind fast ausweglos ver-

Die Nöttinger Viehweide auf wechselfeuchtem Tertiärsand im Lkr. Pfaffenhofen a. d. Ilm im Jahre 1956, kurz vorher noch – wie seit dem Mittelalter – von der gemeindlichen Rinderherde extensiv beweidet. Zwischen anbrüchigen Eichenüberhältern mit einem Reliktvorkommen des Eichenbocks *(Cerambyx cerdo)* keimte die Besenheide (rosa blühend) in den Viehtrittstellen immer wieder neu. In dieser uralten Hutung durchmischten sich ebenso wie in vielen Hudewaldresten Nord- und Mitteldeutschlands die Lebensgemeinschaften der Zwergstrauchheiden und bodensauren Magerrasen. Einzelne Wacholder zeigen den Weideeinfluß an.

1985, also gut 30 Jahre nach dem Rückzug des Gemeindehirten mit seiner Herde, hatte sich das Vegetationsbild gewaltig gewandelt: Nach Aufhören des Weideverbisses und des Schwendens schossen immer schon vorhandene Birkenkeimlinge in die Höhe und bedrängten u. a. mit ausgeschiedenen Wurzelstoffen die Besenheide. Drahtschmiele verwandelte die Heide in eine Grassteppe. Nachdem man die Birken weitgehend beseitigt hatte (auch die samenspendende Altbirke im Vordergrund des 1956er-Fotos!), wurde aufkommender Faulbaum (Schößlinge über die ganze Fläche verstreut) zum nächsten, kaum lösbaren Problem.

buscht, so z. B. in Süderlugum 43,1 von insgesamt 53,6 ha und in der Bordelumer-Langenhorner Heide 11,7 von 26 ha.[17]

Im klassischen Heidegebiet, der Altmoränenlandschaft Niedersachsens ging der Heideanteil von 46% (1768) auf 5% (1970) zurück.[19] Der Heiderückgang im Emsland (Kartenblatt Lathen; ca. 500 km^2) zeigt die Aufsplitterung und anschließende Schrumpfung nach der Jahrhundertwende besonders drastisch: 1860 war die etwa 19% bedeckende Heide auf 31 durch Kulturland getrennte Bestände verteilt. 1898 bedeckten ca. 125 Bestände immer noch 18%. 1954 waren ca. 400 Heidefragmente über das ganze Gebiet verstreut, ergaben aber zusammengenommen nur mehr 7,6% der Gesamtfläche. Bis 1980 waren die meisten kleineren Reste völlig verschwunden; außerhalb des militärischen Sperrgebiets verlieren sich heute 95 Heideinselchen mit insgesamt 0,4% Gebietsanteil zwischen Kiefernforsten, intensivem Ackerland und Siedlungen, sind also erhöhtem Beeinträchtigungsrisiko durch Dünger- und Sameneinwehung, Erholungsverkehr und Abfall ausgesetzt. Mit mehr als 500 ha auch für größere Heidetiere ausreichende Heideareale gab es noch 1898, 1954 aber nicht mehr. Über 25 ha große Restheiden, in denen wenigstens die charakteristische Pflanzen- und Kleintierwelt hätte überleben können, haben seit 1954 von ca. 100 auf 5 Bestände abgenommen (−95%).[20]

In der Lüneburger Heide schrumpften die Heidschnuckenbestände (um 1850: ca. 750 000, um 1900: ca. 250 000, um 1950: knapp 25 000, heute: ca. 3500) parallel zur Heidfläche: Sogar im Naturschutzpark blieben von 1850 rund 77% Heideanteil bis 1960 nur mehr 21% erhalten, seit dem 18. Jahrhundert verringerte sich die Heidefläche von 16 000 auf 4800 ha. Umgekehrt kletterte der Waldanteil 1850–1960 von 4,4 auf über 60%. Der Regierungsbezirk Lüneburg verzeichnete 1832 49%, 1948 14% und 1980 weniger als 5% Heide.[11]

In einem 500 km^2 großen Untersuchungsgebiet um Lüneburg ebenso wie im nördlichen Niedersachsen ging die Heideumwandlung rascher vor sich als im Emsland: 1776 umschloß ein in sich geschlossenes Netz riesiger Heideflächen die Ackerinseln der Heidedörfer, in denen die Kurhannoversche Landesaufnahme weitere 120 kleinere Heideinseln verzeichnet. Die Ackerbreiten finden sich auch 1901 in annähernd gleicher Form, gro-

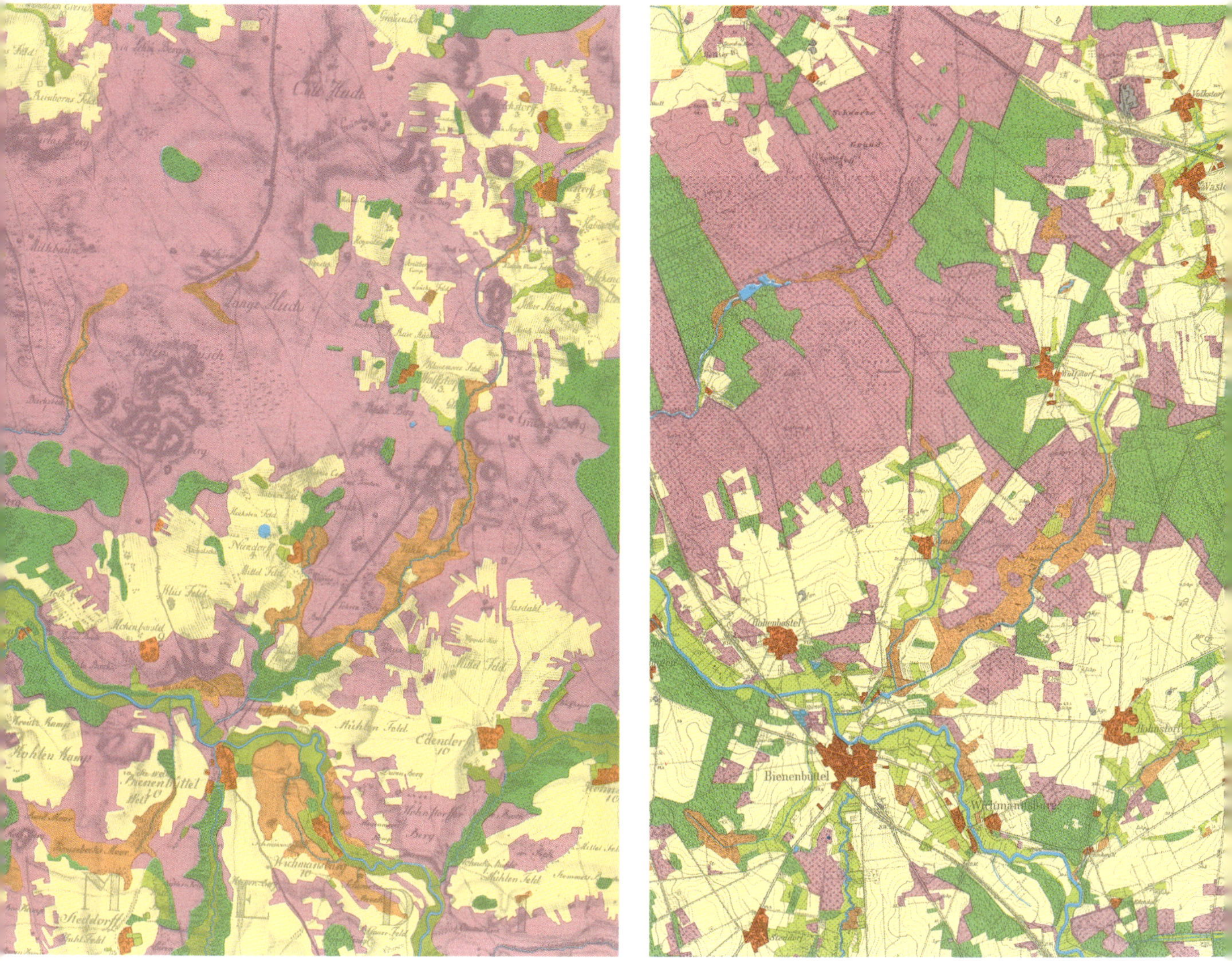

Dieser etwa 10 × 7 km umfassende Ausschnitt zeigt den Rückzug der Heide (violett) zugunsten von Kiefernforst (dunkelgrün) und Acker (hell) im Raum südöstlich Lüneburg/Niedersachsen seit der Kurhannoverschen Landesaufnahme 1776. Gelbgrün ist das Grünland und rötlich sind Siedlungen angelegt (aus Völksen 1984). 1776 (links) waren die riesigen zusammenhängenden Heideflächen zwischen den Ackerinseln noch nicht aufgeteilt, d.h. von den weit verstreuten Haufensiedlungen aus beweidet und abgeplaggt.

ße Aufforstungen haben jedoch den Zusammenhang der Heidelebensräume völlig zerstört. Im Unterschied zum Emsland war die Heidevernichtung 1957 praktisch abgeschlossen. Das Netz der Kiefernmonokulturen deckt sich weitgehend mit dem Netz der früheren Heidflächen. Der Heideanteil ging von 39% (1776), 11% (1901) auf 1% (1957) und endlich 0,4% (1977) zurück. 1901 war das ganze Gebiet mit mehr als 400 Restheidestücken, die höchstens 1 km voneinander entfernt waren, übersät, 260 davon mit mehr als 25 ha. 1957 gab es noch 113 durchschnittlich etwa 5 ha große und maximal 10 km voneinander entfernte Heidereste, 9 davon mit einem Flächeninhalt von über 25 ha. Bis 1977 sank die Anzahl der Inseln zwar nur mehr um 12, die mittlere Fläche ohne Berücksichtigung eines Truppenübungsplatzes aber auf rund 1 ha. Bereits 1901 erfüllte lediglich eine einzige Fläche den Lebensraumanspruch größerer Heidetiere.[21] Dieses Gebietsbeispiel veranschaulicht auch das Schicksal der kleinen Heidemoore, die zur Gewinnung von »Brennbulten« als Heizmaterial wegen des akuten Holzmangels bereits seit dem 18. Jahrhundert abgebaut, späterhin aber melioriert oder nach allgemeiner Grundwasserabsenkung aufgeforstet wurden. Das Kartenwerk 1901 verzeichnet noch etwas über 100 Heidemoore oder deren Überreste, 1957 waren nur mehr 11 Vorkommen eingetragen.[22] Auf 3 Meßtischblättern der Wümmeniederung, der unteren Hammeniederung und der Weser-Aller-Aue waren sämtliche Heideflächen, die 1770 z.T. bis zu 44% der Kartenfläche einnahmen, schon vor 1956 bzw. 1976 umge-

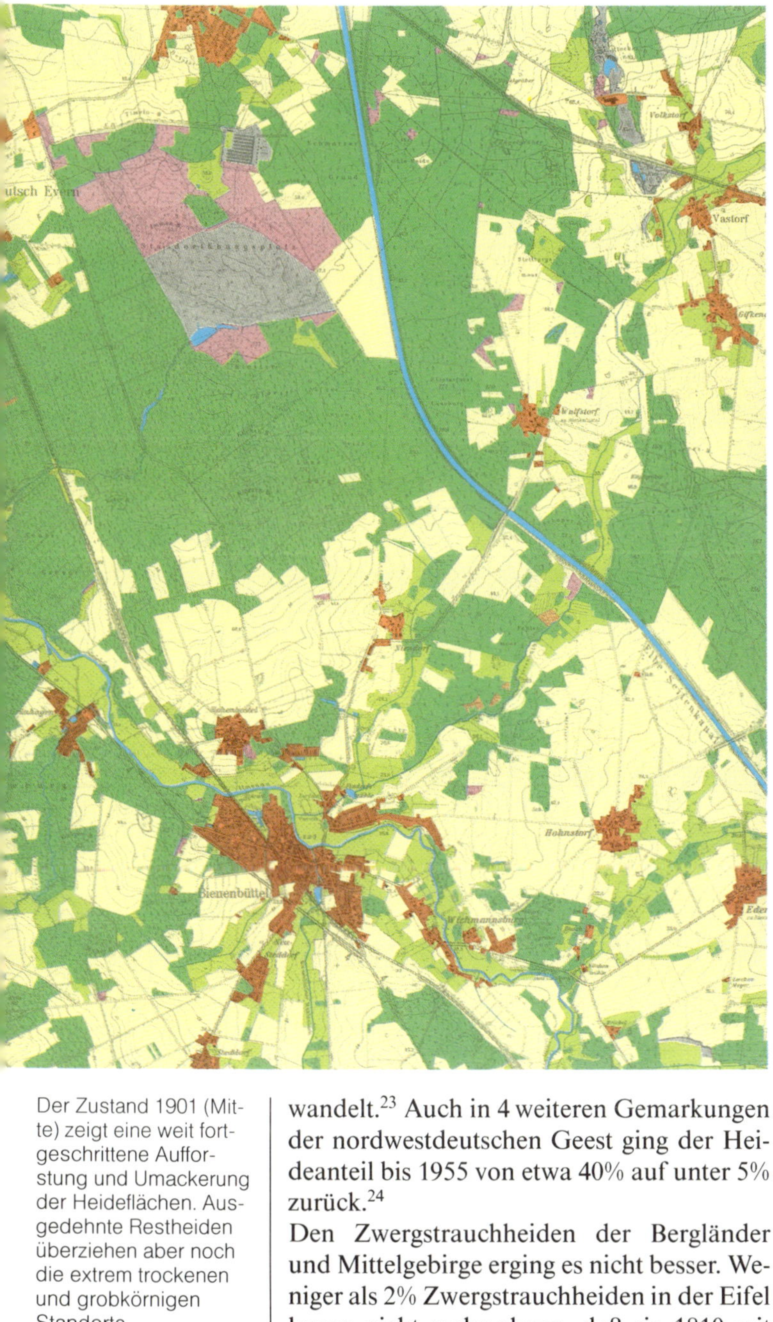

Der Zustand 1901 (Mitte) zeigt eine weit fortgeschrittene Aufforstung und Umackerung der Heideflächen. Ausgedehnte Restheiden überziehen aber noch die extrem trockenen und grobkörnigen Standorte.
Zwischen 1901 und 1977 (rechts) sind alle nennenswerten Heidebiotope außerhalb eines Standortübungsplatzes vorwiegend durch Aufforstung vernichtet worden. Die Heidelandschaft ist einer modernen Wirtschaftslandschaft gewichen.

wandelt.[23] Auch in 4 weiteren Gemarkungen der nordwestdeutschen Geest ging der Heideanteil bis 1955 von etwa 40% auf unter 5% zurück.[24]

Den Zwergstrauchheiden der Bergländer und Mittelgebirge erging es nicht besser. Weniger als 2% Zwergstrauchheiden in der Eifel lassen nicht mehr ahnen, daß sie 1810 mit einem Gebietsanteil von 16% landschaftsbestimmend gewesen sein müssen.[19] Die Hochheiden des Sauerlandes, Waldecker Uplandes, des Buntsandsteinschwarzwaldes, des Odenwaldes und Spessarts verfielen nach Weideablösung und -rückzug größtenteils der Aufforstung und Verwaldung. Fast unbemerkt verschwanden seit den 50er Jahren auch die ehemals ausgedehnten stein- und wacholderreichen Zwergstrauchheiden des Bayerischen Waldes. Als extensive Großviehweiden dienten die stellenweise zwergstrauchbedeckten, von einzelnen Alteichen, Kiefern und Birken überschirmten Hutungen des donaunahen Tertiärhügellandes östlich Ingolstadt und der Oberpfalz. Letztmalig in den 50er Jahren wurden die Weiderechte ausgeübt.

Nicht durch landwirtschaftliche Umwandlung, sondern durch den Tourismus sind die Beerstrauchheiden der Mittelgebirgsgipfellagen bedroht. Auch Heidel-, Rausch- und Krähenbeere erliegen der mechanischen Belastung größerer Menschenmengen im Bereich von Bergbahnstationen und Wanderrouten. So fressen sich die eintönigen Trittfluren am Arbergipfel im Böhmerwald immer weiter in die oft kniehohen, dunklen, deckungsreichen Beerenstrauchheiden des Gipfelplateaus und der -abhänge hinein.

Weite Teile Dänemarks waren bis zur Jahrhundertwende durch ungeheure, völlig baumfreie Heiden geprägt. Von den um 1850 über 1 Million Hektar jütischer Heideflächen waren schon 25 Jahre nach der 1866 erfolgten Gründung der Dänischen Heidegesellschaft nicht weniger als 350000 ha kultiviert. 1881 bis 1907 schrumpfte die jütische Heide- und Moorfläche von 635000 auf 416900 ha, die Aufforstungen dehnten sich von 87200 auf 192600 ha aus.[25] 1966 registrierte man noch 93000 ha Heide, mit knapp 10% des ursprünglichen Bestandes also deutlich mehr als in der Bundesrepublik Deutschland. Mittlerweile verfügt aber auch Dänemark nur mehr über winzige naturgeschützte Heidefragmente, die dem Besucherdruck kaum mehr gewachsen sind.

In den Niederlanden nahm die Heidefläche von etwa 600000 ha im Jahre 1833 auf 61000 ha im Jahre 1970 ab (–90%). Auch in Holland gab es kulturtechnisch »rückständigere« Landesteile wie z.B. das Veluwe-Gebiet um Apeldoorn und Arnhem, das 1950 noch fast ein Drittel des Heidebestandes von 1850 aufwies,[14] seither aber mit Riesenschritten zum mitteleuropäischen Niveau »aufschloß«. Dagegen ist im Raum Amelo/Twente der Heideanteil schon vor 1943 von rund 80% auf höchstens 3% und seither auf 0% zurückgegangen.[26]

In Schweden führte der Mangel an intensiv nutzbarer Agrarfläche zu einer fast restlosen Melioration der küstennahen Feuchtheiden am Kattegat.[13]

Bodensaure Magerrasen

Nur noch selten stößt man an Waldrändern, Böschungen oder Flurzwickeln auf gelb und rot schimmernde niedrige Grasfluren, die mit ihrem Ginster-, Arnika- oder Stein-Nelkenflor aus den eintönigen Feldfluren, Fettwiesen oder Nadelwäldern herausleuchten. Thymianteppiche und einzelne Besenheidebüschel sind in einen dichten Filz trittfester, bleichfarbener Horstgräser wie z. B. Borstgras oder Schaf-Schwingel eingewoben. Das Insektenleben ist oft so vielfältig wie in den Kalktrockenrasen. Auch die Erscheinungsform der Vegetation und des Kleinreliefs ist ähnlich mannigfaltig: In der Hochrhön oder bei Amöneburg/Hessen können düstere Basaltfelsen hervorragen, im Bayerischen Wald ist der Bestand mit Granitköpfen übersät, die letzten Hochheiden des Sauerlandes haben tundraartige Züge, das Irrendorfer Hardt auf der Schwäbischen Alb oder die Nöttinger Viehweide bei Ingolstadt sind reich an alten Hutbäumen, die Buckelweiden im Schweizer Jura mit unzähligen Ameisenhöckern überzogen. Überständige oder mangels weiterer Beweidung aufkommende Gehölze verleihen dem Bestand eine ganz andere Note als den Kalkrasen: Knorrige Alteichen in den hessischen Hudebezirken, kapitale Einzelbuchen auf den einsamen Hochschachten des Böhmerwaldes, Espe, Fichte und Birke auf den ehemaligen Magerweiden des niederösterreichischen Waldviertels oder auf den Weidfeldern des Schwarzwaldes und der Vogesen, fast undurchdringlicher Ginsterdschungel auf den Vulkankuppen der Eifel, windverdrillte Karpatenbirken, zerzauste Buchen oder Mehlbeerbäume auf der weiten Öde der Langen Rhön.

Solche Borstgrasrasen, Bergheiden, Flügel- und Besenginsterheiden oder Straußgrasfluren häufen sich in Mittelgebirgen mit sauer verwitternden Gesteinen wie Gneisen, Graniten, Vulkantuffen, Schiefern oder Buntsandstein, bildeten sich aber auch auf stark

Nur noch stark ruderalisiert und auf kleinflächigen Ersatzstandorten findet man bodensaure Magerrasen in vielen Gebieten (vgl. Foto). Bestimmte Ausprägungen wie z. B. die norddeutschen Lehmheiden sind außer an winzigen Wegrandstreifen völlig verschwunden. Die steppenartigen Sandrasen der Flugsandgebiete des Binnenlandes, z. B. im Schwetzinger Hardt bei Heidelberg, auf den Mainzer Sanden oder am Main, sind bis auf Restinseln der Aufforstung und Umackerung zum Opfer gefallen. Ohne Pufferzonen sind sie meist schutzlos der Einwehung von Düngestoffen und zunehmendem Erholungsbetrieb ausgeliefert und »verunkrauten« sehr rasch.

entkalkten und entbasten Unterlagen wie z. B. den Decklehmen der Alb oder auf Basaltverwitterungsböden sowie auf Flugsanddecken und in Moränengebieten der norddeutschen Vereisungsgebiete. Viele dieser Magerrasen sind letzte Zeugen früheren Raubbaues am Walde.

Beispielsweise wirtschaftete man auf den Reutbergen des Schwarzwaldes und Rheinischen Schiefergebirges folgendermaßen: Nach ca. 30-jähriger Weidenutzung wurde die vorher abgezogene Narbe (= Schwarte) zusammen mit Besenginstergestrüpp verbrannt und die Asche über die Fläche verteilt. Nach 2- bis 3-jährigem Roggen-, Hafer- oder Kartoffelbau waren die aschegedüngten Flächen erschöpft und der Reutweide-Zyklus begann von neuem.[27]

Da sich solche seit dem Spätmittelalter üblichen Nutzungsformen in den Mittelgebirgen teilweise bis nach dem letzten Weltkrieg erhalten haben, gibt es dort noch viele Reste von Borstgrasheiden oder Weidfeldern. In allen Fällen sind sie der Aushagerung ehemaliger Waldböden durch Hutweide, Abholzen und Abbrennen, Weide-Feldbau-Wechselwirtschaft, Abplaggen bzw. Abziehen der Narbe, Laubstreurechen und späterhin auch Mahd zu verdanken. Nährstoffe wurden entzogen, aber nicht wieder ergänzt.

Aus der Bezeichnung »bodensaurer Magerrasen« läßt sich auf niedere Grasvegetation ohne Düngerzufuhr auf recht sauren Böden schließen. Man erfährt daraus aber noch nicht, daß es sich meist um kleinteilige Durchdringungen aus Rasenstellen, Zwergstrauchhorsten, Felshöckern, offenen Grus- oder Sandstellen, Ameisenhügeln und einzelnen Baum- oder Gebüschgruppen handelt. Von Urgesteinsmoosen und buntschekkigen Flechten überzogene Granitköpfe sind von Preisel- und Heidelbeerstreifen umgürtet. Wasserzügige Rinnen und anmoorige Quellmulden liegen zwischen trockenen, von Borstgras oder Draht-Schmiele beherrschten Kuppen und kleine Rücken eingeschaltet.

Kristallin- und Sandstein-Verwitterungsböden unter Magerrasen sind oft sandig-grusig, locker und wasserdurchlässig. An wärmebegünstigten Sonnenhängen der Fluß- und Stromtäler, z. B. an der Donau oberhalb Passau, im Rheintal, an der Mosel und Nahe, haben sich Felsheiden als Gegenstück zu den Steppenheiden auf Kalk ausgebildet.

Landschaftsprägend sind die bodensauren Magerrasen nur noch in den atlantischen Bergheiden und auf einigen Mittelgebirgskämmen, so etwa im englischen, schottischen und irischen Hochland, in den Cevennen, Vogesen, im belgischen Hohen Venn, auf der Kuppenrhön und Langen Rhön und am Feldberg im Schwarzwald. Sie unterliegen teilweise subalpinen Extrembedingungen mit sehr hohen Niederschlägen, kurzer Vegetationszeit und hoher Windenergie.

Lebensgemeinschaften der bodensauren Magerrasen

So verschiedenartig diese Magerrasen quer durch das gemäßigte nördliche und kontinentale Europa ausgeprägt sind, eine Pflanze begleitet sie von der Küste bis in den Osten, vom Meeresniveau bis ins Hochgebirge: das Borstgras *(Nardus stricta)*. Steife borstliche Blätter, die am Grund in einer schützenden Strohscheide stecken, sowie die enorme Festigkeit der Horste machen es unempfindlich gegen den Tritt der Weidetiere und auch einer gewissen Menge von Berg- und Heidewanderern. Von Pferden regelmäßig, von Rindern und Schafen aber nur im Notfall befressen, dehnte es sich von seinen winzigen Urstandorten auf Schneeböden, Felskuppen und Moorrändern seit dem späten Mittelalter auf die Hochweiden aus. Abgesehen von sauren Rohhumusauflagen, die seine Mykorrhiza aufschließen kann, meidet es die Kalkgebiete: Eisenmangelerscheinungen mindern hier die Konkurrenzkraft des Borstgrases, im Alpenraum auch »Bürstling« oder »Fahnen« (Allgäu) genannt. Auf den alten Hochweiden und -mähdern der Sudeten, des Thüringer Waldes, Harzes und der Randkarpaten bedeckt es häufig mehr als drei Viertel des Bodens allein und duldet oft nur 5–10 Begleitpflanzen. Auf Trittflächen in norddeutschen Zwergstrauchheiden und alpinen Matten könnte man sogar von Borstgras-Monokulturen sprechen, wenn nicht in seinem Schutz noch einige niedrige Moose überleben könnten.

Der dichte Rasen- und Wurzelfilz des Borstgrases läßt aber darüber und darunter Raum für einige hochwüchsige, z. T. tiefwurzelnde, heilkräftige und auffällige Arten wie z. B.

Gelber Enzian *(Gentiana lutea)*, Ungarischer Enzian *(Gentiana pannonica)*, Arnika *(Arnica montana)*, Alpen-Anemone *(Pulsatilla alpina)*, auf weniger sauren Unterlagen auch Türkenbund *(Lilium martagon)* und Berg-Flockenblume *(Centaurea montana)*.
Die Bauten der Heideameisen bergen eines der vielen Geheimnisse der Magerrasen-Lebensgemeinschaft: Die Gelbe Wiesenameise »hält« sich Blatt- und Wurzelläuse als »Melkkühe« für zuckerhaltige Ausscheidungen, bewahrt dafür die Eier der Wurzelläuse geschützt im Ameisenbau und bringt die geschlüpften Läuse im Frühjahr sogar an ihre Futterpflanzen. Auch Bläulingsraupen, die sich vorher am Thymian ernährten, werden eingetragen und dürfen sich »zum Lohn« für Sekrete aus der Hinterleibsspalte an den Ameisenpuppen und -larven vergreifen.
Extensiv beweidete Magerrasen im westlichen Mitteleuropa, z.B. Schwarzwald, Hunsrück und Taunus und in Nordwest deutschland, weisen sich im Sommer durch das leuchtende Gelb verschiedener Ginsterarten aus, vor allem des Englischen, Behaarten und Flügel-Ginsters *(Genista anglica, G. pilosa* und *G. sagittalis)*. Der Stechginster *(Ulex europaeus)* der küstennahen Heiden von Portugal bis Großbritannien ist ein verhaßtes, scharf bekämpftes Weideunkraut.
Auch unser Flügel-Ginster breitet sich dank seiner horizontalen Legtriebe, die anwurzeln können, auf den Weiden aus. Mit bis zu 40 cm hinabreichenden Wurzeln erschließt er sich auch tiefere Wasservorräte. Photosynthese treibt er mehr mit seiner flügelartig verbreiterten Sproßachse als mit den stark reduzierten Blättchen.
Auch beim Besenginster *(Sarothamnus scoparius)* sind die grünen, bis zu 3 m hohen, durch unscheinbare Blättchen kaum vom Licht abgeschirmten Ruten photosyntheseaktiv. Seine Samen keimen am besten nach Feuereinwirkung, weil Substanzen der Asche und hohe Temperaturen die harte Samenschale zum Platzen bringen. Noch heute erinnern besonders vitale Besenginsterheiden im Schwarzwald und Rheinischen Schiefergebirge an das Abbrennen in der Reutbergwirtschaft. In den wärmeren Gebieten Westdeutschlands überzieht der Besenginster aber auch ehemalige Magerweiden und stillgelegte Äcker mit erstaunlicher Geschwindigkeit. Voraussetzung hierfür sind offene Bodenstellen, die ihm heute auch Straßen- und Autobahnböschungen bieten. Ohne ginstererhaltende Pflegemaßnahmen dürften die dekorativen Ginsterbänder der Straßenböschungen aber recht bald der Verbuschung weichen.

Bodensaure Besenginsterheide im Sandhügelland bei Brunnen am Südrand des Donaumooses (Lkr. Schrobenhausen) um 1955. Ein recht dichtes Netz kleinerer Sandmagerrasen an Versteilungen, Wegböschungen und Waldrändern durchsetzte damals das unterbayerische Hügelland ebenso wie die mitteleuropäischen Flugsandgebiete und die norddeutschen Altmoränen und bot den Wander- und Dorfschäfern Triebwege für ihre Herden.

1985 war von der Ginsterheide keine einzige Art mehr vorhanden. Der Schatten einer ca. 20-jährigen Kiefernaufforstung fällt auf eine von Brennessel und Süßgräsern beherrschte Ruderalflur. Was Aufforstung und Ackerumbruch (im Rücken des Fotografen) vom Magerrasen übriggelassen hatten, wurde durch Düngereintrag, vielleicht auch durch Verfüllung und Planierung total verwandelt. Neubegründete Gehölzreihen im Hintergrund sind leider kein biologischer Ausgleich für den Verlust des Magerrasennetzes, der sich seit etwa 1960 nicht nur hier, sondern tausendfach abspielte.

Bedeutung der bodensauren Magerrasen

Magerrasen der Mittelgebirge sind unwiederbringlich letzte Zufluchtsstätten und äußerste Vorposten für seltene Pflanzenarten aus dem arktischen, nordosteuropäischen und alpinen Raum. Hierzu zählen der Pannonische Enzian *(Gentiana pannonica)*, die Alpen-Mutterwurz *(Ligusticum mutellina)*, die Bleiche Weide *(Salix livida)*, der Alpen-Bärlapp *(Diphasium alpinum)*, die seltenen Mondrauten *(Botrychium simplex, B. matricariifolium, B. multifidum)*, der Feld-Enzian *(Gentiana campestris)*, der Schweizer Löwenzahn *(Leontodon helveticus)* und die arktische Kapuzenflechte *(Cetraria cucullata)*. Seltene Flechten wie z. B. *Nephroma laevigatum* halten die Rinde alter Weidbuchen besetzt.

Einige Arten gibt es sogar weltweit ausschließlich auf Mitteleuropäischen Silikatmagerrasen, so etwa die Brocken-Anemone *(Pulsatilla alba)* im Harz und im Riesengebirge, das Vogesen-Veilchen *(Viola lutea)* und den Böhmischen Enzian *(Gentianella bohemica)*.

Mit Hunderten oder gar Tausenden gelber Narzissen *(Narcissus pseudonarcissus)* gehören die Borstgraswiesen der Vogesen und der Eifel im Frühling zu den eindrucksvollsten Blumenerlebnissen. Aber auch ein zunächst unscheinbarer dürrer Grasstreifen irgendwo am Hohlweg mit seiner Heidenelkenpracht oder eine verschwiegene Kieferwaldlichtung mit Arnika bezaubern den Spaziergänger.

Wer einmal die »Völkerwanderungen« auf die Hochheiden des Siegerlandes, etwa zum Naturschutzgebiet »Neuer Hagen«, oder auf die Hochschachten des hinteren Bayerischen Waldes, jene geheimnisvollen Lichtungen im Waldmeer mit ihren urtumlichen Einzelbäumen, erlebt hat, kann die Erholungsfunktion dieser überall betretbaren, meist aussichtsreichen, oft beerenreichen, reich gegliederten Bergheiden und Extensivweiden ermessen. Auch als Pisten- und Loipengelände sind sie z. B. im Schwarzwald und in der Rhön von Bedeutung, zumal hier Folgeschäden durch Stockrodung und Planierung vermieden werden können.

Tierärzte und Viehhalter verweisen auf die Heilwirkung des Magerrasenfutters, z. B. des »Grindengrases« aus Borstgras, Pfeifengras und Rasenbinse aus den Kammlagen des Buntsandsteinschwarzwaldes. Zur Vorbeugung gegen Stoffwechsel- und Fruchtbarkeitsstörungen durch Alleinfütterung mit hochgedüngtem Gras können Magerrasen mit ihrem vielfältigen Angebot an Mineral-, Faser- und Aromastoffen als »Gesundungswiesen« Bedeutung erlangen.[27]

Umwandlung und Beeinträchtigung der bodensauren Magerrasen

Solange es keinen Mineraldünger gab und Mist für das Grünland meist zu kostbar war, waren die beweideten, seit dem 18. Jahrhundert auch gemähten Mittelgebirgsflächen nichts anderes als Magerrasen oder magerrasenartige Waldweiden. Borstgrasrasen, Flügelginsterweiden und Bärwurz-Rotschwingel-Weiden waren damals die Wirtschaftswiesen und -weiden. Die Wiesen waren nicht gelb vom Löwenzahn, sondern von Arnika und Schwarzwurzel! Pech- und Heide-Nelken waren noch nicht auf Wegränder, Straßenböschungen und Raine zurückgedrängt, sondern allenthalben anzutreffen. Viele Kämme und Hochplateaus, ob im Sauerland, im Taunus, im äußeren Bayerischen Wald oder im Schwarzwald, waren offene Grasheiden, auf denen sich nachmittelalterlich sogar Moore wie z. B. die Missen des Nordschwarzwaldes ausbilden konnten. Postkarten der Jahrhundertwende zeigen deutlich mehr Auflichtungen im Waldgebirge als heute.

Die Intensivierung hatte die bis ins vorige Jahrhundert vorherrschend mageren Wiesen und Weiden der dorf- und hofnahen Lagen längst erfaßt, als in den 30er und 50er Jahren dieses Jahrhunderts der »Generalangriff« gegen die noch verbliebenen bodensauren Magerrasen, bodensauren Wacholderheiden und Triften einsetzte. Staatlicherseits gelenkte und subventionierte Entsteinungs- und Meliorationsprogramme und Flurbereinigungen verwandelten steinige Borstgrasrasen mit einem Eiweißertrag unter 2 Doppelzentner je Hektar und Jahr in Fettweiden und mehrschnittige Futterwiesen mit 4- bis 5-fachem Ertrag; für einen »Waldler« des österreichischen Waldviertels oder der ostbayerischen Grenzgebirge, der seine Familie mehr schlecht als recht durchgebracht hatte, sicherlich eine Kulturtat. Erst nach dem 2. Weltkrieg bekamen die Landwirte des Berglandes selbst die Mittel in die Hand, um Flügelginster-, Bärwurz- und Borstgrasweiden auch in eigener Regie zu verbessern. Erst die Sprengung unzähliger Felsköpfe inmitten der Parzelle schuf die Voraussetzung für die Intensivierung der Narbe. Hohe Steinriegel sind die Hinterlassenschaft dieser teils staatlichen teils privaten Aktionen.

Eine Fülle von Umwidmungen und Beeinträchtigungen nagt an der nur noch kleinteilig verstreuten Magerrasensubstanz auch außerhalb der Mittelgebirge: Hangbebauung, Anlage von Sportplätzen, Deponien, Modellflugplätze, Aufforstung kleiner Waldlichtungen und Hangwiesen fügen dem ständigen Rückgang durch Umpflügen und Umwandlung in Intensivgrünland weitere Verluste hinzu. Kaum beachtet wird der Düngereintrag in ackerumgebende Silikatmagerrasen. Hohe Grasfluren haben z. B. in der Sandharlandener Heide bei Kelheim/Niederbayern einen erheblichen Teil der Heidevegetation auf Flugsand verdrängt. Auf den landschaftlich eindrucksvollen Hochheiden

Eine Sandhügelkuppe nördlich Großhiendlbach im Tertiärhügelland (Lkr. Erding) war 1942 von einem baumfreien bodensauren Magerrasen bekrönt. Die bunte Grasflur war geprägt von reichen Beständen der rotblühenden Pechnelke *(Viscaria vulgaris)* und anderen auffälligen Arten.

1986 ist dieser wichtige Blumen- und Insektenlebensraum nicht mehr aufzufinden: Der obere Teil fiel einer inzwischen zum Maisfeld rekultivierten Sandgrube und einer Kiefernaufforstung zum Opfer, der untere Teil wurde eingeackert. Raine auf Ackerterrassenstufen (vgl. oberes Bild) sind völlig eingeebnet. Durch Neuaufforstung und Altholzeinschlag ist auch die Horizontlinie deutlich verändert.

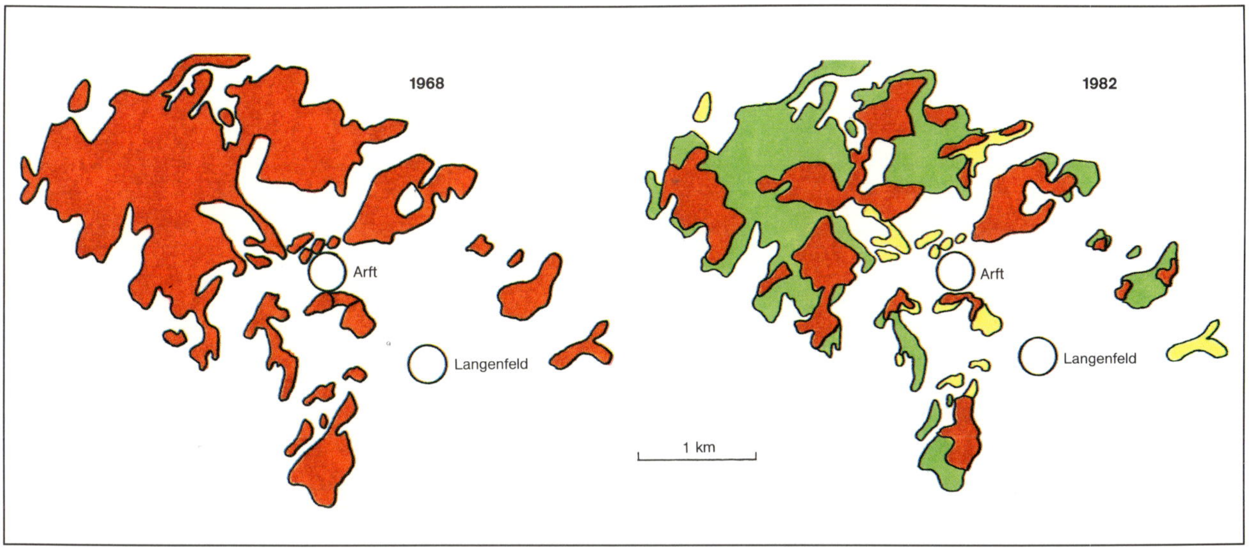

Die Karte links zeigt die Verbreitung von Borstgrasrasen östlich der Hohen Acht (Eifel), wie sie in den Topografischen Karten dokumentiert ist (nach Bielefeld 1985). In diesen subatlantischen Schaftriften auf devonischen Schiefern, Buntsandstein und anderen sauren Gesteinen durchmischten sich die gelben Flecken des Flügelginsters *(Chamaespartium sagittale)* des Behaarten Ginsters *(Genista pilosa)* und der Arnika *(Arnika montana)* mit dem blauen Kreuzblümchen *(Polygala vulgaris)*, dem Wald-Läusekraut *(Pedicularis sylvatica)* u.a. zu einem farbenprächtigen Bild.

Bis 1982 hatten Aufforstung (grün) und Umackerung (gelb) den bodensauren Magerrasenbestand auf unzusammenhängende Bruchstücke zurückgedrängt (Karte rechts). In anderen Eifel- und Hunsrück-Gebieten blieb überhaupt nichts mehr oder nur wenige Fragmente übrig.

etwa der Rhön kann massierter Erholungsverkehr nicht nur eintönige Trittfluren erzeugen, sondern auch letzte Rückzugsgebiete bedrohter Vogelarten wie z.B. Birkhuhn, Braunkehlchen, Wasser- und Wiesenpieper bedrohlich stören.

Verlustbilanz der bodensauren Magerrasen

In Bayern wurden zu Beginn des 2. Weltkrieges insgesamt etwa 70000 ha »mineralisches Ödland« und »versteinte Hutungen«, also überwiegend Borstgrasrasen, für kulturwürdig erachtet. In zwei Testgebieten im Landkreis Freyung-Grafenau (Bayerischer Wald) reduzierten sich die Magerrasen seit 1937 um ca. fünf Sechstel. Etwa 30% der Fläche verschwanden 1937–1973 durch Intensivierung und Aufforstung, über 60% aber erst seit 1973. Etwa 7% der ursprünglichen Biotopflächen sind noch vorhanden. Auf dem gesamten Meßtischblatt Freyung mit einer Fläche von 135 km^2 wurden für 1937 ca. 11 km^2 Magerrasen und Moore, 1981 aber nur mehr 2 km^2 ermittelt. Da der Biotoprestbestand überwiegend aus kaum kultivierbaren Mooren besteht, dürfte der Magerrasenrückgang weit über 90% ausmachen.[28]

Im Landkreis Lörrach (Südschwarzwald) umfaßten die mageren Allmendweiden von 23 Gemeinden im Wiesentalgebiet 1888 insgesamt 7088 ha, 1940 5704 ha und 1973 nur mehr 3668 ha, darunter bereits gedüngte Weiden. In der Gemeinde Yach im Mittleren Schwarzwald schrumpften die Reut- und Weidfelder von 543 ha im Jahre 1947 auf 436 ha 1963 und 68 ha 1977, insgesamt also um 88%. 45 ha waren intensives Grünland geworden, 255 ha hatten sich spontan bewaldet, 41 ha waren aufgeforstet und 27 ha sonstigen Folgenutzungen ausgesetzt. Im Vorderen Renchtal gingen die Reut- und Weidfelder sogar von 2248 auf 24 ha zurück, von 33% auf 0,4% der Gemarkung, und der bewaldete Flächenanteil stieg von 26% auf 55%.[29]

In der Hohen Rhön wurde zwar das Kultivierungsziel von 20000 ha nicht erreicht, ein Großteil der Hochheiden aber ab 1937 großflächig mit standortfremder Fichte aufgeforstet. Beispielsweise verschwanden in einem 18 km^2 großen Testausschnitt um das Rote Moor allein in den letzten 30 Jahren 23% des Gesamtgebietes, zum überwältigenden Teil sehr blütenreiche Borstgraswiesen, unter Fichte.[30] Auch das heutige Naturschutzgebiet »Lange Rhön« ist heute von teilweise 50-jährigen Fichtenforsten umstellt. Der Birkhuhnlebensraum wurde dadurch erheblich eingeengt. Nach einer Schneebruchkatastrophe, der im Dezember 1981 ein Großteil der Fichtenwipfel in diesem ursprünglich von der Buche bestockten Gebiet zum Opfer fiel, ist allerdings von einem Umbau der Aufforstungsflächen die Rede.

Ähnlich wie in den angeführten Beispielen sieht die Situation in den meisten anderen Regionen aus, wenn auch genaues Zahlenmaterial oft nicht verfügbar ist.

Kalktrockenrasen

Vor dem Siegeszug des Mineraldüngers war unsere Kulturlandschaft weithin durch Magerwiesen und -weiden geprägt. Unter verschiedenen landschaftsgebundenen Namen (Heide, Haide, Hutung, Ödung, Wiesmahd, Gschnoad, Ötz usw.) erfüllten sie den Raum zwischen den hofnahen Äckern bzw. Dungwiesen und den damals stark zurückgedrängten Wäldern. Statt der scharfen, geradlinigen Waldränder gab es vielfältige Parklandschaften aus Magerrasen, Hutbäumen und Hainen, die sich allmählich in den durch Waldweide und Streunutzung ohnehin verlichteten Waldungen verloren.

Durch Triftweide und jährlich einmalige Heugewinnung verarmten die unter früheren Wäldern aufgebauten Nährstoff- und Humusvorräte. Streu und Mist waren knapp und wurden nur auf den hofnahen Äckern und Wiesen ausgebracht. Der Nährstoffentzug in der Magerrasenzone konnte also nicht ausgeglichen werden. Der Versuch des Waldes, die ausgehagerten Standorte zurückzuerobern, wurde jahrhundertelang durch den Verbiß und Vertritt der Weidetiere und durch Ausholzen oder Brennen unterbunden.

Die Boden- und Kleinklimabedingungen auf den ehemaligen Waldstandorten näherten sich damit immer mehr den extremen, nur inselartig vorhandenen Sonderstandorten wie z. B. Steilkanten, Felsköpfen, Schuttrunsen. Starker Lichteinfall, große Temperaturschwankungen im Tages- und Jahresgang und geringes Wasserspeichervermögen hatten auf diesen Inseln Arten der östlichen Steppen oder des südlichen Buschwaldes als Überbleibsel früherer Kalt- oder Warmzeiten überdauern lassen. Auf den seit der Jungsteinzeit durch menschliche Einwirkung immer ausgedehnteren ungedüngten Grasländereien fanden sie nun einen großflächigen Ersatzlebensraum und verbanden sich dort mit mitteleuropäischen Waldarten

Geradezu schulmäßig zeigt der Steilabfall des Walberla bei Forchheim (Oberfranken) den Aufbau eines Trockenrasen-Lebensraums: Offene Bodenstellen, die sich schon im Mai auf 50–60 °C erwärmen können, neben Schwingel- und Seggenhorsten, deren Innentemperatur zur gleichen Zeit nur 16–17 °C erreicht, Dolomitfelsen, niedrige Schlehen-, andernorts auch Felsenweichselgebüsche, und dahinter haselreiche Waldmäntel.

Ein spezifisches Problem der Felstrockenrasen ist die Kletterei. Hier am Walberla kam die Kletter-Einschränkung zu spät, um das Aussterben des Wanderfalken zu verhindern.

Geländeaufragungen wie im großen Foto nutzt der Segelfalter zum »hill-topping«: Vom Aufwind immer wieder hochgetrieben, segeln die Falter um die Bergspitze herum. Raupenlebensraum des Segelfalters sind bodennahe Krüppelschlehen (vgl. Mittelgrund rechts auf dem großen Foto). Nur hier treffen zwei Ansprüche dieses auf unsere heißesten Trockenrasen beschränkten Falters zusammen: hohe Lufttemperaturen und Rosengewächse mit bestimmten Inhaltsstoffen als Futterpflanze.

zu einer artenreichen Lebensgemeinschaft, eben den Trocken- oder Magerrasen.

Am reichhaltigsten sind die Trockenrasen auf Kalkunterlage, denen wir der Einfachheit halber auch die Gips- und Dolomitstandorte zurechnen. Auch andere basenreiche Gesteine, z. B. Basalt, Kalkschiefer, Porphyr und Löß können den Kalkmagerrasen ähnliche Pflanzengesellschaften tragen und werden hier mitbehandelt.

Kalkmagerrasen im weiteren Sinne spielen im Jurabogen und Muschelkalkgebiet die größte Rolle, treten aber auch in den basenreichen Mittelgebirgslandschaften, z. B. im Harzvorland, Thüringer Becken, in der Wetterau, in der Eifel und an den linksseitigen Rheinzuflüssen der Pfalz und des Saarlandes, in Erscheinung. Die heute oder damals beweideten unter ihnen geben sich häufig durch säulenförmige Wacholder von ferne zu erkennen (Wacholderheiden).

Kalktrockenrasen von besonderer geologisch-botanischer Eigenart sind auf den kalkreichen Flugsanden des Oberrheintales, auf den fränkischen Gipshügeln, an den Terrassen der Alpenflüsse, auf den Endmoränenkuppen und den Schotterebenen des Alpenvorlandes wenigstens in Resten erhalten geblieben. Größere Ausdehnung erlangen sie wieder in den inneralpinen Trockengebieten, etwa im Inntal und Wallis.

Die Lebewelt der Kalktrockenrasen

Kommt man aus einer Fettwiese in einen Kalktrockenrasen, so betritt man eine ganz andere Welt: Bei jedem Schritt »spritzen« Heuschrecken zur Seite, Bläulinge, Scheckenfalter und Widderchen tanzen über die Grasflur, allenthalben zirpt es aus unsichtbaren Schlupfwinkeln, schnarrend fliegen die Ödlandschrecken ein Stück weiter, der brillante Blütenschmuck in Gelb, Rot und Blau kontrastiert auffallend zu den eigenartig gedämpften Grüntönen. Ein Blinder könnte diesen Lebensraum sofort an der Vielfalt aromatischer Gerüche, am Insektenkonzert, an den vielen Stolpersteinen und kleinen Unebenheiten sowie am Hitzestau der meist sonnseitigen Hanglagen erkennen.

Die Tier- und Pflanzenwelt der Kalktrockenrasen und ihrer Kontaktlebensräume ist sehr spezialisiert, denn sie braucht besondere »Tricks« und Lebensweisen, um die trockenheißen Standortbedingungen zu ertragen oder diesen zeitweise auszuweichen. Jeder Trockenrasen ist gewissermaßen eine »Patent-Ansammlung« erstaunlicher Überlebensformen unter Härtebedingungen.

Am einfachsten ziehen sich Bakterien, Luftalgen, Flechten und Moose aus der Affäre. Sie können der Austrocknung nicht gegensteuern. Wie tote Quellkörper leben sie erst bei erneuter Wasserzufuhr wieder auf, und zwar auch nach langen Austrocknungsperioden. Eine Hitzeschädigung tritt bei manchen Flechten erst ab 70–100 °C ein. Auf Trockenrasen des Frankenjura maßen wir 1983 an der Bodenoberfläche immerhin 73 °C!

Andere Trockenrasenbewohner sichern ihr Überleben, indem sie extremen Verhältnissen zeitlich oder räumlich ausweichen. So überdauern z. B. die einjährigen Frühjahrsblüher die sommerliche Hitzeperiode im widerstandsfähigen Samenstadium. Viele Trokkenrasentiere weichen zeitweise in angrenzende Lebensräume wie z. B. Gebüsche oder Feuchtzonen aus. Auch die einzelnen Entwicklungsstadien können in verschiedenen Biotopen eines Trockenstandorts durchgemacht werden. So bringt z. B. die Sackspinne *Agroeca brunnea* ihre Eikokons an Trockenrasengräsern an; die erwachsenen Tiere halten sich jedoch an benachbarten schattigen und höherwüchsigen Waldsäumen auf.

Wichtig ist also der Kontakt von Trockenrasen mit andersartigen ungestörten Lebensräumen (Biotopkomplexe). Auf kleine Inseln geschrumpfte Magerrasen können diese Vielfalt nicht mehr ausbilden.

Eine dritte Gruppe von Trockenrasenorganismen überbrückt die Extremzeiten durch Verdunstungshemmung bzw. Steuerung ihres Wasser- und Wärmehaushalts (Hydro- und Thermoregulation). Trockenrasenpflanzen bewerkstelligen dies z. B. mit wasserspeicherndem Gewebe (Sukkulenz), frühzeitigem Schluß der Spaltöffnungen bei hoher Spaltöffnungsdichte, die in den günstigen Perioden eine um so intensivere Photosynthese und Atmung ermöglicht, mit verdunstungshemmenden Einrichtungen wie einer ledrigen Haut, reflektierender Behaarung, sehr kleinen bis zusammengerollten Blättern und mit stark entwickelten Stützfasern, die auch bei Wasserverlust die Festigkeit erhalten.

Mit 437 typischen Pflanzenarten übertreffen die Trockenrasen alle anderen Vegetationstypen Mitteleuropas. Auch ihr Reichtum an Kerbtieren ist in Mitteleuropa rekordverdächtig. Auf einem Kaiserstühler Trockenrasen wurden auf nur 0,4 ha 132 Bienenarten – ein Viertel aller in der Bundesrepublik vorkommenden – und 56 am Tage fliegende Schmetterlingsarten festgestellt![31]

Der Reichtum an kontinental und submediterran verbreiteten Arten kann nicht verwundern, weil unsere Trockenrasen gewissermaßen als Exklaven der Steppen- und Mittelmeerklimagebiete anzusehen sind. Arten winterkalter Steppen waren in der Tundrenzeit bis vor etwa 8000 Jahren nach Mitteleuropa vorgedrungen und wurden durch die folgenden Klima- und Vegetationsverschiebungen (Bewaldung) auf Trockengebietsinseln vor allem im mitteldeutschen Raum, im Oberrheintal, auf den fränkischen Gipshügeln, im Alpenvorland und Wiener Bekken zurückgedrängt. Die »Sendboten« aus dem Süden sind eine Hinterlassenschaft der Wärmezeit zwischen 6000 und 1000 vor unserer Zeitrechnung. Erwartungsgemäß sind sie heute noch in den warmen Beckenlandschaften am stärksten vertreten. Stellenweise bestehen die Kaiserstühler Trockenrasen bis zu 45% aus submediterranen Arten!

Durch Blumenfotografen niedergewalzte Flächen und Trampelpfade sind ein untrügliches Zeichen für das Vorhandensein erlesener Pflanzen der Mittelmeer- oder Steppenregion, etwa der Bocksriemenzunge *(Himan-*

1968 wurden die ausgedehnten Schaftriften im Altmühljura bei Pfünz (Lkr. Eichstätt) durch regelmäßige Beweidung und durch die »Schippe« der Dorf- und Wanderschäfer noch weitgehend von Gehölzaufwuchs freigehalten. Ein Triebwegesystem auf offenen Kalkmagerrasen und Hutungen durchzog die Juratäler, so daß die Herden aus den feuchten, parasitengefährdeten Talgründen herausgehalten werden konnte.

1985 gab der Kiefern-Aufwuchs nur noch 50 m links vom alten Foto-Standpunkt eine Blickschneise frei. Auch am gegenüberliegenden Hang verrät die Gehölzverdichtung den Rückgang der Beweidung und der Landschaftspflege durch die Schäfer. Segelfalter, Apollofalter und Küchenschelle verlieren ihre offenen Felskopfbiotope mehr und mehr.

toglossum hircinum), der Bienen-Ragwurz *(Ophrys apifera),* des Adonisröschens *(Adonis vernalis)* oder der Bunten Schwertlilie *(Iris variegata).* Niedergetrampelt werden aber auch viele andere »Begleitpflanzen«, die weniger für Menschen als für Insektenarten attraktiv oder lebensnotwendig sind, als Nahrungsgrundlage oder Entwicklungshabitat. Fast jede Trockenrasenpflanze hat ihren »Phytophagenkomplex«, d.h. eine Reihe von durch die Ernährung daran gebundenen Tierarten. Ein Beispiel ist der östliche Pochkäfer *(Lasioderma redtenbacheri),* dessen Brut in den ausgedörrten Blütenkörbchen der Skabiosen-Flockenblume überwintert. Skabiosen-Flockenblumen außerhalb der Steppenheiden werden jedoch nicht genutzt, weil bei weniger trocken-heißen Bedingungen die Fruchtstände umknicken und verfaulen.[31]

Bindungen zwischen Pflanzen- und Tierarten bleiben durch die klimatisch ausgelösten Ausbreitungs- und Rückzugsvorgänge erhalten. So kommt es, daß zwischen Pflanzen und Tieren derselben räumlichen Herkunft besonders enge Abhängigkeiten bestehen. Z.B. entstammt die Regensburger Sandbiene *(Andraena ratisbonensis)* ebenso wie ihr obligatorischer Pollen- und Nektarlieferant Regensburger Geißklee *(Chamaecytisus ratisbonensis)* dem südlich-kontinentalen Bereich. Vom Regensburger Geißklee hängt aber auch der ebenfalls auf vorgeschobenem Posten auf Regensburger Trockenrasen vorkommende Organerote Heufalter *(Colias myrmidone)* ab.

Bedeutung der Kalktrockenrasen

Wie wir gesehen haben eröffnen die Lebensgemeinschaften der Trockenstandorte den Blick in die historische, erdgeschichtliche und biologische Vergangenheit und erlauben Rückschlüsse auf frühere Landschaftszustände. Ihre Bedeutung erstreckt sich aber bis in die natürlichen Lebensgrundlagen des Menschen und in den allgemeinen Artenschutz:

- Außerordentlich nischen- und artenreicher Lebensraum: auf 25 m^2 können mehr

als 100 Pflanzen- und mehr als 1000 Tierarten vorkommen.

- Höchster Anteil gefährdeter Arten aller einheimischen Lebensräume: 17% der Trockenrasenpflanzen stehen auf der Roten Liste.
- Bedeutendster einheimischer Lebensraum für Tagfalter, Widderchen, Feldheuschrekken, Wildbienen, Hummeln, Reptilien und andere Gruppen.
- »Operationsbasis« für Raubinsekten, die Schädlinge benachbarter Kulturflächen jagen.
- Ersatz der zurückgehenden Honigbienen als Obstbestäuber durch Wildinsekten aus den Trockenstandorten.
- Artenreservoir für die Wieder- und Neubesiedlung von technischem Ödland, Abbauflächen, Brachen und Hecken.
- Wiederbewaldung einzelner Trockenrasen als eine Gelegenheit, naturnahe eingriffsfreie Wälder aufwachsen zu lassen.
- Beitrag zur Fremdstoff-Freihaltung von Grund- und Trinkwasserentstehungsgebieten: auf den wasserdurchlässigen Substraten der Trockenstandorte wirken sich Fremdstoffeinträge besonders ungünstig aus; Rebkulturen, denen viele Trockenrasen Platz machen müssen, verlieren bis zu zwei Drittel des Düngerstickstoffs ins Grundwasser.
- Gegenüber Reb- und anderen Intensivkulturen verbesserte Festigung abtragsgefährdeter Hänge durch dichtes, tief und weit reichendes Wurzelwerk (Wurzelanteil an der gesamten Biomasse viel höher als bei Fettwiesen); die Bodenfestlegung schützt auch darunter liegende Täler vor Fremdstoffeinträgen.
- Schutz frühgeschichtlicher Denkmäler vor entstellenden Nutzungsveränderungen (Grabhügel, Altstraßen, Ruinen, Ringwälle usw.): Z.B. sind vom großen Grabhügelfeld westlich Dietersheim bei München nur noch die im Schutzgebiet Garchinger Haide liegenden Teile erhalten.
- Voraussetzung für das Weiterleben althergebrachter Extensivnutzungen und Kulturlandschaften (Triftweide, Wanderschäferei, Wanderimkerei, dicht gestaffelte Steinriegel und alte Terrassensysteme), die bei Nutzungsintensivierung weichen müßten.
- Anziehungspunkte für den Erholungsverkehr und den »Artentourismus« (Wacholderheiden, Orchideenstandorte).
- Teil der unverwechselbaren Ausstattung bestimmter Naturräume, Konservierung typischer Reliefformen.

Geradezu unersetzlich sind unsere Trockenrasen für die Forschung und Lehre. Nirgendwo sonst ist bei uns die »Fantasie« der Natur so offenkundig, nirgendwo sonst sind aber auch die Abhängigkeiten zwischen den Arten derart verwickelt. Dabei steht deren Erforschung noch am Anfang!

Ein Ausschnitt des damals größten mitteleuropäischen Kalkmagerrasengebietes, der Mittenwalder Buckelwiesen, südöstlich von Klais (Lkr. Garmisch-Partenkirchen) im Jahre 1957 (links). Ein »Wellenmeer« aus Tausenden kleiner Buckel und Mulden mit einem von über 80 Alpenblumen bunt gesprenkelten Mähderrasen zog sich fast lückenlos über Berg und Tal.

1986 war außer der Kranzbergkulisse und dem Heustadel im Mittelgrund kaum etwas beim alten geblieben (rechts): Die mit Enzlanen bestickten Buckelwiesen im Vordergrund sind einer Kiesgrube zum Opfer gefallen. Mehr als 1000 ha Hangbuckelwiesen (Hintergrund) fielen brach und bewaldeten sich bzw. wurden aufgeforstet. Der überwiegende Teil verfiel jedoch der Kultivierung.

Magerrasenpflanzen den Fettwiesenpflanzen bei der Ausnutzung eines höheren Stoffangebots unterlegen. Im Pflanzenbestand werden sie deshalb bei Nährstoffzufuhr (Eutrophierung) von ihren Mitbewerbern verdrängt, wenngleich sie im Gewächshaus ohne Konkurrenten auch unter luxuriöseren Bedingungen gut gedeihen.
Eine Ladung Mineraldünger oder Gülle (Flüssigmist) löst diesen Verdrängungskampf aus, in dem ohne weiteres Zutun des Landwirts aus einer einschnittigen Magerwiese (5–30 Doppelzentner Heu pro Hektar) eine dreischnittige Fettwiese (50–80 Doppelzentner pro Hektar) entsteht. Nur kurze Zeit überdauern die seltenen Pflanzen den abrupten Übergang von der jahrhundertealten Nährstoffentzugs- zur modernen Nährstoffzufuhrwirtschaft; im ersten Jahr bereits blühen sie kaum mehr, dann unterliegen auch die letzten Blattsprosse dem hohen Gras und dem häufigen und frühen Schnitt.
Der schlagartigen und beabsichtigten steht

Naturschutz und Naturwissenschaft stehen bei den Kalktrockenrasen – aber auch anderen Lebensräumen – in einem Wettlauf mit den aktuellen Umwandlungstendenzen. Der Bedrohung ist daher besonderes Augenmerk zu schenken.

Umwandlung der Kalktrockenrasen

Als mehr oder weniger zufällig erhaltene Überreste einer verblichenen Kulturlandschaft passen die Magerrasen immer weniger in eine neuzeitliche Landbewirtschaftung. Es sind sozusagen »Fossilien« aus einer Zeit, in der die Allmende (die Gemeinflächen) außerhalb der dorfnahen Feldmark von schweifenden Groß- und Kleinviehherden beweidet wurden bzw. – nach Aufhebung der Grundherrlichkeit, Aufteilung des Gemeinbesitzes und Beginn der Stallfütterung im 19. Jahrhundert – einmal im Jahr gemäht wurden.
Alle heutigen Tendenzen laufen darauf hinaus, die beiden Grundbedingungen für das Magerrasenvorkommen, nämlich die Armut an pflanzenverfügbaren Nährstoffen und das extreme Kleinklima mit seinen starken tages- und jahresperiodischen Schwankungen, zu beseitigen.
Auf äußerst sparsamen Umgang mit Nährstoffen und Wasser ausgerichtet, sind viele

Das Fotopaar rechts zeigt die Umwandlung eines kleinen Magerrasens bei Zuhr im Hohenburger Hügelfeld (Lkr. Rosenheim) durch Düngerintensivierung auf den angrenzenden Wiesen. Einwehung von Gülle und/oder Mineraldünger ließ den Salbei- und Karthäuser-Nelkenflor von 1974 (oben) im dichten Gehälm düngerdankbarer Süßgräser fast ersticken (1983; unten). Fast unbemerkt erlitten unzählige trockener Kleinbiotope in den letzten 20 Jahren das Schicksal der indirekten und unbeabsichtigten Aufdüngung, ohne direkt zerstört worden zu sein.

die unbeabsichtigt-schleichende Umwandlung gegenüber. Kaum ein Trockenrasen, der nicht auf einer oder mehreren Seiten an Intensivkulturen grenzt. Von dorther können Ackererde, Düngerpartikel, Gülle- und Herbizidtröpfchen eingeweht werden. Bei Weinbergsflurbereinigungen in löblicher Absicht ausgesparte Trockenrasenstreifen verlieren ihren Sinn weitgehend, wenn die Helikopterdüngung und -spritzung zu einer Abdrift bis zu 600 m führen kann.

Das Ersticken der Magerrasenflora zieht sich in solchen Fällen viel länger hin. Kräftigere und platzgreifende unter den Trockenrasenpflanzen kommen noch jahre- oder jahrzehntelang zwischen den immer dichteren Süßgräsern, vor allem Glatthafer, Wiesenrispe und Knäuelgras, zum Blühen. Solch merkwürdige Artenmischungen aus regressiven Magerrasenzeigern und progressiven Fettwiesenarten hat es vor der großen Agrarintensivierung wohl kaum gegeben!

Gegen schleichende Aufdüngung (Eutrophierung) aus der Umgebung oder gar aus der Luft (Stickstoffimmissionen aus Industrie und Verkehr) hilft auch kein naturschutzrechtlicher Schutz. Auch berühmte, seit Jahrzehnten bestehende Trockenrasenschutzgebiete wie z. B. der Mainzer oder Astheimer Sand, die Rosenau an der unteren Isar oder die Garchinger Haide werden derzeit in den Randbereichen oder auf der ganzen Fläche von hochwüchsigen Zeigerpflanzen für bessere Nährstoffversorgung erobert bzw. unterwandert.

Ebenfalls langsam aber beharrlich dringen Gehölze auf die aufgelassenen Trockenrasen vor, am raschesten dort, wo durch gelegentliche oder erst kürzlich beendete Beweidung Keimbetten für den Anflug vorhanden sind. Innerhalb von 1–2 Jahrzehnten sind unzählige Schafhutungen etwa im Altmühltal, im nördlichen Frankenjura, in der Schwäbischen Alb und in der Eifel unter einem dichten Gehölzschirm verschwunden.

Wo die frühere Nutzung Wundstellen ver-

Steiler Moränenabhang am Ostrand des Königsdorfer Moores bei Bad Tölz Anfang Mai 1956: Kalkmagerrasen mit Stengellosem Enzian *(Gentiana clusii)* und Berg-Hahnenfuß *(Ranunculus montanus)*, der einmal im Sommer gemäht wurde, im Vordergrund aber zumindest 1 Jahr lang brach gefallen ist. Artenreiche und farbige Magerrasen waren damals noch an vielen der landwirtschaftlichen Intensivierung hinderlichen Steilhängen des Alpenvorlandes vorhanden.

Anfang Mai 1984 ist vom Magerrasen und Enzianflor an dieser Stelle nichts mehr vorhanden. Das abnehmende landwirtschaftliche Interesse begünstigte den Kiesabbau, der die Lebensgemeinschaft von 1956 vollständig vernichtete. Nicht abgebaute Überreste unterliegen heute der Beweidung und verlieren ihren charakteristischen Artenbesatz. Der Fotostandpunkt 1956 liegt ziemlich genau an der heutigen Abbaukante. Die große Buche rechts im Hintergrund (wohl durch Blitzeinschlag etwas verformt) und die größere Eiche am linken Bildrand sind gut wiederzuerkennen. Der Weg wurde beim Ausbau etwas verlegt.

mieden hatte, wachsen Trockenbrachen dagegen oft nur sehr langsam zu. Nur wo der dichte, jeden Baumsämling verdämmende Rasenfilz durch Kaninchenbauten, Wintervorratsgrabungen von Eichhörnchen oder Wühlmausgänge etwas aufgelockert ist, kommt gelegentlich eine Kiefer, Eiche, Hasel und sonstige Gebüsche hoch. Ansonsten dringen nur die vorhandenen Einzelbüsche über unterirdische Ausläufer in die freie Fläche vor. Haben solche Sproßkolonien - etwa der Schlehe - aber einmal von der ganzen Fläche Besitz ergriffen, so sind auch die bestgemeinten Anstrengungen zur Rückführung in den Trockenrasen meist vergebens.
Zuwachsende Trockenrasen finden sich insbesondere dort, wo kein großes Interesse an der ökonomischen Ausnutzung besteht, z. B. auf Resten der Allmende im Gemeindeeigentum. Viele Privatbesitzer wollen die Extensivflächen aber nicht einfach liegenlassen. In flacher Lage verfielen viele Magerrasen längst dem Umbruch zu Ackerflächen oder der Aufdüngung zu Futterwiesen und Intensivweiden. In steiler Lage konnte man nur durch Aufforstung oder Bebauung etwas »herausholen«. In einer mittelfränkischen Gemeinde wurden unlängst dem Schäfer die Weiderechte entzogen und die landschaftlich bestimmende Schaftrift in Wochenendgrundstücke aufgeteilt.
Gefahren erwachsen den Kalktrockenrasen aber auch durch Intensivierung der herkömmlichen Schaftriftweide. Wachsende Herden auf immer kleineren Hutungsflächen veranlassen Koppelhaltung und Zufütterung - damit auch eine Unterdrückung der schutzwürdigen Flora - und rufen bisweilen auch Erosionsschäden durch den scharfen Tritt und Biß hervor. Arten ohne vegetatives Ausbreitungsvermögen wie z. B. Orchideen kommen infolge von Fraß und Tritt nicht mehr zur Samenentwicklung, der Nachschub für den Samenvorrat im Boden fehlt und letztendlich bleiben solche meist attraktiven Arten ganz aus. Natürlich verarmt auch

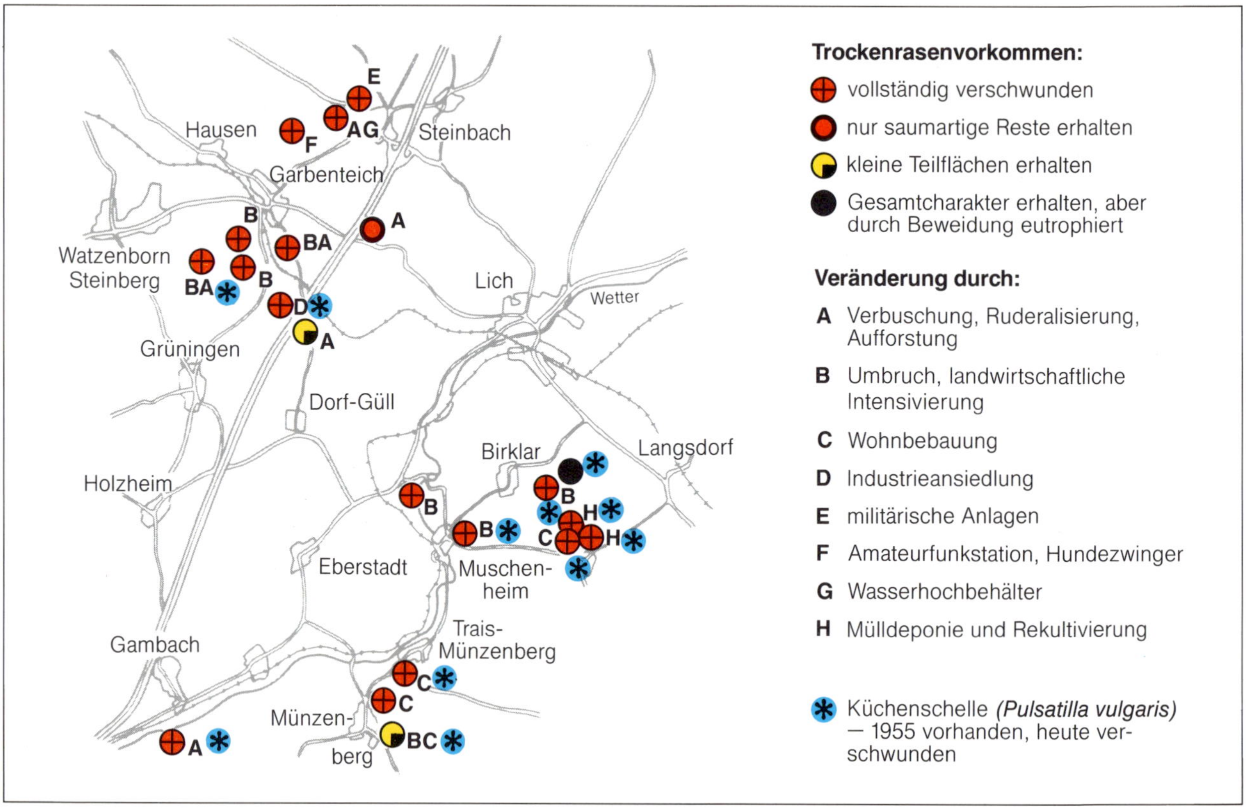

Von A. Hustede-Stumpf (1960) beschriebene Trockenrasen auf Basaltinseln der Frohnebacher Heide im Lößgebiet zwischen Taunus und Vogelsberg (Oberhessen) waren 1984 zu über 90% vernichtet. Nur 1 Vorkommen konnte seinen Charakter einigermaßen bewahren. Damit verschwanden auch 11 Standorte der Küchenschelle. Außer der landwirtschaftlichen Intensivierung waren hier viele andere Ursachen beteiligt.

das Insekten- und Vogelleben, wenn durch starke Beweidung die charakteristischen Blühaspekte, die vielen Kleinstlebensräume an hochwüchsigen Pflanzen, die Sitzwarten auf dürren Stengeln und das zeitweise dichte Gehälm entfallen.

Die Echte Küchenschelle *(Pulsatilla vulgaris)* ist ein Hahnenfußgewächs *(Ranunculaceae)*. Sie gedeiht auf steinigen, trockenen Magerrasen oder seltener in Kiefernwäldern; Südhänge und kalkhaltige Böden werden bevorzugt.

Verlustbilanz der Kalktrockenrasen

Wie viele der Kalktrockenrasen Vorkriegsdeutschlands haben den Landnutzungswandel der Nachkriegszeit überstanden? Wie viele konnten ihren Gesamtcharakter bewahren, wie viele wurden umgewandelt, aufgeforstet oder auf andere Weise direkt zerstört? Wie viele blieben zwar unzerstört, veränderten sich aber durch schleichende Eutrophierung und durch Gehölzanflug? Dieses Bündel drängender Fragen kann hier allenfalls für einzelne Teilgebiete beantwortet werden.

Die eingehendsten Erhebungen liegen in Deutschland aus dem Schwäbischen Jura vor. Im Regierungsbezirk Stuttgart gab es um 1900 7420 ha Wacholderheiden, 1960 noch 5610 ha und 1980 nur mehr 3840 ha. Der Gesamtverlust in diesem Jahrhundert beträgt also die Hälfte (48%). Von den 1960 bis 1980 verlorengegangenen Heiden verfielen 47% der passiven Wiederbewaldung, 26% der Aufforstung, vor allem mit Fichtenreinbeständen, 17% einer intensiven landwirtschaftlichen Nutzung, vor allem Umbruch

Ein wechselfeuchter, mit Schafen extensiv beweideter Magerrasen südlich Glaslern (Lkr. Erding) war Anfang Mai 1963 mit Hunderten von Enzianen, Mehl-Primeln und Berg-Hahnenfuß besetzt.

Anfang Mai 1982 breitete sich ein Wintergetreideacker an dieser Stelle aus. Zwischenzeitlich war das Ableben des bestandeserhaltenden Schäfers zu beklagen.

zu Ackerland, und 10% sonstigen Nutzungen wie z.B. Bebauung, Sportplätzen und Steinbrüchen.

Noch höhere Verluste verzeichnet der Landkreis Göppingen. Seit 1900 verschwanden etwa 70% aller Wacholderheiden, davon über 50% allein in den letzten 20 Jahren. Im Landkreis Ludwigsburg gingen die Schafhutungen 1860 bis 1984 um 92,5% zurück.[32]

Ein ähnliches Bild bietet sich in der Fränkischen Alb, einem weiteren Schwerpunktgebiet der Kalkmagerrasen in Mitteleuropa. Zwar liegt noch keine exakte Bilanz vor. Doch verstärkt sich nach wiederholten Besuchen der Fränkischen Schweiz nordöstlich Nürnberg und Vergleichen mit vielen alten Fotos der Eindruck, daß dort der Rückgang wacholderbestandener Schafhutungen bei weit über 90% liegt. Nur noch im unmittelbaren Umfeld touristisch attraktiver Städtchen, wie z.B. Pottenstein, werden jene Heiden offengehalten, die unmittelbar zum Stadtbild gehören. Hauptursache des Rückgangs in der Frankenalb ist das Zuwachsen mit Kieferndickungen und die Kiefernaufforstung. Teilflächen wurden neuen Hangsiedlungen, Steinbrucherweiterungen und Ackernutzung geopfert. Etwas besser ist die Situation ausgedehnter Wacholderhutungen entlang größerer Juratäler. Restflächen gibt

Die linke Karte zeigt für einen 4,2 × 3 km großen Ausschnitt des Isarmündungsgebietes bei Moos den Umfang der trockenen bis wechselfeuchten Magerrasen im Jahre 1948. Aufdüngung, Umbruch, ab 1960 starke Maiszunahme, Aufforstung und Auskiesung reduzierten den Trockenrasenbestand von 79 ha (1948) auf 15,6 ha (1960) und 2–3 ha (1980; rechte Karte).
Da im gleichen Zeitraum die Niedermoore und extensiv genutzten Feucht- bis Naßwiesen von 330 auf ca. 5 ha abnahmen, schrumpften die für den Artenschutz besonders wichtigen Kontaktbiotope zwischen Feucht- und Trockenstandorten von ca. 8,2 km auf wenige 100 m Gesamtlänge.

es z. B. im unteren Altmühl- oder Laabertal noch so dicht, daß sie als kettenförmig angeordnete Weideflächen von Wanderschäfern noch angenommen werden.

Jene Flächen, die in der Bilanz noch als Heiden oder Wacholderhutungen gezählt wurden, stehen häufig kurz vor der Verwaldung. Im Regierungsbezirk Stuttgart waren von den 1980 vorhandenen Heiden nur 45% offen, 31% leicht verwachsen und 24% bereits stark verwachsen, d. h. an der »Kippe« zum Wald. Die Voraussetzung für ein Fortbestehen, nämlich regelmäßige Schaftrift, war nur mehr bei 48% der Flächen erfüllt. Allein im Regierungsbezirk Stuttgart muß daher mit dem Abgang weiterer 1000 ha Heiden im kommenden Jahrzehnt gerechnet werden.[32]

Ähnliche Zukunftsaussichten haben die meisten Gebiete der Schwäbisch-Fränkischen Alb mit Ausnahme weniger Haupttäler.

So trostlos sich die Situation in der Alb darbietet, so wird sie doch von anderen Magerrasengebieten noch übertroffen. Kalkmagerrasen und Wacholderheiden im Muschelkalkgebiet Unterfrankens mit Ausnahme der extrem heißen Maintalhänge stehen fast ausnahmslos vor der völligen Verwaldung. Ein ähnliches Bild bieten die letzten Wacholderheiden der Kalkmulden in der Eifel, wiewohl hier in den letzten Jahren erhebliche Pflegeanstrengungen unternommen wurden.

Auf den Schotterplatten der Alpenflüsse, insbesondere auf dem Lechfeld und in der Münchner Ebene dehnten sich einst Tausende von Hektar Grasheide. Um die Mitte des 19. Jahrhunderts ist zwischen München und Freising mit etwa 2500 ha, zwischen Augsburg und Landsberg ebenfalls mit mehreren tausend Hektar solcher durch pontisch-pannonische und alpine Pflanzen ausgezeichneten Grassteppen zu rechnen. Auf der Münchner Ebene sind davon noch 24 ha im Schutzgebiet »Garchinger Haide« erhalten, also etwa 1%. Ohne die Tatkraft des Botanikers F. Vollmann, der kurz nach der Jahrhundertwende ein Reststück für die Bayerische Botanische Gesellschaft erwarb, gäbe es heute keine Vorkommen von Finger-Küchenschelle *(Pulsatilla patens)* und Steppen-Flockenblume *(Centaurea triumfetti)* in der Bundesrepublik mehr. Die Erhaltungsquote der Lechfeldheiden liegt nur geringfügig höher. Etwa 100 ha oder ungefähr 2% der ursprünglichen Vorkommen bestehen bis heute.

Die Schotterheiden um München vermitteln pflanzengeographisch zu den Steppen und Pußtaheiden Niederösterreichs und des Burgenlandes. Deren Schicksal ist eher noch

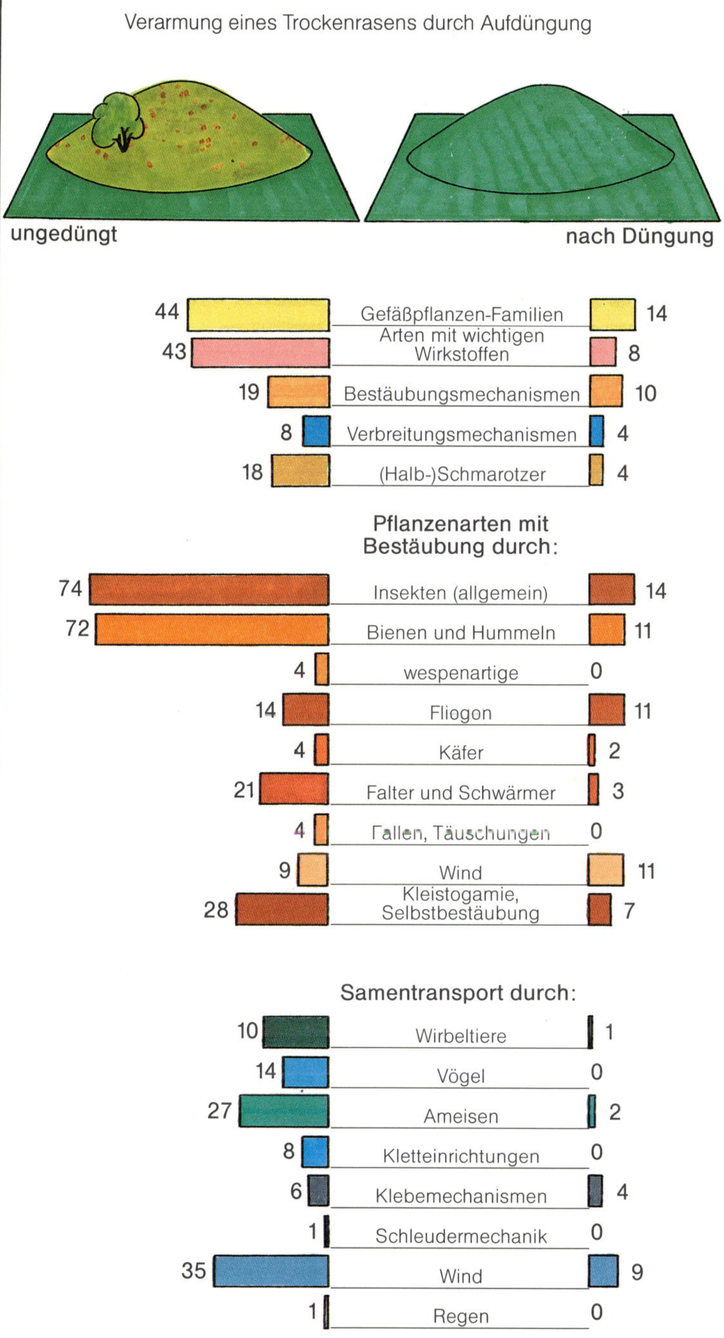

Auf dem Hirschberg (Lkr. Starnberg) wurden die Pflanzenbestände eines intakten Kalktrockenrasens auf einem steilen Moränenhügel und eines intensiv bewirtschafteten, gedüngten Hügels, der vor Jahrzehnten eine ähnliche Vegetation wie der erste Hügel getragen hatte, notiert. Die Pflanzenarten wurden bestimmten biologischen Gruppen und Strategien zugeordnet, um ein Maß für die Veränderung der Vielfalt biologischer Funktionen und Wechselwirkungen durch die Intensivierung zu erhalten. Die auf der rechten Seite durchwegs viel geringeren Zahlen sind ein stark vereinfachter Ausdruck für die »innere Verarmung« der Lebensgemeinschaft.

alarmierender. Von den Grassteppen des Marchfeldes sind nur mehr winzige Relikte erhalten. Die Erweiterung der Rebfläche im Gebiet um den Neusiedler See zwischen 1966 und 1975 um 50% auf insgesamt 12000 ha, ging überwiegend zu Lasten der Trockenrasen. Weithin leuchtende Bestände des Federgrases wichen damit aus dem Landschaftsbild.[33]

Im Umkreis der Alpen gibt es Buckelwiesen, eine an Alpenpflanzen besonders reiche und durch Tausende, bis 1,5 m hohe Bodenbuckel gekennzeichnete Sonderform der Kalkmagerrasen (vgl. Abb. S.40/41). Das im Sommer überwältigende Blütenmeer aus Graslilie, Akelei, Klappertopf, Geflecktem Ferkelkraut und Flockenblumen erlaubt nur eine Mahd und Jahreserträge unter 20 dt/ha. Ein Großlandwirt aus Niedersachsen oder Holland dürfte ungläubig den Kopf schütteln, sähe er einen Berchtesgadener oder Mittenwalder Kleinbauern heute noch Buckelwiesen mähen, die ein Zehntel seines eigenen Grünland-Ertrages bei 10-fachem Zeitaufwand erbringen.

Solche »Rückständigkeit« ist aber auch hier schon zur Ausnahme geworden. Wo der Blick im Ostallgäu, bei Mittenwald oder im oberen Lechtal noch um 1920 über fast endlos scheinende Buckelwiesen schweifte, herrscht heute das einheitlich saftige Grün der mitteleuropäischen Intensivwiesen vor. Von mindestens 68 Buckelwiesenvorkommen des Isar-Loisach-Oberlandes tragen heute nur noch 4 eine intakte Buckelwiesenvegetation. Im Lechvorland schrumpften magere Buckelwiesen auf unter 10 ha, also weniger als 1% des Vorkriegsumfanges. Im Osterseengebiet sind bis zur Jahrhundertwende alle Schotterterrassen gebuckelt gewesen. 1955 wurde die allerletzte Restparzelle eingeebnet und aufgedüngt. Hunderte von Hektar umfassende Buckelwiesen im Isartal bei Lenggries sind vor allem in den 50er und 60er Jahren bis auf ein einziges Naturdenkmal der Planierraupe zum Opfer gefallen. Zu Beginn des 2. Weltkrieges schätzte man das »kulturwürdige mineralische Ödland«, zum größten Teil Buckelwiesen, allein im Allgäu und westlichen Alpenvorland auf 25000 ha, im östlich sich anschließenden Raum auf 11000 ha.[34] Die bayerischen Biotopkartierer registrierten aber 1975 insgesamt nur noch 1100 ha ungedüngter Buckelwiesen.[35]

Artenreiches Grünland

Ein Altmeister der Vegetationskunde, Otto Sendtner, klagte um 1850: »Alle künstlichen Wiesen haben eine höchst monotone Flora. Der Pflanzensammler sucht da vergebens seine Seltenheiten. Die Cultur macht alles gleich.«[36] Dabei hatte er Wiesen im Auge, in denen Knollen-Hahnenfuß *(Ranunculus bulbosus),* Dolden-Milchstern *(Ornithogalum umbellatum),* Träubelhyazinthe *(Muscari botryoides)* und viele andere Arten wuchsen, die wir heute fast nur noch in »schutzwürdigen Biotopen« antreffen. Was hätte er erst zu den modernen Mähweiden mit 4–5 Nutzungen pro Vegetationsperiode gesagt?

Die in Sendtners Empfinden eintönigen »Culturwiesen« hielt der Geograph Robert Gradmann nach der Jahrhundertwende für den schönsten Pflanzenbestand der Heimat. Damals prägten bunte Bauernwiesen die ganze Landschaft. Heute gibt es sie praktisch nur noch im Bergland, auf armen, flachgründigen Böden, an Wegböschungen oder in unbereinigten Gebieten mit sehr schmalen Flurstücken, sehr kleinen Betrieben und vielen Nebenerwerbsbauern! Im Vogelsberg, in der Rhön, im Harz, im Westerwald oder Nordschwarzwald prangen noch Bergwiesen im Lila des Wald-Storchschnabels und im Rosa des Wiesen-Knöterichs; im Franken- oder Böhmerwald wiegen sich noch Schwarze Teufelskrallen im Wind; in der Alb und in den Kalkgebieten der Eifel leuchten noch stellenweise der Wiesen-Salbei oder sogar die Gemeine Akelei aus den beim Düngen zu kurz gekommenen Wirtschaftswiesen. Feuchtweiden an der Weser, an der Niederelbe oder im niederländischen Flevoland bergen noch immer die roten und weißen Glocken der Schachblume. Talfeuchtwiesen im Hessischen Bergland sind im Mai gelb von Sumpfdotterblumen, im August weiß von Sumpf-Schafgarbe.

Da und dort knarrt noch das »grex-grex« des Wachtelkönigs aus den feuchten Wirt-

Das Gesamtgrünland schrumpfte seit 1950 »nur« um gut 15%. Auch wenn die Verluste regional höher liegen, berechtigt dies dazu, Grünland bei gefährdeten Biotopen einzureihen?
Betrachtet man Wiesen und Weiden nicht als agrarstatistische Größe, sondern in seinen vielfältigen biologischen Qualitäten, so zeichnet sich ein ungleich dramatischeres Bild ab: Die relativ extensiven, an selteneren Arten reichen Grünlandtypen des norddeutschen Tieflandes verminderten sich um 70–90%, 23% der höheren Grünlandpflanzen gelten als gefährdet (RSU 1985). Nicht einmal so »normale« Bauernwiesen wie auf unserem Auftaktbild mit rosarotem Wiesen-Knöterich *(Polygonum bistorta)*, Wald-Storchschnabel *(Geranium sylvaticum)* usw. sind vor weiterer Artenverarmung durch verstärkte Gülle- und Mineraldüngung und höhere Schnitthäufigkeit gefeit.

schaftswiesen. Brachvogel, Rotschenkel, Uferschnepfe und Kiebitz, Wiesenpieper, Braunkehlchen, Schafstelze, ja sogar Austernfischer und Kampfläufer haben immer noch Rückzugsgebiete in den Marschen und Poldern, Feuchtweiden und Niederungswiesen – Anlaß für Wiesen- und Weidevogel-Schutzprogramme in einigen Bundesländern und im übrigen Nordwesteuropa. Der wiesenbrütende Brachvogel hat es nicht nur zum Wappentier des Schützenvereins Saerbeck/Westfalen, sondern auch zum »Vogel des Jahres 1983« gebracht – ein deutliches Zeichen, daß man sich um seinen Fortbestand Sorgen macht.
Auch heute noch gibt es also Grünländer, die sich einer säuberlichen Trennung in »Biotope« und »Agrarflächen« entziehen. Wirtschaftsgrünland außerhalb von Schutzgebieten und kartierten Biotopen läßt sich aus einer Naturbilanz nicht von vornherein ausklammern.
Die wachsende Hochschätzung insbesondere des Feucht- und Naßgrünlandes steht allerdings in schlagendem Gegensatz zur früheren Denkweise, wie sie Prof. C. A. Weber, der sich wohlgemerkt bereits nach der Jahrhundertwende für den Schutz der Hochmoore eingesetzt hat, 1931 zum Ausdruck gebracht hat: »Unter den Grasflurbeständen nehmen die Sumpfwiesen besondere Aufmerksamkeit in Anspruch. Denn nicht nur, daß ihr Wohngebiet, das versumpfte Gelände, die Gesundheit der menschlichen Bewohner, sondern auch der Umwohnenden mehr oder minder gefährdet, ist Versumpfung auch ein starkes Hindernis der Ausnutzung des Bodens für die menschliche Ernährung. Ihre Beseitigung durch Entwässerung ist daher von jeher das Ziel der Landeskultur gewesen, sei es um Ackerland oder um gute Wiesen und Weiden für die Viehhaltung zu gewinnen.«[37]
Bevor die Kulturtechnik seit den 30er Jahren verstärkt auf Feucht- und Naßwiesen übergriff, wurden diese jedoch von den Bauern keineswegs immer für minderwertig gehalten. Hatten sich doch durch Rodung von Au- und Feuchtwäldern aus den Gräsern und Kräutern der Spülsäume, Flutrinnen und eisstoßbedingten Auenverlichtungen die ersten mitteleuropäischen Mähwiesen herausgebildet. Sichel und Sense kamen wohl zuerst in den kaum beweidbaren Überschwemmungsgebieten der Niederungen, Bach- und Flußtäler zum Einsatz. Nur hier erreichte oder übertraf der Wuchs die Größenordnung heutiger mineralgedüngter Fettwiesen, denn die Stoffentnahme durch die Heuernte wurde durch die Sinkstoffe der Hochwässer mehr als ausgeglichen. Indirekt hatte der mittelalterliche Mensch die natürliche Düngung verbessert, indem er durch großflächige Rodung von Gebirgswäldern für einen höheren Austrag von Schwebstoffen sorgte. So lieferten die Schlankseggenwiesen der Stromtäler einen Heuertrag von mindestens 100 Dezitonnen je Hektar und Jahr, zweischnittige Rohrglanzgras- und Schwadenwiesen bei deutlich höherem Eiweiß- und Stärkeangebot sogar bis über 150 Dezitonnen, d.h. das 2–3fache heutiger Fettwiesen.
Auf den grundwassernahen und regelmäßig überschwemmten Standorten entstanden also die ersten Mähwiesen. An der Donau und einigen ihrer Nebenflüsse wie etwa der Wörnitz gibt es noch Überreste der ersten Wiesengeneration, die ohne Düngung 3–5mal jährlich geschnitten werden und den gedüngten Fettwiesen durchaus ähneln.
Wiesen der Trockenstandorte entstanden sehr viel später, wenn man außer acht läßt, daß möglicherweise auch schon Ur, Wisent, Urwildpferd, Rot-, Riesen- und Damhirsch, Elch, Reh, Saiga, Wildschwein, Wildschaf und Wildziege unsere Laubmischwälder aufgelichtet haben könnten. In vielen Landschaften schuf erst die Auflösung der Allmende und die Stallfütterung gegen Ende des 18. und in der ersten Hälfte des 19. Jahrhunderts die Voraussetzungen für die Entstehung von zunächst durchwegs einschürigen Mähwiesen. Abseits der Ackerzelgen der Dreifelderwirtschaft hatte es vorher nur Waldweiden, Triftweiden, Hutungen und Zwergstrauchheiden gegeben. Nunmehr regierte hier die Sense. Bis ins 20. Jahrhundert hinein reichte der Wirtschaftsdünger aber oft nur für die Äcker. Die früheren Mähwiesen fallen daher in die Kapitel »Kalktrockenrasen« oder »bodensaure Magerrasen«.
Blütenreiche Salbei-Glatthafer-, Goldhafer-, Wiesenknopf-Silgen-, Straußgraswiesen und Bärwurz-Rotschwingelweiden – um nur einige zu nennen – entstanden aus den ungedüngten Magerrasen zum großen Teil wohl erst im 19. Jahrhundert, seitdem nämlich

durch verbesserte Dreifelderwirtschaft, Mineraldüngerzukauf und Viehbestandsaufstockung auch das Grünland gedüngt werden konnte. Jedoch sparten die mehrschürigen Düngewiesen bis um 1950 viele jener Standorte aus, die für ochsenbespannte Mist- oder Jauchefuhrwerke kaum erreichbar waren. Steilhänge blieben also noch lange den Magerrasen vorbehalten.

Schon ein Jahrhundert nach ihrer Entstehung schlug den meisten artenreichen trokkenen Wirtschaftswiesen die Stunde. Spätestens in den 60er und 70er Jahren dieses Jahrhunderts wurden sie durch Düngungsintensivierung, höhere Schnitthäufigkeit und Umbruch auf immer kleinere Zwickel und Randgebiete zurückgedrängt. Eine der kurzlebigsten Lebensgemeinschaften innerhalb der Landschaftsgeschichte Mitteleuropas lebt heute oft nur noch in der Erinnerung der über Dreißigjährigen fort, die anfangs der 60er Jahre noch buntgesprenkelte Wiesen mit Junikäfern, Widderchen und Bläulingen erleben konnten.

Lebensgemeinschaften und Lebensbedingungen des artenreichen Grünlandes

Mahd und Beweidung halten Holzgewächse von ehemaligen Waldstandorten fern und begünstigen rasch austreibende Gräser und Kräuter, die sich besser als andere Pflanzen vom mehrmaligen Fraß- und Mähschock erholen und weniger von Samenvermehrung abhängig sind. Je häufiger gemäht oder befressen wird, desto mehr schieben sich niederwüchsige Arten in den Vordergrund. Obergräser und höhere Stauden geben dagegen in ein- bis zweischnittigen Wiesen den Ton an. Knapp vor der ersten Mahd bietet sich dem Auge dann eine eindrucksvolle Silhouette aus Doldengewächsen, Korbblütlern und filigranen Grasrispen.

Nach jedem Nutzungsdurchgang entwickelt sich ein anderer Blühaspekt. Dank ihres in Zwiebeln und Knollen gespeicherten Stoffvorrats gewinnen »Frühjahrsgeophyten«

1954 prangte eine zweischnittige, mistgedüngte Glatthaferwiese am Fuchsberg bei Altenerding (Lkr. Erding) im Gelb des Wiesen-Bocksbartes *(Tragopogon pratensis)* und im Weiß der Margeriten *(Chrysanthemum leucanthemum)*. Grillen- und Heuschreckengezirpe war nur der hörbare Ausdruck vielfältigen Insektenlebens.

1985 war der artenreiche Insektenlebensraum Blumenwiese durch ein Weizenfeld ersetzt. Nur noch am Ackerrain (Vordergrund rechts) befindet sich eine Grasflur. Intensive Herbizidspritzung förderte hier einseitig den Glatthafer *(Arrhenatherum elatius).* Über dem Agrar-Ökosystem herrscht Stille. Dem Ausbau einer Umgehungsstraße ist die Allee im Hintergrund zum Opfer gefallen.

wie z. B. Goldstern *(Gagea lutea),* Meerzwiebel *(Scilla bifolia),* Märzenbecher *(Leucojum vernum)* und Busch-Windröschen *(Anemone nemorosa)* den Wettlauf mit dem sprießenden Gras. Am überwältigendsten ist der Vorfrühlingsaspekt der Bergwiesen, wo eine mächtige Schneedecke das Altgras plattwalzt und der Boden nach raschem Abtauen wochenlang mit mineralreichem Schmelzwasser durchtränkt ist. Zweischnittige Mistwiesen sind etwa am Genfer See oder in steirischen Tälern vom »Blütenschnee« der Narzissen *(Narcissus poeticus)* überzogen, am Vogesenfuß und früher auch in der Eifel und im Hohen Venn vom Gelb der Osterglocken *(Narcissus pseudonarcissus),* in vielen Alpentälern und auf den Almen vom Weiß unzähliger Krokusse *(Crocus albiflorus).* Mit der Grasschicht entfalten sich Wiesen-Kerbel *(Anthriscus sylvestris),* Margerite *(Chrysanthemum leucanthemum),* Wiesen-Glockenblume *(Campanula patula),* Weichhaariger Pippau *(Crepis mollis),* Lichtnelken *(Melandrium rubrum, Lychnis flos-cuculi)* und andere. Wenn dieser weiß-blau-gelb-rote Farbakkord seinen Höhepunkt erreicht hat, verfällt er dem ersten Schnitt und mit ihm etwa 400 endophage, d. h. in den Pflanzenteilen lebende Kleintierarten.[12]

Danach nimmt die Wiese einen »zweiten Anlauf«, erreicht aber dabei nicht mehr ganz die Blütenvielfalt des Spätfrühjahrs. Bärenklau *(Heracleum sphondylium),* Kohldistel *(Cirsium oleraceum),* Wiesenknopf *(Sanguisorba major),* Roßfenchel *(Silaum silaus),* im Urgebirge auch Perücken-Flockenblume *(Centaurea phrygia)* und Verschiedenblättrige Distel *(Cirsium heterophyllum)* gehören zu den markanten Erscheinungen des zweiten Wiesen-Hochstandes.

In den klassischen Glatthaferwiesen kommen nach dem zweiten Schnitt, dem »Krummet«, nur noch wenige Arten zum Blühen. Den Reigen beschließt die extravagante Herbstzeitlose *(Colchicum autumnale),* die ihre Blätter erst im nächsten Frühjahr an die Oberfläche schickt.

Es ist unmöglich, auf wenigen Seiten die Abwandlungen der Wiesen und Weiden zwischen Küste und Alpen, zwischen Naß- und Trockenstandort zu schildern. Ganz unterschlagen wollen wir sie aber nicht. Die Kohldistelwiese auf mineralischen Naßstandorten oder auch entwässerten Niedermooren enthält neben dem satten Gelb der Sumpfdotterblumen *(Caltha palustris)* und des Scharfen Hahnenfußes *(Ranunculus acris)* sehr viel rötliche Töne: Im Frühjahr den Rosaschleier des Wiesen-Schaumkrautes *(Cardamine pratensis)*, etwas später die hellroten Kuckucks-Lichtnelken *(Lychnis flos-cuculi)*, im Frühsommer unzählige Purpurrispen des Sauer-Ampfers, das Zartlila der Honiggräser *(Holcus lanatus)* oder gar einen Rosateppich aus den Blütenzylindern des Wiesen-Knöterichs *(Polygonum bistorta)*. Die Rolle des Bärenklaues nach dem ersten Schnitt übernimmt in den Feuchtwiesen häufig die Engelwurz *(Angelica sylvestris)*.

Die Salbei-Glatthaferwiese hat auf trockenen Kalkböden vor allem in Südwestdeutschland ihren Schwerpunkt. Mit ihrem bunten Blütengemisch aus Salbei *(Salvia pratensis)*, Tauben-Skabiose *(Scabiosa columbaria)*, Körnchen-Steinbrech *(Saxifraga granulata)*, Bocksbart *(Tragopogon pratensis)*, Klappertopf *(Rhinanthus alectorolophus)*, Skabiosen-Flockenblume *(Centaurea scabiosa)* neben vielen anderen hat sie unter den mitteleuropäischen Pflanzengesellschaften einen Schönheitspreis verdient.

Damit wurden nur zwei Eckpunkte innerhalb der Spannweite unserer Bauernwiesen herausgestellt. Zwischen den trockenen und feuchten, den tief und hoch gelegenen Ausbildungen liegen viele Übergangsformen. Mäßig gedüngte Trocken- oder Feuchtwiesen und -weiden sind viel artenreicher als stark gedüngte. Auf 10–20 m² Feuchtwiese können oft 40–50 Pflanzenarten versammelt sein. Mehr als 20% der gefährdeten Pflanzenarten Nordrhein-Westfalens sind den Feuchtwiesen zuzuordnen.[38] Allein von der Wiesen-Flockenblume *(Centaurea jacea)*, einer Kennart magerer Wiesen, sind 125 Tierarten abhängig.[39] Die verschiedenen Feuchtwiesentypen Schleswig-Holsteins enthalten zusammengenommen nicht weniger als 3500 Tierarten. Der Tierartenreichtum erhöht sich mit abnehmender Bewirtschaftungsintensität in frappierender Weise: Die Umwandlung einmal im Herbst gemähter in zwei- bis dreimähdige Feuchtwiesen bedeutet einen Artenverlust von 1000 bis 1300 Tierarten.[12]

Von allen Grünlandbewohnern machen die sogenannten »Wiesenbrüter« oder »Weidevögel« durch eigene Schutzprogramme am meisten von sich reden. Mit ihren lauten Balz- und Warnrufen sind Brachvogel, Uferschnepfe, Rotschenkel und Kiebitz die Charaktervögel der weiten Grünlandniederungen. Besondere Eindrücke vermitteln das seltsame, mit dem Schwanzgefieder erzeugte Wummern der Bekassine.

Unter den 27 auf Extensivgrünland angewiesenen Vogelarten sind auch 2 der bekanntesten Leitarten mitteleuropäischer Artenschutzbemühungen, nämlich der Goldregen-

1978 hatte sich an der sonnigen Nasenbachleite bei Lengmoos (Lkr. Mühldorf) ein früher allgemein verbreiteter Wiesentyp mit Salbei, Margerite, Wiesen-Glockenblume, Karthäuser-Nelke und Echtem Löwenzahn gehalten.

1984 war die äußerst attraktive Magerwiese durch eine Ladung Mineraldünger oder Gülle in eine mastige, artenärmere Fettwiese mit wenigen Süßgräsern und Bärenklau verwandelt. Zum gleichen Zeitpunkt wie 1978, nämlich Ende Juni, war die Wiese bereits mehrere Wochen gemäht. Nachdem extensive Wiesentypen schon längst auf flacheren maschinenzugänglichen Standorten fast verschwunden sind, sind nun auch ihre letzten Überreste an steilen Sonderstandorten kurz vor dem Aussterben.

pfeifer und Meister Adebar, der Weißstorch. Dieser brütet nur in solchen Dörfern, die in 1–3 km Entfernung von mindestens 135–530 ha Feuchtgrünland als Nahrungsraum umgeben sind.[40]

Schmetterlinge reagieren auf Grünlandintensivierung noch deutlicher als Vögel. Extensivgrünland mit einem jährlichen Heuertrag von nur 20–40 Dezitonnen je Hektar beherbergt in den Niederlanden 14 Tagfalterarten. Mäßig intensives Grünland mit 40–70 Dezitonnen je Hektar enthält nur noch 8 Arten, darunter aber immerhin noch Ochsenaugen, Heufalter und Kleinen Schillerfalter. Hochintensives Grünland ist fast schmetterlingsleer und wird allenfalls von einigen Kohlweißlingen überflogen.[41]

Umwandlung artenreichen Grünlandes und die Folgen

Angesichts der Agrarpreisentwicklung ist eine Erhaltung oder Steigerung landwirtschaftlicher Betriebseinkommen nur über Produktionszuwachs und Rationalisierung möglich. Seit 2 bis 3 Jahrzehnten werden auch die relativ extensiven Wiesen und Weiden in den Intensivierungssog hineingezogen. Umstellung auf Bullenmast, Futteranbau, Mineraldüngung, Silage und Güllewirtschaft sowie Viehbestandsaufstockung oder Aufgabe der Rinderhaltung sind Beispiele für Intensivierungsschritte, die sich entscheidend auf Umfang, Flächenzuschnitt, Bewirtschaftungsform und Pflanzenbestand des Grünlandes auswirken. Stärkere Düngung, gezielter Herbizideinsatz, etwa zur Ampferbekämpfung, und häufigere Nutzung lassen wenige Arten hervor- und viele Arten zurücktreten. Untergräser drängen Obergräser, Kräuter und vor allem die für Bläulinge wichtigen Schmetterlingsblütler in den Hintergrund. Im norddeutschen Grünland verschob sich das Verhältnis mittlere Gräser zu Kräutern von 70:30 auf 85:15. Insgesamt 680 Blüten- und Farnpflanzen des Extensivgrünlandes stehen nur 91 im hochintensiven Grünland gegenüber.[42]

Auch der Stockwerksaufbau der Wiese vereinfacht sich mit zunehmender Intensivierung. Von konkurrenzschwachen Kräutern und locker-unregelmäßiger Vegetation abhängige Kleintierarten verschwinden weitestgehend. Der Anteil der Wurzeln an der gesamten Pflanzensubstanz verkleinert sich. Der Grasbestand wird dichter und damit z. B. für große Laufkäferarten, Amphibien und Jungvögel schwer durchdringbar.

Die »Speisekarte« für pflanzenverzehrende Insektenarten wird eintönig: Vernäßte, etwas vernachlässigte und hochstaudenreiche Grünlandbestände bieten Raupenfutterpflanzen für insgesamt 75 Tagfalterarten, intensivierte Feuchtwiesen dagegen nur für 52 Arten. Tatsächlich wurden im alpennahen extensiven Feuchtgrünland außerhalb von Streuwiesen insgesamt 48 Tagfalterarten beobachtet, in den intensivierten Feuchtwiesen dagegen nur 10.[43]

Die moderne Grünlandintensivierung läßt von insgesamt 57 verschiedenen Grünland-

Pflanzengesellschaften nur 7 übrig. Am deutlichsten ist die botanische Verarmung bei Umbruch und Neuansaat. Als uneingeschränkt ansaatwürdig werden nur 4–6 Arten empfohlen.[42] Die Totalerneuerung ergreift immer größere gewachsene Dauergrünlandflächen; gebietsweise wie z. B. in Holland und England ist sie mit einer Herbizid-Flächenspritzung verbunden. Im Regierungsbezirk Weser-Ems werden alljährlich rund 10% der Grünlandfläche umgebrochen und neu eingesät. Schon heute ist hier kaum eine Grasnarbe älter als 10 Jahre.[44]

Starke Düngung kann nicht nur durch Veränderung der pflanzlichen Mineralstoffzusammensetzung Futterpflanzen für Schmetterlingslarven oder Heuschrecken »ungenießbar« machen, sondern auch die Eiablage, Embryonalentwicklung und Schlüpfrate von Heuschrecken direkt beeinflussen. Abgelegte Heuschreckeneier dürften häufig durch Ammoniakvergiftung und Sauerstoffmangel unter Güllekrusten zugrundegehen. In herkömmlich bewirtschafteten Niedermoor-Feuchtwiesen Oberschwabens fanden sich pro 100 m^2 im Durchschnitt 573 Heuschrecken-Individuen, auf modern bewirtschafteten nur maximal 10 Exemplare.[45]

Wahrscheinlich sind für derart drastische Verarmungseffekte nicht nur der Gülle-Schock, sondern auch die mechanische Belastung durch Walzen, Abschleppen, häufiges Befahren, die Mikroklima-Schocks durch mehrmalige Mahd und sofortiges Aufladen des Mähguts sowie Tötungsverluste durch Kreiselmähwerke und moderne Ladeverfahren verantwortlich. Da Heuschrecken im Gegensatz zu anderen Insektengruppen ihren gesamten Entwicklungszyklus in derselben Wiese abwickeln und sehr ortstreue Populationen bilden, ist ihr Fluchtverhalten gegenüber schnellfahrenden Mähgeräten, die auch vielen Rehkitzen und beweglicheren Nestflüchtern verderblich werden können, völlig unzureichend. Um wie vieles leichter hatten es die Wiesentiere mit dem Mähbalken am langsam dahintuckernden 40-PS-Bulldog der Nachkriegszeit oder gar mit dem sensen- oder sichelschwingenden Bauern!

Ertragssteigerung, Wachstumsschübe durch spätwinterliche Gülleausbringung und Siloverwertung verlegen den ersten Schnitt vom Frühsommer in den Mai hinein. Nektar- und pollenspendende Wiesenkräuter fallen, bevor sie den für Tagfalter, Hautflügler und andere Fluginsekten lebenswichtigen Blühhorizont entfaltet haben, meist schon vor der Hauptflugzeit. Bienenvölker stehen nach der gewaltigen, durch moderne Bewirtschaftungsmethoden begünstigten Löwenzahntracht gewissermaßen vor dem Nichts.

Für eine erfolgreiche Jungenaufzucht ist die Zeitspanne zwischen Walzen, Eggen und Düngen im Vorfrühling und der ersten Mahd häufig zu kurz. In den Altmühlwiesen zwischen Gunzenhausen und Ornbau bringen deshalb Kiebitzpaare durchschnittlich nur noch 0,28 Junge hoch. Zur Bestandeserhaltung wären aber 0,8 flügge Junge erforderlich. Möglicherweise trägt hier aber auch der Überdruck von »Kiebitzflüchtlingen« aus den vom neuen Altmühlsee überfluteten 500 ha Feuchtwiesen zur Nachwuchsminderung bei.[46]

Im Feucht- und Naßgrünland ist eine kulturtechnische Standortverbesserung meist Voraussetzung für die Intensivierung und Mechanisierung der Bewirtschaftung. Erste Stein- und Rohrdränungen wurden schon vor Christi Geburt und dann erst wieder nach 1650 in England versucht.

Die Erfindung der Dränrohrpresse um 1840 in England gab den landwirtschaftlichen Wasserbauern den Schlüssel zur großangelegten Entwässerung und Nutzungsintensivierung von Naßböden in die Hand. Bereits nach 1850 wurden in Großbritannien pro Jahr etwa 100 000 ha Feuchtflächen dräniert und die jährliche Dränrohrproduktion reichte mit 420 Millionen Stück etwa 5mal um die Erde.[47] Dränmaschinen nach 1950 und PVC-Dränrohre ab 1960 beschleunigten die Melioration von Feuchtgrünland, so daß in der Bundesrepublik heute über 37% der landwirtschaftlichen Nutzfläche gedränt sind, im Vereinigten Königreich sogar 61% und in den Niederlanden 65%.[48] Nachdem in der Bundesrepublik 1955–1973 etwa 2,4 Millionen Hektar durch Gräben und 1,0 Millionen Hektar durch Dräne entwässert worden waren, schätzten die Fachbehörden den zukünftigen Meliorationsbedarf auf immer noch 3,6 Millionen Hektar. In Nordwestdeutschland wurde sogar das gesamte Grünland (60% der landwirtschaftlichen Nutzfläche) als entwässerungs- und dränbedürftig eingestuft.[49]

Diese mit Mehl-Primeln *(Primula farinosa)* übersäte Streuwiese bei Bairawies (Lkr. Bad Tölz-Wolfratshausen) zeigt noch die traditionelle bäuerliche Nutzungsform der Niedermoore. Durch alljährliche Herbstmahd der strohig gewordenen Gräser und Seggen wird in getreidearmen Landschaften die notwendige Einstreu für den Rinderstall gewonnen. Macht die Stallmodernisierung (Schwemmentmistung) die Einstreu überflüssig, so unterdrückt das überständige Gras allmählich die durchsetzungsschwache Streuwiesenflora aus Enzianen, Mehl-Primel, Fettkraut, Alpenmaßliebchen, Orchideen u. a. Die »nutzlos« gewordenen Streuwiesen bewalden sich oder werden durch Entwässerung, Umbruch mit Neueinsaat und Düngung in ertragreiche Futterwiesen oder Maisfelder umgewandelt.

Niedermoore und Streuwiesen

So wie »Hochmoore« nicht unbedingt hoch gelegen sind, findet man »Niedermoore« keineswegs nur in Niederungen. Gemeint ist damit lediglich, daß solche Moore nicht über den Einflußbereich des Grundwassers hinauswachsen. Ihre Pflanzen ernähren sich nicht aus den Atmosphärilien wie die Hochmoorpflanzen, sondern auch aus den im Grundwasser gelösten Stoffen. Deutlicher ist daher die Bezeichnung »Grundwassermoore«.

Ausnahmsweise können sich aber auch Grundwassermoore ähnlich wie Hochmoore emporwölben: Wenn im Bereich artesisch gespannten Grundwassers der Druckspiegel höher als die Landoberfläche liegt, wachsen bisweilen Quellaustritte durch Kalkabscheidung fast vulkanartig in die Höhe. Viel häufiger als solche Druckquellmoore sind Torf- und Quellkalk-Bildungen an Schichtquellen, wo das Grundwasser an der Grenze zwischen wasserleitendem und wasserstauendem Gestein breitflächig ausstreicht. In wenigen Jahrtausenden haben solche Schichtquellmoore bis zu 20 m mächtige Kalktufflager angehäuft, die heute noch bei Polling in Oberbayern als Baustein gebrochen werden. Unzählige Blatt-, Moos- und Stengelabdrükke, die durch Quellkalk-Umhüllung wie Gipsabdrücke konserviert wurden, geben ähnlich wie die Pollen im Hochmoortorf Auskunft über die nacheiszeitliche Vegetationsabfolge der Quellmoore und ihrer nächsten Umgebung.

Den Quellmooren stehen die aus der Verlandung von Seen, Kleingewässern, Altwässern und sogar mittelalterlichen Stauweihern hervorgegangenen Verlandungsmoore gegenüber. Wenn der Restsee ganz »erblindet« ist – der Volksmund nennt viele Moore in Süddeutschland »Blindsee-Moos« – erinnern nur noch die organischen Seeablagerungen (Mudden) und die hellen Seekreiden unter dem Niedermoortorf an die Gewässerver-

gangenheit. Verlandungsniedermoore sind charakteristisch für die in der letzten Eiszeit vergletscherten Gebiete, insbesondere für Mecklenburg, Brandenburg, Pommern, Masuren, Ostholstein und Südschweden. Quellmoore und Talvermoorungen kennzeichnen eher die Geestgebiete südlich der letzten Vereisung in den Niederlanden, Niedersachsen und im westlichen Schleswig-Holstein.

Im überwiegend basenarmen nördlichen Mitteleuropa tragen Grundwassermoore ganz andere Pflanzengemeinschaften als im süddeutschen und alpinen Raum. Sogar Torfmoose, die man im Süden nur aus Regenwassermooren kennt, überziehen im Harz oder in Skandinavien Grundwassermoore über Granit oder Gneis.

In den großen Flußtälern und Schotterebenen Süddeutschlands treten sehr kalkreiche Grundwässer an die Oberfläche und bilden riesige Quellmoore, die äußerlich mit Urgesteins-Niedermooren kaum etwas gemein haben. Linsen aus sandig-mehligem Quellkalk (»Alm«) und Eisenocker durchsetzen hier die bis zu 6 m mächtigen Seggen- und Schilftorfe.

In den Moränengebieten am Alpenrand, in den Alpentälern, aber auch im Baltikum und in Ostpolen werden viele kleinere Grundwassermoore als Streuwiesen genutzt. Im getreidearmen Grünlandgebiet war die Stall-Einstreu als Grundlage der Mistwirtschaft so begehrt, daß Streuland z. T. höher gehandelt wurde als Ackerland. In seinem Roman »Riedland« schreibt Kurt Guggenheim über die Schweizer Linth Ebene der 20er Jahre: »Das Streu aus den Riedern von Tuggen und Kaltbrunn liefert das Besenriedgras (*Molinia coerulea* L.), Kaltbrunn allein hat ungefähr 120 Hektaren Streuland, das 20000 Franken im Jahr einträgt...«

Vielfalt und Poesie einer Niedermoorlandschaft fängt er folgendermaßen ein: »An Sumpfpflanzen das insektenfressende Fett-

Niedermoor bei Grabenstätt am Chiemsee im Juni 1971: Riesiger Bestand an Sibirischer Schwertlilie in ungedüngter, einmal pro Jahr im Herbst gemähter Streuwiese.

Nach 1974 wurde der Bestand umgebrochen. Maisäcker und Zwischengrünland haben die Schwertlilienwiese ersetzt. Die Intensivierung wurde durch ältere Gräben und eine gewisse Vorentwässerung des Niedermoorstandorts erleichtert. Umwandlungen dieser Art erfolgen auch heute noch an vielen Stellen. Obwohl oft kaum bemerkt, ergeben sie zusammengenommen eine besorgniserregende Verarmung des Artenvorrats und auch des natürlichen Farben- und Formenreichtums.

kraut (*Pinguicula vulgaris* L.), das Wollgras mit den silbergrauen Haaren *(Eriophorum)*, das Studentenröslein *(Parnassia)*, der Fieberklee, den man gegen Malaria anwandte, das Läusekraut, der Sonnentau. An den Rändern der Seelein, Tümpel und Gräben: der Wasserdost, der Gelbweiderich, der Wolfsfuß, die Schwertlilien, das Knabenkraut. In den Gräben findet man die Laichkrautpflanzen, die Seerosen; die kleinen Gebüsche sind Sanddorn, Weiden, Erlen; an Bäumen: die Birke, der Faulbaum, die Esche... Noch heute brauche ich nur diese Worte zu lesen, und bis auf den Geruch, den Wind, das leise Wanken und Nachgeben der Polster, wenn man über das Ried wandert, das Summen der Freileitungen, das Glucksen in den moorigen Löchern, das leise Sirren der Schilfblätter und die Stille und die Einsamkeit, sie sind in einer fraglosen Wirklichkeit um mich.«

Vier Jahrzehnte später hätte die Linth-Ebene kein literarisches Sujet mehr abgegeben. Wie die meisten anderen Niedermoorlandschaften verfiel sie der Entwässerung und Intensivierung.

Lebensraum und Lebensgemeinschaften im Niedermoor

Niedermoore sind weniger von der übrigen Landschaft »abgeschottet« als Hochmoore. Die Mineralstoffzufuhr des Grundwassers ermöglicht auch anspruchsvolleren Pflanzen ein Fortkommen. Der Artenreichtum ist höher. Nicht Torfmoose, sondern Gehölze und Riedgräser geben den Ton an. Im Torf konservierte Baumwurzeln, sogenannte »Stubben«, die den modernen Dränmaschinen die Arbeit erschweren, Faserreste der Riedgräser und andere Pflanzeneinschlüsse geben Aufschluß über Jahrtausende zurückliegende

Vegetationsverhältnisse. Die Verzahnung von Fließ- und Stillwasserbereichen, von Sickerquellen, Pfützen, Rinnsalen, Pflanzenhorsten, Streuanhäufungen, Mähflächen, Bruchwäldern und Gewässern aller Art begünstigt Tierarten, die in ihrer Individualentwicklung auf verschiedenartige Kleinlebensräume auf engem Raum angewiesen sind.

Grundwassermoore sind häufig bandartig oder kleinflächig zwischen andere Lebensräume eingeschaltet. Ein reger biologischer Austausch ist die Folge. Beispielsweise entwickeln sich viele Zweiflüglerlarven in oder an Niedermoorpflanzen, geschlüpfte Insekten fliegen dagegen ins Umland. Wirbeltiere ohne biologische Verdunstungs- und Wärmeregulation, wie z. B. Bergeidechse, Nattern und Amphibien, brauchen ein »nasses und ungestörtes Wohnzimmer« als Rückzugsgebiet in Trocken- und Hitzeperioden.

Die Pflanzenbestände der Grundwassermoore richten sich in Wuchshöhe und -dichte nach der Nährstoffversorgung. Wo das Grundwasser nur Calciumhydrogenkarbonat und nur verschwindend wenig Nitrat, Ammonium oder Phosphat mitbringt, bedecken niedere Riedgräser nur horstweise die kleinen Erhebungen zwischen den Quellpfützen, in denen außer kalkausfällenden Blaualgen nur wenige Moose fluten. An höheren Pflanzen finden sich oft nur die mickerige Armblütige Sumpfsimse *(Eleocharis pauciflora)* und bezeichnenderweise der Mittlere und Kleine Wasserschlauch *(Utricularia intermedia, U. minor)*, die den Nahrungsengpaß durch Fallenfang von kleinen Wassertieren überbrücken. Die schüttere, schmalblättrige bis borstliche Riedgrasvegetation läßt genügend Platz für durchsetzungsschwache Vertreter weit entfernter alpiner oder nordischer Florengebiete, die sich nur an quellwasser- und kaltluftgekühlten Sonderstandorten seit der Eiszeit halten konnten. Nicht nur sehr seltene Arten wie z. B. Quell Steinbrech *(Saxifraga aizoides)*, Glanz-Gänsekresse *(Arabis soyeri)*, Alpenhelm *(Bartsia alpina)*, Alpen-Fettkraut *(Pinguicula alpina)*, Aurikel *(Primula auricula)*, Sommer-Wendelähre *(Spiranthes aestivalis)* und Glanzstendel *(Liparis loeselii)* sind darunter; sogar eigene Arten haben sich durch jahrtausendelange Isolation herausgebildet wie z. B. die Riednelke *(Armeria purpurea)*, die ihren letzten Standort überhaupt auf einem süddeutschen Quellmoor hat. Wo der streumähende Bauer die Konkurrenz der Gehölze und der Sauergräser unterdrückt, verdichten sich alpine Blütenschönheiten wie Stengelloser Enzina *(Gentiana clusii)*, Mehl-Primel *(Primula farinosa)* und Berg-Hahnenfuß *(Ranunculus montanus)* zu einem einzigartigen blau-rot-gelben Maienflor. Im Juni hängen unzählige Breitblättrige Wollgräser *(Eriophorum latifolium)* ihre silbrig-weißen »Flaggen« aus. Nicht weniger prächtig als der Jahresauftakt ist die frühherbstliche Färbung der Kalk-Streuwiese: Das weithin leuchtende Rostrot des Pfeifengrases *(Molinia coerulea)* ist mit dem Blau-Violett des Lungen-Enzians *(Gentiana pneumonanthe)*, des Schwalbwurz-Enzians *(Gentiana asclepiadea)*, der Färberscharte *(Serratula tinctoria)* und dem Weiß des Sumpf-Herzblatts *(Parnassia palustris)* betupft. Wenn die Sense oder der Motormäher im Oktober in den Bestand fährt, haben die Gräser und Sauergräser längst das gesamte Nährstoffkapital aus den oberirdischen Teilen in bodennahe Speicherorgane »in Sicherheit gebracht«. Die Strategie eines pflanzeneigenen Nährstoffkreislaufs gestattet es diesen Niedermoorpflanzen, äußerst haushälterisch mit dem knappen natürlichen Stoffangebot umzugehen und eine weitere Verarmung durch Mahd zu vermeiden.

Nährstoffreiche Grundwassermoore sind dicht mit Großseggen, Hochstauden oder Röhricht bestanden. Bei einem ständigem Nährstoff-Nachschub durch Torfzersetzung, Überflutungen oder Dünger-Eintrag kann über 10mal soviel Pflanzenmasse produziert werden als in nährstoffarmen Niedermooren. Schilfmoore können pro Jahr auf 1 m^2 2–3 kg oberirdische Trockensubstanz erzeugen. Hohe Kräuter und Stauden gehen viel »sorgloser« mit dem Mineralstoffkapitel um als Riedgräser. Aus ihrer leicht zersetzlichen Streu bildet sich an der Bodenoberfläche allmählich nährstoffreicher Humus. Mit dem Vordringen von Stauden hört die Torferzeugung des Grundwassermoores allmählich auf. Hochstaudenfluren aus Mädesüß *(Filipendula ulmaria)*, Gilbweiderich *(Lysimachia vulgaris)*, Sumpf-Storchschnabel *(Geranium palustre)*, Gelber Wiesenraute *(Thalictrum flavum)*, Wasserdost *(Eupatorium cannabinum)* und anderen Arten stellen nicht um-

1951 waren die letzten Grundwasseraustritte des Donaumooses auf den Hangfuß des Hügellandes bei Aschelsried (Lkr. Neuburg-Schrobenhausen) zurückgedrängt. Dieser letzte Rest der ehemals 17000 ha großen Quellmoore enthielt noch die charakteristischen Lebensgemeinschaften gleichmäßig temperierter Kalkschlenken (Vordergrund). Der durch Wassererwärmung und unter Mithilfe von einzelligen Algen und Moosen ausgefällte Quellkalk (Alm) wurde im Handbetrieb in flachen Gruben abgebaut.

1984 erinnerten noch einige weißliche Stellen im Maisschlag an das Quellmoor. Großflächige Entwässerung hatte die Voraussetzung für die totale Nutzbarmachung geschaffen. Offensichtlich war eine Einebnung des Geländes im Vorder- und Mittelgrund vorhergegangen.

sonst den Kontakt torfbildender Grundwassermoore zu umliegenden Fett- und Feuchtwiesen, Äckern und Wäldern her. Mit ihrem hohen Nährstoffaufnahmevermögen und dem tiefreichenden Wurzelwerk schirmen sie gleichzeitig die gegen Düngereinflüsse aus dem Kulturland empfindlichen Niedermoore ab.
Röhricht- und staudenreiche Niedermoore besitzen die am wenigsten spezialisierte, aber auch arten- und individuenreichste Tierwelt aller Niedermoor-Pflanzengemeinschaften. Während der Hauptblütezeit im Juni/Juli können rund 3500 Tierarten versammelt sein. Vertrocknen oder verblühen angrenzende Pflanzenbestände vorzeitig, so können die reich blühenden Staudenfluren der Feuchtstandorte einen Nahrungsersatz für

400–500 Blütenbesucher trockenerer Biotope bieten. Auch bei »Mäh-Katastrophen« angrenzender Wiesen und Felder springen sie ein.
Ein Hochstaudenried am Westensee in Holstein beherbergte 1978 pro Hektar nicht weniger als 24 Singvogel-Brutpaare, darunter vor allem Rohrammer, Feldschwirl, Schilfrohrsänger, Teichrohrsänger und den ungebetenen Gelege-Gast im kunstvollen Rohrsängernest, den Kuckuck. In schilfreichen Beständen treten spezielle Röhrichtbrüter wie z. B. Zwergrohrdommel, Sumpfhühner, Rohrweihe oder auch die seltene Bartmeise hinzu. Aufkommende Gebüschinseln können in Gewässernähe der seltenen Beutelmeise das Aufhängen ihres webervogelartigen Röhrennestes ermöglichen. Das Blaukehlchen zählt zu den Charaktervögeln gebüsch- und kleingewässerreicher Niedermoor-Torfstichgebiete.
Alle im Kapitel »artenreiches Grünland« erwähnten »Wiesenbrüter« entstammen eigentlich den Niedermoorgebieten. In der Nistplatzwahl anspruchsvollere Arten, wie z. B. die Sumpfohreule, die ihr Gelege mit Seggen- oder Grasstreu abschirmt, oder die an horstig-bultige Naßstandorte gebundene Bekassine, haben die »Arche Noah« der letzten Niedermoore meist nicht verlassen und nutzen angrenzende Kulturflächen fast nur als Nahrungsbiotop. Der Vogelartenreichtum der Niedermoorlandschaften beruht nicht nur auf dem vielfältigen Nistplatz-, sondern auch auf dem hohen Insektenangebot. Die Nahrungsketten sind hier auch an Zwischengliedern reicher als in anderen Biotopen der Kulturlandschaft.
Eine große Zahl an Groß- und Kleinschmetterlingen ist auf Raupenfutterpflanzen und Blüten des Niedermoores und der brachfallenden Streuwiesen angewiesen. Mindestens 15 Nachtfalter leben im Raupenstadium an Seggen und Sumpfgräsern, mehrere andere an Schilf und Rohrkolben. Mit den Weiden, dem Faulbaum und den Erlen wandern zu-

Streuwiese am Simssee bei Riedering (Lkr. Rosenheim) im Juni 1961. Auf einem flachgeneigten Sickerwasserausstrich hat sich ein Niedermoor gebildet, das in die Seeverlandungszone übergeht. Millionen von Fähnchen des breitblättrigen Wollgrases *(Eriophorum latifolium)* zeigen die Zugehörigkeit zur Vegetation der Kalkniedermoore an. Einzelne rote Bach-Kratzdisteln *(Cirsium rivulare)* deuten an, daß möglicherweise schon einmal Mist ausgebracht worden war.

1983 ist dieser Standort umgebrochen, teilweise in Maisäcker und teilweise in Fettwiesen umgewandelt. Vorhergegangen war eine Systemdränung im Zuge eines Flurbereinigungsverfahrens. Anstelle eines orchideen-, wollgras- und seggenreichen Kleinseggenriedes oder einer nassen Pfeifengraswiese breiten sich eintönige Maiskulturen mit wenigen Massenunkräutern und löwenzahn- und hahnenfußreiche mineralgedüngte Wiesen aus. Früher nur einmal gemäht, sind heute 3 Schnitte möglich.

sätzlich viele Eulen- und Spannerarten *(Noctuidae* und *Geometridae)* ins Niedermoor ein. Blütenreiche Streuwiesen besitzen ihre eigene Schmetterlingsfauna, zu der u. a. Perlmutterfalter, Dukatenfalter, Bläulinge und der Rotrandbär gehören.

Bei weitem am artenreichsten und als Nahrungsreservoir bedeutungsvollsten sind Zweiflügler vertreten. Allein im Eppendorfer Moor bei Hamburg umfaßte das Heer der Mücken und Fliegen 1400 Arten, die innerhalb Schleswig-Holsteins nur dort nachgewiesen wurden.[50]

An Niedermoor-Kleingewässern wurden bis zu 600 Libellen auf 100 m Uferlinie festgestellt. Für die Eiablage und Larvenentwicklung sind Grundwassermoore mit kleinen Wasserpfützen und Quellschlenken von größter Bedeutung. Eine Reihe seltener Niedermoorlibellen finden nach der Veränderung ihres Lebensraumes keine Ersatzlebensstätten und werden als Gesamtpopulation vernichtet.

Nahrungsgrundlage für mehrere Wanzen-, Schwebfliegen-, Laufkäfer-, Marienkäfer-, Florfliegen- und Singvogelarten sind die insbesondere am gewässerfernen Schilf in ungeheuren Mengen auftretenden Blattläuse. Sie sind ein wichtiges Beispiel für den biologischen Austausch mit der Moorumgebung, da sie teilweise erst zur Schilfblüte aus umliegenden Biotopen, z. B. aus Pflaumenkulturen, ins Niedermoor einwandern. Schlammige Quellbereiche und kleine, verwachsene Gräben können die unglaubliche Menge von 2000–4000 Flohkrebsen und Steinfliegenlarven pro Quadratmeter enthalten.[51] Erbsenmuscheln und Tellerschnecken bevölkern vor allem die Kalkschlenken in oft ungeheurer Zahl. Für kaltzeitliche Relikte wie z. B. die seltene kleine Quellschnecke *Bythinella austriaca* können unscheinbare Hangquellsümpfe ein Refugium darstellen. Allein im Schweinsberger Moor bei Amöneburg kommen 26 Schneckenarten vor. In den obersten Dezimetern und in Seggenbulten leben nie-

dermooreigene Regenwurmarten wie z. B. *Eisenia rosea* und *Eisenielle tetraedra,* die zusammen mit unzähligen Schlammröhrenwürmern und Zuckmückenlarven auf der »Speisekarte« der in Weichböden stochernden Schnepfen- und Watvögel stehen.

Bedeutung der Niedermoore und Streuwiesen

»Es ist nicht einfach, auf der jüngsten Moräne mit ihrem Schotteruntergrund ... das Wasser für einen großen Bauernhof mit seinem Viehbestand zu beschaffen. Das bedingt zunächst eine eigene Wasserleitung ..., noch mehr aber die Erhaltung von Wasserreserven in jenen Streuwiesen, die unter dem First des Moränenzuges liegen und wie große Schwämme das Niederschlagswasser auffangen. Dieser Hof hält also die Verantwortung für die Erhaltung seines eigenen Wassers und damit seiner dauernden Bewohnbarkeit in der eigenen Hand«. Dies schreibt der Agrargeschichtler Heinz Haushofer 1957 über seinen Hartschimmelhof im Alpenvorland. Keineswegs zu unrecht, denn viele

trinkwasserfähigen Grundwasserkörper treten in Niedermooren und Niedermoor-Streuwiesen an die Oberfläche. Auch wenn diese bei immerwährender Wassersättigung und geringer Torftiefe kein schwammartiges Saugvermögen besitzen, so sichern sie doch die Sauberkeit des Reservoirs und der Quellbäche, bremsen außerdem den Oberflächenabfluß durch hohe Rauhigkeit und reiche Verästelung. Niedermoore in Mulden und Kesseln laufen bei Niederschlagsereignissen wie Zisternen voll, verdunsten den Überschuß nur sehr langsam und entlasten damit die Vorfluter.

Große Niedermoore waren einst die wichtigsten natürlichen Hochwasser-Rückhalteräume der Alpenflüsse. Indem sie Hochwasserspitzen auffingen, dämpften sie die Hochwasserschäden im Mittel- und Unterlauf. Das größte intakte Niedermoor Mitteleuropas, das Murnauer Moos, wirkt heute noch als Hochwasser-Schutzraum für das Loisachgebiet.

Noch wichtiger als die Wasserrückhaltung ist die Nährstoffrückhaltung. Niedermoortorfe gehören zu den stickstoffreichsten Böden überhaupt. Erst durch Entwässerung und Belüftung wird dieser Vorrat aus seinen organischen Bindungen freigesetzt und damit gewässerbelastend. Als enge Nachbarn von Fließgewässern und Seen sind Niedermoore und Streuwiesen Puffer und Regulatoren für den Gewässerschutz. Erst durch Kultivierung verlieren sie diese Rolle und tragen dann sogar stärker als andere Nutzflächen zur Gewässerbelastung bei. So z. B. ist das kultivierte Ufermoor des Ossiacher Sees in Kärnten nach der Siedlungsabwassersanierung mit 27% an der Phosphorbelastung aller Seezuflüsse beteiligt.

Erhaltung der natürlichen Wasserverhältnisse in Niedermooren und Streuwiesen bedeutet aber auch Bodenschutz, weil in entwässerten und gedüngten Niedermoortorfen unter Ackernutzung ein Humusverzehr von 1–2 cm pro Jahr auftreten kann. Im Laufe 80- bis 200-jähriger Nutzung sind Niedermoortorfe im Donaumoos, in den Chiemseemooren, im Oberrheintal und in vielen anderen Gebieten zum größten Teil aufgezehrt worden. Bei Rudnik in Polen hat ein jährlicher Torfschwund von 1,04–1,78 cm die 1891 kultivierte Niedermoorfläche zu 77% völlig verschwinden lassen.[52]

Niedermoore und Streuwiesen in Seenähe sind neben Ausschwemmungs- und Auswaschungsschutz auch ein wichtiges Element im biologischen Wirkungsgefüge zwischen See und Land. Ein Beispiel sind uferlaichende Fische, wie z. B. Hechte, deren Brut auf den im Frühjahr überfluteten Streuwiesen alpennaher Seen groß genug wird, um vor der Abtrocknung den See zu erreichen. Die Verschärfung und Verkürzung der Hochwasserspitzen durch Nutzungsänderungen im See-Einzugsgebiet hat allerdings, z. B. am Chiemsee, dazu geführt, daß der See heute nicht mehr lang genug über die Ufer tritt.

Eines der Opfer der Kultivierung fast aller zusammenhängenden Niedermoorlandschaften ist die Uferschnepfe *(Limosa limosa).* Nur das Ausweichen auf extensives Feuchtgrünland bewahrte sie vor dem Aussterben. Aber auch dort wird sie gebietsweise durch Folgemaßnahmen verdrängt: am Foto-Standort, den Semptwiesen im Erdinger Moos, durch Wiesenintensivierung und Kiesabbau, im Donautal durch Umbruch, im oberen Altmühltal durch Überstauung usw.

Wo noch vor 20 bis 30 Jahren der Torfstecher im Schweiße seines Angesichts die großen Torfziegel ausstach und zum Trocknen türmchenförmig aufschichtete, rückte die Mooroberfläche ein Stück näher zum abgesenkten Grundwasser und ein neuer, wenn auch verarmter Niedermoorbiotop konnte entstehen (auf dem Foto mit Steifseggenhorsten, Rohrkolben und Grau-Weide). Leider trocknete die weiter fortschreitende Grundwasserabsenkung auch viele dieser Folgestadien wieder aus. Unzählige Torfstichkuhlen wurden mit Müll und Abraum verfüllt.

Der Ausfall dieser Laichgründe ist um so schmerzlicher, als das Schilfsterben seit 1965 auch die Uferröhrichte bis auf Reste dezimiert hat (vgl. »Seen und Seeufer«).
Aus Platzgründen wird eine Vielzahl weiterer Funktionen der Niedermoore und Streuwiesen, vor allem ihre unersetzliche Rolle als Artenrückzugsgebiete, ihr Erlebniswert für den Menschen durch Blütenreichtum und Vogellaute und ihre Bedeutung als Energiespeicher nur am Rande erwähnt.

Umwandlung der Niedermoore und Streuwiesen

Zwar rückte man einzelnen Sumpf- und Moorgebieten mit Stein- und Rohrdränungen schon vor Christi Geburt und wieder nach dem Dreißigjährigen Krieg mit Dachfirstziegeln als Dränrohren zuleibe. Das Zeitalter systematisch betriebener Niedermoor-Kultivierung dämmerte indessen erst mit der Aufklärung herauf. Dem Beispiel des Fürsterzbischofs von Salzburg folgend, der das »Know-how« holländischer Kulturtechniker schon im 17. Jahrhundert zur Nutzbarmachung und Besiedlung des Leopoldskroner Mooses genutzt hatte, taten sich viele deutsche Fürsten nicht nur in den Künsten, sondern auch in der Kulturlandgewinnung durch Pioniergeist hervor. So gewann Friedrich der Große nicht nur durch Kriege und Verträge, sondern auch in den großen Niedermoorlandschaften des Oder-, Warthe- und Netzebruches anbaufähiges Neuland hinzu.
Wie kühn, aber auch segensreich die Moorentwässerung damals empfunden werden mußte, ahnt man bei folgendem Zitat aus einer Fülle von Denkschriften gegen Ende des 18. Jahrhunderts. Der bayerische Staatsrat Hazzi schreibt im Jahre 1796: »Traurig ist es für den Freund der Natur [!], die ungeheuren Filz-, Moos- und Weidestrecken zu sehen. Das Vieh wird bloß auf die ungeheuren Weiden zugelassen und dies meistens ohne Hirten, daher es sich oft ereignet, daß das Vieh sich manchmal mehrere Stunden weit verläuft oder in die Moräste der Filzen und Möser versinkt.«[53]
Diesen Mißständen versuchte Kurfürst Karl Theodor im 28 km langen und 5–8 km breiten Donaumoos durch seinen Trockenlegungsbefehl abzuhelfen. Bis 1793 waren nicht weniger als 17700 ha Moorgrund durch Hauptkanäle erschlossen, die erste Moorkolonie Karlskron wurde 1791 gegründet. 1795 hoffte Freiherr von Aretin, daß das Donaumoos »der Punkt sein werde, von wo aus ächte Cultur und eine blühende Landwirtschaft sich in goldenen Strömen über ganz Bayern ausgießen wird.« Die Vor-Lie-

bigsche Lehrmeinung, Humus sei die eigentliche Pflanzennahrung, bestätigte sich jedoch nicht, sinkende Erträge stürzten die Moorkultur in ihre erste Krise. Entwässerungsanlagen versumpften nach etwa 25 Jahren; der »wohlhabende Colonist wurde arm, der arme geriet ins Elend« (Aretin). 1831 hatten die Kolonisten von Hallbergmoos im Erdinger Moos mit dem Hungertod zu kämpfen. Der Erfahrungssatz der norddeutschen Hochmoorkolonisten »dem ersten der Tod, dem zweiten die Not, dem dritten das Brot« galt eher in umgekehrter Reihenfolge. Fast alle Kulturversuche der ersten Generation sind zumindest in Bayern kläglich gescheitert.

Erst mit den revolutionären Erkenntnissen zur mineralischen Pflanzenernährung im Rücken begann der endgültige Siegeszug der Landkultur in den Niedermooren. Die 1897 aus kurz vorher gegründeten Moorkulturstationen hervorgegangene Landesmoorkulturanstalt in Bayern hatte sich »nur die eine Aufgabe gestellt, daß die Moore in Bayern möglichst bald und möglichst nutzbringend verwertet werden ... und daß alle kulturfähigen bayerischen Moore nach und nach in fruchtbare Äcker, Wiesen und Wälder sich verwandeln«.[54] Zum wissenschaftlich fundierten Düngergebrauch kam bald nach der Jahrhundertwende der Maschineneinsatz in der Moorkultur: »Hier, wo sonst tiefe Einsamkeit herrschte, die nur im Herbst durch die Streumäher unterbrochen wurde, ist jetzt reges Leben. Schienenstränge ziehen sich durch das Moor, der Torfbagger pfeift, es wimmelt von Arbeitern, die hier auch ihre Baracken haben. Durch die Neuanlagen sind die Fundstellen des schönen Karlszepters zum größten Teil schon zerstört ... Es hat natürlich keinen Sinn, in empfindsamen Tönen über diese Änderungen zu klagen. Die Kultivierung und die Besiedlung des Dachauer Mooses ist eine wirtschaftliche Notwendigkeit ...«

Mit dieser Schilderung über das einst 18000 ha große Dachauer Moos bei München im Jahre 1922 beschreibt die Moorwissenschaftlerin Selma Ruoff die gewaltigen Kultivierungsanstrengungen, denen insbe-

Streuwiesenlandschaft im Samerberger Becken (Lkr. Rosenheim) im Jahre 1956. Viele Hektar herbstlich brauner Kleinseggenriede bedeckten den Boden eines späteiszeitlichen Seebeckens. Außer den Mähbahnen der Sense (Vordergrund Mitte) und den Streuhaufen (Vordergrund links) verraten nur die mit Birken verwachsenen Torfstiche (Mittelgrund) den Eingriff des Menschen.

1985 ist das Erscheinungsbild der vormals extensiven Kulturlandschaft nicht mehr wiederzuerkennen. Eine Fichtenaufforstung im Vordergrund gibt gerade noch den Blick auf eine z. T. in Düngewiesen und Maisäcker (Mittelgrund rechts) umgewandelte, z. T. aufgeforstete und bewaldete Szenerie frei. Die 1956 offene Hochmoorinsel (Mittelgrund links) hat sich infolge zunehmender Entwässerung zum dichten Moorwald entwickelt.

sondere in den Notzeiten nach den Weltkriegen und während der »Reichsernährungsschlacht« des Dritten Reiches die meisten größeren Niedermoore zum Opfer gefallen sind - ob in den nordostdeutschen Urstromtälern, im Landstuhler Bruch in der Pfalz oder im Hessischen Ried am Oberrhein.
Kurz vorher hatte das Streuland noch »Hochkonjunktur«: In der zweiten Hälfte des 19. Jahrhunderts brach der Ackerbau, der bisher einen Großteil der Stalleinstreu geliefert hatte, in weiten Gebieten zusammen. In dieser »Streunot« verwandelte man viele nicht zu nasse Niedermoore, die bisher als extensives Weideland mehr schlecht als recht genutzt worden waren, in Streuwiesen. Sogar feuchte Düngewiesen wurden bis zur Jahrhundertwende in magere Pfeifengraswiesen umgewandelt. In eigenen Forschungsprojekten nahm man z. T. die heutigen Renaturierungsanstrengungen vorweg, allerdings mit wirtschaftlicher Zielsetzung: Durch Aussaat von Streupflanzen, ja sogar durch spezielle Düngung und Bewässerung (!) wollte man den Streuertrag verbessern.
Die meisten kleineren Niedermoore und Streuwiesen der Hügel- und Bergländer blieben indessen bis nach dem 2. Weltkrieg erhalten. Erst die Entwässerungs- und Bodenverbesserungszuschüsse der 50er und 60er Jahre und die Gründung von Wasser- und Bodenverbänden seit den 30er Jahren weckten auch hier den Kultivierungseifer. Naturschutzpioniere, die sich Anfangs der 50er Jahre für die Erhaltung voralpenländischer Enzianwiesen einsetzten, hatten einen schweren Stand.
1953, bevor der allgemeine Wohlstand eingekehrt und das Heer der z. T. aus der Landwirtschaft stammenden Flüchtlinge integriert war, forderte der ehemalige preußische Minister Graf Roedern die damals ungeheuerliche Summe von 18 Milliarden DM für die vollständige Kultivierung des 2 Millionen Hektar umfassenden meliorationsfähigen Moor- und Ödlandes in der Bundesrepublik Deutschland. Wieder war der durch Friedrich den Großen, Faust II, durch Benediktiner und Zisterzienser begründete Geist der »inneren Kolonisation« zu spüren, als

Graf Roedern 1952 im Traunsteiner Tagblatt schrieb: »Nur 10000 ha drainierte, bisher saure Wiesen, Streuwiesen und Flachmoore könnten etwa 3000 Familien, und zwar 350 Bauern mit je 15-25 ha, 150 Gemüsegärtnern mit je 2-6 ha und 2400 Kleinsiedlern mit je 0,5-2 ha, Wohnstätten und landwirtschaftliche Arbeit, teils als Hauptberuf, teils im Nebenbetrieb, geben.«

Schon 1955 waren in der Bundesrepublik 4,4 Millionen ha Feuchtgebiete, darunter sehr viele Niedermoore und Streuwiesen, durch Gräben entwässert, weitere 2,4 Millionen ha kamen bis 1972 hinzu.[55] Die jährlichen Dränausgaben stiegen 1955 bis 1968 innerhalb der öffentlich-rechtlichen Zweckverbände von 40 auf 125 Millionen, private Dränmaßnahmen machten 1968-1971 pro Jahr zusätzlich 25-35 Millionen DM aus. Zwar treten Niedermoor- und Streuwiesen-Erstentwässerungen gegenüber der Melioration vernäßter Mineralböden seit den 70er Jahren in den Hintergrund, doch wurde der Umfang meliorationsbedürftiger Moorböden noch 1971 mit 0,8 Millionen ha oder 5,6% der landwirtschaftlichen Nutzfläche angegeben.[56]

Von den aufgrund natürlicher Vorflutverhältnisse oder Flußkorrektionen entwässerbaren großen Niedermoorgebieten Mitteleuropas sind heute oft nur noch winzige Reste in einem naturnahen und kein einziger Quadratmeter in seinem ursprünglichen Zustand. Nachdem das Zeitalter großangelegter Niedermoorkultivierung schon in den 50er Jahren zu Ende gegangen war verblieb noch eine große Zahl kleiner und kleinster Niedermoore, Anmoore und Streuwiesen in den Berg- und Moränengebieten.

Sie waren nie Ziel großangelegter Moorkulturprojekte, wurden aber zunehmend in den Strudel einzelbetrieblicher Sachzwänge hineingerissen: Genügten vor 3 Jahrzehnten 15 Milchkühe für einen Vollerwerbsbetrieb des Alpenvorlandes, so sind es heute 30-35. Seit den 70er Jahren war die Aufstockung der Rinderbestände um etwa 50% seit Mitte der 50er Jahre nicht mehr allein durch Intensivierung der bestehenden Flächen, durch Verringerung der Heuverluste, leistungsfähigere Tiere und Kraftfutterzukauf aufzufangen. Dünger-, Treibstoff-, Maschinenverteuerung, allgemeiner Landhunger, höhere Pachtpreise und zunehmende Abkopplung

Ein 13 × 18 km großer Ausschnitt des Bayerischen Waldes enthielt 1937 die grün eingetragenen Niedermoor-, Streuwiesen- und Magerrasenbiotope. Sie bildeten damals ein fast zusammenhängendes Netzwerk, das einen vollkommenen Artenaustausch ermöglichte. (Eigene Interpretation von Vorkriegsluftbildern der Bundesforschungsanstalt für Landeskunde und Raumordnung)

von der allgemeinen Einkommensentwicklung veranlaßten viele Landwirte, die eigenen Streuwiesen zu verbessern, die durch Schwemmentmistung - d.h. kein Streubedarf - und geringe Tragfähigkeit für den Maschinenpark immer geringwertiger erschienen.

Der Übergang von der Tonrohr-Verlegung in handausgehobenen Gräben zum kiesverpackten Plastik-Dränrohr in maschinengezogenen Gräben oder zur rohrlosen Maulwurfdränung, preiswerte Angebote von Dränunternehmen und der schleppermontierte eigene Grabenbagger erleichterten dem Landwirt die Erschließung seiner Naßflächen in eigener Regie. Wo die Melioration zu aufwendig oder das Gelände entwässerungstechnisch zu schwierig erschien, bestand immer noch die Möglichkeit, Fichten

1980 waren vom einst über ein Viertel der Fläche bedeckenden Biotopnetz nur noch vereinzelte Bruchstücke übriggeblieben (weniger als ein Zehntel des Vorkriegsbestandes). Z. T. staatlich geförderte Dränungen, Meliorationen, Entsteinungen und Fichtenaufforstungen drängten die Feuchtflächen und Magerrasen zugunsten einer klaren Trennung zwischen Futterwiesen, Maisacker und Fichtenschonung zurück. (Eigene Luftbildinterpretation und Biotopkartierung)

und Erlen aufzuforsten oder ein quellnasses Kleinmoor mit Abraum zu überdecken.
Der Siegeszug des Maisanbaues brachte etwa seit 1960 viele Niedermoor- und Streuwiesenreste der Tieflagen zum Verschwinden und engte in den 70er Jahren sogar im höheren Bergland, wie z. B. um Grafenau im Bayerischen Wald und im Ammergau, die Streuwiesen ein.
Nach Einführung des allgemeinen Feuchtgebietsschutzes in den Naturschutzgesetzen einiger Bundesländer flaute die private Entwässerungstätigkeit immer mehr ab. Gefahren für die letzten Niedermoor- und Streuwiesenreste gehen nunmehr vor allem vom schleichenden Düngereintrag aus umliegenden Kulturflächen, vor allem durch Gülle, von einer allmählichen Aufdüngung durch Mineraldünger, regional vor allem aber von einer zunehmenden Beweidungstendenz mit begleitender Düngung aus. Nur in wenigen Gebieten entgehen die Streuwiesenreste der Verfilzung und Verbuschung, die nach dem Wegfall der Streumahd um sich greift. Artenverarmend kann auch die Tendenz zu immer früherer Mahd des spät austreibenden Streuwiesenbestandes wirken.

Verlustbilanz der Niedermoore und Streuwiesen

Von den 80781 im Jahre 1892 in Oberbayern erhobenen Niedermooren waren bereits 21202 ganz, 41137 teilweise und nur 18442 gar nicht entwässert.[57] Allerdings ist davon auszugehen, daß der größte Teil der in irgendeiner Form entwässerten Flächen keineswegs im heutigen Sinne intensiv genutzt, sondern streuwiesenähnlich war. Dem »Finale« der großangelegten Niedermoor-Kultivierung, das allein im Bereich der 3 südbayerischen Moorkulturstationen insgesamt 49000 ha im Alpenvorland, 44000 ha für das Erdinger-Dachauer Moos, 35000 ha für die Donaumöser und 7500 ha für die Niedermoore an der unteren Isar vorsah, waren um 1950 an einigermaßen intakten Niedermoorresten entgangen: im Dauchauer Moos etwa 5–10 ha, im Erdinger Moos ein winziges Schutzgebiet von 2,4 ha, im Isarmoos 0 ha und im Donaumoos ein Splitterbiotop von etwa 2 ha. Im Gegensatz zu vielen anderen Lebensräumen bemißt sich der Restbestand der Niedermoore großer Becken- und Tallandschaften nicht mehr in Bruchteilen oder auch nur Prozenten, sondern höchstens in Promille.
Von den Kalkquellmooren der großen Schotterebenen und Stromtäler vermittelt heute wohl in ganz Mitteleuropa nur noch ein einziger Rest einen Eindruck des ursprünglichen Biotopcharakters: das etwa 20 ha große Benninger Ried vor den Toren Memmingens an der Iller. Was ist dies gemessen an der großartigen, von unzähligen Flutrinnen und Quellbächen durchzogenen Elsässischen Riedlandschaft bei Straßburg, die erst nach dem 2. Weltkrieg im Zusammenhang mit grundwassersenkenden Rheinausbaumaßnahmen Zug um Zug in eine Agrarlandschaft umgewandelt wurde?

Hochmoore

Man vergleiche die niedrigen Latschenfelder auf dem Koppenplanmoor im Riesengebirge mit einem Überrest der einst riesigen Moorflächen Norddeutschlands, ein Kiefernmoor im vormaligen Ostpreußen mit einer moorigen Mulde der Lüneburger Heide, die silbrigen Wollgrasschleier einer schottischen oder irischen Hochfläche mit einem düsteren Latschenfilz Oberbayerns: So verschieden sich diese Gebiete dem Auge darbieten, so haben sie doch einige entscheidende Gemeinsamkeiten. Ihre Pflanzendecke besteht vornehmlich aus Torfmoosen und anderen torfbildenden Pflanzen, die sich allein aus Mineralstoffen der Niederschläge und herangewehten Staubteilchen ernähren können. Solche vom mineralienreichen Grundwasser unabhängigen Torflager mit ihrer Pflanzendecke nennt man »Regenwassermoore«.

Der dichte Verband aus roten, gelben und grünen Torfmoosköpfchen wächst ständig in die Höhe und zwingt damit auch die mooreigenen Gefäßpflanzen, sich mit Hilfe neugebildeter Stockwerke der tödlichen Überwucherung durch den Moosteppich zu entziehen. An der Basis sterben die Torfmoose laufend ab. Allmählich wölbt sich das Moor, bedingt durch die Anhäufung abgestorbener und durch Luftabschluß nur wenig zersetzter Pflanzenteile, über die Landoberfläche empor, manchmal mehr als 10 m hoch. Man bezeichnet Regenwassermoore daher auch als »Hochmoore«.

Allerdings ist diese gebräuchliche Bezeichnung etwas mißverständlich. Einerseits gibt sie zu der irrigen Meinung Anlaß, solche Moore lägen hoch im Gebirge. Andererseits ist die Mooraufwölbung nur bei kleineren und im Flachland gelegenen Regenwassermooren auf einen Blick ersichtlich. Bei großen Regenwassermooren ist der Randanstieg meist durch einen Moorwald verborgen oder durch Torfabbau völlig unkenntlich gemacht. In Bergländern ist die Eigenform der

Bewußt wurde zur Einführung kein unberührtes, sondern ein teilweise ausgetorftes Hochmoor (Pienzenauer Filze, Lkr. Miesbach) gewählt, weil es im Alpenraum nur noch wenige, in Norddeutschland überhaupt keine größeren, ungestörten Hoch- oder Regenwassermoore mehr gibt. Z. B. sind von den ursprünglich 2500 km^2 Hochmoor in Niedersachsen noch ganze 250 km^2 nur mäßig gestört. Kaum gestört sind dort noch wenige waldumgebene Kleinstmoore. Die Niederlande besitzen kein einziges naturnahes Hochmoor mehr. Die neueste Bestandsaufnahme in der Schweiz (Grünig et al. 1986) ergab nur noch 500 ha intaktes Hochmoor. Schon 1904 waren dort von 5464 registrierten Mooren 3381 völlig erloschen.

Regenwassermoore meist nur undeutlich vom bewegten Untergrundrelief zu unterscheiden. Bei den ganz bewaldeten Regenwassermooren Osteuropas ist auch im Naturzustand kaum mehr eine Aufwölbung festzustellen.
Regenwassermoore sind ein Zeichen für Wasserüberschuß in der Landschaft. Der Verlust durch Verdunstung, Versickerung und Abfluß wird durch die Niederschläge mehr als wettgemacht.
Längere Trockenzeiten treten nur selten auf. Die Luftfeuchtigkeit ist im allgemeinen hoch. Sowohl im arktischen als auch im warmen Klima ist das Torfmooswachstum gebremst. Hochmoore bilden sich daher am leichtesten in ozeanischen Gebieten mit hohen Niederschlägen und gedämpften Temperaturschwankungen, daneben aber auch in Regenstaulagen der Alpen und der höheren Mittelgebirge. Auf kleinflächigen Sonderstandorten kommen sie auch andernorts gelegentlich vor, z. B. in Eifelmaaren oder auf der Albhochfläche. Viele Kilometer weite Hochmoorlandschaften gibt es aber nur in Niedersachsen, Holland, Jütland, Skandinavien, entlang der südlichen Ostseeküste, auf den Britischen Inseln, aber auch in den Weiten Kanadas, Rußlands und Sibiriens.
Teile Niedersachsens waren einst bis zu 30% mit baumfreien Hochmooren bedeckt. Einzelne Gegenden des Alpenvorlandes und der Voralpen erreichen heute noch einen Hochmooranteil von 6–10%, auch der Nationalpark Bayerischer Wald ist zu 7% vermoort; der Hochmooranteil des Böhmerwaldes steigt noch deutlich höher. Hier wie auch im Schwarzwald, den Sudeten, Karpaten, im österreichischen Mühl- und Waldviertel sowie im Schweizer Jura sind die Regenwassermoore mit düsteren Bergkiefern bewachsen, entweder in Krummholzform (»Latschenfilz«) oder in hochstämmiger Form (»Spirkenfilz«). Von Polen über Ostdeutschland bis ins Ratzeburger Gebiet reichen die kiefernbestockten »Waldhochmoore«.
Verbreitung und Vielfalt der Regenwassermoore spiegeln sich in den landesüblichen Bezeichnungen. Das niederdeutsche »Venn« – vgl. »Fehn-Kultur« und »Fehn-Siedlung« – findet sich im holländischen »Veen«, wallonischen »Fagnes« und elsässischen »Faignes« wider. In England bezeichnet »fen« indessen ein grundwasserabhängiges Moor; Regenwassermoore heißen dort »bogs« oder – bei deutlichen Aufwölbung – »domed mires«, »raised bogs« oder »perched bogs«. Den schwammigen Charakter bezeichnet am besten der Altbaier mit »Filz« oder »Filze«. Grundwassermoore werden hier »Moos« genannt. Im alemannischen Sprachraum können allerdings auch Regenwassermoore »Moos« heißen, Grundwassermoore endigen hier im allgemeinen auf »-ried«.
Viele Bezeichnungen sind nur regional gebräuchlich, wie z. B. »Dose« im Emsland – vgl. auch »Dosenmoor« in Holstein –, »Bruch« in Mittel- und Ostdeutschland und »Lohe« in der Oberpfalz. Der Volksmund hält sogar für bestimmte Ausbildungsformen der Regenwassermoore Spezialausdrücke bereit, etwa »Schlatt« für Kleinhochmoore in niederdeutschen Windausblasungsmulden, »Misse« für Kammvermoorungen des Schwarzwaldes, »Herde« für Kamm-Moore der Allgäuer Alpen oder »Mösl« für Kleinstmoore im bajuwarischen Sprachraum.
In die folgende Darstellung werden auch die Zwischenmoore einbezogen, die in ihrem Nährstoffhaushalt den Übergang vom Regenwasser- zum Grundwassermoor bilden.

Die Lebensgemeinschaft der Hochmoore

Kommt man aus einer freundlichen sattgrünen Wiesenlandschaft durch den Randwald in eines unserer letzten ungestörten Hochmoore, so steht man in einer geheimnisvoll abgeschiedenen Welt. Die Farben sind exotisch buntscheckig: Rote Töne bestimmen die unzähligen, von Besenheide, Glocken-Heide, Beinbrech oder Wollgras bekrönten Torfmooshügelchen (»Bulten«), grün und gelb leuchten die flutenden Torfmoose aus den kleinen wassergefüllten Dellen, den »Schlenken«.
Nichts erinnert mehr an die »Außenwelt«. Nicht nur die Farben und Formen, auch die Lufttemperatur und die Gerüche sind anders. Vogel- und Insektengeräusche sind nahezu verstummt. Schon an einem warmen Märztag flimmert die Luft über dem Moor, während der Fuß sich noch auf Eislinsen knapp unter der Moosoberfläche stützt. Wer das Moor zum ersten Mal betritt, dem wird

außer Wald- und Berg-Kiefer keine Pflanzenart bekannt vorkommen.
Im Kleinen entdeckt das aufmerksam suchende Auge viele Wunder: die rosa Turbanblüten und glänzend rotbackigen »Äpfelchen« der Moosbeere, an hauchdünnen Stielen auf dem Moosteppich liegend, die kugeligen Sporenträger der Torfmoose, die grün-orange gescheckte Raupe eines Abendpfauenauges, die Luftglocken der Wasserspinne in einer Schlenke. Dem Mikroskopiker tut sich in den Schlenken und Moortümpeln die bizarre Welt der Amöben, Schmuck- und Kieselalgen auf.
Welche Umstände erzwingen nun diese zwar verhältnismäßig artenarme, dafür aber verblüffend eigenartige Lebewelt? Den Schlüssel liefern die Torfmoose. Sie schaffen – jedes Jahr mehrere Zentimeter wachsend – dank ihrer wasserspeichernden Hyalinzellen einen zu etwa 95% mit Wasser gesättigten riesigen Schwamm, der einem nach oben geförderten Wasserkörper gleicht. Nach Trokkenperioden kommen zu den Luftkammern zwischen den Torfmoospflänzchen noch die entleerten Hyalinzellen. Die poröse Hochmoordecke leitet die Wärme sehr schlecht, erhitzt sich tagsüber sehr rasch, um abends stark abzukühlen. In größeren Regenwassermooren ist kein Monat des Jahres dauerhaft frostfrei. Extreme Temperaturschwankungen prägen das Sonderklima der Regenwassermoore. Bezeichnenderweise liegt der Kältepol der Bundesrepublik in einem Hochmoorgebiet des nördlichen Fichtelgebirges. Gleichzeitig stellen Regenwassermoore aber auch den Hitzerekord unter den naturnahen Biotopen auf. Auf einer, allerdings entwässerten, Torfoberfläche bei Penzberg wurden im heißen Sommer 1983 immerhin 81 °C gemessen!
Die zunächst seltsam anmutende Erscheinung, daß Hochmoorpflanzen viele Merkmale von Arten extrem trocken-heißer Standorte aufweisen, wird nun einigermaßen verständlich. Allerdings zeigten Kulturversuche, daß solche »Xeromorphosen« auch durch Nährstoffmangel hervorgerufen werden. Für die Regenwassermoore wird dies durch die Sonnentauarten bestätigt: Sie »überlisten« die »allgemeine Hungersnot« des Moores durch Verdauung eingefangener Insekten – und zeigen keine xeromorphen Gestaltmerkmale!

Der Ernährungsengpaß im Regenwassermoor ist enorm, stehen doch nicht einmal die wenigen über die Atmosphäre zugeführten Nährstoffe voll zur Verfügung. Die Torfmoose konzentrieren zwar die Nährelemente äußerst haushälterisch in ihren Köpfchen, nehmen sie aber teilweise »mit ins Grab«. Im sehr sauren und sauerstoffarmen Milieu fehlen die Mikroorganismen für den Aufschluß der toten Pflanzenmasse. Im Unterschied zum Wald, Acker oder Grünland wird die produzierte Substanz als Torf »abgelegt« und kaum mehr in den Kreislauf zurückgeführt. Moore sind also Nährstoff-Fallen.
Zwischen den »egoistischen« Torfmoosen und den Blütenpflanzen besteht ein »ungleiches Kräfteverhältnis.« Mit Hilfe der Polygalakturonsäure in den Zellwänden tauschen die Torfmoose begehrte Nährsalze gegen säurebildende Hydronium-Ionen ein. Natrium- und Kalium-Ionen werden in den Moosköpfchen auf das 60–560fache angereichert. Nährstoffe, die beim Absterben der unteren Moosteile frei werden, wandern im mooseigenen Haftwasser wieder nach oben in die Wachstumszone der Köpfchen. Dieser innere Nährstoffkreislauf und der Ionen-Austausch läßt andere Moorpflanzen nicht an die begehrten Stoffe herankommen, ermöglicht aber den Torfmoosen ein jährliches Wachstum von 3–30 cm und damit eine Übermachtstellung. Das durch Kohlendioxidbildung, Huminsäuren und Hydronium-Ionen ohnehin saure Milieu wird durch den Ionenaustausch der Torfmoose zusätzlich versauert.
Nur mit ausgeklügelten Überlebenstechniken können einige Blütenpflanzenarten Paroli bieten: Wollgräser, Zwergsträucher, Sauergräser und Moor-Kiefern schaffen es durch »Partnerschaftshilfe« mit Pilzen (Mykorrhiza). Pilze erschließen fest gebundene Nährstoffe aus toten Pflanzenteilen und erhalten dafür organische Stoffe, die sie selbst nicht herzustellen vermögen.
Die meisten Pflanzen- und Tierfamilien werden jedoch mit diesen Extrembedingungen nicht fertig. Strudelwürmer, Egel, höhere Krebse, Muschelkrebse, Eintagsfliegenlarven und viele andere Gruppen, die für sonstige Kleingewässer selbstverständlich sind, wird man in den Hochmoorschlenken vergeblich suchen. Der Kalkmangel erklärt darüber hinaus das Fehlen von Skelett- und

1962 zeigten dicht aufkommende Kiefern auf dem 460 ha großen Weißen Moor bei Kirchwalsede südlich Rotenburg (Niedersachsen) eine fortschreitende Austrocknung dieses küstennahen Flachland-Hochmoores durch randliche Entwässerung an. Der Hochmoorkolk im Vordergrund wächst bereits mit einem Schwingrasen zu, nachdem er zusammen mit den übrigen nur noch 1 m tiefen, aber 60–220 m langen Kolken des Weißen Moores die ganze Hochmoorphase über, also seit etwa 2000 Jahren, existiert haben dürfte (Schneekloth, zit. nach Overbeck 1975).
Auf den nordwestdeutschen Hochmooren gab es im vorigen Jahrhundert noch Hunderte von Kolken, von denen nur mehr wenige vorhanden sind.

Obwohl das Moor seit 8 Jahren unter Naturschutz steht, war es 1985 längst kein offenes Hochmoor mehr, sondern endgültig zum Kiefern-Moorwald degeneriert. Das Moorwachstum hat aufgehört. Auch Versuche, durch Freihauen und Wiedervernässung den früheren Moorcharakter zurückzuholen, können den ursprünglichen Bulten-Schlenken-Komplex nicht mehr wiederherstellen.
Eine Vielzahl von Wiedervernässungs- und Regenerationsprojekten in Niedersachsen, Nordrhein-Westfalen, Schleswig-Holstein und der Schweiz drückt das zunehmende Unbehagen aus, das die zu weit getriebene Hochmoornutzung früherer Jahrzehnte heute auslöst.

Schalenbildern wie z. B. Schnecken und Muscheln. Die gesamte Lebensgemeinschaft ist artenarm, in ihren raffinierten Anpassungen und Strategien aber so einzigartig und wirkungsvoll, daß sich »Regenwassermoore seit 7000 Jahren auf Kosten anderer Pflanzengesellschaften mit üblicher Strategie ausgedehnt, diese verdrängt und zerstört haben«.

Regenwasser- und Übergangsmoore sind in gewissem Sinn »Zweigniederlassungen« für Arten der nördlichen Taiga- und Tundrenregion. Wollgräser, Schlamm-Segge, Rosmarinheide oder Gränke, Moosbeere, Rauschbeere, Blumenbinse, Heidelaufkäfer *(Agonum ericeti)*, Kleine Moosjungfer und Nordische Moosjungfer *(Leucorrhinia dubia* und *L. rubicunda)*, Goldregenpfeifer und Bruchwasserläufer – sie alle sind jenseits der Ostsee weiter verbreitet als bei uns. Nur in den Sonderklima-Inseln der torfmoosreichen Moore stoßen sie von Skandinavien bis nach Mitteleuropa vor. Viele dieser Arten waren in der Späteiszeit und frühen Nacheiszeit auch bei uns allgemein verbreitet. Mit der Erwärmung, Bewaldung und zunehmenden Nutzung durch den Menschen wurden sie auf die Refugien in den Mooren zurückgedrängt, wo sich die kaltzeitlichen Bedingungen am ehesten erhalten haben.

Solche Eiszeitrelikte oder »lebenden Fossilien« beginnen sich in ihren nunmehr inselartigen Restlebensräumen zu spezialisieren und erbmäßig weiterzuentwickeln. So etwa haben sich aus den drei letzten süddeutschen Vorkommen des nordischen Laufkäfers *Carabus menetriesi* in weit voneinander entfernten Regwenwassermooren bereits unterschiedliche Varietäten herausgebildet. Weitere kostbare Eiszeitrelikte unserer Regenwasser- und Übergangsmoore sind z. B. Zwerg-Birke *(Betula nana)*, Moltebeere *(Rubus chamaemorus)* und Schwedischer Hartriegel *(Cornus suecica)*.

Gerade am Beispiel der Eiszeitrelikte zeigt sich, daß unsere Regenwassermoore keineswegs befriedigend erforscht sind. Sogar von der vielgesuchten und keineswegs unscheinbaren Zwerg-Birke *(Betula nana)* wurden unlängst in, gut durchforschten südbayerischen Mooren noch Fundorte entdeckt. An die Zwerg-Birke gebunden, haben nicht weniger als 85 Insektenarten den Klima- und Landschaftswandel der Nacheiszeit überstanden und wurden erst vor gut 20 Jahren bei uns festgestellt. Allein 11 dieser Kleinschmetter-

Die Esterweger Dose 1954. Eines der größten deutschen Hochmoore (ca. 8000 ha) am Küstenkanal zwischen Oldenburg und Papenburg (Niedersachsen) hatte damals noch einen unberührten Kernteil mit mehreren bis zu 40 m breiten Kolken. 140 ha davon wurden 1937 unter Naturschutz gestellt. Der Ausschnitt läßt zwar noch einen Kolk, die für küstennahe Niederungshochmoore typische Baumfreiheit und die ungeheure Weite nordwesteuropäischer Moorlandschaften erkennen, verrät aber durch das Vordringen der Zwergsträucher bereits die entwässernde Fernwirkung neuer Gräben. Schwimmende Torfmoosdecken erfüllen den Hochmoortümpel.

1974 an etwa der selben Stelle: Gewerbliche Weißtorfgewinnung auf kilometerweiten Abbaufeldern mit einem engmaschigen Grabennetz trug in wenigen Jahren jene Stoffvorräte ab, die die im linken Bild gezeigte Moorvegetation in Jahrtausenden gebildet hat. Das Lied »Die Moorsoldaten«, das in einem der KZs am Rande der Dose entstand, bezeugt den ersten Generalangriff auf die damals noch intakte Kernzone des Riesenmoores. Brandstiftung und randliche Gräben hatten das verbliebene Reststück in den 50er Jahren um die Hälfte reduziert, bevor 1959 der Naturschutzstatus aufgehoben wurde und 1964 die allerletzte naturnahe Teilfläche im maschinellen Torfabbau aufging.

ling-, Gallmücken- und Blattlausarten waren neu für die Wissenschaft, 10 weitere neu für Deutschland. Sehr wahrscheinlich hatte die Moorumwandlung viele solcher hochspezialisierten Arten verdrängt, bevor sie überhaupt registriert waren.

Nicht alle Moorgebiete enthalten Eiszeitrelikte. Die küstennahen Moore Ostfrieslands, des Emslandes, der Niederlande und der Britischen Inseln werden durch leuchtende Farbflecken atlantischer Pflanzenarten belebt: Beinbrech *(Narthecium ossifragum)* in frühsommerlichem Gelb und herbstlichem Orange, Glocken-Heide in zartem Rosa. Auch der Gagelstrauch *(Myrica gale)* – dem Löns-Verehrer als »Post« bekannt – findet sich nur im Randbereich der meeresnahen Regenwassermoorgebiete.

Hochmoore lassen sich also nicht über einen Kamm scheren. In verschiedenen Klima- und Landschaftszonen weisen sie regionale Besonderheiten auf, ja bieten ein immer wieder anderes Erscheinungsbild. Der Schutz dieser urweltlichen Lebensgemeinschaften darf sich daher nicht auf wenige Moorgebiete beschränken, sondern muß alle regionalen und örtlichen Abwandlungen und Typen einbeziehen.

Die Bedeutung der Hochmoore

In Trockenzeiten können die obersten 30 cm eines Hochmoores zu etwa ⅔ austrocknen. Ein Katastrophenregen von 100 mm könnte in diesem Speicherraum aufgenommen werden, ohne daß hochwassererzeugender Abfluß anfällt. Dieses Beispiel mag die abflußdämpfende Wirkung ungestörter Regenwassermoore verdeutlichen. Zwar ist der Hochmoorschwamm fast bis oben hin wassergesättigt, doch vermag die äußerst mulden- und porenreiche Torfmoosoberfläche den Abfluß nach Starkregen deutlich hinauszuzögern und die Abflußspitze zu kappen. Schon 1% Mooranteil verringert die Abflußspitzen um 19–27%, 30% Mooranteil dämpft die Hochwasserabflüsse sogar um beachtliche 60–80%.[58] Unmittelbar nach der Entwässerung wurden in Regenwassermoorgebieten z. T. schadbringende Hochwasserabflüsse beobachtet, z. B. im Kehdinger Moor an der Unterelbe und im Ohmoor bei Hamburg. Sogar im landwirtschaftlich nutzbar gemachten Hochmoor, das durch Entwässerung ja zusätzlichen Speicherraum für den Regenrückhalt zur Verfügung stellen sollte, war die Abflußwelle im Chiemseegebiet viel höher als im unberührten Moor.[59]

Die Rückhaltefunktion beschränkt sich aber nicht nur auf den Wasserhaushalt. Regenwassermoore entziehen Stoffe aus den Kreisläufen und legen sie in Form von schwach zersetztem Torf fest. Mit dem Höhenwachstum wächst auch der Stoffvorrat. Eine durchaus einzigartige Leistung, der in Mitteleuropa höchstens die Schlammablagerung des Wattenmeeres oder die Rohhumusanhäufung alpiner Latschengebüsche an die Seite gestellt werden können! Festgelegt werden auch Schadstoffe, wie z.B. der Atombombenfallout von 1963, Schwermetalle aus Industrie- und Verkehrsemissionen. So ermöglichen die im Moor eingelagerten Horizonte chemisch nachweisbarer Abfallstoffe eine Altersbestimmung der betreffenden Torfschicht, aber auch eine Rückdatierung umweltbelastender Stoffeinträge.

Unter den eingewehten Partikeln sind natürlich auch Pollenkörner aus Pflanzenbeständen außerhalb des Moores. Sie bestreiten einen Großteil der Eiweißernährung der Moorpflanzen, die meisten Pollenkörner werden jedoch bei der Torfbildung mit eingeschlossen. Besonders gut werden dabei Baumpollen konserviert. Die Pollenanalyse bestimmt den Anteil der einzelnen Gehölzarten in den verschiedenen Torfhorizonten und rekonstruiert so die Artenzusammensetzung unserer Wälder bis in die Späteiszeit zurück. Im Pollenarchiv unserer Moore läßt sich das Vordringen der vor der eiszeitlichen Abkühlung geflohenen Baumarten ebenso genau rekonstruieren wie die Einführung von Kulturpflanzen seit der Jungsteinzeit und die Ausbreitung von Unkräutern und Ruderalpflanzen.

Auch die wenig zersetzten Pflanzenteile und Tierreste ermöglichen einen Blick in die Vergangenheit. Dem Spezialisten gelingt es, aus wohlerhaltenen Zellen, Scheidenresten, Stengeln, Früchten, Chitinstücken und dergleichen ein fast vollständiges Bild der auf dem Moor herrschenden Lebensgemeinschaft in den verschiedenen Altersperioden zu zeichnen.

Viel bekannter sind Artefakte menschlicher Kultur in unseren Mooren. Die meisten mitteleuropäischen Regenwassermoore haben sich etwa gleichzeitig mit der Ausbreitung der Jäger- und Sammler-, der Ackerbau-, ja der römischen und mittelalterlichen Kultur ausgebreitet. Die größeren Flachlandhochmoore sind nicht älter als 6000 Jahre! Bis zu den ersten Kulturversuchen der Zisterziensermönche bei Bremen mußte der Mensch hilflos dem Vordringen der Torfmoose in Wald-, ja in bereits genutzte Gebiete zusehen. In Teilgebieten waren mehr als ein Drittel der Landoberfläche vermoort. Bis in die Neuzeit blieb meist das Regenwassermoor Sieger über menschliche Eingriffsversuche. Von meterdicken Torflagen überwachsene Germanen- und Römerwege, Aschenhorizonte und »Pfahlbausiedlungen« und nicht zuletzt die bis in Einzelheiten der Gesichtszüge und Kleidung erhaltenen Moorleichen zeugen von der Bedeutung von Mooren als »Konservatoren«.

Hunderte von Quadratkilometern wilder Hochmoore erfüllten 1860 die breiten eiszeitlichen Talniederungen zwischen den Geestplatten des Emslandes im Raum Lathen: Am linken Rand dieses gut 400 km² großen Ausschnittes das Bourtanger Moor, rechts der Ems das ostfriesisch-oldenburgische Zentralmoor. Fehnkultur (Abtragen des vorentwässerten Moores und Tiefpflügen mit Bunkerde, Sand, Stallmist und Klei) bzw. Moorbrandkultur (Abbrennen der nur flach entwässerten und abgeplaggten Mooroberfläche und Einsaat von Buchweizen) hatten sich zwar schon seit 1630 von Papenburg aus in die Emslandmoore vorgetastet, die menschenfeindlichen Zentralbereiche wurden jedoch bis gegen Ende des 19. Jahrhunderts nur wenig tangiert (nach Völksen 1986).

Umwandlung und Gefährdung der Hochmoore

Alte Berichte schildern das Bourtanger Moor in Norddeutschland als eine fast unendliche Öde, die dem Auge keinen Anhaltspunkt bietet als unzählige »Bulten« und »Schlenken«, gleichsam ein in seiner Wel-

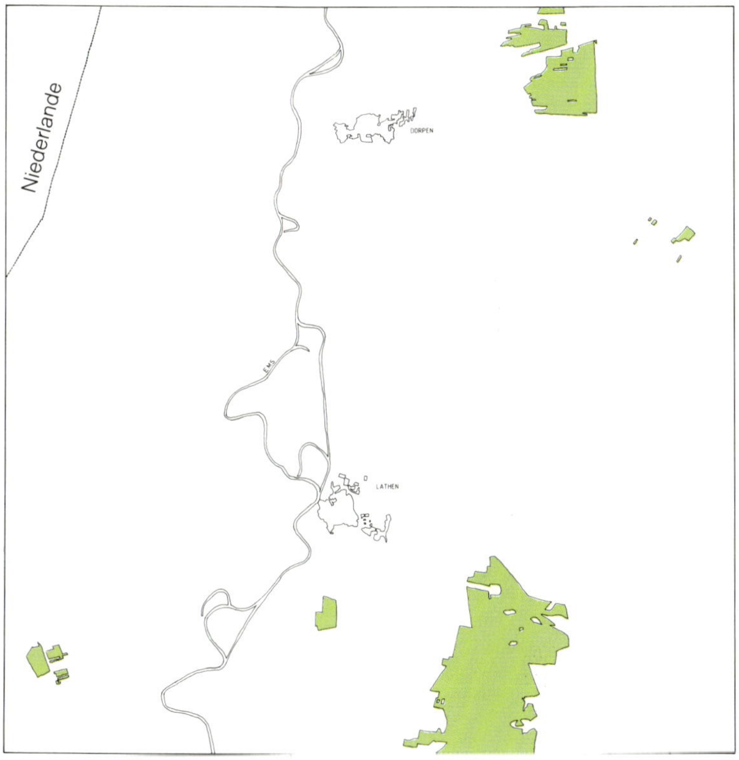

1980 waren die unkultivierten Hochmoorflächen auf weniger als ein Zehntel geschrumpft. Nur der Schießplatz »Tinner Dose« hat das große Resthochmoor südöstlich Lathen vor der Nutzbarmachung bewahrt. Bourtanger Moor und ostfriesisch-oldenburgisches Zentralmoor existierten allenfalls noch als Resttorflagor untor Äckorn, Wiesen, Aufforstungen und Siedlungen. Seidem die »Preußische Moor-Versuchsstation« in Bremen die »Deutsche Hochmoorkultur« entwickelt hatte, ging es mit Riesenschritten voran. Im »Emslandprogramm« nach dem 2. Weltkrieg unterzog man riesige Flächen geringmächtiger Hochmoore der tiefpflügenden »Sandmischkultur«, bis 1978 in Niedersachsen insgesamt 56000 ha.

lenbewegung erstarrter Ozean. Mehr als 70 km zog sich dieser ungeheure Moorkomplex auf insgesamt 2300 km² beiderseits der holländischen Grenze vom Dollart ins Binnenland. Hier hatte man noch nach dem letzten Weltkrieg den erhabenen Eindruck eines Urmoores, das ringsum bis an den Horizont reicht – ebenso in der Esterweger Dose, im Ahlenmoor bei Cuxhaven und an anderen Stellen Niedersachsens.

Im Teufelsmoor bei Gnarrenburg, nördlich des Steinhuder Meeres, östlich von Papenburg und an vielen anderen Orten bietet sich auch heute wieder ein Bild trostloser Einöde – allerdings in Form von bewuchsfreien Fräsabbauflächen. Höchstens am Gestänge einer Abbaumaschine oder einer aufgewirbelten Fahne von Torfstaub haftet hier der Blick. Im Bourtanger Moor wie in den meisten anderen Mooren dehnt sich heute saftiges Grünland bis zum Horizont. Schwarzbuntes Vieh, saubere Klinkerhäuser mit Vorgärtchen und Gewerbegebiete stehen dort, wo vordem der Goldregenpfeifer mit melancholischem »tlüh« über sammetgrüne, olivfarbene, rostbraune und blutrote Moospolster, über Millionen windbewegter Wollgrasfähnchen und grundlose Moorschlenken flog. Welcher Autofahrer zwischen Hannover und Bremen ahnt, daß sich anstelle der Autobahn einst wilde Hochmoore ausdehnten?

So existieren die allermeisten Regenwassermoore nur mehr im geologischen Sinn als Torflagerstätte und in der Erinnerung der alten Leute. Viele wurden bis auf den Untergrund abgebaut. In den letzten 50 Jahren wurde das vor 6000–8000 Jahren in Gang gekommene stetige Wachstum der Torfmoose in allen norddeutschen Moorgebieten gestoppt, der in Jahrtausenden angehäufte Substanzvorrat des Torfes an vielen Stellen aufgezehrt. Nur mehr in einigen militärischen Sperrgebieten blieben Reste des wilden Moores von land- und torfwirtschaftlicher Nutzung verschont. Wenigstens im Mittelgebirgs- und Alpenbereich ist ein Teil der Regenwassermoorbildungen naturnah überkommen, aber auch hier können nur sehr wenige als »fast ungestört« gelten.

Mindestens 40 Gefäßpflanzenarten sind in Mitteleuropa auf Gedeih und Verderb an wenig gestörte Regenwasser- und Übergangsmoore gebunden, darunter z. B. Moor-Seidelbast *(Chamaedaphne calyculata)*, Kugel-Segge *(Carex globularis)*, Heidelbeer-Weide *(Salix myrtilloides)*, Strauch-Birke *(Betula humilis)*, Kleinfrüchtige Moosbeere *(Vaccinium microcarpum)*, Patagonische und Torf-Segge *(Carex paupercula, C. heleonastes)*.

Im Tiefland und Mittelgebirge der Bundesrepublik kommen 39 Gefäßpflanzenarten ausschließlich in Übergangs- und Regenwassermooren und deren Randwäldern vor. Sage und schreibe 33 davon, also rund 85%, stehen auf der Roten Liste!

Bei den zumindest regional auf Hochmoore angewiesenen Tieren ist der Anteil bedrohter Arten eher noch höher. Beispiele sind Goldregenpfeifer, Bruchwasserläufer und Sumpfohreule in Norddeutschland, das Birkhuhn in Norddeutschland und im Alpenvorland, das Rotsternige Blaukehlchen in den Zentralalpen, die Nordische Wühlmaus in Holland, mehrere Kleinschmetterlinge, Libellen- und Käferarten.

Wie die Trockenrasen die Nordgrenze südlicher Arten markieren, so sind heute die intakten Regenwasser- und Übergangsmoore für die »Grenzsicherung« boreal und subarktisch verbreiteter Pflanzen- und Tierarten unverzichtbar.

Seen und Seeufer

Seen sind stehende Gewässer ohne direkte Verbindung zum Meer, in unseren Breiten enthalten sie Süßwasser. Weiher, Teiche und Tümpel sind sehr kleine »Seen« von geringer Tiefe, ihnen ist ein eigenes Kapitel gewidmet.

99% der Seen auf der Erde liegen in einst vom Eis der jüngsten Kaltzeiten bedeckten Gebieten und verdanken ihre Entstehung verschiedenen Formen der Eiseinwirkung, sei es durch eine Eintiefung entlang Schwächezonen im Untergrund durch mächtige Eisströme, wie dies häufig bei den großen und kleinen Seen am nördlichen und südlichen Alpenrand der Fall ist, etwa beim Königssee, oder durch Zusammenschieben und -stauchen von Moränenmaterial durch Gletscherzungen, wie bei den Seen im schweizerischen, deutschen und österreichischen Alpenvorland oder Schleswig-Holsteins. Der Eibsee bei Garmisch-Partenkirchen ebenso wie die romantischen Seen am Fernpaß sich durch Bergstürze entstanden, sie liegen inmitten einer Landschaft aus riesigen Felsblöcken, die sich übereinander türmen und längst von Moosen, Farn und Wald überwachsen sind. In den Alpen, dem Schwarzwald, dem Bayerischen Wald gibt es Karseen, die diese von Gletschern geschaffenen Vertiefungen einnehmen. Die flachen »Meere« Niedersachsens, wie das Steinhuder Meer, haben andere Entstehungsursachen; die oft kreisrungen Maare in der Eifel, die höchstens einige hundert Meter im Durchmesser haben, sind Explosionstrichter unterirdischer vulkanischer Gasexplosionen. Der einzige natürliche See in der Rhön, der Frikkenhäuser See, erfüllt den Schlot eines längst erloschenen Vulkans.

Damit ist die Verbreitung der natürlichen Seen in Mitteleuropa bereits weitgehend beschrieben. In den meisten Naturräumen kommen natürliche Seen gar nicht vor! Eine Gemeinsamkeit haben sie alle: Sie sind geo-

Seen sind nicht einfach Wasserkörper in der Landschaft, sondern Lebensräume mit vielfältigen Funktionen und Wechselbeziehungen, die auf Umweltänderungen der Umgebung empfindlicher und rascher reagieren als andere Biotope. Beispielsweise genügte in den Osterseen (Bild) das Abwasser eines einzigen Anwesens und das Tausalz einer einzigen seenahen Straße, um deutliche Spuren in der Lebewelt kleinerer Quellseen zu hinterlassen.

logisch betrachtet sehr jung, allenfalls ein, zwei Jahrzehntausende alt. Nur der Neusiedler See macht eine Ausnahme von dieser Regel. Und sie unterliegen alle in ihrer Entwicklung einer natürlichen Dynamik, die zwar individuell ganz verschieden ist, aber in jedem Fall zu einer Verlandung, zu einem völligen Verschwinden des Sees führt. Diese Dynamik kann aber sehr leicht durch direkte oder indirekte äußere Einwirkung gestört werden. Ein einziger Störfaktor kann das Gleichgewicht eines ganzen See-Ökosystems stören oder sogar zerstören.

Die Lebensräume der Seeufer und ihre Bedeutung

Jeder See trägt den Keim der Selbstzerstörung durch Verlandung in sich. Natürliches Entwicklungsende ist ein bruchwaldbestocktes Niedermoor.
Noch ist es aber bei den meisten Seen jungeiszeitlichen Ursprungs noch nicht soweit. Hier gliedert sich der Übergang vom Tiefwasserkörper (»Profundal«) zum Land in eine charakteristische Abfolge verschieden artiger Vegetationsgürtel. Nur in Ufernähe bis zu einer Wassertiefe von etwa 10 m kommen höhere Pflanzen vor. In der oberen lichtdurchfluteten Schicht des freien Wassers leben viele Algenarten, oft Tausende pro cm^3. Sie sind die »Energieumsetzungszentrale« des Sees, d.h. erzeugen aus Nährsalzen und Sonnenlicht das Nahrungsreservoir für das gesamte »biologische Räderwerk« des Sees. Das Nebenprodukt dieser »Primärproduktion«, der Sauerstoff, ist lebenswichtig für alle »Sekundärproduzenten«, die sich direkt oder über mehrere Nahrungsstufen von den »Primärproduzenten« ernähren. Abgestorbene Algen und tierische Kleinlebewesen sinken auf den Seeboden und zehren in den tieferen Wasserschichten bei ihrer Zersetzung am Sauerstoffvorrat. Ein Überangebot solcher Sinkstoffe (= Detritus) bei knappem Sauerstoffangebot führt zur Anhäufung wenig zersetzten Schlammes, der im sauerstofffreien Milieu zu faulen beginnt (= Faulschlamm). Nur durch Umschichtung des Wasserkörpers im Herbst und Frühjahr entgeht der See dem totalen Sauerstoffaufbrauch, d.h. dem sicheren biologischen Tod im Tiefenwasser. Mit der Nährstoffanreicherung (= Eutrophierung) durch den Menschen und der daraus resultierenden erhöhten Algenproduktion wird die Lage jedoch immer kritischer.
Die Seeverlandung wird durch die Eutrophierung angekurbelt. Hat die Schlammanhäufung in Flachseen die durchlichtete Wasserschicht erreicht, so dringen die Verlandungsgürtel rasch auf die Wasserfläche vor.
Im ungestörten Regelfall eines noch nicht überdüngten Sees folgen in Richtung zum Ufer folgende konzentrisch angeordnete Teil-Lebensräume aufeinander:

- Unterwasserwiese (Armleuchteralgen)
- Tauchblattvegetation aus Hornblatt, Tausendblatt, Laichkräutern, Nixenkraut u.a.
- Schwimmblattgürtel aus Seerose, Teichrose, Seekanne, Schwimmendem Laichkraut, Wasser-Knöterich u.a.
- elastisches Teichbinsen-, dahinter wellenschlagempfindlicheres Schilf- und Rohrkolbenröhricht
- Großseggenried
- Erlenbruchwald

Bei größeren saisonalen Wasserstandsschwankungen kann sich eine derartige Ufervegetation gar nicht ausbilden. Ufer von Stauseen sind daher überwiegend vegetationsfrei.
Ein dichtes Schilf-Wurzelgeflecht kann das Ufer gegen Abtragung schützen. Schilfsterben und Schilfzerstörung können Ufererosion auslösen. Am Bodensee werden dadurch Überreste prähistorischer Pfahlbaudörfer ihres Schutzes beraubt und drohen nun innerhalb kurzer Zeit zu zerfallen.
Wo das Röhricht dem Wellenangriff wind ausgesetzter Großseen nicht mehr gewachsen ist, entstehen nur schütter bewachsene Kiesstrände, die insbesondere an Seen mit starken Spiegelschwankungen eine erlauchte, hochspezialisierte Gesellschaft seltenster Polster- und Pionierpflanzen beherbergen. Erholungsdruck, Uferverschmutzung und Treibgutanhäufung haben aber die meisten dieser für Mitteleuropa und z.T. weltweit einzigartigen Vorkommen, insbesondere den Bodensee-Steinbrech *(Saxifraga amphibia)*, die Purpur-Grasnelke *(Armeria purpurea)*, die Ufer-Schmiele *(Deschampsia litoralis)* und das Bodensee-Vergißmeinnicht *(Myosotis rehsteineri)*, innerhalb der letzten 2 Jahrzehnte praktisch aussterben lassen.

An Brandungsufern größerer Binnenseen können sich sogar kleine Strandwälle, am Bodensee aus »Schnegglisanden« bestehend, bilden. Erosionsufer verschieben sich rasch landeinwärts. Anlandungsufer in der Nähe von Flußmündungen können auch zum See vorwachsen. Beispielsweise wurden bestimmte Uferabschnitte am Lac du Neuchatel (Schweiz) seit der Jahrhundertwende mit einer mittleren Abtragungsgeschwindigkeit von 3,20 m/Jahr um 300 m zurückgesetzt, während sich andere Uferbereiche bis zu 250 m vorschoben.[60]

Der Röhrichtgürtel ist ein unersetzlicher Brutplatz für zahlreiche Wasservögel, wie z.B. Hauben-, Schwarzhals-, Rothals- und Zwergtaucher, Entenarten, aber auch für Rallen, wie z.B. Bleßhuhn, Wasserralle, Tüpfelsumpfhuhn, für Reiherartige, wie z.B. Zwergrohrdommel, Große Rohrdommel, gebietsweise auch Purpurreiher, Silberreiher und Löffler, sowie für Singvögel, die ihren kunstreichen Nestbau an Schilfhalmen verankern, wie z.B. Rohrammer und Rohrsängerarten.

Auch für viele aquatisch, amphibisch und terrestrisch lebende Wirbellose ist das Schilf die Basispflanze schlechthin, so z.B. als Befestigungsstruktur für den Süßwasserschwamm, als Nahrung für die Schilfeulenraupe oder als Schutzröhre für manche Insektenlarven.

Bei größerer Ausdehnung - allein am Neusiedler See nimmt der bis zu 5 km breite Schilfgürtel eine Fläche von 110 km^2 ein - ist das Röhricht aber auch für den übrigen See, für den Landschaftshaushalt und den Menschen von großer Bedeutung. Markierungsversuche mit radioaktiven Isotopen haben erwiesen, daß das Schilfrohr *(Phragmites australis)* z.T. mit Adventivwurzeln die benötigten Nährstoffe - und auch einige Schadstoffe - aus dem Wasser aufnimmt. Es trägt damit zur Reinhaltung des Wassers bei.

Unterstützt durch eine hohe Dichte an Mikroorganismen im Rhizombereich entfernt 1 ha Schilf jährlich 10-15 t Stickstoff, 3-5 t Phosphat und 130 t organische Laststoffe (»BSB_5«). Diese natürliche »Kläranlage« entlastet den See um so besser, als die erzeugte Pflanzensubstanz durch Verlandungsprozesse »landwärts getragen« wird und als Torfablagerung dem Stoffhaushalt des Sees weitgehend entzogen wird.[61]

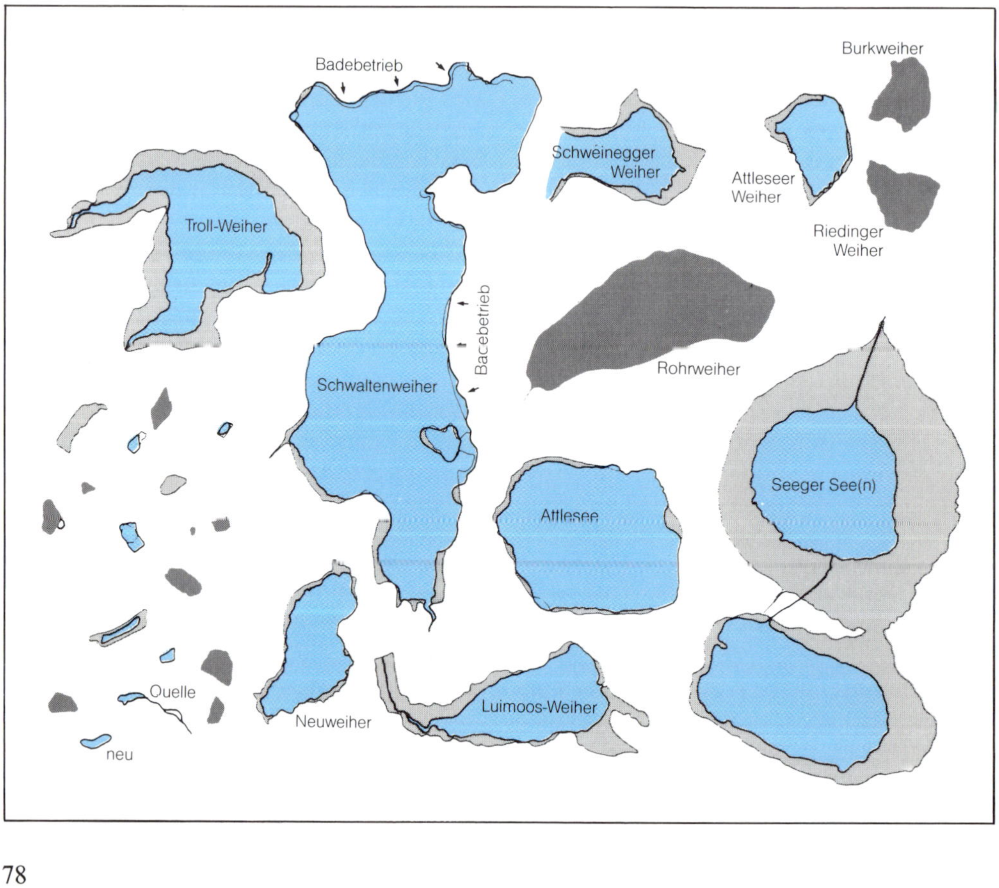

Ein Gebiet im Ostallgäu (um Seeg) veranschaulicht die Veränderungen von Moränenseen, mittelalterlichen Fischweihern und Kleingewässern im Vergleich mit der Flurkartenausgabe 1894 (herausgegeben vom Bayerischen Landesvermessungsamt). Alle Stillgewässer dieses Gebietes wurden »aus der Landschaft gerissen« und im natürlichen Größenverhältnis auf der Abbildung zusammengestellt. 3 Weiher sind ganz abgelassen (dunkelgrau), an mehreren großen Weihern ist die Verlandung weit fortgeschritten (hellgrau), die Mehrzahl der Kleingewässer (links unten) ist völlig zugewachsen oder zugeschüttet.

Uferverlauf 1894
Uferverlauf heute

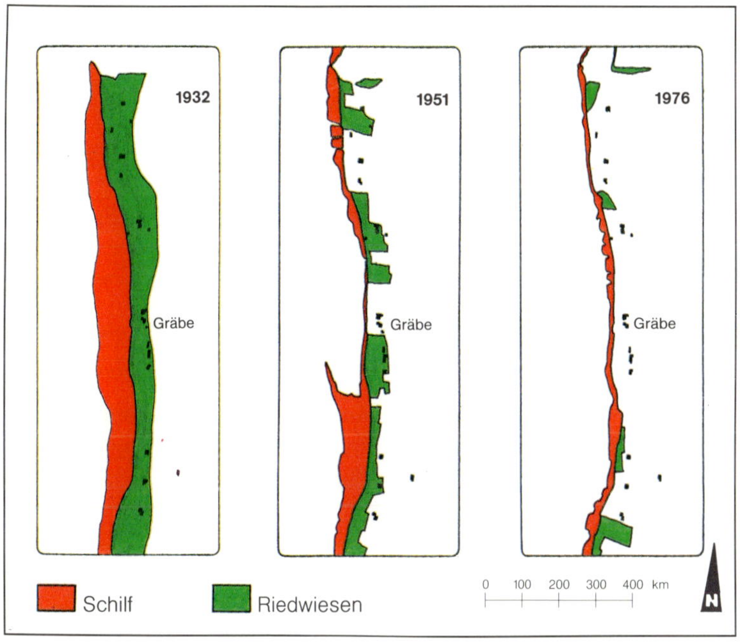

Stellvertretend für viele süddeutschen und schweizer Seen führt ein Uferabschnitt des Hallwiler Sees (Kanton Aargau, Schweiz; umgezeichnet nach Koeppel & Maurer 1981) die typischen Veränderungen der Uferlebensgemeinschaften in den letzten Jahrzehnten vor Augen: 1932 säumte ein sehr breiter Röhrichtgürtel die gesamte Uferlänge. Riedwiesen (= Niedermoor-Streuwiesen) sicherten das See-Ökosystem ideal gegen Umfeldeinflüsse ab. Bereits 1951 befindet sich der Schilf- und Riedwiesengürtel in Auflösung. 1976 haben Schilfsterben und starke Uferbelastung nur noch einen schmalen Schilfsaum übriggelassen. Landwirtschaftliche Intensivierung hat den Riedwiesengürtel bis auf Fragmente verdrängt. Der See ist damit ohne natürliche Pufferzone.

Die enorme, freie Wasserflächen weit übertreffende Verdunstung des Röhrichts – in einem hessischen Schilfbestand wurde mit ca. 1100 mm die beinahe doppelte Menge des Jahresniederschlags gemessen – kommt dem Feuchtigkeitshaushalt der Umgebung zugute.

Jahrtausendelang lieferte das Röhricht Material für die Dächer, aber auch für Gebrauchsgegenstände wie z. B. Körbe und Matten. Schilf- und Fischnutzung mögen die Anlage von Siedlungen begünstigt haben. Auch römische Bauern und Gutsherren nutzten das milde Seeklima für ihre Niederlassungen. Die im Sommer gespeicherte Wärme großer Wasserkörper kann tiefe Wintertemperaturen in Seenähe abmildern.

Gefährdung der Seen

Innerhalb der letzten 40 Jahre stieg die Bevölkerung im Einzugsgebiet des Schweizer Greifensees von gut 35000 auf über 100000.[62] Die durchschnittliche Einwohnerzahl von 11 Seeufergemeinden des Starnberger Sees wuchs von 1840 bis 1974 auf das 11-fache; die Tegernsee-Gemeinde Bad Wiessee hat heute 15mal mehr Einwohner als 1840. Dagegen wuchs die Bevölkerung Bayerns im gleichen Zeitraum nur auf das 2,5-fache.[63]

Millionen von Touristen und Ausflüglern sind dabei noch nicht mitgerechnet. Der enorme Wohn- und Freizeitwert seenaher Gebiete hat also vor allem nach dem 2. Weltkrieg zu einer unerhörten baulichen, mechanischen und stofflichen Belastung der Lebensräume in und an den Seen geführt. Zur grundlegenden Situationsveränderung haben auch neuartige Freizeitaktivitäten und -geräte wie z. B. Surfen, Schlauchboote, tragbare Radios und die Intensivierung der Landwirtschaft in den Einzugsgebieten mit ihrem höheren Nährstoffaustrag beigetragen.

Nicht »mitgewachsen« sind die Belastbarkeit und das Selbstreinigungsvermögen der Seen. Bei unveränderter Zu- und Abflußmenge sollen sie einen um Größenordnungen höheren Nähr- und Schadstoffzustrom verarbeiten. Gleichzeitig sind die natürlichen »See-Kläranlagen«, nämlich die Verlandungsgürtel, einem gesteigerten Nutzungsdruck durch Bootsverkehr, Ufererholung und Besiedlung ausgesetzt. Die gefährliche Belastungsgrenze mit Nährstoffen wurde nach dem letzten Weltkrieg von den meisten Seen überschritten. Vor allem der Zustrom des »Minimumfaktors« Phosphor aus Abwässern und Agrarflächen setzte die Eutrophierung in Gang, die erst im Falle einer spektakulären Grün- oder Burgunderblutalgenblüte oder gar einer sommerlichen Sauerstoffverknappung mit Fischsterben auch von der Öffentlichkeit wahrgenommen wird.

Der Orthophosphat-Gehalt des vor dem Krieg nährstoffarmen Bodensees stieg von 1945 bis 1980 von 2 auf 75 Mikrogramm pro Liter. Eine Kette von direkten und indirekten Folgewirkungen begleitete den unaufhaltsamen Düngungsprozeß: Die Trinkwassergewinnung unter anderem für Stuttgart stand zur Disposition. Die eutrophierungsdankbare Wandermuschel *(Dreissena polymorpha)* drohte die Wasserleitungsrohre zu verstopfen und entwertet kilometerlange Strände durch ein Pflaster aus unzähligen scharfkantigen Muscheln. Jungfische des Blaufelchen wurden vor Erreichen der Fortpflanzungsfähigkeit zu groß, um wie früher durch die Maschen der Fangnetze entkommen zu können. Nachwuchs wurde dadurch abgefischt und die Erträge des »Brotfisches« im Bodensee gingen erheblich zurück. Sau-

1967 war der Zerstörungsprozeß des Ufer-Hochmoores am Kirchsee (Lkr. Bad Tölz-Wolfratshausen) durch massierten Erholungsbetrieb fast abgeschlossen. Im Zeitraum 1960–1967 war aus einem mit Wollgräsern, Sonnentau und Berg-Kiefern besetzten Zwischen- und Hochmoor eine mit Badesuhlen durchsetzte zerstampfte Torffläche geworden. Das Ufer wurde immer weiter heruntergetreten. Große Mengen von Torfbrei wurden von den Suhlenbenutzern im See abgewaschen.

erstoffverknappung im Tiefenwasser ließ Fischbrut absterben.

Sogar der kalte Walchensee hatte 1977 die mittlere Ernährungsstufe (Mesotrophie) erreicht, weil sich das Nährstoffangebot durch die Überleitung von abwasserbelastetem Isarwasser erhöht hatte. Die Nährstoffbelastung der Ostallgäuer Seen ergibt sich vorwiegend aus den Phosphorfrachten der Bäche aus intensiven Grünlandgebieten. Am trübsten und am stärksten verschlammt sind jene Flachseen, deren Zuflüsse aus intensiv begüllten Grünlandgebieten bis über 100 kg Phosphor je Quadratkilometer und Jahr in den See transportieren.[63]

Am deutlichsten wird das Zusammenspiel von Agrarintensivierung und See-Eutrophierung wohl am Dümmer, dessen galloppierende Verschlammung vor allem auf die Grünlandumwandlung und den flächenbezogen außerordentlich hohen Nutztierbesatz mit entsprechend hohen Güllemengen zurückgeführt wird.

Nährstoffanreicherung wirkt sich im Uferbereich zunächst folgendermaßen aus:

- Armleuchteralgenrasen, Schneide *(Cladium mariscus)*, Glanz-Laichkraut *(Potamogeton nitens)* und andere Zeiger mäßiger Nährstoffversorgung verschwinden.
- Der Schwimmblattgürtel verdichtet sich; die Teichrose *(Nuphar lutea)* breitet sich auf Kosten der Seerose *(Nymphaea alba)* aus.
- Die Uferröhrichte werden dichter und dehnen sich aus.
- Die Krebsschere *(Stratiotes aloides)* steigt vom Grundrasen an die Oberfläche.
- Rohrkolben, Kalmus und Igelkolben dringen in das Schilf ein.

Erreicht die Eutrophierung aber das Stadium der Massenvermehrung bestimmter Fadenalgen, so können die massenhaft angetriebenen Algenschwaden, für die es keinen Rückweg aus dem Röhricht mehr gibt, zusammen mit Treibgut anderer Art die Schilfhalme verkleben, niederbeugen und abknikken. Die Luftzufuhr in die Rhizome ist dadurch unterbrochen; es kommt zur Fäulnis der Schilfwurzelteile. Sauerstoffmangel und Gasbildungen im Faulschlamm sowie Algengifte mögen zur Schwächung des Festigungsgewebes beitragen, das schließlich nicht erst unter eindringenden Wasserfahrzeugen sondern schon bei größeren Wellen und Windstößen abknickt. Das Schilfsterben breitet sich von der Wasserseite zum Ufer aus und vernichtet zuerst die für Wasservögel, als Fischkinderstube und -unterstand

1985 war der Uferbereich für die Massenerholung ausgebaut; alle Spuren eines naturnahen Moorsees sind ausgelöscht: Die Torfabbruchkante wurde Anfang der 70er Jahre mit Bohlenwand und Kiesfüllung befestigt; aus dem ehemaligen Hochmoor hat sich ein Trittrasen mit vorherrschender Einjähriger Rispe *(Poa annua)* entwickelt. Die Latsche links im Hintergrund existiert nicht mehr, nur die Birke rechts im Vordergrund steht noch. Wenn auch nicht überall so drastisch, entbrennt der Konflikt zwischen Naturerhaltung und Badebetrieb an den meisten Moorseen.

wichtigsten Röhrichtteile. Zusätzlich bilden sich im Schilf Löcher und die Bestände lockern sich immer mehr auf. Häßliche schwärzliche Unterwasser-»Stoppelfelder« erinnern heute an vielen Seen an die ehemalige Röhrichtausdehnung. Am Bodensee leisten wahrscheinlich auch außergewöhnliche Hochwässer dem Schilfrückgang Vorschub.

Verlustbilanz der Röhrichtgürtel

Bevor Schweizer Fischer Ende der 40er Jahre zum ersten Mal einen Schilfrückgang am Bodensee feststellten, war das Röhricht eher im Vormarsch. Es reagierte auf die erste Eutrophierungswelle durch Bestandesausdehnung und -verdichtung. Im Gebiet der Bodenseeinsel Reichenau konnten Fischerboote bei einer früheren Schilfhalmdichte von ca. 20/m^2 leicht das Röhricht durchfahren. Um 1970 hatte sich die Halmdichte der nicht vom Schilfsterben erfaßten Bestände etwa verdreifacht.[64]

Am raschesten konnte sich der Schilfgürtel natürlich an großen Flachseen ausdehnen, die kaum tiefer als 1,50 m und damit für das Schilf kolonisierbar sind. So wuchs der größte mitteleuropäische Schilfbiotop am Neusiedler See 1901–1963 um 112 Flächenprozent und nimmt heute auf Kosten dieses Steppensees 110 km^2 ein,[65] sehr zum Nutzen von Silberreiher, Löffler, Rohrdommel und anderer Röhrichtbewohner und zur Freude vogelbegeisterter Touristen. Leider gleichen einige Zuwachsbeispiele den aus ganz Mitteleuropa gemeldeten besorgniserregenden Schilfrückgang bei weitem nicht aus. Spätestens in den 60er Jahren ging das »Goldene Zeitalter« des Schilfs zu Ende.

In Westberlin hatten 40% oder 37 km der insgesamt 93 km Havelufer im Jahre 1962 einen Röhrichtgürtel. Danach setzte ein alarmierender Rückgang durch mechanische Belastung, z. B. erhöhten Wellenschlag durch Schiffsverkehr, und Eutrophierung ein. 1967 waren noch 34% der Havelufer röhrichtgesäumt, 1972 23% und 1977 schließlich nur noch 17% oder 15 km. Jährlich wurden im Durchschnitt 1464 m Uferlänge vom Röhricht entblößt. Im Bezirk Zehlendorf nahm die Röhrichtfläche an der Havel im gleichen Zeitraum von 89 200 auf 34 647 m^2, also um 61% ab. Parallel dazu war die Zahl der Motor- und Sportboote auf der Havel bis 1978 auf über 40 000 und die Zahl der Frachtschiffe auf über 1300 angestiegen.

Daß die empfindlichen Röhrichte nicht unbeeinträchtigt bleiben können, ergibt sich schon aus der Tatsache, daß pro Boot nur noch eine Wasserfläche von 23 × 23 m zur Verfügung steht und in den Badebereichen mehr als 10 Personen je Meter Uferlinie festgestellt wurden.[66]

Auch viele der ca. 130 natürlichen Seen Oberbayerns liegen im Trend des allgemeinen Schilfrückgangs, obwohl bisher keine systematischen Bestandsaufnahmen vorliegen. An den Längsseiten des Ammersees dürften die Bestände auf unter 50% ihres Bestandes vor 50 Jahren gesunken sein.[67] Fotovergleiche belegen am Nordende des Tegernsees ein weitgehendes Verschwinden des Röhrichtgürtels seit 1940, hier auch durch wasserwirtschaftliche Ausbaumaßnahmen bedingt.

»Neugierige« Ruderer und Schlauchbootpaddler, untrainierte Surfer und »verirrte« Segler können den Schwimmblattbeständen bedrohlich werden. Am schönsten Chiemgauer See, dem Langbürgner See, ist das Schwimmende Laichkraut *(Potamogeton natans)* völlig verschwunden. Die Schrumpfung und Zersplitterung der Seerosengürtel konnte dort allerdings inzwischen durch konsequente Wasserwachteinsätze aufgehalten werden. Dagegen verloren andere mittelgroße bis kleine Badeseen ihre See- und Teichrosenbestände vollständig (z. B. Kastensee, NSG Kesselsee) oder weitgehend (z. B. Hofstätter See, Steinsee, Tüttensee, Leitgeringer See, Kirchsee). Am Attlesee (Ostallgäu) fiel der Bestand der äußerst seltenen Kleinen Teichrose *(Nuphar pumilum)* vermutlich dem Badebetrieb zum Opfer.

In Mitteleuropa untersucht allein die Schweiz die Entwicklung der Seeröhrichte systematisch. Da hier die ganze Tragweite der Röhrichtentwicklung sichtbar wird, sei etwas ausführlicher berichtet.

Insgesamt verfügen die schweizer Seen nur noch über ein Drittel des ursprünglichen Schilfbestandes, nur 5% davon sind noch gesund. Im Gebiet Altenrhein am Bodensee führte das Zurückweichen der Schilffront um bis zu 3 m/Jahr zu einem Verlust von 8,8 ha gegenüber 14,6 ha im Jahre 1926.[68] Am thurgauischen Bodenseeufer bestand 1977 ein Defizit von 2,67 ha Schilf gegenüber 1953.[69] Im Rhonemündungsgebiet am Genfer See wich das Schilf bis 1979 auf 25,2% seiner Ausdehnung von 1942 zurück.[70] Am Zürichsee dürften zwischen 1850 und 1930 etwa 75 der ursprünglich 90 ha Schilf und Seebinsen *(Schoenoplectus lacustris)* zugeschüttet worden sein. Vom Restbestand im Jahre 1930 (16 ha) waren 1979 noch 5,14 ha übrig, das ist ein Achtzehntel der ursprünglichen Ausdehnung. Die noch 1932 häufige Seebinse nimmt heute im Züricher Seeanteil ganze 10 Ar ein, ist also buchstäblich »in die Binsen gegangen«. Fast 20 Schilf-, und mindestens 9 Seebinsenbestände sind in den letzten 50 Jahren bei Zürich völlig verschwunden. Die heutigen Röhricht-Einzelbestände unterschreiten mit einer Durchschnittsfläche von 0,85 ha die für größere Schilfbrüter erforderliche Schwellengröße bei weitem. Mehr als die Hälfte der insgesamt noch 58 Röhrichtflächen sind sogar kleiner als 0,25 ha.[71]

Das 1932 noch geschlossene insgesamt 16,6 km lange Schilfband rings um den Hallwiler See verkürzte sich bis 1951 auf 15,3 km, bis 1976 aber auf 8,2 km. Wie an anderen Seen war auch hier die Verschmälerung gravierender als die Längenabnahme: Bereits 1951 waren nur noch 28 von 54 ha vorhanden, 1976 gar nur noch 9,4 ha. 150 m breite Schilfgürtel schrumpften zu einem teilweise nur noch 2 m breiten Saum zusammen.

Völlig aus dem Rahmen fallen zwei untersuchte Uferabschnitte am Thuner- und Neuenburger See, die heute noch ca. 85 bzw. 94% der Röhrichtfläche des Jahres 1936 aufweisen.[72]

Rechnet man die Verlustraten der Röhrichtgürtel in die Zukunft hoch, so wären unsere größeren Seen in nicht allzu ferner Zeit an den Ufern völlig kahl. Es gäbe nur noch scharfe Land-Wasser-Grenzen wie in arktischen oder Hochgebirgsseen. Für die Lebensgemeinschaft der Seen einschließlich der Binnenfischerei hätte der Röhricht-Tod unabsehbare Folgen. Ob Meldungen über einen erneuten Vorstoß des Schilfs und Revitalisierungsversuche – z. B. durch Röhrichtpflanzungen, durch Schutzzäune gegen Eindringlinge und Treibgut, durch Mähen und Brennen – mehr sind als nur ein Silberstreifen am Horizont, ist noch völlig ungewiß. Allerdings bleibt die Hoffnung, daß auch die Schilfbestände von den z. T. bereits erfolgreichen Anstrengungen zur Abwassersanierung an den Großseen profitieren.

Im Zeitalter der Gartenteich-Welle sind uns Kleingewässer vertrauter als etwa Sandrasen oder wüchsige Hochmoore. Sie lassen sich ja allenthalben herstellen, wo Niederschläge die Verdunstung überwiegen – notfalls mit einer Folie. Kilometerweit herumfliegende Libellen, in der Trockenstarre wie Staub aufgewirbelte Kleinkrebse, verwehte Rohrkolbensamen und mit Wasservögeln verschleppter Froschlaich »impfen« neue Wasserstellen sehr rasch. Dies verleitet manchmal dazu, mit »Tümpeln«, in denen man rasch »etwas sieht«, den Verlust nicht reproduzierbarer Lebensräume aufwiegen zu wollen. Allzuleicht wird dabei übersehen, daß auch bei Tümpeln eine hohe Qualität (wie im Foto) sich erst in Jahrzehnten einstellt und daß eine intakte Kleingewässer-Lebensgemeinschaft nicht jede Intensivnutzung in der Nachbarschaft verträgt.

Kleingewässer

Für einen Rheinschiffer ist die Nahe ein »Rinnsal«, für Seeleute der Chiemsee eine »Pfütze« und sogar der Atlantik nur ein »Großer Teich«. Dagegen empfindet ein 10-jähriger »Papierschiffchenkapitän« einen Tümpel als Ozean. Dem mikroskopierenden »Tümpler« erschließt sich in jedem Kleingewässer ein Kosmos.

Wie groß und wie klein darf ein Kleingewässer überhaupt sein? Sicherlich zählen Wasseransammlungen von extrem kurzer Dauer nicht dazu, so etwa regengefüllte Konservendosen, Mini-Pfützen in einer Astgabel oder Schlaglöcher auf einem Weg, wenngleich auch hier herangewehte Kleinkrebse, Algen oder zugeflogene Schwimmkäfer ein Gastspiel geben können.

Das Gewässer sollte so groß und so beständig sein, daß sich eine Wasserlebensgemeinschaft mit Nahrungsbeziehungen zwischen verschiedenen Arten aufbauen kann, z. B. die Nahrungskette Algen → Kleinkrebse → Molche oder Unken. Zu den Kleingewässern werden wir also noch Weggeleise und Hochwasserpfützen rechnen, in denen ein Teil der Lebewelt die Austrocknungsperiode ohne Abwanderung überstehen kann. Zum See bietet sich folgende Abgrenzung an: Kleingewässer sind Wasseransammlungen von im allgemeinen weniger als 2 m Tiefe, die insgesamt für höhere Pflanzen besiedelbar sind und vorwiegend vom Ufergefälle bestimmt werden.

Wegen der Allgegenwart des Wassers bilden sich Kleingewässer an allen möglichen Stellen in unendlicher Formenvielfalt. Kleingewässer weitgehend natürlichen Ursprungs sind die Sölle, Kuhlen und Pfuhle in norddeutschen Toteislöchern der Weichseleiszeit, Moränentümpel im Alpenvorland, Kartümpel im Hochgebirge, Heideweiher in Windausblasungsmulden der Geest, Auengewässer wie z. B. Altarme, Flutmulden und Hochwasserpfützen, Quellgewässer wie z. B.

Quelltrichter, Tümpel-, Sicker- und Sturzquellen, Karsttümpel, Höhlenteiche, Restseen in Verlandungszonen, Hochmoorkolke, Schlenken in Übergangs- und Niedermooren, Wasserstaue in Geländeabbrüchen und im Rutschgelände, nur langsam verdunstende Wasseransammlungen in Waldmulden, z. B. in Windwurftellern von Fichten, oder Wildsuhlen.

Durch menschliche Eingriffe sind entstanden: Pfützen und Tümpel in Ton-, Mergel-, Sandgruben und Steinbrüchen, von Bächen aus geflutete Lehm- und Tongruben, Grundwasseraufschlüsse in Abbaustellen, Torfstiche, Lachen in norddeutschen Plaggenentnahmestellen, Stau-, Druck- und Quellwasseransammlungen an Straßen oder Dämmen, Bomben- und Granateneinschlagstrichter, Wagengeleise und Spurrinnen, Rückhalte- und Absetzbecken im Bereich von Autobahnen und Steinbrüchen, nach Deichbrüchen zurückgebliebene Kolke und Blaken, ablaßbare Bachteiche, kleine Himmelsteiche, Dorfteiche, Löschteiche, Tränketümpel, Reste von Schloß- und Stadtgräben, angelegte Laichgewässer, Entwässerungsgräben, »slotten« und »grachten« (holländische Bezeichnung für ebenerdig wassergefüllte Wasserrinnen im Grünland).

Lebensraum und Lebewelt der Kleingewässer

Drei Grundprinzipien beherrschen die Lebensgemeinschaft eines Kleingewässers:

Rascher Umsatz. Seichte, gut durchlichtete und durchwärmte, pflanzenreiche Wasserkörper mit ständiger Wasser- und Nährstoffumschichtung entwickeln die höchste Bioproduktion. Häuser lassen sich dort am schnellsten bauen, wo die nötigen Grundstoffe und Handwerker am Ort verfügbar sind. Im Unterschied zum See braucht ein Kleingewässer nicht auf die herbstliche Wasserumschichtung zu warten, bis aus dem Bodenschlamm Nährstoffe in die produktive Oberflächenschicht nachgeliefert werden.

Der Tümpelgrund erwärmt sich bis über 20 °C; dann verwesen abgestorbene Organismenteile 2–3mal so schnell wie bei 4 °C, der Tiefentemperatur von Seen. Schon an Nachtfrosttagen werden in Pfützen über dunklem Laub- oder Torfgrund hohe Tagestemperaturen erreicht. Häufige Umschichtung durch rasche Erwärmung und Abkühlung verteilt Nährsalze im ganzen Wasserkörper und ruft plötzliche Algenblüten hervor. Der dichte Wasserpflanzenbewuchs dient zahlreichen Pflanzenfressern als Nahrung, die wiederum zur Beute von räuberischen Insekten und ihren Larven werden, wie z. B. Rückenschwimmer, Libellenlarven und Wasserkäfer. Hohe Fortpflanzungsrate und rasche Generationenfolge sind charakteristisch: Planktonkrebse werden schon nach weniger als 14 Tagen geschlechtsreif; zwischen Austrocknungsperioden sind meist mehrere Generationen eingeschaltet.

Kurze Wege. Zwischen Gewässerboden, Außenluft, Eiablageort an Wasserpflanzen und Schlüpfort am Gewässerrand sind keine weiten Wege zu überwinden. Das reiche Bodenleben ist für Eisvogel, Wasseramsel, Reiher und andere Nahrungsgäste gut erreichbar. Auch die Überwinterungsquartiere am Gewässerboden, Sommerquartiere am Ufer,

Ein als Fischweiher genutzter alter Dorfteich in Stein (Kanton Aargau/Schweiz) im Jahre 1969 (linkes Foto) war im Jahre 1982 (rechtes Foto) unter der Nationalstraße 3 Basel – Zürich verschwunden. Die alte Knickdach-Scheune im Hintergrund ragt zwar noch etwas über die Fahrbahn, kann sich aber in keiner Wasserfläche mehr spiegeln.

Jagd- und Laichreviere sind sich sehr nah. Bei Wasserstandsschwankungen bestehen somit Ausweichmöglichkeiten über kurze Entfernung. Kleingewässer sind die Domäne von gewässerbodenbewohnenden Arten mit hohem Licht- und Sauerstoffbedarf.

Austrocknungsresistenz. Viele Arten periodischer Gewässer haben sich auf die Trokkenperioden eingestellt. So etwa setzt die Eientwicklung niederer Krebse bei Wiedervernässung erst ein, wenn intensive Trockenheit oder gar Frost vorhergegangen war. Eier von Tümpelbewohnern können bis zu 14 Monate Trockenzeit im Schlamm überstehen, Fadenwürmer sogar bis zu 10 Jahre im Zustand der Trockenstarre. Strudelwürmer schützen sich mit Schleimkrusten, Rädertiere werden mit dem staubtrockenen Schlamm sogar über Land geweht.

Bedeutung der Kleingewässer

Durch enge Verzahnung von Wasser, Boden und Luft unterhalten Kleingewässer besonders innige biologische Wechselbeziehungen zwischen Wasser-, Ufer- und Landlebensraum. »Kronzeugen« hierfür sind die Lurche, die im Kleingewässer ablaichen und überwintern, nach ihrer Verwandlung aber z. T. an Land gehen, sich wie die Erdkröte sogar kilometerweit vom Ursprungsgewässer entfernen, im nächsten Frühjahr aber zur Paarung wieder dorthin zurückkehren. Außer dem Alpensalamander sind alle unsere Lurche von Kleingewässern abhängig: so etwa der Laubfrosch von gut eingewachsenen Tümpeln und Schlotten, die Kreuz- und Wechselkröte von eher unbeständigen Pfützen mit geringem Bewuchs, der Springfrosch von Laubwaldtümpeln, die Gelbbauchunke von zeitweise wassergefüllten Wagengeleisen, die Rotbauchunke von Hochwassertümpeln im Stromtal und der Feuersalamander von kühlen Quellen und Rinnsalen.

An Kleingewässern haben außerdem ihren Entfaltungsschwerpunkt: Egel, Erbsenmuscheln, Wasser- und Schwimmkäfer, Kleinkrebse aller Art, unzählige Einzeller, Schmuck- und Kieselalgen, Wassersternarten, die fleischfressenden Wasserschlaucharten, Krebsschere, Froschbiß, Wasserfeder, Schwanenblume und viele andere Arten. Die leichte Erreichbarkeit der Nahrungsquellen am Gewässerboden und im Wasser macht die beständigen Kleingewässer zu wichtigen Trittsteinen für Watvögel. Unersetzlich sind sie auch als Brutstätte für Sumpfvogelarten wie Rohrsänger, Rallenarten und Krickente.

Mit ihren umgebenden Feldgehölzen, Gebüschen, Stauden- und Grasfluren liefern intakte Kleingewässer zusätzliche Netzpunkte im System der terrestrischen Habitate und beherbergen die entsprechenden nicht ans Wasser gebundenen Arten (siehe Kapitel Hecken). In manchen Agrarlandschaften wie z. B. im holsteinischen Weizenanbaugebiet sind gehölzbestandene Kleingewässer über weite Strecken die einzigen aquatischen, amphibischen und terrestrischen Lebensräume ohne direkten menschlichen Eingriff!

Kleingewässer treten oft in Gruppen, d. h. in gegenseitiger Benachbarung auf. Z. B. weist das Blatt Schleiz im Vogtland auf einer Fläche von 135 km^2 nicht weniger als 1214 Tümpel und Kleinteiche aus. Auf jeden Quadratkilometer treffen durchschnittlich 7 Kleingewässer! Solche Nähe begünstigt den arterhaltenden Genaustausch zwischen den Einzelpopulationen und erhöht sowohl die Nahrungssicherheit durch Konkurrenzminderung als auch die Überlebenschance beim Ausfall einzelner Kleingewässer. Arten mit vielen Stützpunkten produzieren mehr Nachkommenschaft. Der Populationsüberschuß wird zur Neubesiedlung neu entstehender Gewässerbiotope dringend gebraucht.

Nicht zuletzt dienen Kleingewässer als letzte Zuflucht und Ersatzlebensraum für viele bedrohte Arten der laufend dezimierten oder bereits verschwundenen Feuchtgebiete. Storchenpaare können ihren Nahrungsbedarf nach dem Umbruch der Feuchtwiesen nur mehr an amphibienreichen Kleingewässern decken. Ältere Wiesengräben sind z. B. in Stromtälern das letzte Refugium seltener Pflanzenarten verschwundener Auniedermoore und Flutrinnen wie z. B. Gnadenkraut *(Gratiola officinalis),* Salz-Bunge *(Samolus valerandi)* und Knoblauch-Gamander *(Teucrium scordium).* Im Donaumoos findet man Arten der ungedüngten Moorwiesen heute nur mehr an Böschungen älterer Gräben.

Vernetzte Grabensysteme insbesondere in

Feuchtgrünlandgebieten sind von großer Bedeutung für die Ausbreitung von Feuchtgebietsarten, gewissermaßen das Gegenstück der terrestrischen Hecken und Raine im amphibisch-aquatischen Bereich.

Bedrohung der Kleingewässer

Hätte man 1850 alle 985 Einwohner von Heikendorf an der Kieler Förde auf die im Gemeindegebiet damals vorhandenen Kleingewässer verteilt, so wären auf jede der etwa 300 Kuhlen, Tümpel und Teiche nur 3 Menschen gekommen, die das Gewässerleben hätten beobachten können. Heute würden sich dagegen etwa 100 Leute um jedes der 78 meist stark geschädigten Restgewässer drängeln. Eine intakte Tümpel-Lebensgemeinschaft wäre nur mehr an 13 Stellen zu erleben, hier würden sich Menschenmassen von je 600 Personen bilden.[73]

Dieses Beispiel zeigt gerafft den jahrzehntelang fast unbemerkten Niedergang der Kleingewässer in der Wirtschaftslandschaft. Folgende Entwicklungen werden diesem einst dicht gestreuten Biotoptyp verderblich:

- Kleingewässer verlieren ihre Funktion für den Menschen.
- Kleingewässer können die maschinelle Bewirtschaftung der Flur behindern.
- Kleingewässer sind anderen Flächenansprüchen im Weg, insbesondere im Dorf.
- Kleingewässer verführen zur Verfüllung mit Abraum und Müll.
- Boden- und Düngereinträge aus dem intensivierten Umfeld sowie Abwasserzufuhr lassen das Kleingewässer verschlammen, verlanden und unansehnlich werden. Verfüllung wird dann als »Sanierung einer Kloake« empfunden.
- Allgemeine Grundwasserabsenkung läßt Kleingewässer austrocknen.
- Eingriffe, die das Kleingewässer haben entstehen lassen, bleiben aus.
- Umwidmung und Ausbau zu Teichwirtschaft verändern das Kleingewässer.

Im Lebenskreis der Landbewohner früherer Jahrhunderte, teilweise bis nach dem 2. Weltkrieg, hatten Kleingewässer vielfältige Aufgaben und waren auch dafür angelegt worden: Fischversorgung für den häuslichen Bedarf, Sammeln von medizinischen Blutegeln, Krebsen, Fröschen und Wildpflanzen, Tränketeiche in natürlich gewässerarmen Landschaften, Löschteiche, Ententeiche, Viehschwemmen, Waschgelegenheiten für landwirtschaftliche Maschinen, Eislaufplätze, Reservoirs für das Ausschwemmen von Dung in die bewässerten Wiesen (im ostbayerischen Gebirge »Schwemm« genannt), Flachs-Wässerungsteiche, Eisgewinnung für den Kühlbetrieb in Gasthäusern und Brauereien, Wässern von Wagenreifen.

Verlustbilanz der Kleingewässer

Wer vor nicht allzu langer Zeit die endlosen Ackerfluren Holsteins und Mecklenburgs oder auch ostholländische Grünlandgebiete durchfuhr, kam an Hunderten und Tausenden von röhrichtgesäumten, froschbesetzten Wasserlöchern vorbei, ohne etwas davon zu bemerken. In der Flur oder auch in Waldgebieten versteckt, zählten die ehemaligen Mergelkuhlen, Tränketümpel, Toteislöcher (Sölle) und Waldgumpen lange Zeit zu den unbeachteten Mauerblümchen unter den Biotopen.

Ein großer Fels, ein alter Einzelbaum oder ein großes Moor mußte man sein, um unter Schutz gestellt zu werden!

So kam in den Flurtümpeln und Altwasserresten eine Fuhre Abraum zur vorhergehenden, ohne daß Alarm geschlagen worden wäre. Erst um 1975, als in vielen Gegenden nicht mehr viel übrig war, begann man, den Restbestand im Vergleich mit älteren Karten zu bilanzieren. Nun kamen alarmierende Verlustmeldungen aus vielen Regionen. Wir wollen davon knapp, aber räumlich umfassend berichten, um das ganze Ausmaß des Kleingewässersterbens der letzten Jahrzehnte vor Augen zu führen.

In Schleswig-Holstein waren auf den 1973 herausgegebenen topographischen Karten etwa 33000 Kleingewässer verzeichnet. Ende der 70er Jahre schätzte man den jährlichen Kleingewässerverlust auf rund 1000.[74] Bei anhaltendem Trend wäre dieser Biotoptyp nach etwa drei Jahrzehnten landesweit ausgelöscht. Nach anderen Quellen wurden 1976 34% der noch 1973 eingetragenen Kleingewässer vermißt.[75] Sämtliche Gebiets-

In Kohlkaul bei Bonn lockte 1977 ein flacher Tümpel nicht nur Amphibien zum Laichen, sondern auch Kinder zum Spielen an. Sogar der Wasserschlauch (*Utricularia* spec.), der in seinen Fangblasen kleine Wasserorganismen verdaut, kam vor. Außerhalb der Jungmoränengebiete und Flußauen sind solche Wasserstellen in aller Regel künstlich entstanden. Ihre Bedeutung für das Umland hängt von ihrer Dichte ab. Gibt es pro Kartenblatt, wie etwa in Wadersloh (Nordrhein-Westfalen), rund 1000 Kleingewässer, so ist jeder Landschaftsteil für schädlingsvertilgende Erdkröten erreichbar, die in den Tümpeln »erzeugt« werden.

1984 war dieses Kleingewässer durch Müllablagerung als Lebensraum unbrauchbar geworden. Es folgt damit dem Schicksal einer fast unvorstellbaren Menge von Tümpeln, Kuhlen und Dorfteichen, die während der letzten Jahrzehnte zugefüllt wurden. Beispielsweise verschwanden von den 1957 etwa 940 Kleingewässern auf Blatt Wadersloh bis 1981 fast 90% (Knüwer, zit. nach Woike 1983).
Seit einigen Jahren setzte eine Gegenbewegung zur Tümpelvernichtung ein: Allein in Nordrhein-Westfalen wurden bisher weit über 1000 Kleingewässer neu geschaffen. Auch Räumungsaktionen sind Ausdruck einer höheren Wertschätzung »nutzlos gewordener Wasserlöcher«.

erfassungen kommen zu erschreckenden Resultaten, wenn auch mit erheblichen Unterschieden: 1982 waren auf den Meßtischblättern Marne, Bargstedt, Lütjenburg, Burg/Fehmarn und Nusse von ursprünglich 1784 Amphibienlaichplätzen 414 völlig verschwunden und 105 durch starke Beeinträchtigung außer Funktion gesetzt. Die Verluste schwanken zwischen 24% und 47%.[76]
Besonders hohe Verluste wurden aus den Ostseeküstengemeinden gemeldet: Von 1880 insgesamt 291 Kleingewässern in der Gemeinde Heikendorf bei Kiel waren 1976 119 Teiche und Tümpel völlig verschwunden, 94 teilverfüllt bzw. stark verschmutzt, nur 78 etwa im alten Umfang erhalten und 13 auch biologisch noch intakt.[73] In den Gemeinden Scharbeutz und Heiligenhafen waren bis 1975 nicht weniger als 72% bzw. 65% aller in der letzten Kartenausgabe noch registrierten Kleingewässer total zugefüllt oder ausgetrocknet, 16% bzw. 26% waren teilverfüllt oder vermüllt und nur 12% bzw. 9% noch als Feuchtbiotop funktionsfähig.[77]
In Westberlin (Tempelhof, Mariendorf, Britz) sind von den ehemals 122 Pfuhlen, d.h. Kleingewässern in weichseleiszeitlichen Toteissenken, nur 23 erhalten geblieben. Nachdem der Teltow-Kanal das Grundwasser abgesenkt hatte, wurden die ausgetrockneten und nutzlosen Pfuhle zugeschüttet und eingeebnet.[78]
Auch für Niedersachsen liegen Kleingewässerbilanzen vor. Im Landkreis Osnabrück wurden 1960 283 Tümpel, Kleinteiche und Bombentrichter mit mindestens 1 Amphibien- oder Reptilienart registriert. Die Nachprüfung 1979 ergab einen Verlust von 183 Laichplätzen (65%). 60 Teiche waren allein im Zusammenhang mit dem Autobahnbau zugeschoben worden; teilweise findet man Wohngebiete anstelle der Laichteiche.[79]
In einem 36 km^2 großen Gebiet um die Stadt Hamm im östlichen Ruhrgebiet zeigt der Kleingewässerrückgang folgende Stationen:

1893–95	212 Kleingewässer	100%
1927	167 Kleingewässer	79%
1954–57	149 Kleingewässer	70,3%
1970–72	75 Kleingewässer	35,4%

Im landwirtschaftlich genutzten Bereich ist der Rückgang stärker als im industriell orientierten; insbesondere auf Äckern und Wiesen gibt es kaum mehr Kleingewässer, sondern nur noch auf Weiden. Die Kleingewässerdichte von 6/km^2 im Jahr 1895 ging auf 2/km^2 zurück! Nach flurbereinigungsbedingten Bachbegradigungen und Grundwasserabsenkungen fielen zahlreiche Kleingewässer trocken und konnten zugeschoben werden, ohne daß wie bisher stauende Nässe zu befürchten war.[80]
Der Verlust von etwa 60 Kleingewässern bis 1945 wurde durch 1177 wassergefüllte Bombentrichter zunächst überkompensiert. Wie in vielen anderen Gebieten waren die Einschlagstrichter der Jahre 1943–45 auch hier von Amphibien als Laichplätze angenommen worden. Doch leider sind auch von diesen Ersatzlebensräumen nur noch 29, d.h. 2,5% der Auffüllung und Überbauung entgangen.[80]
In Bayern waren Oberfranken und die Oberpfalz äußerst reich an kleinen Stillgewässern. Auf dem 480 km^2 großen Positionsblatt Tirschenreuth in der nördlichen Oberpfalz waren 1879 1230 Kleinteiche und Flurtümpel eingetragen. Die Kartenausgabe 1970 verzeichnete immerhin 560 (45%). Auf den Luftbildern von 1980 waren dagegen nur mehr 243 Kleingewässer (19,7%) auszumachen. Die Kleingewässerdichte pro Quadratkilometer war von 2,6 über 1,2 auf 0,5 zu-

Ein amerikanischer Bombenfehlwurf schuf 1945 dieses Kleingewässer im Inn-Auwald südlich Rosenheim (Oberbayern). 1957 (linkes Foto) hatte sich der Bombentrichter mit Rohrkolben *(Typha latifolia)* eingesäumt. Süßwasserpolypen *(Hydra)* besetzten das Fallaub am Tümpelboden. Unken *(Bombina variegata)*, deren Glöckchenrufe weithin hörbar waren, und Grasfröschen *(Rana temporaria)* war das Sekundärgewässer ein willkommener Ersatz für verschwundene Flutmulden und Altwässer.

1972 war das »Kunststoffzeitalter« über den Tümpel hereingebrochen. Eine trübe Brühe machte jeden Amphibienlaichversuch unmöglich (mittleres Foto). Dem durch entrümpelnde Bewohner benachbarter Siedlungen her vorgerufenen Schandfleck machte der Wald besitzer durch Zuschütten mit Bauschutt, Holzabfällen und Erdabraum ein Ende. 1983 bot sich der An blick im Foto rechts. Holznutzung hatte zwischenzeitlich auch den Eschen-Erlen-Auwald im Hintergrund unkenntlich gemacht.

rückgegangen. Statistisch gesehen hatte ein Grasfrosch im vorigen Jahrhundert durchschnittlich 320 m weit bis zum nächsten Laichplatz, 1970 dagegen 480 m, und heute reicht sein Aktionsradius von maximal ca. 800 m in vielen Teilgebieten nicht mehr aus, von den restlichen Laichgewässern aus alle Landlebensräume zu überstreichen.

Dorfteiche

Vor allem in wasserarmen Gebieten konnte früher kaum ein Dorf, kaum ein Weiler oder Einzelhof auf den Dorf- oder Hofteich verzichten. Der Verlust dieser nicht ablaßbaren und wegen ihrer vielfältigen Funktionen meist sauber gehaltenen Kleingewässer wiegt um so schwerer, als damit oft die einzigen Feuchtgebiete und Laichgewässer dieser Gegenden verlorengehen. Regional, z. B. in Mittelfranken, dürften nur etwa 10% der Dorfteiche der Verfüllung, Überbauung oder Einbetonierung entgangen sein. Im Tertiärhügelland (Nordwestteil des Landkreises Freising) sind 43% der auf Kartenausgaben von 1960–1970 noch eingetragenen Dorf- und Hofteiche verschwunden, im Vergleich mit noch älteren Karten mindestens 63%. Die tatsächlichen Verluste dürften jedoch noch höher liegen, weil die alten Karten nicht alle Wasserstellen verzeichnet haben. So z. B. stehen den heute 3 Dorf- und Hofteichen im Gemeindegebiet von Paunzhausen (Lkr. Freising) 14 Teiche in der Erinnerung Einheimischer gegenüber.[81]

Im Albuch auf der Schwäbischen Alb bei Gmünd sind allein im Zeitraum von etwa 1965 bis 1981 147 von insgesamt 287 Hülben (dauernde Wasserstellen, hauptsächlich im Bereich von Dörfern, Kleinsiedlungen oder abgegangenen Siedlungen) verschwunden. Der größte Teil davon sind Ortshülben. Erhalten geblieben sind vor allem in Wäldern gelegene Kleingewässer auf den wasserstauenden Feuersteinlehmen.[82]

Der gewaltige Aderlaß der Dorf- und Hofteiche beseitigte regional die einzigen Laichmöglichkeiten für Gelbbauchunke, *(Bombina variegata)*, Geburtshelferkröte (*Alytes obstetricans)*, Wechselkröte *(Bufo viridis)*, sämtliche Molcharten, bei gutem Pflanzenbewuchs auch für Grünfrösche *(Rana esculenta, R. lessonae)*, Grasfrosch *(Rana temporaria)* und Erdkröte *(Bufo bufo)*.

Bäche

Bäche sind die Lebensadern der Landschaft. Sie ent- und bewässern, formen und zergliedern die Landschaft, entnehmen und transportieren Material, um es auf Uferwällen und Schüttkegeln wieder abzulagern. Bäche prägen ihr Einzugsgebiet, dessen Wasserüberschuß sie den Strömen zuführen. Umgekehrt schlägt sich der Naturraumcharakter in Gefälle, Fließgeschwindigkeit, Abflußverteilung, Gesteinsfracht, Sohlenform, Linienführung, Wasserchemismus, Ablagerungsform, Talform und Ufervegetation deutlich nieder. Ein unbändiger, die Hochgebirgsflanken unterspülender Wildbach hat mit einem trägen Tieflandsbach vielleicht nur die gleiche Jahresabflußmenge gemein. Noch an den Mittelgebirgsbächen des Bayerischen und Schwarzwaldes, Harzes und Odenwaldes gibt es tosende Abstürze und überschäumte Riesenblöcke.

Erst am Ende der V-förmigen Engtäler und Klammstrecken beruhigt sich das überschäumende »Temperament«. Immer breitere Talwiesen säumen den Bach, kurvenreicher wird sein Lauf, nur noch an den Prallufern holt er sich Geschiebe. Auf den Talböden ist nun Platz für Mühlen und Triebwerkskanäle, ein Stück abwärts rücken die ersten Dörfer an den Bach heran. Diente er im Oberlauf nur als Holztransporteur, so spielt er nun eine vielfältige Rolle im Leben der Menschen: Flecht- und Werkholz von den Uferbäumen, Tummelplatz für Kinder, Lebensraum für Enten und Gänse, Waschplatz, Viehtränke und Pferdeschwemme, Krebs- und Perlenfischerei ... Eine reiche kulturelle Überlieferung knüpft sich an die Bäche: In den Märchen zieht eine Nixe mit einer Flutwelle den Müllerburschen in den Mühlenteich hinab. Anmutige Volks- und Kunstlieder haben den Bach als Grundmotiv: »Es klappert die Mühle am rauschenden Bach ...«, »In einem Bächlein helle ...«, »Die schöne Müllerin«.

Solange er noch keine Hochwässer führt oder keinen Nutzungsanspruch mit seinen Hochwässern gefährdet, bleibt der Bach von menschlichen Eingriffen unbehelligt. Dies trifft fast nur noch für wenige Bachoberläufe in tief eingeschnittenen Tälern zu, soweit sie nicht bereits in früheren Jahrhunderten zu Trift-Klausen aufgestaut und in Holztrift-Kanäle abgeleitet worden waren. Alle anderen Bäche stehen im Brennpunkt menschlicher Umgestaltungstätigkeit.

Der Bach als Lebensraum

Ungebändigt ist das fließende Wasser ein unerschöpflicher Lebensraumgestalter. An einem naturbelassenen Bachlauf des Hügellandes ähnelt keine Schlinge der anderen, wiederholt sich kein Bachquerschnitt in der gleichen Form.
Der Bachuntergrund, an dem Wasserpflanzen haften, Wasserinsekten und andere Fischnährtiere unterschlüpfen und Fische ablaichen, gliedert sich in Kies- und Sandbänke, Schlammkrägen und -kuhlen, Steinborde und Treibholzanlandungen. Jedes Hochwasser verschiebt Schlammbänke und Gleitufer, hinterläßt kleine Steinterrassen oder Getreibselsäume. Beim Gletscher- und Wildbach verdrängt der zermalmende Geschiebetrieb alle Tier- und Pflanzenarten, die ruhende Bachsohlen benötigen.
In den Hügellandbächen fließen die geradlinigeren und abschüssigeren Abschnitte bis über 1 m/sec rasch. Windungsreiche Strekken erreichen aber nicht einmal die mittlere Fließgeschwindigkeit von 0,4–0,5 m/sec. Schwankt die Wassertemperatur des Bergbaches nur zwischen 2 und 9 °C, so ist sie beim Hügellandbach weit stärker abhängig von der Lufttemperatur. Das Bachufer besteht aus senkrechten Uferwänden, überhängenden Grasbüscheln, Wurzelgeflechten, in Ästen verheddertem Genist, kleinen Terrassen, sanften Böschungen und Uferwällen. Arten der Wechselwasserzone, der Uferröhrichte, Uferstaudenfluren und Ufergehölze lösen sich auf engstem Raum ab und stoßen vom Ufer auch in den Talraum vor. Die felsigen, immer wieder freigelegten Ufer der Hochgebirgsbäche lassen Arten der Hochlagen in die Waldstufe heruntersteigen.
Das Leben des Bergbaches konzentriert sich erstaunlicherweise nicht in den ruhigeren, sondern in den reißenden Abschnitten. Hier sichert der ständige Wasseraustausch die Zufuhr von Sauerstoff und Nährstoffen. Zwar sind die meisten Bergbachbewohner auf sitzende Lebensweise eingestellt, doch werden sie immer wieder von Hochwässern losgerissen und talwärts geschwemmt. Dank eines Instinktes, entgegen der Strömung bachaufwärts zu wandern, erreichen sie jedoch wieder ihren eigentlichen Lebensraum. Geschlüpfte Insekten gleichen durch Bachaufwärtsfliegen die Abdrift ihrer Larven aus, und es kommt zu einem biologischen Kreislauf über größere Bachstrecken.
Im Gebirge tragen Bachufer die üppigsten Pflanzenbestände überhaupt. In den höheren Zentralalpen sind es vor allem die Dikkichte weißfilziger, arktisch-alpin verbreiteter Zwergweiden, weiter unten Grünerlengebüsche und oft mannshohe bunte Hochstaudenfluren. In mehreren schmalen Stockwerken besiedeln teilweise seltene Flechtenarten den Schwankungsbereich zwischen Niedrig- und Hochwasser. In der Gischtzone verhüllen wasserüberrieselte mächtige Moospolster die zur Ruhe gekommenen Blöcke.
Beim Hügel- und Flachlandbach wird auch die Wasseroberfläche zum Lebensraum. Taumelkäfer kreisen in ruhigeren Buchten, Stoßwasserläufer schießen ruckartig hin und her, ohne in die gespannte Wasserhaut »einzubrechen«. Unterwasserwiesen aus Laichkräutern, Teichfaden, Bachquellmoos, Wasser-Hahnenfuß und Büschelalgen können den Bachboden vollständig überwachsen und einen ganz neuen Kleinlebensraum bilden.
Egel, Wasserjungfer- und Köcherfliegenlarven, Wasserschnecken, Wasserkäfer und viele andere sitzen auf den Wasserpflanzen oder bewegen sich im Stengeldickicht. In den Schlammfahnen im Strömungsschatten von Wasserpflanzenrasen erreichen Eintagsfliegen- und Zuckmückenlarven, Würmer, Erbsen- und Kugelmuscheln sehr hohe Individuendichten.
Die Belebtheit der Biosphäre läßt sich kaum eindringlicher erleben als bei einem Griff in einen dichten Wasserpflanzenrasen eines seichten, nur mäßig verschmutzten Baches oder auch beim Abheben eines größeren Steines: eine wimmelnde Masse, in der die zuckenden Flohkrebse besonders auffallen, kommt zum Vorschein.
Entsprechend reich ist der Tisch für die Fische gedeckt, für die Unterwasserrasen gleichzeitig Nahrungsreservoir und Unterstand bedeuten. Für Weißfische, Barben und Brachsen sind die schlammigen pflanzenbewachsenen Bachsohlen auch Laichgründe. In den kiesigen Oberläufen laichen dagegen Bachforelle und Bachsaibling. Gleichmäßig hoher Sauerstoffgehalt, nur selten 20 °C übersteigende Wassertemperatur und Sauberkeit sind Vorbedingung nicht nur für

Lachsfische, sondern auch für den Edelkrebs.
In den Bachtälern des Berg-, Hügel- und Flachlandes hemmten die kürzeren und auf den Spätwinter konzentrierten Hochwässer die landwirtschaftliche Nutzung bei weitem nicht so stark wie an den Alpenflüssen. Von den ursprünglich die ganze Talsohle bedekkenden Bachauwäldern blieb daher meist nur ein schmaler Gehölzsaum am Ufer übrig. Jahrhundertelang als Stockausschläge genutzt, sind die Schwarz-Erlen und Weiden der Bachufer auch heute noch häufig, oft mehrstämmig und dicht verfilzt. Ausgewachsene Kopfweiden verleihen insbesondere den norddeutschen und fränkischen Niederungsbächen einen besonderen Charakter. Mit ihrem deckungsreichen, die Mittelwasserlinie oft plattenartig überdachenden Wurzelwerk, mit dem übers Wasser gestreckten, oben dichten Geäst und mit ihren anbrüchigen, nischenreichen Stämmen schaffen die Bachgehölze für viele Tierarten Brut-, Lauer- und Zufluchtsstätten: Der Eisvogel bevorzugt für seine Brutröhren Uferwände mit Gehölzüberdachung; Wiedehopf und Kleinspecht bewohnen die betagten Weiden- und Erlenstämme; der Fischotter haust an dekkungsreichen Ufern; der Biber schreitet im Hinterland der Donau und Aare nur an Bächen mit beträchtlichem Weichholzangebot zum Burgenbau. Ein reiches Singvogelleben mit deutlicher Nischentrennung zwischen Uferstauden, Röhrichten, niederem Gebüsch und Baumschicht begleitet naturnahe Bäche und geht von dort aus ins Umland.

Bedeutung der Bäche

Bäche sind die natürliche »Ver- und Entsorgungsinfrastruktur« der Landschaft. Sie transportieren Wasser, gelöste Nährsalze, Abfallstoffe, Geschiebe, Tiere und Pflanzen. Bäche bieten nutzbare Energie.
Natürliche, d.h. hindernis- und windungsreiche Gewässerläufe bremsen aber auch den Abfluß. In Wassermangelgebieten pflegte und erweiterte man sogar die Rückhaltekraft der Wasserläufe: Seit dem Aufkommen der Wiesenkultur im Hochmittelalter leitete man Bachwasser über verästelte Kanäle in die Tal- und Hangwiesen um. Man verbesserte damit die Wasser- und Nährstoffversorgung wie z.B. im Wallis, in den fränkischen und oberpfälzischen Tälern. In den »Wässerwiesen« der Mittelgebirge verlängerte man damit die Wuchsperiode. Grundwassernahe und schwebstoffgedüngte Talwiesen waren im Zeichen jahrhundertelanger Düngerknappheit die produktivsten Nutzflächen überhaupt. Nicht umsonst reichen die Gemarkungen wasserarmer Eifel- und Albhochflächen in die tief eingeschnittenen Wiesentäler hinab.
Vom 9. Jahrhundert bis gegen 1960 trieben Bäche die Mühlen an. Wasserregulierung durch Mühlstaue, Triebwerks- und Mühlkanäle verstärkte die Rückhaltekraft zusätzlich und schuf neue Lebensräume: Im Unterwasser der Staue wurde der Talboden trockener, im Oberwasser vernäßte er; so entwickelte sich z.B. im Itztal/Frankenwald eine periodische Abfolge vielfältiger Grünlandgesellschaften von der nassen Schlankseggen- bis zur trockenen Trespen-Glatthaferwiese.
Heute finden sich immer mehr Angler an den Bachufern ein. Die fischereiliche Bedeutung reicht indessen weit über die Revier grenzen der Fischereivereine hinaus: Intakte Bachoberläufe können als Fischrückzugsgebiete abwassersanierte Flußsysteme »wiederbesetzen«. Im Lebenszyklus von Wanderfischen sind sie als Laichbiotope unersetzlich. Zufluchtsstätten sind sie auch bei starken Hochwässern, denen viele Fische durch Flußaufwärtswanderung zu entkommen versuchen.
Für den Erholungswert der Landschaft sind naturnahe Bachlandschaften von großer Bedeutung. Talwiesen und Bachrandstreifen sind in intensiven Agrargebieten oft die einzigen zugänglichen Bereiche. Eintönige Nadelwaldgebiete werden oft nur von offenen Wiesentälern aufgelockert. Besser als andere Landschaftsteile befriedigen steinige Bäche mit ihrer Vielfalt an Materialien, Bewuchsformen, Geräuschen und Arten die auseinanderstrebenden Interessen einer erholungsuchenden Familie und insbesondere von Kleinkindern.
Unter allen Gewässern tragen die vielen tausend Bachkilometer die Hauptlast der Abwasserentsorgung und Selbstreinigung. Würden sie nicht die Abwasserlasten unzähliger Kleinsiedlungen und die Einträge aus land-

1934 schlängelte sich die Krückau bei Barmstedt (Lkr. Pinneberg) in ausgeprägten Mäandern durch extensiv genutzte Feuchtwiesen, von reichen Hecht-, Weißfisch-, Bachforellen- und Flußkrebsbeständen bewohnt. Der kleine Flußlauf, seine Uferröhrichte und die Feuchtwiesen bildeten eine untrennbare Lebensraum-Einheit. 1934–1937 errichtete der Reichsarbeitsdienst im Krückau-Grund einen 9 ha großen Stausee (auf dem Bild mit Schlittschuhläufern), leitete die Krückau außen herum und füllte mit dem 2 m tiefen Aushub die wertvollen Niederungswiesen auf. Ein Wellenhallenbad eine Kleingartenkolonie, ein Ausflugslokal und Uferpromenaden liegen auf ehemaligen Schlankseggenwiesen und Hochstaudenfluren. Hatte der Fotograf 1934 noch ein freies Blickfeld, so benötigte er 1986 die Unterstützung der Freiwilligen Feuerwehr Barmstedt, um von der 28 m hohen Hebebühne über zwischenzeitlich hochgewachsene Gehölze hinwegfotografieren zu können.

wirtschaftlichen Nutzflächen weitgehend abpuffern, so wären die Flüsse und Ströme viel zu stark vorbelastet, um noch Abwässer der Städte verarbeiten zu können.
In vielen Kulturlandschaften sind Bachläufe die einzigen durchgängigen Biotopstrukturen. Sie verbinden Feuchtwiesen, Wälder und Waldsäume, Bruchwälder, Röhrichte und Quellgebiete, vereinigen Elemente aus diesen unterschiedlichen Biotopen zu einem Strang und können daher tatsächlich zur »Vernetzung«, zur Wanderung und Ausbreitung bestimmter Arten beitragen. Zur biologischen Bedeutung von Bachlandschaften geben die vorhergehenden Abschnitte viele Anhaltspunkte.

Menschliche Einwirkungen auf die Bäche

Wenn heute 50 von 73 Süßwasserfischen auf den Roten Listen der BRD und DDR stehen, so deutet dies zusammengefaßt auf eine tiefgreifende und verbreitete Beeinträchtigung des Biotops Fließgewässer. Was spielte sich im einzelnen ab?
Erst seit dem frühen 19. Jahrhundert, vor allem aber in der ersten Hälfte unseres Jahrhunderts griff der Wasserbau massiv in die Bachlebensräume ein. Zum Zwecke der Hochwasserfreilegung, der Vorflutergewinnung für Gebietsentwässerungen und Arron-

dierung von landwirtschaftlichen Nutzflächen begradigte und vertiefte man den Abflußquerschnitt, glättete das Bachbett trapezförmig oder gar rechteckig, schnitt man Altarme und Flutmulden ab, treppte man Gefällsabschnitte durch Sohlabstürze ab, beseitigte man Ufergehölze oder ersetzte sie durch Schemapflanzungen. Ungezählte Kilometer kleinerer Oberläufe und Quellrinnsale gingen durch Verrohrung als Landschaftselement und Lebensraum gänzlich verloren.

Größere Bäche wurden vor allem in Dörfern und Städten zur Gewinnung von Parkraum und »Sanierung stinkender Kloaken« verdeckelt. In Idar-Oberstein verschwand sogar die Nahe unter einer Schnellstraße.

In Mitteleuropa blieben fast nur die unterirdischen Höhlengewässer, einige Gebirgs- und Waldbäche ungestört. Denn auch die unverbauten und wenig abwasserbelasteten Oberläufe werden durch Bodenversiegelung, Bodenverdichtung infolge Maschineneinsatz, Bodenerosion, Dränung und Ausbau der Zuflüsse in ihrer Abflußverteilung und ihrem Gütezustand beeinflußt. In der Körsch bei Stuttgart stieg die Trendkurve des höchsten Sommerhochwassers von 1952 bis 1972 von 8 auf 60 m^3/sec, nachdem der überbaute und asphaltierte Flächenanteil des Einzugsgebietes von 7 auf 20% angestiegen war. Vergleichbare Regenereignisse führten 1952 zu einer Abflußspitze von 2,2 m^3/sec, 1972 dagegen 10,2 m^3/sec.[83]

Unnatürlich hohe Spitzenabflüsse erkennt man an einigen »Krankheitssymptomen«: Sohleneintiefung und Absinken der Mittelwasserlinie unter den Hauptwurzelhorizont der Uferbäume, dadurch bedingte Uferauskolkung und Rückgang des Pflanzenwuchses im Bachbett.

Durch Beseitigung von Strömungshindernissen, Verkürzung der Laufstrecke und der Verweilzeit des Wassers beeinträchtigen Ausbaumaßnahmen das biologische Selbstreinigungsvermögen. Weniger Luft wird ins Wasser eingewirbelt. Weniger sauerstoffzehrende Belastungsstoffe können abgebaut werden. Wasserpflanzen, die sich nach Beseitigung beschattender Ufergehölze ausbreiten, sterben ab und zehren am restlichen Sauerstoffvorrat. In Verbindung mit der chronischen Nährstoffbelastung aus intensiv gedüngten Einzugsgebieten und der Abwassergrundbelastung können Bachlebensgemeinschaften zusammenbrechen, durch Mikroorganismen und Abwasserpilze ohne Sauerstoffbedarf ersetzt werden.

Mit dem Gehölzverlust entfiel der Erosionsschutz für die Ufer, verloren gingen aber

Kleiner Quellbach mit Sumpfdotterblumen *(Caltha palustris)* bei den Weiherhäusern nahe Aufhausen (Lkr. Erding) im Jahre 1955. Aus einem kleinen Feuchtgebiet mit Schilf, Schlank-Segge *(Carex gracilis)* und Waldsimse *(Scirpus sylvaticus)* wird dieses Bächlein gespeist.

1984 war das Wiesenbächlein samt Feuchtwiese unter gewaltigen Bauschutthaufen verschwunden. Fremdstoffhaltiges Sickerwasser aus der Deponie mischt sich nun zum austretenden Quellwasser. Allzuvielen Bachendigungen außerhalb von Wäldern war und ist ein ähnliches Schicksal beschieden.

auch wichtige Laich- und Ruheplätze für Fische unter den ins Wasser reichenden Wurzelgeflechten. Fischnährtieren wie z.B. Bachflohkrebsen entzog man damit das leicht zersetzliche Erlenfallaub als Nahrungsquelle. Mit den Bachgehölzen verschwinden wichtige Singvogelnistplätze und -wanderstraßen. Der katastrophale Rückgang des Fischotters in Mitteleuropa ist auch auf den Verlust gewachsener Bachbestokkungen zurückzuführen. Nicht nur ausgebaute, auch »naturnahe« Fließgewässer des Flachlandes unterliegen einer Unterhaltungspflicht zur »Sicherung des ordnungsgemäßen Wasserabflusses«. Bei unvorsichtiger maschineller Räumung kann die gewachsene Sohle mit dem gesamten Wasserpflanzenbesatz entfernt werden und als Laichplatz zeitweise ausfallen. Ein Großteil der Fische, Muscheln, Krebse und Kleinlebewesen kann an Land geworfen werden und verenden. So vernichtete die Sempträumung nördlich Erding/Oberbayern 1983 in 4 Tagen den größten Teil des Edelkrebs- und Groppenbestandes.

Uferröhrichte und amphibische Wechselwasserzonen werden häufig durch den Räumvorgang selbst und durch die Ablagerung von Räumgut beeinträchtigt. So z.B. verschwanden am Semptlauf zwischen 1964 und 1970 ein Großteil des Kalmusröhrichts und das weit und breit letzte Vorkommen des Knoblauch-Gamanders *(Teucrium scordium)* unter den künstlichen Uferwällen.

An vielen Bachläufen des intensiv genutzten Kulturlandes ist die vielfältige Uferlebensgemeinschaft oft kilometerlangen Abraum-, Bauschutt- und Müllablagerungen zum Opfer gefallen. So verschwand der zartblaue Flor der Himmelsleiter *(Polemonium coeruleum)* während der 70er Jahre an der Abens in Niederbayern, an einigen Oberpfälzer Bächen und an der Sempt südlich Erding. Die Verfüllungen besiedeln sich vor allem mit Brennesseln und konkurrenzkräftigen Exoten wie z.B. verwilderte Astern, Goldruten und Topinambur *(Helianthus tuberosus)*. Letzteres Knollengewächs lockt wiederum Bisamratten herbei, die Bachufer unterwühlen und stellenweise die Auskolkung begünstigen können. Bisamrattenfänger erhöhen den bereits durch Angler hervorgerufenen Störpegel für Uferbrüter.

Für saubere Bachoberläufe, insbesondere in den Wald- und Mittelgebirgstälern, werden Fischteiche und Regenrückhaltebecken immer mehr zum Problem. Anstau, Wassererwärmung, erhöhte Verdunstung und mithin Verringerung der Abflußmenge, Wasserdüngung, Schlammausspülung, Wasserpflanzenbeseitigung und Sauerstoffzehrung können so zusammenwirken, daß sich die Lebensbedingungen von Arten ständig kalter Klarwasserbäche rapide verschlechtern. In periodisch überstauten Hochwasserrückhalteräumen hessischer Fließgewässer wie z.B. der Schwalm kann die Sauerstoffzehrung als Folge der Erwärmung und Zersetzung der Grassubstanz sogar Fischsterben auslösen. Das abgetrocknete, stinkende »Unterwasserheu« kann nur noch abgebrannt werden, wie z.B. nach dem Sommerhochwasser 1984 bei Treysa/Hessen.

Aus Teichen ausgeschwemmte Krankheitserreger können das Seuchenrisiko für Fische und Krebse erhöhen. Der Säuregrad oder pH-Wert kann am Auslauf von Teichketten 1-2 Einheiten über dem Zulauf liegen. Sogar pH-Werte über 9 werden erreicht, keinesfalls mehr ein Lebensraum für Jungforellen!

Aus Teichhaltungen entkommende Fische können die Fischfauna der ursprünglichen Bachlebensgemeinschaft verändern und den Amphibienbestand reduzieren. Z.B. drangen Aale von ihren Besatzteichen im Quellgebiet in die Forellenregion der oberen Hase bei Osnabrück ein und verringerten als Bruträuber, Platz- und Nahrungskonkurrenten die dort typischen Fischarten.

Verlustbilanz der Bäche

Wasserbauliche Veränderungen In der Bundesrepublik Deutschland wurden seit 1945 rund 40000 km, allein von 1960 bis 1970 etwa 25000 km und seit 1970 über 7000 km kleinerer Wasserläufe begradigt. Täglich werden etwa 3,5 km Fließgewässer überwiegend mit Sohlbreiten unter 2 m aus- oder neu gebaut. Außerhalb der Alpen gelten nur noch 10% der Fließgewässer als »naturnah«.[84] In Bayern wurden aber noch rund 8000 von insgesamt 60000-70000 Bachkilometern (Gewässern 3. Ordnung) als erhaltenswerte Lebensräume in die Biotopkartierung aufgenommen.

Das regionale Schicksal der Bachlandschaften ist jedoch in höchstem Grade von deren Nutzungsweise abhängig:
Im dünn besiedelten Ostallgäuer Grünlandgebiet um Seeg sind immerhin noch 42% der gesamten Bachlänge unreguliert; intakte Bachbestockungen wurden jedoch auf weniger als 10% zurückgedrängt. 28% der Laufstrecke sind begradigt oder kanalisiert, 30% verrohrt oder verfüllt. Den 200 km untersuchten Bächen stehen 80 km neu angelegte Gräben ohne »natürliche Vorgänger« gegenüber. Erwartungsgemäß sind die kleinen Bäche und Quelläste am stärksten betroffen: nur 17%, meist durch Wälder fließend, blieben unbegradigt, 50% sind völlig von der Oberfläche verschwunden. Von den größeren Bächen sind im Ostallgäu 65% unreguliert, 22% begradigt und nur 13% in Rohre gezwängt.
Noch stärker bedrängt sind Fließgewässer offener Ackerregionen. So sind in Schleswig-Holstein landesdurchschnittlich 25% der kleinen Fließgewässer durch Verrohrung als Lebensraum ausgefallen, regional aber bis zu 75%, in einzelnen Flurbereinigungs- bzw. Gutsbezirken sogar bis zu 100%.[85] Im Flurbereinigungsgebiet »Hohes Elbufer I« sind allein 1955–1971 5,1 von 7,8 km oder 65% der natürlichen Wasserläufe verlorengegangen. In den Gemarkungen Bliesdorf, Breitenfelde, Klein- und Großwittensee wurden zwischen 1877 und 1982 21,7 von 42,2 Fließgewässer-Kilometern (51%) verrohrt, 17,1 km oder 41% kanalisiert, begradigt oder mit Beton-Gefällstufen versehen und nur 3,4 km (8,8%) blieben als isolierte Zwischenabschnitte im naturnahen Zustand.[86]
Von den etwa 9000 km Wasserläufen 3. Ordnung des westfälischen Münsterlandes sind fast überhaupt keine natürlichen Abschnitte mit bodenständigen Gehölzsäumen erhalten geblieben, wenn man von einigen Quellläufen und Strecken durch alte Wälder absieht.[87] Im 673 km² großen Landkreis Helmstedt im nördlichen Harzvorland beträgt der Anteil natürlicher oder naturnaher Fließgewässerstrecken nur mehr 0,7%.[88]
Das Ausmaß des Einflusses meist intensiv genutzter Fischteiche auf die Bachläufe insbesondere in der Oberpfalz und in Mittelfranken sei an zwei Beispielen veranschaulicht: Auf Blatt Wassertrüdingen im mittelfränkischen Schichtstufenland liegen nur 65 von insgesamt 250 Bachkilometern oberhalb größerer Teichanlagen und deren belasteter

1965 schlängelte sich der Tinninger Bach im Chiemgau durch die Talfeuchtwiesen. Schwarzerlengruppen säumten ihn. Hier im Bergland fließen Bäche meist zu rasch, als daß sich weitgeschwungene Schlingen ausbilden könnten. Trotz bescheidener Wasserführung war der Bachlauf gestalterischer Mittelpunkt der Voralpenlandschaft.

1985 war der Bach zum Straßengraben degradiert. Einzelne Erlen überstanden zwar den rigorosen Ausbau, fügen sich aber nicht mehr zur bestimmenden Gehölzreihe zusammen. Neuer Mittelpunkt ist eine Kreisstraße. Der Bachausbau ermöglichte die Dränung des nassen Talgrundes und damit auch das Eindringen des Maisanbaues.

Zuläufe. Auf Blatt Höchstadt im Aischgebiet entfallen nur 25 km (8%) auf teichwirtschaftlich unbeeinflußte Oberläufe und 130 km auf teichwirtschaftlich beeinflußte Mittel- und Unterläufe. Auf 125 km (43%) sind frühere Bachläufe in geschlossene Weiherketten(!) umgewandelt.

Günstiger ist die Bilanz nicht unmittelbar siedlungsbedrohender Bäche der Bergländer und Mittelgebirge. Vom Ausbaugrad her können noch viele Bäche etwa in der Eifel, im hessischen Bergland, Sauer- und Bergischen Land, Spessart und Odenwald, Bayerischen Wald und Schwarzwald, Alpenvorland und Isen-Sempt-Hügelland als naturnah eingestuft werden, manchmal sogar von der Quelle bis zur Mündung.

Dagegen blieb in den bayerischen, österreichischen, italienischen, Schweizer und französischen Alpen kaum ein größerer Gebirgsbach bis in die bewohnten Täler frei von gemauerten oder betonierten Querbauwerken, Ufereinfassungen oder Sohlen. Im Fallbeispiel Blatt Oberstdorf (135 km^2) sind 27 Wildbachkilometer oberhalb der Talräume mit mehr als 8 Querbauwerken pro Kilometer versehen. 28% aller ganzjährig wasserführenden Wildbachläufe sind damit nicht mehr als naturnaher Gebirgsbach, sondern als stark verbaute Geschiebetreppen anzusprechen.

In der Bundesrepublik geht die Ausbautätigkeit nach ihren Höhepunkten in den 30er bis 60er Jahren zurück, in Frankreich hält sie jedoch unvermindert an. Seit 1980 werden dort jährlich etwa 2000 Fließgewässer-Kilometer neu ausgebaut. Korrektionsmaßnahmen an »non-domainaux rivers«, also kleineren Fließgewässern außerhalb der staatlichen Baulast, überschritten bereits 1966 in einem Drittel aller Departments die Ausbaulänge von 60 km. In weiten Teilen Oberitaliens, Niederösterreichs, der Niederlande und Dänemarks gibt es bereits heute keine naturnahen Bachläufe mit intaktem Gehölzsaum mehr.[89]

Gewässergüte Die biologische Funktion auch »naturnaher« Bachläufe wird durch Wasserverschmutzung weitgehend zunichte gemacht. Trotz ungenügender Datenlage ist daher ein Blick auf den Gewässergütezustand unerläßlich.

Die konzentrierte Harnmenge aller Bundesbürger ergäbe den Mittelwasserabfluß der Aich, eines ansehnlichen Neckarzuflusses. Die Tagesabscheidung würde ausreichen, alle deutschen Hallenbäder zu füllen! Die Abwassermenge pro Kopf erhöhte sich seit der Goethezeit von 20-30 auf 300-400 Liter pro Tag. Da die Abwasserreinigung von den flußnahen Klärwerken der Ballungsräume zu den Dreikammer- und Sickergruben des »flachen Landes« immer unwirksamer wird, tragen auch die Bäche und Rinnsale trotz geringerer Bevölkerungsdichte ihrer Einzugsgebiete eine beträchtliche organische Schmutzfracht. Bäche sind die Vorfluter der Dörfer und Weiler, Flüsse und Ströme entwässern Städte und Großstädte. Im Extremfall können aber auch mehr als 30000 Einwohnergleichwerte geballt auf einen Bach treffen, wie im Fall Ansbach/Fränkische Rezat.

Das Bestreben, auch im ländlichen und grenznahen Raum Gewerbe anzusiedeln, erzeugt gerade in abgelegeneren naturnahen und bisher sauberen Fließgewässern eine stellenweise erhebliche chemische Abwasserfracht. In den 20er Jahren kannte man in unseren Fließgewässern nur einige Dutzend Chemikalien, heute aber über 50000!

An der landwirtschaftlichen Abwasserlast haben vor allem die Bäche, Gräben und Quelläste zu tragen, die aus den meisten Drängebieten, Schlägen oder Hofstellen belastete Abflüsse direkt aufnehmen. Durch Umbruch des Talgrünlandes kann der Bodenabtrag durch Regen- und Hochwasserausspülung das 20fache erreichen. Aus den Mais- und Hopfenschlägen des Tertiärhügellandes können 10-30 Tonnen pro Hektar und Jahr ausgeschwemmt werden, deren Feinbestandteile die vielen Bachoberläufe trüben, verschlammen und eutrophieren.

Auch die unzähligen Abraumdeponien und Verfüllungen von Naßmulden und Talenden geben zumindest zeitweise Fremdstoffe ins Gewässer ab. 1971 stellte man auf 16,5 km Fließstrecke der Espolde in Südniedersachsen über 148 verbotswidrige Abwassereinleitungen und wilde gewässerverunreinigende Deponien fest.[90]

Arten und Lebensgemeinschaften Der Arten- und Individuenrückgang durch Sohlenabdichtung und -einebnung, Begradigung und Verlust von Gehölzen, Kolken, Uferwänden, Altarmen und Flutrinnen sowie durch Abflußveränderung ist vielfach belegt. Einige Beispiele müssen genügen: Der Fischotter *(Lutra lutra)* ging in seinem deutschen Hauptvorkommen in Schleswig-Holstein allein seit 1970 um 80% zurück.[91] In natürlichen Sauerlandbächen stellte man 486 Tierarten mit einer durchschnittlichen Individuendichte von 3180 Tieren je Quadratmeter Bachbett fest, in ausgebauten Bächen jedoch nur mehr 241 Arten (50%) mit 450 Individuen pro Quadratmeter (15%). Auch in zwei untersuchten Bächen des Westerwaldes zeigte sich der Einfluß der Bachbettstruktur unabhängig von der Wassergüte: In den ausgebauten Bereichen herrschte eine geringe Vielfalt an Wirbellosen, Fische fehlten völlig.[92]

In der Forellenregion der Hase im Landkreis Osnabrück wurden im naturnahen Abschnitt 100 Bachforellen *(Salmo trutta)* und 260 Groppen *(Cottus gobio)* gefangen, im 1935 ausgebauten Abschnitt 45 bzw. 62 und im sowohl 1935 wie 1979 regulierten Teil 10 bzw. 0 Exemplare. Die einzige Erle im regulierten Fangabschnitt ruft einen Kolk hervor, in dem sich allein 15 Bachforellen und 17 Groppen befanden.[93]

Selbstverständlich ist auch die bachnahe

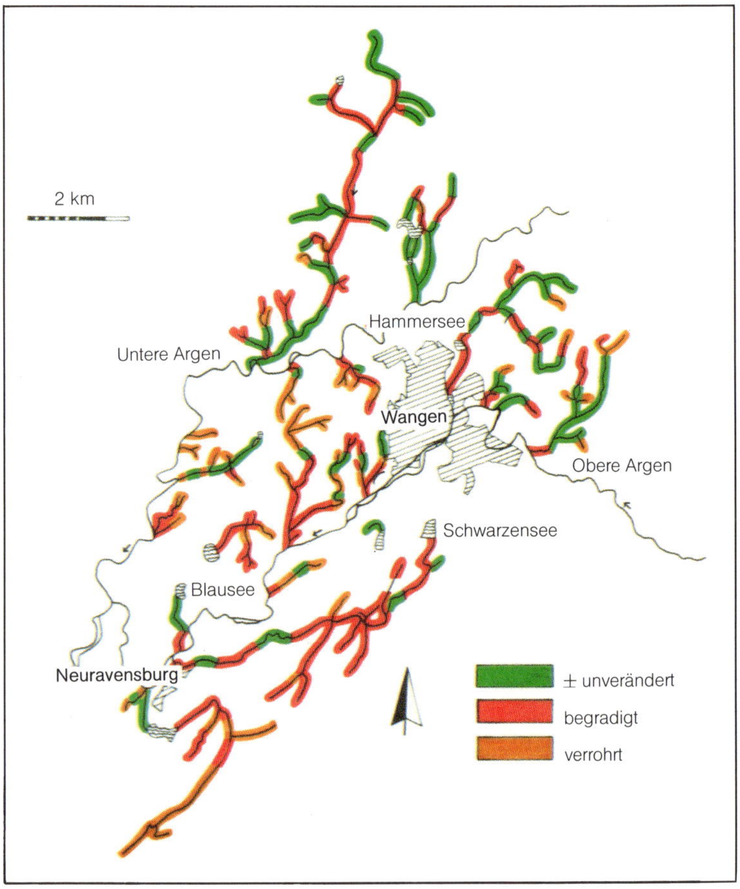

Dargestellt ist das Einzugsgebiet der Unteren und Oberen Argen bei Wangen im Allgäu und der Zustand ihrer Zuläufe im Jahr 1980. Im intensiv landwirtschaftlich genutzten Südteil des Gebietes sind fast alle Bachstrecken begradigt oder verrohrt. Auch im nördlichen Karbachbecken ging Grünlandintensivierung und Bachausbau Hand in Hand. Die Erhöhung der Viehbestände dortiger mit Schwemmentmistung wirtschaftender Betriebe wurde durch Melioration der eigenen Streuwiesen ermöglicht. Die damit verbundene Vorflutverbesserung wird im hohen Anteil begradigter Bachstrecken deutlich; bestenfalls noch 25% waren 1979 als natürlich oder naturnah anzusehen.

Ein Bachbild, wie man es leider nicht mehr allzuoft vorfindet: natürlich gewundener Lauf mit Ausbildung von Prall- und Gleitufer und spontan entwickeltem Gehölzsaum zur Uferbefestigung und -strukturierung sowie Beschattung der Wasserfläche, die übermäßiger Erwärmung und damit Sauerstoffmangel entgegenwirkt. Kurzum: ein Bild, das auf Lebensraumvielfalt schließen läßt.

Anders der Karstbach im Oberallgäu: Das schmale und flache Bachbett erreicht kaum Strukturreichtum. Dafür bürgt der quellnahe Oberlauf für gleichbleibenden Wasserstand, gleichmäßige Wassertemperatur und reichliches Sauerstoffangebot. Somit bietet er Lebensraum für wenige, aber seltene, auf eng umgrenzte Lebensbedingungen spezialisierte Kleinlebewesen.

Hier (Marbach, Odenwald) wird Bachbewohnern das Leben schwer oder völlig unmöglich gemacht: Befestigte Sohle, schnurgerader Lauf und genormte Böschungsneigung schließen Wirbel und Schnellen, Anlandungen und Aushöhlungen, damit zahlreiche Nischen für Wassertiere aus und schwächen die biologische Selbstreinigungskraft des Gewässers. Ein geregelter Abfluß, d.h. ganzjährig optimale Bedingungen auf der angrenzenden Nutzfläche fordern den Tribut der Lebendigkeit.

Pflanzenwelt an unverbauten Bachstrecken vielfältiger. An Bächen im Landkreis Schwäbisch-Hall waren auf nur 10 m langen und 1 m breiten Teststreifen quer zum Bachufer bis zu 50 Arten versammelt. An den begradigten, eingetieften und mit Sohlschalen oder Holzstangen verbauten Bächen enthielt die Böschung 16–21 Arten, an den naturnahen Gewässerläufen dagegen 27–34 Arten.[94] Stark technisch geprägte Läufe (Steinpflaster, Sohlschalen, Rasengittersteine, Bongossimatten) bieten nicht einmal an den Böschungen mehr den typischen bachbegleitenden Arten einen Lebensraum. Diese werden hier durch Weißes Straußgras *(Agrostis stolonifera)*, Schwaden *(Glyceria plicata)*, Rohrglanzgras *(Phalaris arundinacea)* und verschiedene Hochstauden unterdrückt. Der maschinellen Böschungspflege regulierter norddeutscher Bäche und der Anhäufung von Mulche vermögen nur mehr wenige Allerweltsarten standzuhalten. Wird diese Maßnahme wie so oft durch Weidekoppelzäune unmöglich gemacht, entwickelt sich häufig ein bis zu 2 m hoher Filz aus Brennessel und Quecke.

Verunreinigung und Nährstoffbelastung wirkt sich natürlich vor allem in der Wasserlebensgemeinschaft aus. Einer der spektakulärsten Anzeiger für den weitverbreiteten Fremdstoffeintrag ist der dramatische Rückgang der Perlmuschel *(Margaritifera margaritifera)*. Im Jugendstadium sehr verschmutzungsempfindlich und in ihrer Larvenentwicklung an Klarwasserfischarten gebunden, war sie einst in vielen sauberen Urgebirgsbächen verbreitet. Mit der siedlungs-, teich- und landwirtschaftsbedingten Verunreinigung bzw. Nährstoffanreicherung setzte, beschleunigt nach dem 2. Weltkrieg, der Bestandesrückgang ein. Regulierung, Bachräumung, Aufstau, Bachverlegung bei Straßenprojekten und Perlräuberei taten ein übriges. Im Kerngebiet Fichtelgebirge schrumpfte der Perlmuschelbestand von etwa 700000 (1914) auf 25000 (1980), in der Lüneburger Heide von 50000 (1938) auf 5000 (1966) und 3000 (1971), im Bayerischen Wald, in der Oberpfalz, im Vogelsberg und in der Rhön erinnern nur mehr kümmerliche, meist vereinzelte Restbestände an das frühere »Muschelpflaster« auf größeren Bachstrecken. Im Spessart und Odenwald sind die Bestände erloschen.[95]

Flüsse und Auen

Unzählige Rinnsale vereinigen sich zu Bächen, Flüssen, um endlich in den großen mitteleuropäischen Strömen Donau, Rhein, Ems, Weser, Elbe, Oder und Weichsel dem Meer zuzufließen. Von den kleineren Fließgewässern war bereits die Rede. Dieses Kapitel widmet sich den Strömen und ihren Nebenflüssen, die der Wasserwirtschaftler als »Fließgewässer 1. und 2. Ordnung« bezeichnet. Eine untrennbare Einheit mit dem Fluß bilden seine Auen. Bei Hochwasser gehören sie sogar zum Flußbett. Jüngere Flußablagerungen sind ihr Untergrund. Deshalb werden die Auen in diese Betrachtungen miteinbezogen.
Jeder noch nicht vollkommen in ein technisches Korsett eingezwängter Fluß ist eine »eigenständige Persönlichkeit«. Als Abfluß seines Niederschlagsgebietes, dessen Oberflächen- und Quellwässer er sammelt, spiegelt er viele Eigenschaften der umgebenden Landschaft wider: die Geschiebefracht an der Flußsohle, die Schwebstoff- und Lösungsfracht im Flußwasser, die Art der Auenablagerungen beiderseits des Flusses, das Gefälle und damit die Fließgeschwindigkeit, die Menge und Häufigkeit der Hochwässer, den Kontrast zwischen Hoch- und Niedrigwasserführung und vieles mehr.
Umgekehrt prägt der Fluß die durchflossene Landschaft: durch Talform und Taltiefe, die unterschiedliche Dichte seiner Zuflüsse, das Erscheinungsbild der flußbegleitenden Vegetation.
Flüsse und Ströme sind das letzte Wegstück im Kreislauf der Wassermoleküle vor ihrer Rückkehr in den Ozean, aus dem sie aufgestiegen sind. Dies ist allen Flüssen gemeinsam. Aber wie verschiedenartig gestaltet die Natur die Transportwege des Wassers!
Träge und in weiten Schlingen zieht die röhrichtgesäumte Leine durch das Norddeutsche Tiefland; geradliniger schäumt die reißende »Alpentochter« Isar zwischen weißen

Dieser Ausschnitt aus den Oberrheinauen vermittelt ebenso wie die oft dschungelartigen Weich- und Hartholzbestände anderer Flüsse mit ihren verästelten Altarmen den Eindruck einer fast unberührten Naturlandschaft. Dieser Eindruck trügt jedoch. Kaum ein flußbegleitender Laubwald Mitteleuropas ist heute noch ein definitionsgerechter »Auwald«, d.h. ein auf Flußablagerungen stockender, periodisch oder episodisch überschwemmter Wald. Seit dem frühen 19. Jahrhundert wurden fast alle Auen Zug um Zug von der regelmäßigen Frühjahrs- oder Sommerüberflutung und damit auch von der natürlichen Nährstoffzufuhr abgeschnitten. Von der gesamten Rheinaue können heute nur noch 10% als naturnah eingestuft werden.

Geröllbänken und Föhrenbeständen der Donau zu. Kalkweiße Felsen und Wacholderheiden spiegeln sich in der Altmühl, die sich durch ein breites Wiesental windet. Viel rascher durcheilt die Wilde Rodach die düsteren Fichtenwälder des Frankenwaldes, von ungemähten Wiesen und Pestwurzbeständen begleitet. Ein vielarmiges Mündungsdelta schüttet die Tiroler Ache in den Chiemsee; dies wäre der Hamme bei Bremen unmöglich, die ihr Wasser nicht richtig in die Weser ergießen kann, weil es von der Flutwelle immer wieder landeinwärts gedrückt wird.

In seiner Tondichtung »Die Moldau« besingt Friedrich Smetana die Wandlungen eines Flusses von der sprudelnden Quelle im Böhmerwald bis zum breit dahinfließenden Unterlauf. Nüchterner unterscheidet der Biologe die Gewässerabschnitte: »Forellenregion« im Oberlauf, »Äschenregion« im Mittelabschnitt und »Barbenregion« im Unterlauf sind Kurzformeln für eine Abfolge ganz unterschiedlicher Gewässerlebensgemeinschaften, die sich der abnehmenden Fließgeschwindigkeit, dem zunehmenden Nährstoffgehalt und der abnehmenden Geschiebegröße angepaßt haben.

Im Quell- und Oberlauf kerbt sich der Fluß je nach Gefälle ein, er »erodiert«. Aus wenig bewachsenen Steilufern entnimmt er sein Geschiebe, besonders ausgiebig in Lockergesteinsgebieten. Die Auensäume sind an den Oberläufen meist nur schmal oder fehlen stellenweise ganz.

Im Mittellauf beginnt der Fluß das »Mitgebrachte« bereits abzulagern. Auf diesen »Alluvionen« können durchgehend Auwälder entstehen. In den Untergrund gräbt sich der Fluß nur in solchen Fällen ein, wo seine Schleppkraft durch Stauhaltungen nicht mehr mit Geschiebe gesättigt ist.

Beim behäbigeren Unterlauf steht die Ablagerung im Vordergrund. Bei sehr geringem Gefälle – weniger als 0,3 Promille – und einer Fließgeschwindigkeit im Stromstrich unter 2,0–2,5 m/sec weicht der Fluß von der geraden Linienführung ab, er »mäandriert«. Nur an den »Prallufern« an der Außenseite der Flußbiegungen nagt er noch, an der Innenseite lagert er Schotter-, Sand- oder Schlickbänke ab, die bei Hochwässern fortgespült oder umgelagert werden. So wandern die Flußschlingen sehr langsam abwärts, an der unteren Amper zwischen 1850 und 1910 bis zu 50 m! Durch Strombettverlagerung oder gar Mäanderdurchbrüche werden Flußrinnen zu Altwässern, die zwar bei Niedrig- und Mittelwasser vom Hauptstrom abgeschnürt sind, aber über das Grundwasser noch vom Fluß gesteuert sind. Durchspülung bei Hochwasser hemmt ihre Verlandung.

Das wechselvolle Geschehen einer natürlichen Flußlandschaft in den letzten Jahrtausenden wird in einer vielfältigen, parallel zum Fluß gebänderten Abfolge von Bodenarten, Feuchtestufen, Rinnensystemen und Terrassenstufen sichtbar. Unmittelbar am Fluß liegt die gehölzfreie Aue der jüngsten Anlandungen, die alljährlich vom Sommer- oder Frühjahrshochwasser überspült wird. Nur an wenigen Stellen unserer fast durchgehend verbauten Flüsse gibt es noch natürlich umgelagerte Kies- und Sandbänke, z.B. im Mündungsbereich der Ahr im Rheintal, am Halblech bei Füssen oder an der Loire in Frankreich.

Landeinwärts folgt die ebenfalls regelmäßig überschwemmte Weichholzau aus Weiden, Pappeln und Erlen. Meist oberhalb einer Terrassenstufe folgt die Hartholzau aus Eschen, Ulmen, Eichen, Ahorn und Linden, die nur noch von Spitzenhochwässern mit gedämpfter Energie erreicht wird.

Flüsse transportieren nicht nur »Naturgüter« wie z.B. Geröll und Nährstoffe, sondern seit jeher auch menschliche Güter wie z.B. Holz, Getreide, Wein und Salz. Als Handelswege waren sie von so zentraler Bedeutung, daß sich fast alle wirtschaftlich bedeutsamen

Der Flußregenpfeifer *(Charadrius dubius)* ist der einzige Kiesbrüter, der in Kiesgruben einen Ersatzlebensraum für die überstauten Flußschotterbänke gefunden hat. Die Flußseeschwalbe nahm wenigstens an einigen Stellen mit künstlichen Kiesinseln oder Nistflößen vorlieb. Triel und Lachseeschwalbe verschwanden endgültig aus dem mitteleuropäischen Binnenland.

Städte an Flüssen und Strömen gebildet haben. Von den hochwassergeschützten höheren Flußterrassen drangen die aufblühenden Siedlungen immer weiter auf die überschwemmungsgefährdeten unteren Terrassen vor. Hochwassermarken bis zum 1. Stock erinnern z. B. in den Inn- und Donaustädten an die vielen Katastrophenhochwässer. Aber erst im 19. Jahrhundert war der Flußbau in der Lage, durch Begradigung und Eindeichung die Wassersnöte der geplagten Anwohner zu mildern oder zu beheben. Die Zeitspanne von 1850 bis 1950 genügte, um die meisten europäischen Flüsse aus Hochwasserschutzgründen, im 20. Jahrhundert auch zur Stromgewinnung und Schiffbarmachung, zu begradigen, zu kanalisieren oder in eine Kette von Stauhaltungen umzuwandeln.

Lebewelt der Flüsse und Auen und ihre Lebensbedingungen

Pflanzliche und tierische Bewohner natürlicher Flußlandschaften müssen mit extremen Umweltschwankungen zurechtkommen. Die Abflußmengen können im Jahresverlauf auf das mehr als 50fache emporschnellen. Am 13. September 1956 stieg der Wasserspiegel der Isar bei Wolfratshausen innerhalb von 24 Stunden um 2,80 m und fiel in wenigen Tagen wieder auf das Niedrigwasserniveau.[96] Die Schotterböden der Alpenflüsse sind schon wenige Wochen nach der Überflutung wieder trocken und heiß.

Auenpflanzen überstehen längere Überflutungen oder regenerieren sich danach rasch. Viele Arten können gleichzeitig extreme Trockenperioden gut aushalten.

»Luxuriöse« Verhältnisse herrschen dagegen bei der Pflanzenernährung. Aus seinem großen, meist aus verschiedenartigen Gesteinen zusammengesetzten und durch den Menschen zusätzlich gedüngten Einzugsgebiet verfrachtet der Fluß alle wichtigen Nährsalze in gelöster oder gebundener Form in seinen Überflutungsraum. Im Spülsaum der Jahreshochwässer ist das Angebot am üppigsten. Das Eiweiß angetriebener Pflanzen- und Tierreste schafft einen der nitratreichsten Standorte der Naturlandschaft überhaupt. Viele lichtliebende Nitratzeiger, einjährige Ackerunkräuter und Ruderalpflanzen haben ihre Urheimat auf den

1984 zog die Donau am Fuß des Bayerischen Waldes bei der Walhalla in einer Breite von 118–172 m und einer Fließgeschwindigkeit von 1,0–1,7 m/sec dahin. Frühere Stauhaltungen an ihren alpinen Zuflüssen hatten ihre Geschiebefracht auf unter 700 000 t/Jahr (Passau) gedrückt. Begünstigt durch frühere Begradigungen, löste dies eine jährliche Sohleneintiefung von 1–3 cm aus. Seit dem vorigen Jahrhundert waren Weich- und Hartholzauen (Überreste im Vordergrund rechts und entlang der Ufer) größtenteils durch biologisch nicht weniger bedeutsame, extensiv genutzte Kantenlauch-, Großseggen- und Silgenwiesen ersetzt.

1986 war hier die Donau im Zuge des Ausbaues zur europäischen Fernwasserstraße in einen Laufstausee umgewandelt. Das Strombett war 3mal so breit, der Auengürtel mit seltenen Brutvögeln wie z. B. Schlagschwirl und Blaukehlchen größtenteils verschwunden, die meisten Altwässer eingestaut oder verfüllt, Grund- und Hochwasseraustausch zwischen Fluß und Aue durch abgespundete Deiche unterbunden. Dies steigerte eine Entwicklung, die bereits seit 1960 im Gange war: Im Bildausschnitt (Sarchinger Au) schrumpften zwischen 1971 und 82 die Auwiesen um 56% und die Augehölze um 19% (Hansen & Winkelbrandt 1984).

Schwemmbänken, Getreibselsäumen und Uferwällen der Flüsse. Große Brennessel, Knöterich- und Gänsefußarten fallen darunter stark ins Auge. Karbonatreichen, an anderen Nährstoffen armen Gebirgsflüssen fehlen diese Arten aber weitgehend. Dafür ist hier das Reich der »Gebirgsschwemmlinge«, Arten der Gebirgshochlagen, deren Samen von den Fluten oder auch den Bergwinden auf Kiesbänken und Flußufern abgelagert werden. So findet man das Edelweiß nicht nur auf unzugänglichen Schrofen, sondern auch am Isarufer oberhalb Tölz.

Nach unten grenzt das pflanzenbestandene Hochwasserbett entlang der mittleren Wasserstandslinie des Sommerhalbjahres scharf an das eigentliche Flußbett. Abgesehen von langsam fließenden Tieflandsflüssen oder Stauhaltungen mit ihrem bisweilen dichten Unterwasserbewuchs erlaubt das Mittelwasserbett keinen höheren Pflanzenwuchs. Der Gerölltrieb an der Flußsohle, das Aufreißen der Sohlendeckschichten bei Hochwasser, Auskolkungen, die an der mittleren Donau 8–10 m tief reichen, und Aufschotterungen lassen auch das in den Bächen so reiche Kleintierleben stark verarmen.

Über der Mittelwasserlinie aufkommender Bewuchs filtert den Feinsand aus den Hochfluten. Nach wenigen Hochwässern kann sich an den Strömen ein Uferwall von 10–30 m Breite bis zur Höhe des zwei- bis fünfjährlichen Hochwassers auflanden. Hier wird die kurzlebige schüttere Vegetation bald durch Weidengebüsche abgelöst, die sich an den Unterläufen zu einer Baumweiden-Pappel-Au, an den Oberläufen zu einer Erlen-Au entwickeln.

Da die Hochwässer an den Mittel- und Unterläufen ihre Schotterfracht bereits im Flußbett und ihre Sandfracht an den Ufern abgesetzt haben, fallen in der fast stehenden Flut landeinwärts der Uferwälle nur noch feine Schwebstoffe aus. An den höheren Stellen nur millimeter-, an den tieferen auch zentimetertief lagern sich Auelehme ab. Darauf entwickelt sich die Weichholzau. Silber-, Bruch- und Mandel-Weide, in Gebirgsnähe die Grau-Erle, in den östlichen Stromgebieten vor allem die Silber- und Schwarz-Pappel, bilden mit dem Rohrglanzgras, oft mannshohen Hochstauden und verschlungenen Lianen einen dichten Dschungel, der zusätzlich durch Myriaden von Stechmükken seine Geheimnisse vor Eindringlingen schützt.

Am oberen Rand des Überschwemmungsgebietes nimmt die Bodenfruchtbarkeit und -belüftung zu; auf den hellen Auelehmen bildet sich eine dunkle Schicht von Mullhumus. Ein auffallender Reichtum an Baumarten, mehr als 30 m hohe Bestände und eine dichte, aber niedrige Kraut- und eine ausgeprägte Strauchschicht kennzeichnen die Hartholzau. Einzelne Schwarz-Pappeln, Erlen oder auch Silber-Weiden künden von der Entwicklung aus der Weichholzau. Hauptbaumarten sind aber Esche, Feld-Ulme, Flatter-Ulme, z.T. auch Eiche, Spitz-Ahorn, Berg-Ahorn und Linden. Fast nur auf den durchlässigen Auensanden der Ems dringt auch die Rotbuche ein.

An der Donau, am Oberrhein und an den Unterläufen der Alpenflüsse stößt man mitten im Auwald unvermittelt auf grasige, vielleicht nur von einzelnen Kiefern, Sanddorn- oder Wacholderbüschen oder sogar Birken bestockten Lichtungen. Diese »Brennen« oder »Heißländen« sind höhere Schotteraufiandungen im Gleituferbereich. Ohne Feinmaterialauflage entwickelt sich kein richtiger Auwald, sondern eine stark abweichende Steppenvegetation, die viele seltene Pflanzenarten enthält, darunter auch die Hummel- und Bienen-Ragwurz. Wo der Auenwasserspiegel durch Flußbegradigung und Sohleneintiefung für Auenbäume bereits zu tief gefallen ist, lassen sich die entstandenen Auflichtungen indessen kaum mehr von ursprünglichen Brennen unterscheiden.

Umwandlung der Flußlandschaften

Solange der Mensch den Urgewalten der Flüsse machtlos gegenüberstand, fügte er seine Nutzung dem natürlichen Ablauf ein und erduldete unvermeidbare Rückschläge. Die Wasserenergie machte er sich durch schwimmende Flußmühlen, Wasserschöpfräder zur Wiesenbewässerung in Trockengebieten, Ableitung von Mühlkanälen, Flößerei, Treidel- und Personenschiffahrt zunutze. Im Überflutungsbereich der Alpenflüsse beschränkte sich die Landwirtschaft auf die Beweidung einzelner Rodungsflächen und Auwälder; Hochwässer fallen hier auf die Hochzeit der Heuernte. Hingegen drängte man in Tieflands- und Mittelgebirgstälern schon frühzeitig die Auwälder zugunsten von Mähwiesen zurück; die Haupthochwasserzeit liegt hier lange vor der Heuernte.

Erst zu Beginn des vorigen Jahrhunderts wagte sich der Wasserbau auch an die großen Flüsse. Angesichts verheerender Hochwässer, unberechenbarer Flußverlagerungen, unterspülter Kulturflächen und Dörfer wäre es verfehlt, jene gewaltigen Pionierleistungen der flußbaulichen Frühzeit als bloße Naturzerstörung zu brandmarken. Der technische Aufbruch fügte dem bewunderungswürdigen Mut auch die technischen Mittel für systematische Flußkorrektionen hinzu. Vorher sind lediglich örtliche Maßnahmen belegt, wie etwa die Umleitung des Busento zwecks zugriffssicherer Bestattung des Gotenkönigs Alarich um 410.

Bereits ab 1806 begannen königlich bayerische Ingenieure mit der Bändigung der »Isara rapidus«, der wilden Isar zwischen München und Moosburg. 1928 war die gesamte mittlere und untere Isar reguliert.

Geradezu unvorstellbar mutet uns die vom badischen Oberst Tulla eingeleitete »Rektifikation« des Oberrheins zwischen 1825 und 1879 an. Pioniertaten dieser Größenordnung weckten natürlich auch andernorts die wasserbautechnischen Geister. So regulierte man 1834–1890 die Vereinigte Argen in Oberschwaben, 1858–1893 die untere Iller zwischen Ferthofen und Ulm und ab 1880 die Etsch zwischen Meran und Bozen.

Die Ziele der abschnittsweisen Hochwasserfreilegung, der Tieferlegung des Talgrundwassers und der landwirtschaftlichen Neulandgewinnung wurden zumindest vorläufig in allen Ausbaugebieten erreicht. Unter anderem konnte auch der Obstbau in die bisherige Aue vordringen.

Als Kehrseite der Medaille war ein Entfall der natürlichen Düngung durch die jährlichen nährstoffreichen Überflutungen zu verzeichnen. Erst viel später konnte die Mineraldüngung hier Abhilfe schaffen. Die Bodenfruchtbarkeit hielt nur auf den Auelehmen lange vor.

Noch gravierender, wenngleich längerfristig, wirkte sich die durch Begradigung und Fließgeschwindigkeitserhöhung ausgelöste Sohleneintiefung aus. Die Flußbettabsenkung zog auch den Talgrundwasserspiegel mit. Hilflos mußte man zusehen, wie der

1954 war der Lech beim Kreuther Steg südlich Schongau noch ein echter Wildfluß. Jedes Hochwasser veränderte die Schotterbänke, der Geschiebetrieb aus den Lechtaler Alpen war noch nicht durch den Kopfspeicher bei Füssen unterbrochen. Pflanzen hochalpiner Schutthalden und Felshänge fanden sich als Schwemmlinge auf den offenen Kiesfluren. Silberwurz-Spaliere (große Bank im Vordergrund) und Lavendelweiden-Tamarisken-Auen (kleine Insel im Mittelgrund) versuchten sich zwar immer wieder zur Grauerlenau (linkes Ufer Mittelgrund) fortzuentwickeln, wurden aber durch Hochwässer immer wieder zurückgeworfen.

1985 sind die Kiesstandorte von Silberwurz *(Dryas octopetala)*, Alpen-Lein *(Linaria alpina)*, Tamariske *(Myricaria germanica)*, Kies-Steinbrech *(Saxifraga mutata)* und die Brutplätze von Flußseeschwalbe, Flußregenpfeifer und Flußuferläufer längst in den Fluten der Staustufe Dornau ertrunken. Der seit 1955 lechabwärts fortschreitenden Laufstauseenkette sind Seltenheiten wie Zwerg-Rohrkolben *(Typha minima)*, Trauben-Steinbrech *(Saxifraga paniculata)* und Edelweiß *(Leontopodium alpinum)* zum Opfer gefallen.
Anlaß für den Aufstau waren Hochwasserfreilegung und Energiegewinnung. Hat der Staustufenbau einmal begonnen, so beschleunigt sich die Sohleneintiefung im Unterwasser durch das Geschiebedefizit und weitere Stufen sind die Folge.

bald nach der Regulierung und künstlichen Eintiefung erreichte optimale Grundwasserspiegel weiter absank. Der sowohl in den landwirtschaftlichen Kulturen als auch im Auwald produktionsmindernde Austrocknungsprozeß konnte erst im 20. Jahrhundert aufgehalten werden.

An der Iller kam es 25 Jahre nach Ausbaubeginn, nämlich um 1880, zu den ersten Trokkenschäden, die sich stetig ausweiteten. 1952 betrugen die landwirtschaftlichen Ertragsausfälle 30–40%, verglichen mit einem normal feuchten Jahr.[97] Wassermangelgebiete entwickelten sich ebenso am Oberrhein, am Lech, an der unteren Isar und am unteren Inn. Wipfeldürre, Ablösung geschlossener Hart- und Weichholzbestände durch grundwasserunabhängiges Gebüsch, Kiefern oder gar brennenartige Trockenrasen bezeichnete man später als »Auenversteppung«. Diese »Ersatzgesellschaften« sind dem ertragsorientierten Forstmann ein Ärgernis, dem Blumen- und Insektenfreund aber durchaus nicht immer. Pflanzen- und Tierarten bedrohter Trockenrasen der Talränder konnten darauf Fuß fassen und bis heute überdauern, auch wenn ihre Herkunftsbiotope durch Kiesabbau, Ackernutzung oder Aufforstung längst verschwunden sind. So illustre Pflanzenarten wie Hummel- und Spinnen-Orchis oder Pyramiden-Hundswurz breiteten sich auf diese Weise anstelle wüchsiger Hart- oder Weichholzauen an Oberrhein, Donau, Iller, Lech, Isar und Alz aus; vom Kaiserstuhl aus drang sogar die mittelmeerische Flaum-Eiche in die Rheinauen vor. Der Frauenschuh erreichte erst nach der Austrocknung der Isarauen nördlich München in Verbindung mit dem Eindringen von Fichte und Weiß-Segge eine Bestandesgröße von mehreren tausend Exemplaren.

Die Abdämmung der Hochwässer schuf auch die Voraussetzung für eine geregelte Waldbewirtschaftung. Dem Wasserabriß ausgesetzte Bestände wurden einfach kahlgeschlagen. Alle 6–25 Jahre auf den Stock gesetzte Brennholz- oder Faschinen-Niederwälder und Mittelwälder wurden nach der Hochwassereindämmung zunehmend in Hochwälder umgewandelt. Damit ging an einigen Flüssen der systematische Fichtenanbau einher. Regulierungen setzten außerdem eine erste Rodungswelle zur Ackerlandgewinnung in Gang. Mitte des 19. Jahrhunderts erlitten die ausgedehnten Auwaldungen insbesondere am Rhein große Einbrüche. Einige der damals gewonnenen Äcker wurden zwischenzeitlich in einmähdige Wiesen umgewandelt. Der Versuch, diese Orchideenstandorte wieder in Äcker zurückzuverwandeln, erregt heute den Widerstand des Naturschutzes.

Der weitreichenden Grundwasserabsenkung fielen nicht nur viele vom regulierten Fluß abgeschnittene Altarme und Auenquellbäche, auch »Gießen« genannt, zum Opfer. Auch ausgedehnte flußnahe Niedermoore wie z. B. die Donaumöser, Isarmöser und Niedermoore auf der elsässischen Rheinseite wurden erfaßt. Zunächst verfielen sie restlos der Melioration, da nunmehr die Vorflut für ein leistungsfähiges Entwässerungsnetz vorhanden war. Mit fortschreitender Grundwasserabsenkung setzte die Torfzersetzung ein. Moorböden wurden »aufgefressen«, wurden »puffig« und anfällig gegen Winderosion. Gerade in den isarnahen Teilen des Erdinger Mooses pflügt man heute schon mehr Kies und Alm als Torfsubstanz an die Oberfläche.

Bis zum Beginn des 20. Jahrhunderts war der größte Teil der mitteleuropäischen geschiebeführenden Flüsse begradigt, eingetieft und eingedämmt. Nunmehr wurden insbesondere die Alpenflüsse als Reservoire hydroelektrischer Energie entdeckt. Speicher-, Lauf- und Ausleitungskraftwerke nutzten in zunehmender Dichte deren Energieangebot. An Inn und Isar werden in unseren Tagen die letzten Lücken zusammenhängender Kraftwerkstreppen geschlossen.

Der Rückgang des Schneeglöckchens *(Galanthus nivalis)* z. B. in den Salzachauen zeigt verschiedene Auenveränderungen an: Auenrodung und Fichtenanpflanzung als Folge der Flußkorrektion, Sohleneintiefung und Grundwasserabsenkung, Beendigung der Streumahd im Grauerlenniederwald, damit Streuanhäufung, dem die lichtbedürftigen Zwiebelpflanzen erliegen. Örtlich ist auch Pflücken bzw. Ausgraben als Rückgangsursache wahrscheinlich.

Das Donaustaufer Altwasser, im Sommer 1983. Große Schilf- und Kalmusfelder waren etwa 1 Jahrzehnt vorher durch großflächige Auffüllungen (Tankstelle) eingeengt worden. In dieses Refugium mit typischen Bestandteilen einer naturnahen Stromtal-Landschaft hatte sich eine Reihe seltener Brutvögel und seltener Stromtalpflanzen aus dem zunehmend umgebrochenen, bebauten und mit Straßen durchzogenen Talraum zurückgezogen.

Im Sommer 1984 führte die neue Umgehungsstraße für den verkehrsgeplagten Markt Donaustauf in Verbindung mit dem neuen Hochwasserdeich mitten durch das Altwasser.
Als der Donau-Ausbau und der Altwasser-Teilverlust unumstößlich feststanden, wurde auf der Grundlage umfangreicher Bestandsaufnahmen ein etwa 100 ha großer Ersatzbiotop vorgeschlagen. Durchsetzbar innerhalb eines etwa 50 ha großen Ersatzbiotops war aber nur die Umpflanzung von etwa 2 ha Röhricht- und Riedvegetation aus dem jetzigen Deichhinterland.

Im Sommer 1985 waren die verbliebenen Altwasserufer entsprechend der künftigen Anstauhöhe der Donau-Großschiffahrtsstraße mit gewaltigen Abraummengen bis zu 2 m »angehoben« und darauf Pflanzsoden aus einem Zwischenlager (Mittelgrund) streifen- und netzartig ausgebracht (zwischen neuem Deich und Restaltwasser).

In Bayern war das Walchenseekraftwerk 1920–1922 ein Startsignal für den weiteren Ausbau. Bei Krün leitete man damals 25 m^3/sec des Isarwassers in den Walchensee um, der fortan als Hochspeicher für das neue Hochdruck-Kraftwerk erheblichen Spiegelschwankungen unterworfen war. An durchschnittlich 315 Tagen fällt das Isarbett unterhalb der Überleitungsstelle trocken. Als man 1948 auch noch 12 m^3/sec aus dem Rißbach über die Isar in den Walchensee umleitete, verlängerte sich die »Flußleiche«.[98]

Noch tiefgreifender ist die Umgestaltung des Lech, des westlichen »Flußnachbarn« der Isar. Bereits in den 20er Jahren unterhalb von Landsberg reguliert und eingedeicht, begann 1940 von oben nach unten der Vollausbau zu einer Kraftwerkstreppe von 26 Stufen über 120 Kilometer.[99] Das teilweise erbitterte Ringen zwischen Energiegesellschaft und Naturschutz um den Aufstau der vorher völlig unverbauten Flußstrecken südlich Landsberg erregte internationales Aufsehen. Die Naturschutzbemühungen hatten am Lech nur in einem einzigen Fall Erfolg: Die berühmte Litzauer Schleife bei Burggen wurde aus der Ausbauplanung herausgenommen, leidet aber heute unter zunehmender Verbuschung, da nach dem Ausbau die Hochwässer ausbleiben.

Verlustbilanz naturnaher Flüsse

Völlig unverbaute Flüsse mit ungestörten Abflußverhältnissen zählen heute zu den seltensten Biotopen überhaupt. Am schlechtesten schneiden dabei die Alpenflüsse mit starkem Geschiebetrieb und sehr unausgeglichener Wasserführung ab. Die folgenden Beispiele stehen stellvertretend für viele andere Flußniederungen.

Von den insgesamt 670 km langen Flußstrecken des Einzugsbereiches der Isar, nämlich Isar, Loisach, Ammer-Amper, Rißbach, Jachen und Walchen, sind etwa 30% ohne wesentliche Veränderungen des Abflußgeschehens, 19% treten erhebliche Wassermengen an Seitenkanäle ab, 30% sind reguliert oder ausgebaut, 8% aufgestaut, und 13% nicht nur entleert, sondern auch reguliert.[100]

An der Iller gibt es nur noch eine einzige naturnahe Flußschlinge, jene bei Martinszell. Im Unterlauf zwischen Aitrach und Ulm wurde die Flußstrecke von 71,5 auf 59,2 km verkürzt, das Gefälle von 1,77 auf 2,15 Promille erhöht und das durchschnittlich 600 m breite Hochwasserbett auf 52,5 m verengt. Sohleneintiefungen bis über 5 m lösten eine Sanierung durch Staustufen aus.[97] Höchstens 1% des Illerlaufes unterhalb Oberstdorf lassen sich als noch naturnah ansprechen.

Nachdem die deutsche Donau bereits im 19. Jahrhundert fast durchgehend reguliert war, begann man nach dem 2. Weltkrieg mit dem Aufbau einer Kette von Stauhaltungen mit dem Ziel der Stabilisierung der Flußsohle, der Anpassung an den modernen Binnenschiffsverkehr und der Energiegewinnung. Bis zum Jahrhundertende wird zwischen Geisling unterhalb Regensburg bis Ottensheim-Wilhering in Österreich eine lückenlose Kette von Stauhaltungen bestehen, die gleichzeitig einen wichtigen Ausbauabschnitt des Rhein-Main-Donau-Kanals darstellt. Fertiggestellt ist bereits die Stufe Geisling. Dabei überstanden nur 46 von vorher 116 Altwässern den Fahrrinnenausbau und technische Begleitmaßnahmen wie z. B. die Eindeichung. Die Donauwasserfläche nahm um 35% zu, flußbegleitende Verlandungszonen einschließlich einiger Auwaldreste und Altwässer erlitten einen Flächenverlust von 36%.[101]

Von den österreichischen Donau-Auwäldern, die um 1930 noch etwa 33000 ha umfaßten, gingen seither etwa 8000 ha verloren, von den elsässischen Rheinauen im selben Zeitraum etwa die Hälfte (7500 ha gegenüber 15000 ha).[102]

Ab 1817 schuf Oberst Tulla am Oberrhein den »Modellfall einer totalen Technisierung einer Stromlandschaft« (W. Schäfer). Der Kartenvergleich veranschaulicht an einem Streckenabschnitt bei Breisach, wie die wilde Furkationszone des Oberrheins durch abriegelnde Seitendämme immer mehr in ein stark verkürztes Kanalbett gedrängt wurde. 1872 war der Oberrhein durchgängig in ein Zentralgerinne gezwungen. Hochwassersicherheit der »Wurten« (erhöhte Siedlungsinseln im Auwald) und flußnahen Dörfer und die Ackerfähigkeit der Au wurden aber mit immer deutlicheren Trockenschäden, einem katastrophalen Ertragsrückgang von Auwäldern, ja einer Versteppung und Auflösung der Hartholzau erkauft.
Die letzte Phase der Denaturierung ist durch den Zustand 1963 dokumentiert. Immer mehr »Gießen« (grundwassergespeiste Altläufe) waren trockengefallen, Flutrinnen verschwanden in der Ackerlandschaft, Seitenkanäle gabelten den Strom auf. Karten nach Schäfer (1973/74).

In den 70er Jahren wurde bei Nußdorf am Alpenausgang die vorletzte Lücke in der Stauseenkette des bayerischen Inn geschlossen. Bei nur geringer Verbreiterung des seit dem vorigen Jahrhundert regulierten Flußbetts fiel dem neuen Laufstausee nur ein relativ schmaler Auwaldstreifen direkt zum Opfer. Jedoch leistete das völlige Ausbleiben von Hochwässern der Umwandlung von Auwäldern in Maisäcker Vorschub.

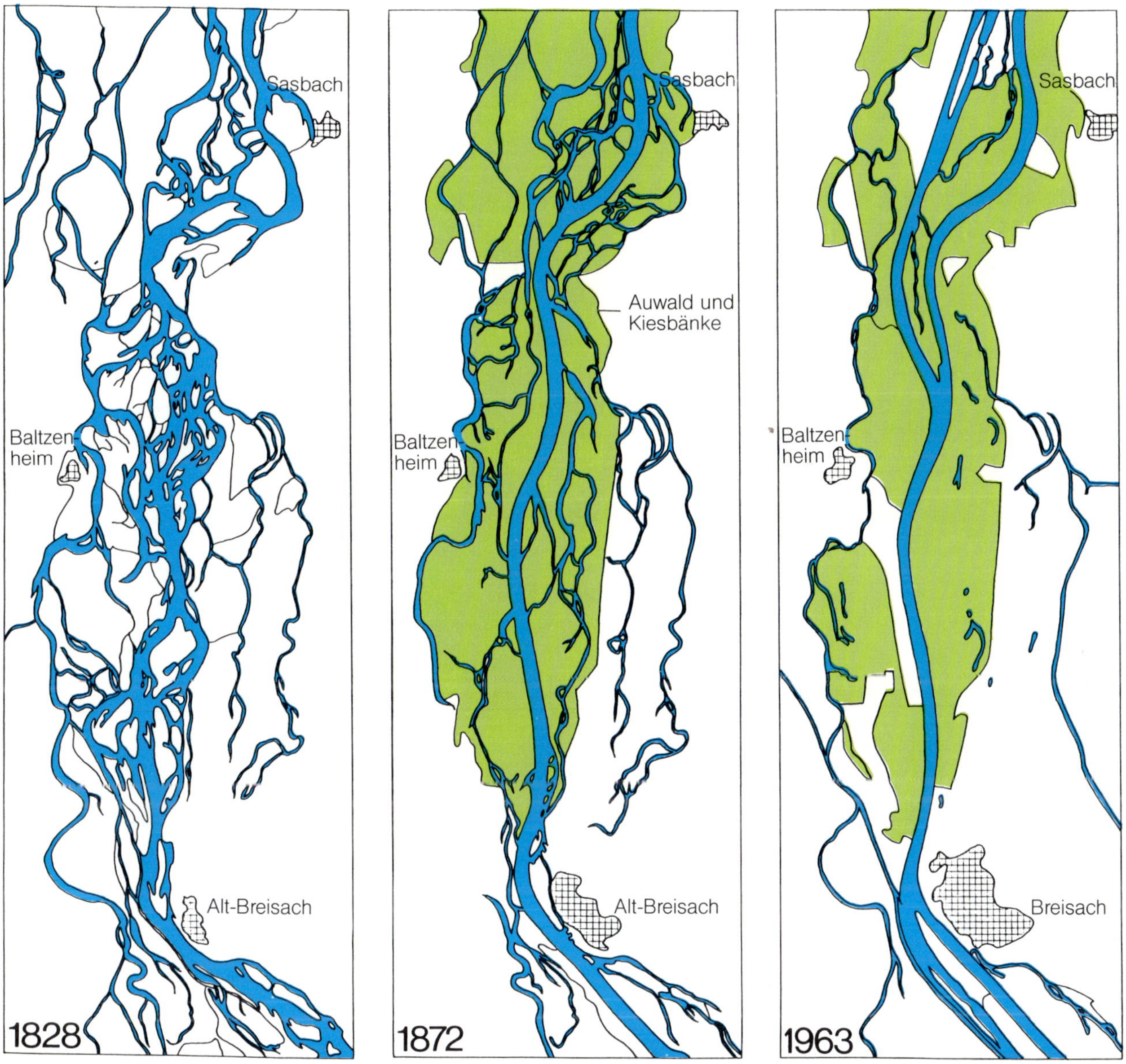

Der Hochrhein zwischen Bodensee und Basel wurde seit 1898 in eine fast geschlossene Stauseentreppe aus 13 Kraftstufen umgewandelt. Der Rheinfall von Schaffhausen ist ein Relikt aus naturnahen Zeiten.

Der Oberrhein war bereits im 19. Jahrhundert durch Tulla und seine Nachfolger in ein 200–250 m breites Kanalbett gezwängt. Später folgte der Bau des französischen Rhein-Seitenkanals, der dem »Vater Rhein« bis maximal 98% der Gesamtwasserführung entführt. Die Eingriffe setzten sich fort mit dem Ausbau von 4 bogenförmigen Kanalschlingen zwischen Breisach und Straßburg, 3 Stauhaltungen zwischen Straßburg und Karlsruhe und der Sprengung von Felsriegeln im Binger Loch und bei Nierstein. Nirgends in Mitteleuropa erreichte die Stromeintiefung und Grundwasserabsenkung alarmierendere Ausmaße als am Oberrhein. Bei Rheinweiler sank der Talgrundwasserstand um 23 m. Nach Norden zu nimmt der Absenkungsbetrag allerdings ab.[103] Die geschilderten Maßnahmen führten zum Verlust des größten Teils der Auwälder. Heute ringt man um die Unter-Schutz-Stellung der kläglichen Reste.

Am Niederrhein begann man bereits 1784 mit der Strombegradigung. Die Laufverkürzung – 7 km oder 3% – hielt sich im Gegensatz zum Oberrhein, der hernach um 80 km oder 22% kürzer war, in engen Grenzen.[104]

Küstenbiotope

Grenzen zwischen Meer und Land sind nicht für alle Zeiten fest. Jahrmillionen verwandelten Festländer in Meere und tiefe Ozeane in Kontinente.

Die Nordseeküste lag vor rund 8000 Jahren noch 30 m tiefer als heute, etwa bei der Doggerbank. Bis zur Bronzezeit stieg der Meeresspiegel, die Küste verlagerte sich landeinwärts. Um 2000 v. Chr. begann die neugebildete Schlick- und Marschlandschaft zu vermooren. Dieses »Uthland« wurde im Mittelalter abgetorft und anschließend unter den Pflug genommen. Die natürliche Landsenkung von vermutlich 25 cm im Jahrhundert, eine Gegenbewegung zur Hebung des skandinavischen Schildes, wurde dadurch noch verstärkt. Erste Eindeichungen gegen die Wucht der Sturmfluten wurden im 11. und 12. Jahrhundert vorgenommen. Im Jahre 1362 schlug der »blanke Hans« am ärgsten zu: Alle Deiche brachen, kultivierte Marschen verschwanden von der Landkarte, die Nordsee fraß sich in die Geest hinein und trennte die Friesischen Inseln vom Festland ab. Die nordfriesischen Inseln Nordstrand, Pellworm und Nordstrandischmoor wurden erst von der Sturmflut 1684 voneinander getrennt. Nur die Halligen und Bewirtschaftungsspuren im Watt erinnern noch an eine vor 600 Jahren untergegangene blühende Landwirtschaft.

Vor der niederländischen, deutschen und südjütischen Nordseeküste erstreckt sich der weltweit einzigartige Lebensraum des Wattenmeeres. Hauptkennzeichen des Watts ist das Trockenfallen großer Flächen beim Gezeitenwechsel. Fast lautlos, durch eine Sinkstofffracht bis zu 0,93 g Trockenmasse je Liter schmutziggrau gefärbt, läuft die Flut auf.[105] Bei Ebbe rinnt das Wasser in den verästelten und gewundenen Prielen wieder ab, nur die landfernen Prielabschnitte, die sogenannten »Tiefs«, fallen auch bei Niedrigwasser niemals trocken.

An nur noch wenigen Stellen der deutschen Nordseeküste ist der Andelrasen mit dem Strandflieder *(Limonium vulgare)*, Strand-Beifuß *(Artemisia maritima)* und Strand-Wegerich *(Plantago maritima)* so ausgedehnt und ungestört wie auf dem Bild. Meist unterdrücken intensive Schaf- oder Rinderbeweidung, zunehmend auch Entwässerung mit der Grüppenfräse, einen Großteil der Salzwiesenarten. Z. B. sind Schleswig-Holsteins Salzwiesen bereits zu 68% durch mehr als 6 Schafe pro ha entwertet, nur noch 7% sind unbeweidet. (Lamp & Kempf 1986). Von allen Teillebensräumen des Wattenmeeres sind die Salzwiesen am meisten bedroht.

Der durchschnittliche Tidenhub beträgt an der deutschen Nordseeküste 1,5–3,75 m, im Staubereich der Flußmündungen, des Dollarts und Jadebusens ist er noch höher, an der Ostsee, wo deshalb auch Watten weitgehend fehlen, schrumpft er auf 10–30 cm. Seeseitig von den Friesischen Inseln und landseitig vom Marschland begrenzt, erreicht der Wattgürtel 17 km Breite.

Woher bezieht das Wattenmeer jene riesigen Stoffmengen, die es zu einem der herausragenden »Stoffumschlagplätze« der Erde machen und beispielsweise einen Phosphorvorrat von bis zu 100 Milligramm je Quadratmeter Schlickfläche erzeugen? Hauptproduzenten der organischen Zufuhrstoffe sind ausgedehnte Seegraswiesen *(Zostera)* im Seichtwasser vor dem Watt, die allein in der Deutschen Bucht über 100 000 Hektar einnehmen und jährlich 0,5 Millionen Tonnen Trockensubstanz produzieren, das ist ein höherer Hektarertrag als in gut gedüngten Mähwiesen auf dem Land.[105] Das Meer zerkleinert die Seegrasblätter. Zusammen mit Nährstoffen aus einmündenden Flüssen und Humus aus »ertrunkenen« Mooren treibt sie die auflaufende Flut auf die Schlick- und Sandflächen der Wattzone. Im Jadebusen lösen Sturmfluten metergroße Torfblöcke aus einem aufschwimmenden Außendeichshochmoor und tragen sie weit aufs Watt hinaus.

So herrscht im Watt ein ewiger Wechsel aus Anlandung und Abschwemmung, aus Sedimentation und Erosion. Wenige Dezimeter unter der Mittelhochwasserlinie gewinnt jedoch die Anlandung, unterstützt durch einjährige Landpflanzen wie z. B. Queller *(Salicornia)* und Schlickgras *(Spartina)*, allmählich die Oberhand. Wo die Quellerpflanzen eine Dichte von 1–100 pro Quadratmeter erreichen, beruhigt sich das Wasser, die herangetragenen Kotbällchen von Wattkrebsen und vielen anderen Organismen werden abgesetzt. Schicht um Schicht höht sich die Schlickoberfläche auf, bis ab 20 cm unter Mittelhochwasser auch ausdauernde Landpflanzen Fuß fassen. Insbesondere das Andelgras *(Puccinellia maritima)* hält den Schlick mit seinem dichten und ausdauernden Wurzelwerk fest. Handtiefe Überschlikkungen durch Sturmfluten kann es mit neuen Trieben durchstoßen.

Die bisher schüttere, von Einjährigen bestimmte Vegetation schließt sich zur geschlossenen Salzwiese, den »Außengroden« außerhalb der Deiche. Dieser von Gräsern oder Hochstauden wie z. B. Strand-Aster *(Aster tripolium)* beherrschte Bestand kann die Sinkstoffe noch besser zurückhalten. Hat die Auflandung 25 cm über Mittelhochwasser überschritten, so erreichen nur noch Sturmfluten mit relativ grobkörnigem Material diese Zone. Die Aufschüttungen sind deshalb durchlässiger und begünstigen die Auswaschung der Meersalze. Wir befinden uns im Reich der Salzschwingelwiese, die sich besonders im Mai durch das Rosarot unzähliger Strand-Grasnelken *(Armeria maritima)* schon von weitem verrät.

Lebensgemeinschaften und Bedeutung der Küstenbiotope

Schon mancher Wattwanderer ist auf einem glitschigen Schleimüberzug ausgeglitten, der vor allem aus Kieselalgen besteht. Diese Einzeller durchwandern phototaktisch die bei Flut aufgebrachte Schlickauflage, bilden während der Trockenliegezeit eine neue Schleimoberfläche und sichern so den Schlickzuwachs gegen Abtrag. Außerdem sind sie die Ernährungsbasis vieler Wattorganismen, z. B. von *Hydrobia-* und *Littorina-*Schnecken, deren Kotpillen zur Auflandung beitragen. Dasselbe bewirken auch Plankton- und Schlammfresser wie z. B. verschiedene Wattmuscheln, der Pierwurm *Arenicola marina* und Krebsarten, indem sie mit verdaulichen Schweb- und Sinkstoffen auch ungenießbare Stoffe aufnehmen und als strömungsstabile Kotbällchen wieder ausscheiden. Unzählige Röhren und Grabgänge der Watt-Tiere, deren Wände sich während der Trockenliegezeit durch Oxidation verhärten, tragen zur »inneren Festigung« des Schlicks bei.

Mit einer jährlichen Gesamt-Biomasseproduktion bis zu 20 t/ha übertreffen die 730 000 ha Wattflächen zwischen Den Helder (Niederlande) und Esbjerg (Dänemark) alle Landlebensräume und reichen an tropische Regenwälder und Mangroven heran. Im Ernährungsgefüge der Nordseefauna spielt das Watt eine überragende Rolle. Für viele Fischarten ist es entweder Dauerlebensraum (z. B. für den Seeskorpion, *Myoxocephalus viviparus*), vorübergehender Nahrungsraum (z. B. für die Makrele, *Scomber scombrus*) oder Kinderstube (z. B. für die Scholle). Millionen von überwinternden und rastenden Vögeln aus der ganzen Holarktis nutzen Pflanzen und Tiere des Watts.

Die Lebensgemeinschaft der insgesamt noch 20000 ha Salzwiesen an den nordwesteuropäischen Küsten ist in dieser Form auf der Welt einzigartig. Die ungefähr 1650 salzwiesenbewohnenden Tierarten mit über 1 mm Körpergröße sind zu 50% auf Salzwiesen spezialisiert, von den rund 50 bestandbildenden Pflanzenarten kommen 90% nur in salzigen Lebensräumen vor.[106]

Aus dem gewaltigen Reservoir der rund 1600 Wirbellosen-Arten – bis über 60000 Individuen können im Sommer einen Quadratmeter bevölkern – ernähren sich bis zu 75 Rastvogel- und 25 Brutvogelarten.[106] Im Herbst steigt die Rastvogelmenge schleswig-holsteinischer Salzwiesen von jahresdurchschnittlich rund 500000 auf 1 Million mit einem Gesamtgewicht von rund 400000 kg.[110]

Produktivitäts- und Vielfaltszentren innerhalb der Wattregion sind die trompetenförmigen, gezeitenbeeinflußten Stromausmündungen, die Ästuare, welche von der Gironde im Süden bis zum Limfjord in Nordjütland stets schärfste Konflikte zwischen ihrem außerordentlichen biologischen Potential und den außergewöhnlichen Nutzungsansprüchen heraufbeschwören. Ästuare sind die Kinderstube für etwa zwei Drittel der Tiere in den angrenzenden Flachmeeren und gleichzeitig großartige Verzahnungslebensräume zwischen limnischen (süßwassergebundenen) und marinen (meeresgebundenen) Lebensgemeinschaften.

Im Gegensatz zum Watt und Salzwiesenbereich drängen sich die eigenartigen Lebensgemeinschaften der Sand- und Geröllstrände, Spülsäume und Strandwälle auf oft nur wenige Meter breiten Bändern zusammen. Der durch Strandumgestaltung äußerst bedrohte Ostsee-Geröllstrand enthält neben dem Krausen Ampfer *(Rumex crispus)* und der Geruchlosen Kamille *(Matricaria maritima)* so seltene Pflanzengestalten wie die Stranddistel *(Eryngium maritimum)* und den Meerkohl *(Crambe maritima)*.

Den einerseits fast wüstenartigen, andererseits immer wieder einmal überspülten trockenen Sandstrand an der Nordsee können nur wenige Spezialisten wie der Sandflohkrebs *(Talitrus saltator)*, der bei Flut landeinwärts wandert, dessen »Jäger«, der Laufkäfer *Broscus cephalotes*, und die größte deutsche Wolfsspinne *(Arctosa cinerea)* dauerhaft besiedeln.

Der Dünen-Lebensraum ist eine vielgliedrige Kleinlandschaft aus Dünenzügen mit unterschiedlicher Vegetations- und Bodenentwicklung, feuchten bis moorigen Dünentälern, Strandseen und vorgelagerten Kleindünen. Die pflanzlichen Überlebensstrategien im »Sandstrahlgebläse« und »Wüstenklima« der Weiß- und Graudünen beruhen auf speziellen Versteifungseinrichtungen, auf der Einrollfähigkeit der Blätter (z. B. beim Strandhafer) und auf der geringen Blattempfindlichkeit gegenüber Salzbesprühung. Ein Großteil der über 400 dünenbewohnenden Tierarten sind vom Strandhafer *(Ammophila arenaria)* abhängig.[107]

Außerhalb streng kontrollierter Schutzgebiete haben unsere Seedünen ihre Bedeutung als Vogelbrutstätte, z. B. für Küstenseeschwalbe, See- und Sandregenpfeifer, durch fast flächendeckenden Erholungsbetrieb fast eingebüßt.

Bei der Weiterentwicklung der basenverarmten Graudüne zur immer humusreicheren Braundüne schieben sich zunächst die Krähenbeere *(Empetrum nigrum)* und – nach Aufhören der Sandüberblasung – die Besenheide *(Calluna vulgaris)* in den Vordergrund. Auch Reptilien (z. B. Bergeidechse, *Lacerta vivipara*), etliche Kleinsäuger und charakteristische Heidetiere finden nun eine Lebensgrundlage.

Fast alle ausgesprochenen Seltenheiten »logieren« jedoch nicht in den auffälligen Weiß- und Graudünen, für die man am ehesten Schutzvorkehrungen trifft, sondern in den nach Eingriffen kaum mehr regenerationsfähigen Zusatzstandorten wie z. B. Dünentälchen und Dünenmooren.

Beeinträchtigung und Verlustbilanz der Küstenlebensräume

Seitdem das Wattenmeer letzten Endes als Folge großklimatischer Veränderungen am Beginn der Neuzeit seine größte Breite er-

Während in den Niederlanden allein die um 1 m höheren Deiche den Sturmflutschutz wahrnehmen, versucht man in Nordfriesland zusätzlich durch Vorlandgewinnung den Küstenschutz zu verbessern. Durch Einbau von Stein-, Beton- oder Holz-Buhnen am Außenrand der Salzwiesen (oberes Foto; auf Amrum) kann der natürliche Anlandungsfortschritt von ca. 9 m/Jahr auf 25 m/Jahr gesteigert werden. Sind die Zwischenräume weitgehend aufgeschlickt, so zeichnen sich die Buhnen nur noch durch ihren Quellerbewuchs in den Lahnungsfeldern ab (mittleres Foto). Nach 15–40 Jahren hat die Aufschlickung die mittlere Hochwasserlinie erreicht, der Salzwiesenstreifen bekommt Zuwachs. Nur noch die gewundenen Priele (unteres Foto; Vordergrund links) verweisen auf die Watt-Vergangenheit.
Lassen sich durch laufend neu entstehende Salzwiesen die immensen Verluste in der Vergangenheit ausgleichen? Im Prinzip ja, leider sprechen aber die bisherigen Erfahrungen dagegen: Während die holländischen Anlandungen einen wenig genutzten biologisch vollwertigen Strandflieder-Strandbeifuß-Andelrasen ausbilden können, werden sie an der deutschen und dänischen Küste großenteils durch Grabenentwässerung bis zum Deichfuß und vor allem durch intensive Beweidung weitestgehend ihrer biologischen Funktionen beraubt (kurz abgebissener »Golfrasen« im unteren Foto).

reicht hatte, wird ihm mit zunehmender Geschwindigkeit und mit steigenden technischen Möglichkeiten wieder Stück um Stück abgerungen.

In den letzten 35 Jahren beschleunigten sich die Eindeichungsverluste vor allem auf Kosten der Buchten und Ästuare (Flußmündungstrichter), die am meisten zur Verkürzung der Deichlinie herausfordern und deren Altdeich-Durchbrüche wegen der dahinter liegenden dichten Besiedlung die verheerendsten Folgen hatten. Unglücklicherweise gingen damit die Hauptbildungsgebiete der Salzwiesen und des höheren Schlickwatts und die biologisch besonders vielfältigen Übergangsbereiche zwischen Salzwasser und Süßwasser verloren. Das Ökosystem der noch gezeitenbeeinflußten Süßwasserwatten in den Flußmündungen wurde bis auf klägliche Überreste etwa im Hamburger Elbbereich fast gänzlich ausgerottet. Die gesamte Flußwattfläche im Ästuar der Elbe schrumpfte infolge Überbauung und Eindeichung um 76%.

Auftakt für eine Reihe wattverdrängender Landgewinnungsprojekte war die Abdämmung der Zuiderzee/Niederlande im Jahre 1932 durch einen 32 km langen Deich, der 400 km Altdeiche überflüssig machte. Im Zuge des holländischen Deltaplans ersetzten nach dem 2. Weltkrieg rund 30 km neuer Abdämmungen insgesamt 740 km Altdeich. Nur 2 Meeresarme blieben offen; der Rhein-Mündungsbereich wurde in gigantischer Manier umgestaltet.[108] Das Großökosystem Nordsee verlor dabei seine ausgedehntesten Bucht-Watten und Salzwiesen, die durch die verbleibenden kleineren deutschen Buchten nicht ersetzt werden können. Die neugewonnenen Polder tragen heute mit ihren Spitzenerträgen unverhältnismäßig stark zu den Agrarüberschüssen der EG bei. Die höchsten Düngergaben Europas belasten über das leistungsfähige Binnenentwässerungssystem auch die Nordsee.

Neben Bestandsverlusten oder dem Aussterben zahlreicher Tier- und Pflanzenarten wird auch der Rückgang der Seehunde *(Phoca vitulina)* an der niederländischen Küste teilweise auf den Verlust der Buchten zurückgeführt. Von 1950 auf 1960 sank ihre Zahl von 3000 auf 1250, erholte sich trotz Jagdverbot ab 1963 nur um 250 Tiere und ging bis 1974 weiter auf rund 500 Tiere zurück.[109]

Auch der deutsche Küstenraum bekam in neuerer Zeit, am schlimmsten wohl 1962, die Wirkung katastrophaler Sturmfluten zu spüren. »De nich will diken [deichen], mut wiken [weichen]«. Diese seit 1000 Jahren in den sturmflutgeprüften Meeresanrainern tief verwurzelte Überlebensregel steht nach wie vor auf friesischen Türbalken und bestimmt – wenig berührt von neuen Nationalparken – die landeskulturellen bzw. landwirtschaftlichen Interessen im Konfliktfeld mit dem Naturschutz. Etwa zeitgleich mit den holländischen Großprojekten verlor 1950 die letzte ungestörte Bucht des niedersächsischen Wattenmeeres, die Leybucht, einen wesentlichen Teil ihrer Salzwiesen und Schlickflächen durch den Bau des Störtebekerdeiches. Wird der derzeit 16 km lange Deich wie geplant um 8 km verkürzt, so bliebe der gesamte Salzwiesenbestand von 700 ha und 2000 ha Schlickwatt auf der Strecke. Die außerordentlich hohe Schlickablagerungsrate von 1,667 mg/l macht die Leybucht zu einem biologischen Spitzenproduktionsraum mit vorrangiger Bedeutung für den ganzen Wattenmeerraum. 15 Vogelarten mit 5–10fach höherer Brutdichte als in anderen Salzwiesen, darunter das mit etwa 1000 Paaren größte nordwesteuropäische Säbelschnäblervorkommen, stehen zur Disposition.[110]

Die Wattenregion in Schleswig-Holstein verlor in den letzten 35 Jahren erhebliche Anteile ihrer Salzwiesen, so z. B. durch den Bau des Eider-Sperrwerks. Derzeit gefährdet das Vordeichungsprojekt Neufelder Bucht eine in ganz Nordwesteuropa einmalige, 3–4 km lange Übergangszone vom Salzwatt bis zum Süßwasser-Tide-Lebensraum.

Von der geplanten Eindeichung der Nordstrander Bucht wäre das zweitgrößte Salzwiesengebiet Nordwesteuropas und insgesamt 5800 ha Wattfläche betroffen. 40–66% des eurasiatischen Bestandes von Weißwangengans, Brandgans und Pfeifente verlören ihren Überwinterungshabitat; die Rastvogelmenge würde sich um etwa 200 000 Individuen verringern. Unmittelbar vor der Verwirklichung steht auch der Hafenausbau im zweitwichtigsten niedersächsischen Seevogelareal, dem Ems-Ästuar (Dollart).

Die derzeit an den deutschen Küsten vorgesehenen Eindeichungsmaßnahmen würden den Salzwiesenbestand um ca. 45% oder 5500 ha schrumpfen lassen.[111]

Zwischen 25–30 m hohen Geestrücken erstrecken sich südöstlich von Hamburg im Elb-Urstromtal die Winsener Marsch und die Hamburger Vier- und Marschlande. Das obere Foto zeigt die Osterwiesen in der Winsener Marsch im Jahre 1969. Fließende Hauptsammelgräben sowie zeitweilig oder ganzjährig stehende Seitenäste, die das Oberflächenwasser von den extensiv genutzten Grünlandflächen abziehen, sind vor allem an den dürren Röhrichtstreifen und Hochstaudenfluren zu erkennen. Von herausragender Bedeutung sind hier die letzten Brutplätze der Trauerseeschwalbe, vor allem aber der bundesweit wichtigste Restlebensraum des Moorfrosches *(Rana arvalis)*. Die extensiv unterhaltenen Grabensysteme enthalten noch Bestände der Krebsschere *(Stratiotes aliodes)*, der Wasserfeder *(Hottonia palustris)*, der Seekanne *(Nymphoides peltata)* und des Froschbisses *(Hydrocharis morsus-ranae)*. Malermuschel, Kugelmuschel sowie Schlammpeitzger und Steinbeißer kennzeichnen die Wasserlebensgemeinschaft. Leider nahm eine Gewerbeansiedlung an der Luhe (rechter Bildrand) keine Rücksicht auf diesen komplexen Lebensraum. Im Winter 1970/71 wurden die Osterwiesen eingedeicht, die Hauptgräben umgeleitet (mittleres Foto). In den Jahren danach verschwanden Feuchtgrünland, Gräben, Röhrichte und Weidengebüsche unter riesigen Auffüllungen, Asphalt und Industrieanlagen (unteres Foto).

Alpine Lebensräume

Wenn man den mondänen Urlaubsort Zermatt in Richtung Matterhorn verläßt, durch den lichter werdenden Hochwald zum Weiler Zmutt wandert, der in etwa 2000 m Höhe gerade am Rand der Waldgrenze liegt, erhält man bei einem Rundblick einen ersten Eindruck von der Vielfalt hochalpiner Lebensräume. Die blumenreichen Wiesen und Matten oberhalb der subalpinen Lärchenwälder werden weiter oben eintöniger, lichten sich auf, dazwischen dominieren immer stärker flechtenüberzogene Felsen, überragt von den gletscherbedeckten Gipfeln der Viertausender. Im Lauf der Jahrhunderte haben sich durch langfristige Klimaschwankungen die Höhengrenzen der verschiedenen Stufen immer wieder um einige hundert Meter nach oben oder unten verschoben, die Landschaftsentwicklung in diesem Grenzbereich der belebten Welt unterliegt einer natürlichen klimabedingten Dynamik. So war der Weg von Zermatt über Zmutt bis Sion im Mittelalter ein bedeutender Handelsweg, bis er wegen zunehmender Vergletscherung unpassierbar wurde.

Die Lebensräume der Hochlagen bieten keineswegs überall in den Alpen das gleiche Bild. Die Höhengrenzen der verschiedenen Zonen sind in den inneren, kontinental geprägten Alpen gegenüber den nördlichen Randalpen nach oben verschoben, die Südseite der Alpen wird bereits vom mediterranen Klima beeinflußt. Neben dem täglichen und jährlichen Temperaturgang wirkt sich die ganz unterschiedliche Niederschlagsmenge auf die Vegetation aus; besonders in den höheren Zonen der Matten und insbesondere für den Flechtenbewuchs ist die Art des Gesteins maßgeblich. In den nördlichen oder südlichen Kalkalpen herrschen andere Arten vor als in den kristallinen Gesteinen der Zentral- oder Westalpen.

Ein kleinräumiges Relief aus Felsblöcken, grasbedeckten Kuppen und feuchten Mul-

So naturnah diese rund 2000 m hohe Bergflanke in den Urgesteinsalpen anmutet, verrät sie uns doch ein jahrhundertelanges Wirken des Menschen. Im Naturzustand reichte der subalpine Fichtenwald etwa bis zur Bildmitte auf 1700–1900 m Meereshöhe, darüber folgte ein schütterer Lärchen-Zirben-Wald, der oberhalb 2000 m wahrscheinlich recht scharf in die alpine Zwergstrauchheide und endlich in die alpine Grasheide überging. Den Abschluß der Höhenzonierung bildet oberhalb ca. 2600 m die nivale Stufe.
Das heutige Erscheinungsbild weicht stark davon ab: Spätestens seit dem ausgehenden Mittelalter hatte die alpine Weidewirtschaft (Alm- oder Alpwirtschaft) bis zu 80% der Gesamtfläche einzelner Gebirgsteile in Beschlag. Von der oberen Fichtenwaldstufe blieben meist nur unzusammenhängende Bruchstücke oder weit verstreute schüttere Restbestände übrig.

den mit unterschiedlicher Hangneigung und -exposition erlaubt ein Nebeneinander der verschiedensten Pflanzengesellschaften auf engem Raum.
Ebenso wie für die Pflanzenwelt sind Gesteinsuntergrund und Klima für die Ausbildung der Oberflächenformen maßgeblich. Die horizontal gebankten Kalkstöcke der Dolomiten mit ihren Schutthalden am Hangfuß vermitteln ein ganz anderes Bild als die schräg gekippten, gefalteten oder überschobenen steilen, grasbedeckten Allgäuer Flyschberge; ebenso verschieden wirken die schuttbedeckten, dunklen Kristallinschiefer der Zillertaler Berge im Vergleich zu den hellen Kalkhochplateaus im verkarsteten, teilweise nur spärlich bewachsenen Hagengebirge am Königssee.
Für diese so unterschiedlichen alpinen Regionen gilt jedoch gleichermaßen: Die Vegetationsdauer innerhalb eines Jahres ist kurz, hier ist die Grenzregion, in der überhaupt noch Leben möglich ist. Das Wachstum der Pflanzen ist gegenüber tieferen Lagen schier unglaublich langsam, nur meterhohe Latschenbüsche können bereits Jahrhunderte alt sein; ebenso langsam verläuft die Bildung einer dünnen, vielleicht ohnehin nur lückenhaften Bodenschicht. In den Hochlagen der Alpen und anderer Hochgebirge ist die Entwicklung zum heutigen Landschaftsbild das Ergebnis von seit der letzten Kaltzeit andauernden, bis vor kurzem kaum von Menschen gestörten Prozessen.
Wenn auch der Alpenraum bereits seit der Jungsteinzeit besiedelt war, stellten doch die Hochlagen bis ins 18. und 19. Jahrhundert eine bedrohliche, unerforschte Wildnis dar. Der Bevölkerungsdruck in den engen Tälern zwang die Bewohner dazu, auch die Hochlagen zu nutzen; die Almwirtschaft reicht mindestens bis in die Römerzeit zurück. Aber diese Nutzung hielt sich doch naturgemäß in sehr engen Grenzen, die Almen wurden nur während weniger Sommermonate bewirtschaftet. Man hielt hauptsächlich Milchvieh (die Produkte wurden an Ort und Stelle verarbeitet), aber auch Jungvieh, Ochsen, sogar Schweine und in den höheren Lagen auch Schafe. Im Winter wurde das Heu in mühevoller, oft gefährlicher Arbeit mit Schlitten ins Tal gebracht, wie man es etwa im Südtiroler Gsiestal heute noch sehen kann.
Gold, Silber, Blei und andere Erze, auch Edelsteine lockten seit prähistorischer Zeit die Menschen; an zahlreichen Stellen in unwirtlichen Hochlagen gab es Siedlungen von Bergknappen. Aber insgesamt betraten während vieler Jahrtausende kaum Menschen diese Bereiche.

Touristische Eingriffe in alpine Biotope

Im 19. Jahrhundert begann die systematische Erschließung und Erforschung des Hochgebirges. Der Bergsport war in seinen Anfangszeiten nur ein exzentrischer, gefährlicher Zeitvertreib für einige Globetrotter, aber bereits um die Jahrhundertwende waren die meisten Alpengipfel erstiegen, die ersten, noch recht primitiven Schutzhütten gebaut, der Schisport fand seine ersten Anhänger. Der Fremdenverkehr wurde zum neuen Erwerbszweig in den meist bitterarmen, von Abwanderung bedrohten Bergdörfern.
Die ersten Bergbahnen führten 1873 zum Rigi, 1898 zum Gornergrat. 1908 wurde in Luzern das Zeitalter der Seilschwebebahnen eröffnet. Eine reine Tourismusstraße war die 1935 eröffnete Großglocknerstraße. Der Boom des Wintertourismus ließ in den 60er Jahren die Zahl der Schlepplifte emporschnellen. Aufstiegshilfen zogen Pisten nach sich: Im Wald muß eine mindestens 60–80 m, manchmal bis zu 100 m breite Schneise geschlagen werden. Anfängergerecht entschärfte Schi»autobahnen« ersetzten immer mehr die naturbelassenen Abfahrten. Das Kleinrelief wurde eingeebnet, Felsköpfe weggesprengt, Durchfahrten verbreitert. Feuchte und trockene Standorte, früher und später ausapernde Standortmosaike wichen einheitlich planierten Flächen. Schwere Baumaschinen und Umlagerung jahrtausendealter Böden ändern physikalische Bodeneigenschaften wie Dichte und Porenvolumen. Weniger Niederschlag versickert, der Oberflächenabfluß steigt. Dazu zwei Beispiele: Die Speicherleistung des Bodens ist im Wald 10mal so groß wie auf der benachbarten Christlumabfahrt bei Achenkirch/Tirol. Bei Niederschlägen von 15 mm beginnt hier bereits der Oberflächenabfluß, im Wald dagegen erst bei 120–140 mm. Beregnungsversuche an der Schlappoldabfahrt am Fell-

Isarufer bei Fall 1950. Trotz erheblichen Wasserentzuges zugunsten des Walchensee-Kraftwerks und der Loisach (bis 25 m³/sec) bot das Isartal um diese Zeit das typische Bild einer kalkalpinen Tallandschaft. Aus den Dolomit- und Kalkbergen im Hintergrund brachten Wildbäche das weiße Geschiebe herunter, das im Isarbett nur noch bei Hochwasser abtransportiert wurde. Schwemmlings- und Lavendelweidenfluren besiedelten die höheren Schotterbänke (Mittelgrund).

Seit 1959 war Fall und seine Kulturlandschaft wie Vineta in den Fluten des Sylvensteinspeichers versunken. Im Frühjahr 1984 zeichneten sich auf dem abgelassenen Seeboden die Fundamente von Fall wieder ab (im Rücken des Fotografen). Der Speicher sollte durch eine verfügbare Speichermenge von etwa 60 Millionen m³ bei einem Stauraum von 104 Millionen m³ die Hochwasserspitzen um etwa 300 m³/sec kappen, in den Fremdenverkehrsgebieten des Isarwinkels einen Mindestabfluß von 10 m³/sec im Winter und 20 m³/sec im Sommer gewährleisten und damit die optische Wirkung des Wasserentzuges etwas mildern.

horn/Allgäu ergaben einen Oberflächenabfluß von 80% der Niederschläge, auf einer benachbarten Alpenrosenheide dagegen nur 17%.[112]
Pistenbegrünungsversuche waren besonders in den höheren Lagen wenig erfolgreich. Handelsübliches Saatgut überlebt in den Hochlagen nur zum Teil. Auch »erfolgreiche« Wiederbegrünungen sind mit ihrer gegenüber Rasen- und Zwergstrauchgesellschaften 6–10mal kleineren Wurzelmasse kaum in der Lage, bei Starkregen Bodenabtrag zu verhindern.
Der Schibetrieb ist im Gegensatz zum Pistenbau eine andauernde und alljährlich wiederkehrende Belastung. Pflanzendecke und Bodenoberfläche werden besonders an exponierten Stellen durch Pistenwalzen und Schi aufgerissen. Im Randbereich von Pisten oder an »wilden« Abfahrten sieht man ge-

knickte oder schikantenverletzte Jungbäume und Latschen. Raupen- und schibedingte Verdichtung der Schneedecke und dadurch verspätetes Abschmelzen führten z. B. am Patscherkofel bei Innsbruck zu einer Verdrängung der wärmebedürftigeren Gemsheide durch Heidelbeeren und Alpenrosen.[113] Einzelne Tourenschiläufer im unerschlossenen Gebiet hinterlassen zwar kaum sichtbare Schäden, scheuchen aber Schalenwild, Schnee- und Waldhühner auf. Birkhühner etwa können durch Flucht aus ihren Schneehöhlen so viel Energie verlieren, daß sie durch die winterliche Knospenäsung nicht mehr ergänzt werden kann.

Wintertouristische Eingriffe erstrecken sich vornehmlich auf die Bergflanken, sommerliche Seilbahnbenutzer beanspruchen vor allem die Kamm- und Gipfelregionen. Jährlich rund 300000 Seilbahnbenutzer auf dem Jenner bei Berchtesgaden bewegen sich zwar vorwiegend nur auf den Hauptwegen zwischen Bergstation, Gipfel und einigen Berggasthäusern. Artenverarmung und Einschleppung standortfremder Arten belastet jedoch eine 25–30 m breite Zone beiderseits der Hauptwege.[114] Im Umfeld der Jenner-Höhenwege gibt es besonders begehrte Pflanzenarten wie z. B. den Stengellosen Enzian *(Gentiana clusii)*, das Kohlröschen *(Nigritella nigra)* und das Edelweiß *(Leontopodium alpinum)* überhaupt nicht mehr. Auch Pistenplanierungen sind stellenweise für die Beseitigung unersetzlicher Pflanzenvorkommen verantwortlich.

Bayern hat von allen Alpenländern den höchsten Anteil erschlossener Gipfel: etwa ein Viertel der 287 orografisch selbständigen Erhebungen über 1500 m. Der Schleppliftboom setzte Anfang der 60er Jahre ein. Im Jahr 1958 gab es 50 Seilschwebebahnen und 43 Schlepplifte in den bayerischen Alpen, 1970 waren es etwa 700 Schlepplifte, 1982 bereits 970.[115]

In der Schweiz erfolgte der Anstieg eher kontinuierlich, das Endergebnis ist aber ähnlich (vgl. Tab.). Im Schiland Österreich nahm die Zahl der Aufstiegshilfen von 540 im Jahr 1960 auf 3700 im Jahr 1980 zu![117] Allein im Schiort Ischgl wurden auf den 8,9 ha Kulturland auf ca. 45% der Fläche starke Eingriffe im Rahmen des Pisten- und Liftbaus vorgenommen, in den 33,1 ha Wald auf ca. 75%, auf den 215,6 ha »Almen und Ödland« auf

Zahl der Aufstiegshilfen in verschiedenen Regionen der Schweiz[116]

Region	1954	1975
Wallis	ca. 30	ca. 400
Graubünden	20	300
Innerschweiz	50	220
Bern	40	220
Nordostschweiz	20	150
Waadtland-Freiburg	20	130
Jura	15	100
Tessin	10	50
	205	1570

ca. 60%.[118] Im Bundesland Tirol wurden zwischen 1964 und 1975 für Sportanlagen (vor allem Schipisten) 642,5 ha Wald gerodet, in Salzburg waren es 392,4 ha.[119]

Liftschneisen und Kahlhiebe für Pisten durchschneiden die Lebensräume verschiedener Tierarten der Bergwälder und Hochlagen. An einer Liftanlage im Zillertal wurden bereits im ersten Jahr des Betriebs 17 Birkhühner durch Unfälle an Drahtseilen getö-

So sah das obere Rhonetal (Wallis, Schweiz) noch unmittelbar nach dem 2. Weltkrieg aus: Eine von unzähligen Einzel- und Reihengehölzen gegliederte Kulturlandschaft von südalpinem Charakter, die dem mittelalterlichen, burggekrönten Ensemble einen vollendeten Rahmen gab.

Das alte Städtchen ist buchstäblich in einem gestaltlosen »Häuserbrei ertrunken«, mit ihm eine von kleinbäuerlicher Hand liebevoll gepflegte, gehölzarten- und kräuterreiche Tallandschaft. An allen Ecken und Enden sprengte die ungestüme Verkehrs- und Siedlungsentwicklung der 60er und 70er Jahre den engen natürlichen Rahmen der Alpentäler. Mehr Landschafts- und Biotopschutz auf den Talböden gehört heute zu den wichtigsten Forderungen alpiner Raumordnung.

Das Grödnerjoch (2100 m) mit den Geislerspitzen (2592 m) etwa 1910. Bescheidene menschliche Anlagen jener Zeit sind eine Unterkunftshütte und der Saumpfad.

1986 zerschneidet ein Netz von Erschließungswegen die gebuckelten Hänge, ja sogar die Schutt- und Blockhalden unter den Wänden am linken Bildrand. Großflächige Planierungen und Felssprengungen sowie Liftanlagen (z. B. links oberhalb des linken Hotelkomplexes) verweisen auf den bestimmenden Einfluß des Wintertourismus. Von links unten aus dem Grödnertal kommt eine Kabinenseilbahn herauf. Latschen und Zirben haben in den Felstrümmermassen auf der rechten Bildseite ihr Wachstum verstärkt.

tet. Alle Balzarenen von 3 oder mehr Spielhähnen sind von Liften durchschnitten.[120] Eine Zustandserfassung des Schigebiets am Fellhorn/Allgäu von 1953–1982 vermittelt einen Eindruck von der Belastung durch Massenschisport. Die Gesamtfläche von ca. 202 ha ist mit 10 Seilbahnen und Schleppliften von ca. 11 700 m Gesamtlänge erschlossen. Fast 39 ha sind voll- oder teilplaniert, an 9,6 ha wurden Einzelkorrekturen vorgenommen. Auf den veränderten Flächen findet sich nur noch auf weniger als der Hälfte eine geschlossene Vegetationsdecke, 4% sind vollkommen vegetationslos.[121]

Waldnutzung in Alpenbiotopen

Dauerhaft kaum begrünbare Pisten in Latschengebüschen oder durch Schutzwälder, großflächig zertrampelte Gipfel- und Kammlagen, Gletscherschibetrieb mit Helikoptertransport, hochalpine Hotelkomplexe der Westalpen, transalpine Verkehrswege mit gewaltigen Brücken- oder Lawinensicherungsbauten, Trinkwassergefährdung durch Tausalzabschwemmung von alpinen Autobahnen, Ableitung von Hochgebirgsbächen – dies und vieles andere löst nicht von unge-

Auf diesem 220 ha großen, 900–2037 m hoch gelegenen Testgebiet am Fellhorn (Allgäu) ermittelte Dietmann (1983) die durch den Wintersportausbau seit 1953, überwiegend aber seit Eröffnung der Fellhornbahn 1973 entstandenen Vollplanierungen (rot), Teilplanierungen (orange) und Einzolkorrekturen (gelb). Etwa 24% der Fläche wurden verändert. Das kleine Foto (Lage in der Karte siehe Pfeil) zeigt die großflächige Planierung und Vernichtung von Alpenrosenheiden mit ehemals großen Beständen des Purpur-Enzians *(Gentiana purpurea).*

fähr heftige Diskussionen über die Zukunft der Alpen aus.

Großflächiger, weitreichender und deshalb oft gravierender, wenn auch langfristiger und unauffälliger greifen bestimmte Erscheinungen der Bodennutzung in den alpinen Landschaftshaushalt und in naturnahe Lebensräume ein.

Lange vor Bekanntwerden »neuartiger Waldschäden« lastete auf einem Großteil der Hochgebirgswälder die Hypothek früherer bzw. anhaltender unsachgemäßer Nutzungsformen. Mehr als ein Alarmzeichen ist der drohende Ausfall der Tanne *(Abies alba)*, eines unverzichtbaren Gebirgswald-Stabilisators, aber auch einiger Mischbaumarten, durch überhöhte Schalenwildbestände. Nahezu alle Altersklassen, die den zukünftigen Bergwaldzustand bestimmen, sind fast tannenleer. Werden die bereits jahrzehntelang erbittert geführten Auseinandersetzungen um eine waldverträgliche Wildhege und Abschußplanung nicht bald zu einem erfolgreichen Ende geführt, so droht auch die in den wildarmen Zeiten nach dem 1. Weltkrieg aufgekommene letzte Tannengeneration als Samenbäume auszufallen.

Die praktisch flächendeckende Auflösung naturnaher Bergmischwälder wurde leider bis vor kurzem durch Kahlhiebe und kahlhiebsähnliche Nutzungsformen beschleunigt. Beispielsweise schrumpfte in den Vorbergen des Ammergebirges der Flächenanteil naturnaher über 120-jähriger Altbestände allein im Zeitraum 1913–1935 von 32,0 auf 17,5%. Die Regenrückhaltefähigkeit wurde für 1966 2–3mal geringer eingeschätzt als für das Jahr 1800.[122]

Weinberge

Die Rebe kann dank ihres meterweit in Gesteinsspalten eindringenden Wurzelsystems auch in trockensten Lagen überdauern, stellt aber hohe Temperaturansprüche und ist sehr frostempfindlich. Je mehr sich der Weinbau seiner äußersten Nordgrenze am 51. Breitengrad im Mittelrheintal nähert, desto strenger ist seine Bindung an trocken-warme Sonderstandorte. Immer kleinteiliger und technisch aufwendiger werden die Anbauparzellen, die sich schließlich auf kleine Nischen hoch oben in den felsigen Steilflanken zurückziehen. Nur noch komplizierte Terrassen- und Stützmauersysteme überwanden die natürlichen Erschwernisse. Jahrhundertelang ähnelten viele Rebhänge süd- und westdeutscher Flußtäler den Reisterrassenlandschaften malaiischer Inseln oder des südlichen Himalaya-Randes: Unzählige Treppenstufen gliederten die steilen Muschelkalkhänge am Neckar und mittleren Main, die Buntsandsteinlagen an Untermain und Tauber, die Schieferabstürze an Mittelrhein, Mosel, Nahe und Ahr. Bei Klingenberg am Main türmen sich 70 hangparallele gemauerte Terrassen übereinander.[123] Aneinandergereiht, hätten die Lößterrassenböschungen des vulkanischen Kaiserstuhlstockes bei Freiburg im Breisgau bis nach Berlin gereicht. Historische Weinbergslandschaften sind Meisterwerke aus Menschenhand, die mit alten Weindörfern, Schutzhütten für Weinbergsarbeiter und Werkzeug, mit Hohlwegen, Burgruinen und Bildstöcken zu einer Einheit verschmelzen. Der Geograph Robert Gradmann nannte sie »die großartigste Kulturlandschaft des Abendlandes«.

Die Weinrebe *(Vitis vinifera)* gedeiht zwar auch als bedrohte Wildpflanze in den Oberrheinauen, kam aber als Kulturpflanze mit den Römern über die Alpen. Da und dort kommen in unseren Weinbergen Überreste römischer Weinkultur ans Tageslicht, z. B. ein römischer Gutshof mit Kelter bei Lauf-

Keine andere Anbauform kann ähnlich vielfältige Kleinlebensräume in dichter Vernetzung entwickeln wie der ditionelle Weinbau. Der abgebildete Rebhang bei Steinbach am Main mit seinen Keupersandsteinmauern, Brachparzellen (im Vordergrund rechts), Gebüschen, wärmeliebenden Säumen (oberer Bildrand) und Mitteltreppen unterstreicht dies eindrucksvoll. Bei keiner anderen Bodenkulturform ist allerdings der Sprung von der traditionellen zur modernen Bewirtschaftungsweise so groß. Flurbereinigte, d.h. weitgehend mechanisierte Weinbergslagen können jährliche Dekkungsbeiträge bis zu 20000 DM bei einem Aufwand von 800 bis 1000 Arbeitsstunden abwerfen. In unbereinigten Lagen sollen z.T. mehr als 3000 Stunden aufgewendet werden müssen (Schwab 1986).

fen am Neckar. Ins rechtsrheinische fränkische Gebiet breitete sich der Weinbau erst nach dem Verfall des römischen Imperiums im Zuge der Christianisierung aus. Zum Beispiel erinnern die an seltenen Arten reichen Weinbergsbrachen bei Hammelburg an jene 8 Weingärten des fränkischen Königsgutes Hammelburg, die Karl der Große im Jahre 777 dem Kloster Fulda schenkte.

Im Mittelalter war der Wein das bedeutendste Volksgetränk. Im spätmittelalterlichen Franken gab es bis zu 40000 ha Rebflächen, wovon um 1960 nur mehr gut 3000 ha übriggeblieben waren.[124] Der Weinbau reichte einst sogar bis Dänemark und Ostpreußen. An der bayerischen Donau, im Isartal und im Alpenvorland erinnern auffallend schmale Terrassen, aber auch Orts- und Flurnamen wie z.B. Winzer, Weinberg oder Wingert an Rebkulturen, die längst der Klimaverschlechterung, dem Bevölkerungsverlust des Dreißigjährigen Krieges oder veränderten Trinkgewohnheiten zum Opfer gefallen sind.

Lebensgemeinschaften der Weinberge

Historische Weinbergslandschaften sind keine Monokulturen, sondern ein kleinteiliges Gefüge sehr verschiedenartiger Kleinlebensräume. Kunstvoll aus Hausteinen aufgeschichtete, anfänglich mit Erdschlamm, später z.T. auch mit Mörtel verbundene Stütz- und Begrenzungsmauern bieten fugenbewohnenden Insekten und ritzendurchwurzelnden Pflanzen ein Refugium. Noch mehr Hohlräume bieten lose aufgeschichtete Steinriegel aus Lesesteinen, wie z.B. im fränkischen und württembergischen Muschelkalk. Die fischgrätenartige Struktur vieler Weinberge, in der die Rebterrassen von zwei Seiten auf eine Mittelachse, nämlich eine mauergesäumte Steintreppe, zulaufen, begünstigt eine vollständige Vernetzung der Stein- und Mauerbiotope. Gebüsche auf Mauerkronen und Brachparzellen, natürliche Felsgesimse mit Steppenheideresten, macchienartige Gebüsche und Wegraine sind in dieses Mosaik eingelagert. Beerenobst und Pfirsichbäume untermischen in manchen Gebieten die Rebzeilen, z.B. im Markgräfler Land. Viele Rebhänge gehen hangaufwärts in Trockenrasen, Fels- und Steppenheiden, wärmeliebende Gebüsche oder eichenreiche Wälder über. Von dort greifen viele Arten in die Weinbergskleinstrukturen über.

Nur noch an wenigen Stellen ist die Hackunkrautgemeinschaft der Rebflächen im Frühjahr mit prächtigen Zwiebelgewächsen wie Wildtulpe *(Tulipa sylvestris)*, Träubelhyazinthe *(Muscari racemosum)*, Milchstern *(Ornithogalum umbellatum)*, Acker-Goldstern *(Gagea villosa)* und Weinbergs-Lauch *(Allium vineale)* geschmückt. Meist blieben von den einst artenreichen Unkrautfluren nur die Vogelmiere *(Stellaria media)* und einige auf allen Äckern verbreitete Immerblüher übrig.

Die Geräuschkulisse der Weinberge wird zwar im Herbst von den Staren-Schreckschüssen beherrscht, im Hochsommer dagegen schwirrt es in den alten Weinbergen vom »Scherenschliffer«, wie die Blutrote Singzikade *(Tibicen haematodes)* in Rheinhessen genannt wird. Nördlich der Alpen deckt sich das Verbreitungsgebiet dieser mittelmeerischen Art mit den wärmsten Weinbergslagen.[125] Der Bluthänfling *(Carduelis cannabina)* heißt bei den Winzern »Stockfink«, weil er sein Nest in den Rebstöcken baut. Eine der wenigen, bei uns auf Weinbergslandschaften konzentrierten Singvogelarten, die Zippammer *(Emberiza cia)*, legt ihr erstes Nest in der Bodenvegetation zwischen den Rebflächen, ihre zweite Brut aber in den mittlerweile ausgetriebenen Rebstöcken an. Der seltene Schwarzstirnwürger *(Lanius minor)* benutzt Rebpfähle als Ansitzwarten.

Wegen ihrer extremen kleinklimatischen und Materialeigenschaften sind die Weinbergsmauern und Kalksteinriegel auch biologisch sehr eigentümlich. Aus den Mauerfugen sprießende Pflanzen schützen sich durch Behaarung, Wachsüberzüge, Verholzung, dickfleischige Blätter oder Polsterwuchs vor Verbrennungen und Vertrocknung auf dem wasserarmen, bis 70 °C heißen Substrat. Steppenheideabkömmlinge wie z.B. Wimper-Perlgras *(Melica ciliata)* und Echter Gamander *(Teucrium chamaedrys)* gesellen sich zu Kalkschuttbesiedlern wie z.B. Schmalblättriger Hohlzahn *(Galeopsis angustifolia)* und Trauben-Gamander *(Teucrium botrys)* und zu den Mauerfarnen, an ihrer Spitze der seltene Milzfarn *(Ceterach officinarum)*.

Noch charakteristischer ist die Tierwelt der alten Weinbergsmauern und Steinriegel. Mörtelbienen kleben daran ihre Lehmnester. Streng an die historischen Weinanbaugebiete gebunden ist die Mauereidechse *(Lacerta muralis)*. Auch Zauneidechse *(Lacerta agilis)*, Schlingnatter *(Coronella austriaca)* und einige höhlen- bzw. nischenbrütende Singvögel haben hier ihre »Niederlassung«.
Offene und grasige Weinbergsbrachen bieten vielen Pflanzen- und Tierarten der Halbtrockenrasen einen Ersatzlebensraum, solange sie noch nicht in geschlossene Schlehengebüsche oder Eichen-Hainbuchen-Feldahorn-Feldulmen-Wälder übergegangen sind. So kommt z. B. die seltene Riemenzunge *(Himantoglossum hircinum)* in Bayern nur in Weinbergsbrachen vor. Zu den typischen Tieren »verödeter« Weinberge gehören die einzige Pflanzengrillenart unserer Fauna, das Weinhähnchen *(Oecanthus pellucens)*, die Sichelschrecke *(Phaneroptera falcata)*, die Zaunammer *(Emberiza cirlus)* und sogar die Heidelerche *(Lullula arborea)*, die sich z. B. um Ingelheim in den kriegsbedingt vernachlässigten Weinbergen ausbreitete und nach der Intensivierung stark zurückging.

Bedrohung der historischen Weinbergslandschaft

Fast 2000 Jahre lang, bis in die Nachkriegszeit, änderten sich das Erscheinungsbild vieler Weinberge und die Winzerarbeit nur wenig. Alle Arbeitsvorgänge vom Rigolen und Wiederaufbringen abgeschwemmter Erde über die Rebstockpflege, Schädlings- und Unkrautbekämpfung bis zur Lese waren manuell und im steilen Gelände äußerst mühselig und zeitaufwendig. Neuauftretende Rebschädlinge wie *Peranospora*, Mehltau und Reblaus beschleunigten vor der Jahrhundertwende den Rückgang des Weinbaus, der bereits Mitte des 19. Jahrhunderts durch wirtschaftliche Umstrukturierung eingesetzt hatte. Die Gesamtanbaufläche Frankens schrumpfte von 11 392 ha im Jahre 1854 auf 9634 ha im Jahre 1893 und 3440 ha im Jahre 1933.[124] Einerseits waren die entstehenden, anfangs grasigen, später buschigen Hangbrachen eine biologische Bereicherung der Landschaft, andererseits verdrängte die fortschreitende Verwaldung aber auch einige besonders wärme- und lichtliebende Tier- und

Die etwa 40 ha umfassende Weinbergslage »Hundsberg« zwischen Eschenau und Eichelberg (Lkr. Heilbronn) im Jahre 1977. Ein Teil der kleinparzelligen Rebflächen lag schon länger brach, da eine maschinelle Bewirtschaftung an der Steilheit scheiterte. Die Weinbergsbrachen, zwei natürliche Hanggräben (Klingen), kunstvolle Trokkenmauern, zahlreiche Gehölzstreifen, Raine, Böschungen und vor allem ein bis zu 25 m breiter wärmeliebender Waldsaum entlang der Oberkante fügten sich zu einem engmaschig vernetzten und artenreichen Biotopkomplex zusammen.

1982 war der Hundsberg den Forderungen modernen Rebanbaues angepaßt. 1978 wurden die Hangversteilungen abgeflacht, Kleinparzellen zusammengelegt, vor allem aber die gesamte Waldsaumzone gerodet und die Hangoberkante zurückverlegt. Restvorkommen von seltenen, schwach bodensauren Magerrasen, die auf den Keuper beschränkt sind, sowie alle seltenen wärmeliebenden Saumarten fielen einer fast 20 m hohen Steilböschung im anstehenden Fels zum Opfer. Im gesamten Weinberghang waren 1985 nur noch 78 der ursprünglich 180 wildwachsenden Gefäßpflanzenarten auffindbar (−55%; Schedler, in Vorber.).

Pflanzenarten. So z.B. ist der Rückzug der Rebnutzung und die natürliche Wiederbewaldung der Brachen dafür verantwortlich, daß der Tagfalter *Polyommatus exuberans* in den letzten Jahren aus dem Valle Susa in Piemont und damit aus ganz Italien verschwand.

Erst die moderne Weinbergsflurbereinigung stoppte seit den 1960er Jahren die Auflassungstendenzen und ließ die Anbaufläche wieder steigen, beispielsweise in Franken zwischen 1968 und 1978 von 3155 auf 4629 ha.[124]

Die Weinbergsbereinigung drang seit den 50er Jahren auch auf Hänge steiler als 50% vor. Sie sollte die Weinbergsbewirtschaftung mechanisierbar und rentabler machen. Diesem Ziel standen nur wenige Meter breite Terrassen, von Steinriegeln und Hecken umstandene Kleinstparzellen und enge, mauergesäumte Pfade im Wege. Der Einsatz von Seilzügen, Spritz- und Bearbeitungsgeräten erfordert die Vollplanierung der Terrassentreppen, der Hangmulden und Hangrücken sowie eine »Umwendung« der Rebzeilen in die Hangfallinie. Aus dem abwechslungsreichen Standortmosaik aus aufgeheizten Trockenmauern, feuchteren Mauerfußzonen, Gebüschflecken, Vertikal- und Horizontalstrukturen, windoffenen und -geschützten Nischen wird eine schiefe Ebene, in der Expositionsunterschiede, Gefällewechsel und Eintiefungen weitgehend fehlen.

Am Kaiserstuhl schob man in den 60er und 70er Jahren die schmalen Lößterrassen mit Planierraupen zu riesigen Großterrassen mit bis zu 25 m hohen Betonstützmauern zusammen. Tälchen wurden zugeschüttet, Hohlwege verfüllt oder durch Funktionsentzug dem langsamen Verfall preisgegeben. Die Zerstörung des inneren Gefüges im eiszeitlichen Löß machte sich erstmals im Sommer 1983 durch gewaltige Böschungsabbrüche bemerkbar; die breiten Asphaltwege mußten von teilweise gewaltigen Schlammlawinen befreit werden. In den neuen Reben-Monokulturen verschwanden nicht nur eine Vielzahl von Kleinstrukturen der alten Weinbergslandschaft, sondern auch Teile wertvoller Trockenrasen und Trockenwälder mit submediterranen Arten. Die deutschlandweit einzigartige Insektenfauna – allein etwa 300 Bienenarten gibt es im Kaiserstuhl – zeigte schon wenige Jahre nach den großen

Umlegungen die ersten Artenausfälle. Mit den intakten Lößhohlwegen verschwanden auch die Uferschwalben.

Auch in den anderen deutschen Hauptanbaugebieten ist die Bereinigung und Beseitigung der Kleinstrukturen weit fortgeschritten. Im fränkischen Muschelkalk existiert kein einziges geschlossenes Weinbergsmauersystem mehr. Das Ausmaß der Verluste zeigt sich im Vergleich mit unbereinigten, z.T. aufgelassenen Weinbergen im Buntsandsteingebiet des Untermain, wo man die Gesamtlänge der Weinbergsmauern auf etwa 2000 km schätzt.[124]

An der Mosel und Ahr blieben nur noch an extrem steilen Hängen insbesondere am Unterlauf alte Terrassenlandschaften erhalten. Völlig kleinstrukturfreie, fast endlose Reben-Monokulturen ziehen sich heute von den obersten Felsabbrüchen bis unmittelbar ans Moselufer. Neben historischen Weinbergen mußten auch Felsheiden, wärmeliebende Gebüsche, Obstwiesen und Talwiesen den Intensiv-Rebkulturen weichen, deren Monotonie und Artenarmut nicht einmal von modernen Maisfeldern übertroffen wird.

Mit der großflächigen Rebumlegung verschwinden fast alle Schlupfwinkel, Nischen und höheren Bewuchselemente. Selbst wenn der eine oder andere Felskopf oder Gebüschstreifen im Arrondierungsgebiet ausgespart bleibt, geht in jedem Fall die Direktverbindung streifenförmiger Kleinlebensräume, wie z.B. hangabwärts reichender Lesesteinhalden oder Wegemauern, zu den artenreichen naturnahen Biotopen am oberen Rand des Rebhanges verloren.

Diesen einschneidenden Lebensraumveränderungen sind gerade die seltenen Arten mittelmeerischer Herkunft nicht gewachsen: Die Mauereidechse, vor hundert Jahren fast in allen Weinbaugebieten weit verbreitet, ist heute an vielen Stellen vor allem in der Pfalz verschwunden. Noch gravierender ist der Rückgang der stattlichen Smaragdeidechse *(Lacerta viridis)* im Rheingau und in den linken Rheinseitentälern. Zurückgedrängt werden auch die an Weinbergsmauern gebundenen Höhlen- und Nischenbrüter wie etwa Steinschmätzer. Zippammer und Ortolan können durch die Beseitigung der Gebüsche bzw. die Aufforstung restlicher Ödflächen verdrängt werden.

Der Einsatz von Bioziden – auf den unterfränkischen Rebflächen werden jährlich mehr als 350 t ausgebracht – und Entseuchungsmitteln verringert zunächst die Kleintierwelt des Bodens, vor allem die Collembolen. Allerdings kann sich der Bestand innerhalb von etwa 7 Monaten regenerieren. Bestimmte offene Böden bevorzugende Laufkäferarten können durch die Bereinigung sogar begünstigt werden. Das Artenspektrum der Laufkäfer verschiebt sich aber zugunsten der verbreitungsfreudigen flugfähigen Arten, die rascher als die flugunfähigen auf den neugeschaffenen Planierflächen Fuß fassen können. Extrem niedrige Laufkäferdichten fand man auf Rebflächen, die vom Hubschrauber aus mit Insektenvertilgungsmitteln gespritzt werden: Auf einem Hang bei Bernkastel-Kues an der Mosel erbrachten 11 Aufsammlungsperioden mit je 10 Bodenfallen nur 83 Laufkäfer, auf intakten Flächen können mit vergleichbaren Methoden Tausende gefunden werden.[125] An der Mosel bedrohen die Spritzungen auch die letzten Vorkommen des Apollofalters *(Parnassius apollo)*. In einem brachgefallenen naturnahen Weinberg der Rheinpfalz war die Anzahl lebender Gehäuseschnecken 17mal größer als im modern bewirtschafteten Weinberg. Die Kreismundschnecke *(Pomatias elegans)* verschwindet in der Pfalz ebenso wie viele Insektenarten durch den Verlust von bestimmten Nährpflanzen im Gefolge der Weinbergsbereinigung.

Bei der Rebflurbereinigung werden die Rebzeilen meist in die Hangfallinie gedreht, Hangabtreppungen entfallen (vgl. Foto S.122). Höhere Bearbeitungs- und Spritzintensität hält den Boden länger offen. Dies alles erhöht die Bodenabtragungsgefahr. Schlammfänge wie im Thüngersheimer Rebflurbereinigungsgebiet (Mainfranken) sind die Konsequenz erhöhter Bodenerosion. Derart rationalisierte Rebhänge gehören zu den biologisch am stärksten verarmten Kulturen überhaupt.

Die Umwandlung eines durch verwachsene Querterrassen und ausgedehnte Brachen vielfältig gegliederten Rebhanges bei Stetten (Lkr. Main-Spessart) zeigt die Bildfolge. Im Juni 1979 erfüllte der alte Rebhang mit seinen hohen Staudenfluren, unzähligen Schlupfwinkeln, Brombeergebüschen und alten Obstbeständen sogar die Ansprüche von Wendehals, Neuntöter, Dorngrasmücke und Baumpieper (oben).
Schon die umfangreichen Einebnungsarbeiten im Herbst 1979 lassen ahnen, daß von der Biotopvielfalt kaum etwas zurückbleiben wird. Im Endzustand (unteres Foto) ist die Zeilenrichtung um 90° gedreht, alle Terrassen und Gehölze sind beseitigt. Der zunächst zusammengeschobene Mutterboden (mittleres Foto) wurde wieder über die neuen Flächen ausgebreitet.

Verlustbilanz der Weinbergsbiotope

In 20 Flurbereinigungs-Großverfahren wurden am 9200 ha großen Kaiserstuhl zwischen 1968 und 1982 knapp 4000 ha kleinterrassierte Rebfläche in einer Reliefumgestaltung ohnegleichen in Großterrassen umgewandelt. Von Hunderten tief eingeschnittener Lößhohlwege sind noch 97 in einer Gesamtlänge von ca. 26 km übriggeblieben, nur 3 davon in einer Länge von insgesamt 1,2 km sind noch in sehr gutem Zustand, d.h. noch intakter Lebensraum für die Lößsteilwand-Lebensgemeinschaft. 61 Resthohlwege mit insgesamt 12 km sind durch Verwachsen, Abraumeinlagerung und Überdüngung nur mehr stark beeinträchtigt bis mangelhaft erhalten.[126]

Im Raum Stuttgart waren 1985 etwa 230 von insgesamt 340 ha Rebfläche bereinigt. Vor der Bereinigung gab es ungefähr 5000 m² Mauerfläche pro Hektar Rebfläche. Nur noch Relikte sind davon erhalten. Im noch unbereinigten Weinbergsrevier Ailenberg wurden 289 Gefäßpflanzenarten festgestellt, auf der 5fach größeren Bereinigungsfläche Röder dagegen nur noch 130. Die Rebfläche Lenzenberg enthielt 1980 insgesamt 193 Pflanzenarten, zwei Jahre nach der Flurbereinigung im Jahre 1984 aber nur mehr 106 (−45%).[127] Von insgesamt 26875 ha Rebfläche in Baden-Württemberg waren 1983 nur noch ein Viertel (ca. 6750 ha) unbereinigt oder gerade in Bearbeitung.

Im Zabergäu waren 1985 sogar schon 100% der 1465 ha Rebfläche bereinigt. Die letzten Vorkommen von Wildtulpe *(Tulipa sylvestris)* und Traubenhyazinthe *(Muscari racemosum)* fielen den Bereinigungen der vergangenen 10 Jahre ebenso zum Opfer wie die mittelmeerische Singzikade *Tibicen haematodes*. Noch im vorigen Jahrhundert war die Wildtulpe in den Weinbergen am Neckar massenhaft verbreitet. Auch Pfirsich- und Kirschbäume, deren Blüten in jedem Frühjahr die Rebflur im badischen Markgräfler-Land schmückten mußten modernen Bewirtschaftungsmaßnahmen weichen.

In einem rheinpfälzischen Rebflurbereinigungsgebiet bei Deidesheim sind auf einer 72 ha großen Fläche folgende Maßnahmen geplant: Die Länge der Trockenmauern soll sich von 7550 auf 800 m verkürzen, die Heckenlänge von 1900 auf 650 m, die Pflasterwege von 1200 auf 750 m. Die 3100 m langen Raine und die 1150 m langen Graswege sollen völlig verschwinden.[128]

In Unterfranken hat die Weinbergsbereinigung inzwischen ca. 3000 von insgesamt 5000 ha ehemals kleingliedriger Reblandschaft erfaßt, ca. 800 ha sind derzeit noch in Bearbeitung. In den Verfahrensgebieten Oberschwarzach und Wiebelsberg sank der Anteil an Trockenrasen und Heckenzeilen durch die Weinbergsbereinigung von 20,3 bzw. 21,8% auf 5,5 bzw. 3,7%, d.h. um 73 bzw. 83%.[129]

Anzuerkennen ist allerdings, daß neue Bereinigungen schonender mit den Weinbergsbiotopen umgehen. So etwa hat die Flurbereinigung in der kleinteiligen Weinbergsflur des Werntales um Arnstein kaum Spuren hinterlassen. Zunehmend wird auch biologischer Sachverstand in die Planungen einbezogen.

Die Wildtulpe *(Tulipa sylvestris)* gehörte neben den Traubenhyazinthen *(Muscari racemosum, M. botryoides)*, dem Weinbergs- und Runden Lauch *(Allium vineale, A. rotundum)*, den Milchsternarten *(Ornithogalum umbellatum, O. nutans)* und Acker-Goldstern *(Gagea villosa)* zur fast völlig verdrängten Flora traditionell bewirtschafteter Rebfluren.

Die aus dem Mittelmeergebiet in unsere wärmsten Weinanbaugebiete ausstrahlende Mauereidechse *(Lacerta muralis)* verlangt eine starke Durchdringung mit alten Mauern, Steinriegeln und Trockenrasen.

Feldflora

Dieses Buch behandelt vor allem naturnahe Biotope. Was haben Äcker darin zu suchen? Hören Biotope und Naturschutz nicht da auf, wo in erster Linie die Ernährung sicherzustellen ist? Schon das obige Bild macht deutlich, daß Felder mehr sind als nur Ansaaten einer einzigen Kulturpflanzenart. Allein etwa 260 Wildkräuter und viele z. T. sehr bekannte Tierarten verdanken ihr Dasein in Mitteleuropa der Ackerkultur.

Gegen Ende der Jungsteinzeit vor etwa 4000–5000 Jahren rückte der Ackerbau aus dem Südosten nach Mitteleuropa vor. Schon damals gab es viele der uns heute bekannten Feldunkräuter, wie z. B. Kornblume, Kornrade, Kamille und Ackerwinde. Im 8. Jahrhundert wurden die primitiven Feldbaumethoden der Frühzeit, Wanderfeldbau und Brandrodungswirtschaft, durch eine geregelte Dreifelderwirtschaft abgelöst. Bis zum 13. Jahrhundert war die Erweiterung der frühen Rodungsinseln zu der heute noch herrschenden offenen Kulturlandschaft aus etwa einem Drittel Wald und zwei Dritteln Kulturland abgeschlossen. Ein Jahrtausend lang, bis ins 19. Jahrhundert, erfuhr die Akkerkultur keine einschneidende Änderung. In Realteilungsgebieten mit Flurzwang, z. B. im Lahnkreis, Hessen-Nassau und Franken, zerfiel die Gemarkung noch in der Zwischenkriegszeit dieses Jahrhunderts in drei Bezirke, in denen jeweils im Wechsel Sommergetreide, Wintergetreide und Hackfrüchte – anstelle der Brache in der ursprünglichen Drei-Felder-Wirtschaft – angebaut wurden. Schon von weitem waren die Sommergetreidefelder durch das Gelb des Hederichs, die Wintergetreideschläge durch das Rot, Blau und Weiß von Mohn, Kornblume und Kamille zu erkennen.

Die unvermeidbare Begleitflora der Ackerkulturen war also kein buntes Durcheinander, sondern in charakteristischen Artengemeinschaften den Kulturarten zugeordnet. In einem etwa 1000–5000 Jahre währenden Prozeß hatten sich Pflanzen einheimischer Sonderstandorte wie z. B. Schwemmböden mit Einwanderern aus den südöstlichen Steppen, aus dem Mittelmeerraum und aus Nord- und Südamerika zu einer neuartigen Vegetationsform zusammengefunden. Insgesamt 350 Pflanzenarten waren daran beteiligt. Zwar besteht das Gefüge der Ackerunkrautgesellschaften wohl schon seit dem

Die Kornrade *(Agrostemma githago)* ist mittlerweile eine Art für Erhaltungskulturen und Bauernhausmuseen. Als Opfer moderner Saatgutreinigungsmethoden verschwand sie seit 1960 fast schlagartig von vielen unserer Wintergetreidefelder. Praktisch nur auf Brach- und Ruderalstellen tauchen heute noch versprengte Exemplare auf. 73 Ackerwildkräuter stehen heute auf der Roten Liste der Bundesrepublik Deutschland, weitere 57 Arten auf der Roten Liste in mindestens 1 Bundesland.

Aufkommen der Dreifelderwirtschaft, doch hält der Zustrom fremder Arten bis heute an. Beispielsweise leistet das Zottige Knopfkraut *(Galinsoga ciliata)* erst seit 1950 seinem 150 Jahre früher eingetroffenen Vorläufer *Galinsoga parviflora* Gesellschaft, dem berüchtigten Franzosenkraut oder Kleinblütigen Knopfkraut. Von den 215 in Finnland eingebürgerten Pflanzenarten sind 55 Arten mit dem Ackerbau, 85 mit dem Gemüse- und Gartenbau, also insgesamt 65% im Gefolge der Landwirtschaft ins Land gekommen.[130]

Von Anbeginn trachteten die Ackerbauer, die lästigen Konkurrenten ihrer Erntefrüchte durch Hacken und Jäten zu beseitigen. Extremer als in jedem anderen einheimischen Lebensraum ist der Wechsel der Standortbedingungen: Der Halmwald des hohen Getreidebestandes verwandelt sich in die Trokkensteppe des Stoppelfeldes, durch Umbruch und Umwenden der Scholle in eine wüste Kahlfläche, die sich nur langsam wieder begrünt. Wie schafften es die Unkräuter, diese Nische jahrtausendelang erfolgreich zu besetzen?

Eine Schlüsselrolle spielen dabei die Einjährigen. Wenn die Ackerflur durch den Lichtentzug im Sommer und die herbstliche Trokkenheit immer unwirtlicher wird, haben sie meist ihre zahlreichen und oft viele Jahre überdauerungsfähigen Samen schon abgeworfen. Einjährige Frühjahrspflanzen wie z. B. Ehrenpreisarten sind im Sommer schon verdorrt. Die Überlebenschance wird durch hohe Samenproduktion – eine Mohnpflanze streut etwa 20000 Samen aus –, durch ungleichzeitige Keimung und durch ausgeprägte Regenerationsfähigkeit nach mechanischer Beschädigung – man denke etwa an die sprichwörtliche Ausdauer der Quecke – erhöht. Der zunehmenden Beschattung entwinden sich z. B. die Knollen-Platterbse und die Ackerwinde durch Emporklimmen an Getreidehalmen.

Im Ackerboden ist ein Samenvorrat von einigen hundert bis hunderttausend pro Quadratmeter auf Abruf bereit, d. h. er wartet Jahre oder Jahrzehnte auf die regelmäßig oder unregelmäßig wiederkehrenden günstigen Keimbedingungen. Auf diese Weise war die Ackerunkrautgesellschaft wieder zur Stelle, wenn in der Drei-Felder-Wirtschaft die beweidete Brache wieder durch das Wintergetreide abgelöst wurde.

Hochwüchsige Wildkräuter wie Kornrade, Leindotter und Roggen-Trespe sind allerdings darauf angewiesen, mit dem Getreide ausgesät zu werden, weil sie ihre Keimung nicht beliebig verzögern können. Sie erreichen dies durch relativ große, von Getreidekörnern kaum abtrennbare Samen und durch »Synchronisierung« ihres Lebenszyklus mit dem Getreide. Gegen die moderne Saatgutreinigung waren jedoch auch diese »Saatunkräuter« machtlos.

Bedeutung der Feldflora

Äcker ganz ohne »Unkraut« wird es wahrscheinlich nie geben. Deshalb umfaßt das Wuchsgebiet der Feldflora etwa ein Drittel des Bundesgebietes, nämlich den Ackeranteil. Immerhin etwa ein Achtel aller wildwachsenden höheren Pflanzenarten der Bundesrepublik besiedeln diesen neben dem Wald flächengrößten Biotop. Damit verglichen bilden alle übrigen Lebensräume nur winzige Inseln und Splitter. Das Ziel des Landwirtes ist die Reinkultur einer einzigen Nutzpflanze, doch stellen sich auf jedem Schlag zwischen 10 und 50 Wildkräuter als ungebetene Gäste ein. Noch vor 50 Jahren gehörten die Äcker zu den artenreichsten Lebensgemeinschaften unserer Kulturlandschaft; zu Beginn des 19. Jahrhunderts ähnelten sie eher einer blumenreichen Grassteppe, was uns Carl Spitzweg in seinem »Feldspaziergang« anschaulich bestätigt.

Ungefähr ein Siebtel aller Feldwildkräuter, nämlich 50 Arten, bedrängt die Kulturpflanzen ernsthaft im Wettbewerb um Raum, Wasser, Licht und Nährstoffe. Ab einer bestimmten Dichte verursachen diese Massenunkräuter auch Mehrarbeit und Mehrkosten. Schon 1 Meldepflanze pro 10 Quadratmeter stört den Rüben-Vollernter, und 1 Klebkrautpflanze pro Quadratmeter behindert den Mähdrescher.[131] Zur Arbeitserschwernis und Ertragsminderung kommt noch die Rolle einzelner Wildkräuter als Überträger von Pflanzenkrankheiten, z.B. der Raps-Stengelfäule.

Über landwirtschaftlich günstige Auswirkungen des Wildkrautbesatzes gibt es dagegen nur wenige abgesicherte Erkenntnisse. Immerhin deutet eine österreichische Untersuchung darauf hin, daß eine gewisse Beimengung von Rispengras, Vogelmiere und Einjährigem Bingelkraut vielleicht über wachstumsfördernde Sekrete den Getreide- und Rübenertrag leicht erhöht. Ein dichter Unkrautteppich würde wohl auch die Bodenerosion an Ackerhängen erheblich verringern, doch können sich bisher nur Hopfen- und Weinbauern einen streifenartigen Wildwuchs als Abtragshemmer leisten.

Auch als Nahrungsgrundlage für allerlei Nützlinge, Bodenklimaschutz und zusätzliche Humusdüngung können Wildkräuter positiv auf die Ackerkultur zurückwirken. Noch unterhalb der Getreide- und Hackfruchtwurzeln können die vielen Tiefwurzler unter den Wildkräutern – die Acker-Kratzdistel wurzelt bis 2,80 m tief, Fuchsschwanz, Acker-Rettich und Gänsefuß über 1 m – ins Grundwasser abwandernde Düngerüberschüsse abfangen und als organisch gebundenes Nährstoffkapital – sozusagen als »Sparkonto« – dem Boden zurückgeben. Flachwurzler wie Vogelmiere und Täschelkraut schützen den Boden vor oberflächlicher Ausspülung und damit auch vor Nährstoffverlusten, die wiederum die Vorfluter belasten können. Es kommt nicht von ungefähr, daß die Grundwasser-Nitratbelastung im Bereich stark gedüngter und weitgehend unbewachsener Sonderkulturen an der Mosel, am Rhein und am Main teilweise die 100 mg/l-Grenze weit übersteigt.

Trotzdem dürfte eine ökonomische Abwägung zwischen positiven und negativen Wildkrautwirkungen schwerfallen. In harten Zahlen schlagen sich bislang nur die ungünstigen Effekte nieder.

Davon unberührt bleibt die Bedeutung der Feldflora als landschaftsprägendes Element und als »Volksapotheke«. Ein Ackerrand voller Rittersporn, Venusspiegel, Mohn, vielleicht sogar mit Schwarz-Kümmel, Kuhkraut und Sommer-Adonisröschen gehört zu den auffallendsten Blütenansammlungen, die die Kulturlandschaft aufbieten kann. Selbst aus der Unterschicht leuchten noch Erdrauch, Blauer und Roter Gauchheil, selten auch Kleinling, Sand-Mohn und Zwergflachs hervor.

Zu jeder Fronleichnamsprozession gehörten einst die Kornblumen. In Kärnten und Südeuropa standen oder stehen auch Feuer-Lilien und wilde Gladiolen im Getreidefeld. Der Hederich war als Bienenweide von großer Bedeutung. Wenngleich etwas scharf im Geschmack, war er der sicherste Honiglieferant. Wenn der Wald nicht »honigte«, erlaubte der Hederich den Bienenvölkern mit ausreichenden Vorräten in den Winter zu kommen.

Mit dem Wiederaufleben der Naturheilkunde erinnert man sich an mehr als 30 Heilkräuter auf den Äckern. Nicht nur die Echte Kamille, fast alle klassischen Feldkräuter, wie z.B. Acker-Rittersporn, Erdrauch, Korn-

Die in den letzten Jahrzehnten gewachsene Fähigkeit des Ackerbauers, störende Mitbewohner des Feldes zugunsten der Erntefrucht zurückzudrängen, engte die Wuchsorte vieler Wildkräuter auf Ackerränder, insbesondere entlang von Wegen oder Wäldern, ein. Das Foto zeigt einen von der Knollen-Platterbse *(Lathyrus tuberosus)* überwucherten Weizenfeldrand im Rheintal südlich Mainz.

blume, Klatsch-Mohn, Ringelblume, Saat-Wucherblume, hatten nützliche Wirkstoffe anzubieten. Aus der Kornblume gewann man einen blauen Farbstoff. Auch Gewürze wie Koriander und Schwarz-Kümmel standen auf den Feldern.

Bevor der Salat im Garten sproß, schnitt man köstlichen Feldsalat an den Ackerrändern. Sogar die Vogelmiere wurde gegessen. Die Kluft zwischen Nutz- und Schadpflanzen war also früher nicht so eindeutig wie heute. Äcker hatten außer dem Ertrag der Erntefrüchte noch Nebenfunktionen. Weniger hochgezüchtete Kulturpflanzenrassen und einfachere Erntetechniken ließen noch mehr Toleranz gegenüber der Ackerwildflora zu.

Zwar kann der moderne Mensch inzwischen auf die Nutzung der Ackerbegleitflora verzichten, nicht aber die Tierwelt der Feldmark. Nach einer Faustregel leben durchschnittlich 12 pflanzenfressende Tierarten von 1 Wildkrautart. Ebenso viele Tierarten fressen wiederum die Wildkrautfresser oder schmarotzen auf ihnen. Eine Reihe von Insektenarten besucht die Blüten der Feldflora. Bei der Ackerwinde beispielsweise sind es 30 Arten. Jede dieser blütenbesuchenden Arten dient wieder durchschnittlich 13 möglichen Parasiten als Wirt.

Je verästelter dieses Nahrungsnetz gesponnen ist, desto mehr »Sicherungen« sind gegen das Überhandnehmen einer Art, die dann zum Schädling werden kann, eingebaut. Zu den räuberischen Regulatoren gehören z. B. die Laufkäfer, von denen in Mitteleuropa immerhin 15% auf Äckern vorkommen. Vergleiche intensiv und extensiv behandelter Felder deuten darauf hin, daß eine hohe Vielfalt »ungefährlicher« Wildkräuter mit geringer Stoffproduktion auch »gefährliche« Unkräuter wie z. B. Knöterícharten und Kletten-Labkraut in ihrer Entfaltung zu hemmen vermag.

Aber auch die größeren Feldtiere hängen entscheidend von der Ackerflora ab. So sind z. B. Rebhuhnküken auf Insektennahrung angewiesen, die ohne Ackerkräuter nicht ausreichend zur Verfügung steht. Mit dem Verschwinden vielfältig bewachsener Raine und Hecken gewinnt die Ackerflora auch für den Feldhasen immer höhere Bedeutung. Man vermutet, daß die Abnahme der Hasenstrecke von 1300000 im Jahre 1974 auf

1957 war diese Grundmoränenlandschaft des Alpenvorlandes zwischen Straußdorf und Steinkirchen (Lkr. Ebersberg) noch nicht vom Bauboom berührt. Damals wuchs die Siedlungsfläche der Bundesrepublik »erst« um durchschnittlich 66 ha pro Tag. Hafer (Vordergrund), Roggen (Mittelgrund links) und Talwiesen mit natürlicher Heutrocknung auf »Hainzen« ergaben mit den Bauernwäldern und einzelnen Gehölzgruppen ein harmonisches Mosaik. Ab 1960 beschleunigte sich der Landverbrauch auf durchschnittlich 114 ha pro Tag, 1979–1981 sogar auf 170 ha pro Tag. In vielen Fällen wurden gerade die hochwertigsten und ertragreichsten Böden überbaut.

1984 war auch hier bäuerliches Stammland unter städtischen Bauformen und wenig heimatgebundenen rasenmäherkonformen Kleingärten begraben. Das Fehlen landschaftsplanerischer und gestalterischer Leitlinien wird durch exotische Nadelgehölze und bunte Steingärten schwerlich wettgemacht.
Andere bäuerliche Kulturlandschaften litten noch viel stärker unter den ausufernden Neubausiedlungen. Beispielsweise entstanden in der Bodenseeregion rund 70% der heutigen Siedlungsgebiete erst in den letzten 40 Jahren. In Hessen wurden allein 1979–1981 110 km² verbaut. Die Siedlungsfläche der Bundesrepublik wuchs 1950–1978 um insgesamt etwa 50%.

800000 im Jahre 1982 auch mit der Wildkrautarmut des Hasenlebensraums, insbesondere der vorherrschenden Mais-, Weizen- und Rübenfelder, zu tun hat.[132]

Feldflora im Wandel der Landwirtschaft

Um 1850 ernährten 4 Landwirte zusätzlich 1 Person, 1968 1 Landwirt zusätzlich 25 Personen und 1979 1 Landwirt zusätzlich 40 Personen. Der Ertrag stieg in den letzten 100 Jahren auf das Vierfache, die Düngerzufuhr von 40 auf mehr als 400 kg je Hektar Ackerfläche.[133]
Gleichzeitig verschwanden die Farbtupfer, der blau-rot-weiß-gelbe Schimmer der Ackerunkräuter über den Getreidefeldern. Ackerlandschaften wie die »Goldene Wetterau« nahe Friedberg/Hessen oder der »Goldene Grund« bei Limburg/Lahn lassen heute kaum noch ahnen, daß ihnen der Hederich einst den Namen gegeben hat. Bunte Felder sind einheitlich grün geworden. Was war im einzelnen geschehen?

Schon Mitte des vorigen Jahrhunderts begann mit der verbesserten Dreifelderwirtschaft der Niedergang der Ackerflora. Die Brache als Hort der Begleitflora verfiel dem Hackfruchtanbau, der eine intensivere Unkrautbekämpfung erzwang. Tieferes Pflügen, frühzeitiges Schälen der Stoppelfelder, Einsatz mineralischer und ätzender Düngemittel und verbesserte mechanische Bekämpfung verursachten die ersten Ausfälle: Zwiebelpflanzen wie z. B. Acker-Gelbstern, brachebegünstigte Arten wie z. B. Schwarz-Kümmel und Arten, die erst im Stoppelfeld ausreifen. Einschneidender war der Niedergang der Nutzpflanzenvielfalt. Einst wurden bis zu 50 verschiedene Kulturen nebeneinander betrieben. Das Blau der Flachsfelder verleitete noch die übermütige Bauerntochter in den Grimmschen Märchen, das Hochzeitskleid beim Gang durch die vermeintliche Wasserflut zu lüpfen. Noch um die Jahrhundertwende war nicht Grün, sondern Blau die Charakterfarbe des Allgäus. Mit den letzten Leinfeldern verschwanden nach 1950 auch in ihrer Lebensweise ganz auf den Flachsanbau angepaßte Arten wie z. B. Leindotter, Flachs-Leimkraut und Flachs-Seide.

Erst nach dem letzten Krieg ersetzte der immer größere Schlepper das Ochsen- oder Pferdegespann, die gleichmäßiger und dichter streuende Sämaschine den Sämann, der höher schneidende Mähdrescher die Sense, die Vollerntemaschine den Kartoffel- und Rübenklauber, der Spritzbalken oder Hubschrauber die Hack- und Jätkolonnen.
Arbeitskräftemangel trug die Technisierung der Feldbehandlung in den hintersten Winkel, wenn auch mit deutlichem Verzug in kleinbäuerlichen Gebieten mit hohem Anteil von Neben- und Zuerwerbslandwirtschaft. Hier finden sich da und dort noch letzte Bastionen einer bunten und vielfältigen Feldflora.
Das Millionenheer der Flüchtlinge und der spätere Überlebenskampf im europäischen Agrarraum veranlaßten eine nie dagewesene Ertragssteigerung, die die Ernährungsschlacht des »Dritten Reiches« weit hinter sich ließ.
Das Zeitalter der Herbizide begann 1950 mit dem Einsatz der Phenoxysäuren. Großblättrige zweikeimblättrige Pflanzen konnten mit diesen Wuchsstoffmitteln erfolgreich zurückgedrängt werden. Von der Landwirtschaftsfläche der Bundesrepublik werden heute etwa 70% mit Unkrautvertilgern, 30% mit Pilzbekämpfungsmitteln und 5-10% mit Insektenvertilgungsmitteln behandelt. Gegen Ende der 50er Jahre beendete eine verbesserte Saatgutreinigung das annähernd 6000jährige »Gastspiel« der Kornrade und der anderen Saatunkräuter.
Fruchtfolgen wurden vereinfacht oder entfielen ganz. Die Anteile der Kulturarten verschoben sich rasch. Der Vormarsch des Wintergetreides auf Kosten des Sommergetreides beschnitt die farbenprächtigen Frühjahrskeimer wie z.B. Kornblume, Klatsch-Mohn und Hederich und begünstigte unscheinbare Herbstkeimer wie Taubnessel, Ehrenpreis und Vogelmiere. Seit 1960 eroberte der Mais immer größere Flächen, oft auf kultivierten Mooren und dränierten Feuchtwiesen. Als lockerständiger »Spätentwickler« läßt er den Wildkräutern mehr Raum als andere Blattfruchtarten und Getreide. Maiskulturen standen daher - ebenso wie Raps und Rüben - schon vor 1970 nahezu vollständig unter chemischer Behandlung, während sich beim Getreide erst neuerdings eine gewisse Sättigungsgrenze abzeichnet. Der anfänglichen Mais-Problemunkräuter wie Melde, Gänsefuß und Knöterich wurde man mit Triazinen (einer neuen Gruppe von Unkrautvertilgern) zwar rasch Herr, handelte sich aber dafür eine Epidemie relativ spät eingeschleppter, unduldsamer und resistenter Hirsearten ein. Da Hirse wie der Mais oder unsere anderen Getreidearten zu den einkeimblättrigen Pflanzen zählt, wird sie von den klassischen Unkrautvernichtungsmitteln nicht angegriffen. Die eintönige Wildkrautgemeinschaft der Maisfelder erreicht gebietsweise, vor allem in einstigen Auen- und Niedermoorgebieten, bereits einen Flächenanteil von 30-40%. Nicht mehr der Mohn, sondern die Hühner-Hirse ist allgegenwärtig.
Aber nicht nur das »Spritzen« wirkt auf die Wildkrautgemeinschaften ein. Durch Bodenwasserregulierung und Agrochemikalien lassen sich Mängel oder Überschüsse an bestimmten Elementen und Verbindungen erheblich mildern. Beispielsweise lagen 1948 die pH-Werte (Säuregrade) der Äcker einer genauer untersuchten Gemeinde auf der Schwäbischen Alb zwischen 5,3 und 8,3 und hatten sich bis 1975 auf 6,2-7,2 verengt. Die sauren und basischen Standorte mit ihrer jeweils eigenständigen Ackerflora waren einer bodenchemischen Neutralisierung zum Opfer gefallen. Gleichzeitig hatte die mittlere Betriebsgröße von 8,2 auf 20 ha und die Zahl der Schlepper von 1 auf 100 zugenommen. Die Gesamtzahl der Ackerwildkräuter sank dagegen von 142 auf 65.[134] Ein Beispiel für die »Gleichschaltung« extremer Standorte ist die Aufkalkung saurer Böden. Die Ausbringung von Düngekalk stieg im Zeitraum 1960-1980 in der Bundesrepublik um 113%.
Maschinen und Spritzmittel bedingen sich gegenseitig, denn Mähdrescher und Vollerntegeräte brauchen »saubere« Äcker. Auch die Reinigungs- und Trocknungskosten steigen mit der Unkrautbeimengung. Beim Mähdrusch bleibt das Getreide länger stehen: Acker-Fuchsschwanz *(Alopecurus myosuroides)* und Wind-Hafer *(Avena fatua)* können erst jetzt voll ausreifen und ihre Samen ausstreuen. Dabei hilft ihnen sogar noch der Mähdrescher, der zwar große Samen wie z.B. vom Acker-Rettich und Acker-Senf mit aberntet, für kleinsamige Arten aber eine regelrechte Aussaatmaschine darstellt.

Auch durch Vorverlegung der Sommergetreide- und Zuckerrübenaussaat paßt sich der moderne Landwirt besser dem Wachstumsrhythmus mancher Wildgräser an. Mit dem Tiefpflug hat er aber eine Möglichkeit, Massenunkräuter etwas einzudämmen.
Die Massenausbreitung weniger Arten wie Quecke, Windhalm, Fuchsschwanz, Acker- und Gänsedistel auf Kosten der früheren Artenvielfalt ist daher nicht nur auf selektive Herbizide zurückzuführen. Diese haben allerdings eine »Generationenfolge« verschiedener Wildkrautgemeinschaften ausgelöst: Zunächst leicht bekämpfbare Arten machten Platz für schwer bekämpfbare. Auf deren Massenausbreitung reagiert man mit neuen Wirkstoffklassen, davon profitieren wieder andere Arten usw... Keine Lebensgemeinschaft unserer Kulturlandschaft ist unbeständiger, und so findet der heimgekehrte Auswanderer aus dem Einleitungskapitel die Äcker seiner Kindheit immer wieder verändert vor.

Das Ausmaß des Artenrückgangs

Schon vor 1950 wurde bei 38 Pflanzenarten der Felder ein Rückgang beobachtet.[135] Aber erst die modernen Anbaumethoden der Nachkriegszeit brachten einen immer deutlicheren Einbruch und den völligen Rückzug früher gemeiner Kräuter aus ganzen Ackerlandschaften. Auf den meisten Äckern gibt es heute mindestens 30–50% weniger Pflanzenarten als zu Beginn des Jahrhunderts. Im Gegenzug wurden unscheinbare Begleiter zu verhaßten Massenunkräutern. Auf den Blattfruchtäckern, die schon immer intensiv gehackt und gejätet werden mußten, ist der Rückgang geringer als im Getreide. Am tolerantesten verhält sich der Kartoffelbauer den Wildkräutern gegenüber. Kartoffeläcker rangieren auch beim Herbizideinsatz noch weit hinter den anderen Kulturen.
Bestenfalls noch versprengte Irrgäste wenn nicht ganz verschollen sind mittlerweile die Leinunkräuter und die von der Saatgutreinigung ausgesonderten Arten. So schmückte die Kornrade bis etwa 1960 noch viele Sommergetreidefelder, 1969–1973 war sie aber nur mehr in 12 von 1000 untersuchten nordbayerischen Äckern enthalten, 1980 nur noch an einer einzigen Stelle.[136] Von der oben geschilderten Standortsnivellierung, aber auch vom Rückzug des Ackerbaues von ungünstigen Lagen sind viele Arten betroffen, die vom Durchschnitt abweichende Klima- und Bodeneigenschaften anzeigen. Arme Sandäcker waren früher durch die Lämmersalatflur mit Bauernsenf, Vogelfuß oder Begranntem Ruchgras gekennzeichnet, Kalkscherbenäcker durch die prächtige

Das Knattern auffliegender Rebhühner gehörte früher zu jedem Feldspaziergang. Heute erschrickt kaum ein Spaziergänger mehr, denn der Rebhuhnbestand befindet sich in einer alarmierenden Talfahrt. In einem Untersuchungsgebiet des Inntales südlich von Passau konnte man Rebhühner 1962 5–6 mal häufiger antreffen als 1972. Die Ausräumung der Feldflur wird als Hauptursache für den Rückgang angenommen. Tatsächlich waren im Anschluß an die Flurbereinigung fast alle 800 km Feldraine in dem 750 ha großen Gebiet verschwunden (Reichholf 1973).

Haftdoldenflur mit Adonisröschen, Gelbem Günsel und Schwarz-Kümmel, saure Lehmäcker durch die Ackerfrauenmantelflur. Für den Vegetationskundler ist es heute ein Ereignis, irgendwo in der Oberpfalz, im Muschelkalkgebiet, auf der Alb oder in der Eifel wenigstens auf Bruchstücke dieser Pflanzengesellschaften in einer Randfurche oder an Wegrändern zu stoßen. Schon 1962 beklagte der große Pflanzensoziologe Reinhold Tüxen den »Zerfall der Ackerunkrautgesellschaften«. Er zweifelte, ob man die bisherige Einteilung der Feldvegetation aufrechterhalten könne, weil gerade die Zeigerarten für Pflanzengesellschaften und feine Standortunterschiede am empfindlichsten auf Nutzungsänderungen reagieren. Zurück bleibt ein »Bodensatz« aus indifferenten Wildkräutern, die sich nur noch zu unspezifischen übergreifenden Vegetationseinheiten zusammenfassen lassen.

Wie stellt sich der Rückgang in Zahlen dar?

In der Bundesrepublik sind heute 15 auf Äcker beschränkte Wildkräuter nirgends mehr aufzufinden. 72 weitere gehen stark zurück und stehen deshalb auf der Roten Liste der gefährdeten Arten. Etwa ein Drittel aller Ackerwildkräuter sind also bedroht oder verschollen.

In den Bundesländern und den westeuropäischen Nachbarstaaten sind zwischen 7,5 und 11,5% aller gefährdeten Pflanzenarten Ackerwildkräuter. Bezeichnenderweise steigt diese Quote in der DDR mit ihrer äußerst intensiven, großflächigen Feldwirtschaft sogar auf 10,2–15,1%.[137]

Das Feldflora-Arteninventar ganzer Kulturlandschaften wurde nur in seltenen Fällen über längere Zeit registriert. Die Gemeinde Mehrstetten auf der Schwäbischen Alb dürfte aber die Entwicklung in vielen anderen Gebieten widerspiegeln: 1948 und 1949 wurden dort insgesamt 142 Arten auf den Äckern festgestellt, bei der Nachuntersuchung 1975/78 noch 65. Dies entspricht einem Artenverlust von 54% in knapp 3 Jahrzehnten.[134]

Die Verarmung auf den einzelnen Ackerparzellen ist sehr unterschiedlich, häufig aber noch drastischer als die Entwicklung ganzer Gemarkungen. In nordwestdeutschen Winterweizenfeldern beobachtete man 1951 durchschnittlich 22 Arten, 1958 immerhin noch 20, 1960 15, 1975 12 und 1979 nur mehr 7, also ein Drittel des ursprünglichen Bestandes.[130] Auf süddeutschen Getreideäckern fand man zwischen 1955 und 1968 einen Artenrückgang von 42%, in Blattfruchtäckern

Ein mit Kornblumen *(Centaurea cyanus)* und Klatsch-Mohn *(Papaver rhoeas)* blau-rot-gesprenkeltes, mit Quekke *(Agropyron caninum)* und anderen »Ungräsern« durchsetztes Wintergerstenfeld bei Moosburg (Oberbayern) verrät die etwas »lässige« Bewirtschaftungsweise. Immer wieder einmal tauchen in weithin monotonen Akkerfluren solche Wildkraut-Paradiese auf. Sie unterstreichen die Wiederherstellbarkeit artenreicher Feldflora-Gebiete (vgl. die Unersetzbarkeit der meisten anderen Lebensräume!), deuten häufig aber auch auf besonders arme Standorte.

Ordnungsgemäß und mit modernen Methoden betriebener Weizenbau (hier bei Lohkirchen, Lkr. Erding) läßt weder innerhalb der dicht stehenden Saatreihen, noch am Ackerrand eine der von den Pflanzensoziologen beschriebenen Ackerunkrautgesellschaften aufkommen. Nur wenige, gegen wiederholte Spritzungen einigermaßen unempfindliche Massenunkräuter unterwandern diese Höchstertragskultur einer »kopflastigen«, kurzstengeligen Weizenrasse.

von 10%. Die Wildgräser waren 1958–1965 um 5–22% häufiger als in 1948–1955 untersuchten Flächen.[138]

Der Rückgang von 68% aller Ackerwildkräuter wird der Herbizidanwendung angelastet.[139] Blattfruchtkulturen in »biologischen Anbauverfahren«, die weitgehend der früheren Landnutzung nachempfunden sind, enthielten 15–39 Wildkräuter, im »konventionellen Anbau« dagegen nur 9–25. Beim Getreide ist dieser Sprung noch höher: 17–39 Arten »biologisch« und 1–22 Arten »konventionell«.[140]

Als Fazit läßt sich festhalten: Systematische Bestandsaufnahmen zeigten auf den Halmfruchtäckern der Bundesrepublik einen Artenrückgang um 35–70%, der überwiegend auf das Konto der letzten 3 Jahrzehnte geht.[141] In besonders intensiv bewirtschafteten Agrargebieten liegt die Verlustquote meist noch höher.

Dies ist wahrscheinlich der größte Aderlaß, den jemals eine Lebensgemeinschaft der Kultur- und Naturlandschaft in so kurzer Zeit erlitt. In anderen Biotopen verlaufen die Nutzungsänderungen zeitlich und räumlich ungleichmäßiger, so daß die Verarmungs- und Aussterbevorgänge viel länger hinausgezogen werden.

Wie kann die Feldflora überleben?

Überwuchern Acker-Kratzdistel oder Windhalm ein niedergeworfenes Getreidefeld, so empfindet der Bauer immer noch jene Geißel Gottes, von der Genesis 3,17–18 spricht. Wildkräuter sind nicht die »Hausherren in einem naturnahen Biotop«, sondern ohnmächtig geduldete Störenfriede in einer Produktionsstätte. Ihr Lebensrecht ergibt sich wie bei 99% aller Organismen nicht aus vordergründiger Nützlichkeit. Über komplizierte biologische Verknüpfungen können zwar die Wildkräuter wohltätig auf die Nutzflächen und die Landschaft zurückwirken. Dieses Argument steht jedoch einer Übermacht zahlenmäßig faßbarer ökonomischer Sachzwänge gegenüber. Außerdem sind gerade die attraktivsten und schutzwürdigsten Wildkräuter erst im Gefolge der Menschen nach Mitteleuropa eingeschleppt worden oder eingewandert. In ihren Herkunftsgebieten sind sie kaum gefährdet. Besteht dann überhaupt eine Notwendigkeit und Pflicht, Akkerwildkräuter zu erhalten?

Dafür spricht ihre Bedeutung für die Erhaltung der Bodenfruchtbarkeit und der biologischen Regulationsfähigkeit der Ackerlandschaft sowie ihre Rolle bei der Verhinderung von Bodenerosion und als »Zeigerinstrument« für die Bodenbeschaffenheit. Genauso wichtig erscheint indessen folgende einfache Tatsache: Bei einer Einwohnerdichte von 200–500/km^2 kann das Ackerland mit 59% aller offenen Freiflächen nicht einfach aus dem Lebens- und Erholungsbereich der Bevölkerung ausgegliedert werden. Im Wohnumfeld gibt es meist keine Wälder, wenigstens aber Felder. Deren Erlebniswirkung verarmt aber zusehends durch den Rückgang alter Feldwege, vielfältiger Kleinstrukturen, kleinteiliger Flurformen, Kulturartenwechsel und das Verschwinden vieler Feldtiere. Dann bliebe nur noch das Wogen eines halbreifen Gerstenfeldes im Wind – wenn es nicht noch bunte Unkräuter gäbe. Zur Lebensqualität gehört auch ein Farbakkord aus Venusspiegel, Kamille, Kornblume und Mohn. Für vergleichbare Blumenerlebnisse muß man andernorts in natürliche Biotope eindringen und läuft dabei Gefahr, diese empfindlichen Systeme zu stören oder zu schädigen. Die Blumenrabatte am Ackerrand erlebt man dagegen am besten vom Weg aus.

Indessen liegt dem Landwirt nicht in erster Linie die Lebensqualität der Städter am Herzen, sondern eine möglichst rentable Ackernutzung im verschärften Konkurrenzkampf. Schonung der Wildkräuter hieße letztlich aber nicht nur Stop der chemischen Bekämpfung, sondern auch Einschränkung der Düngung, Verzicht auf Saatgutreinigung, Rückkehr zu traditionellen Fruchtfolgen und zur Vielfalt der Kulturarten. Wege hierzu werden derzeit im alternativen Landbau und im integrierten Pflanzenschutz (z. B. nach der »Schadschwellenmethode«, siehe S. 139) gesucht. Viele Landwirte fürchten allerdings finanzielle Einbußen bei einer teilweisen oder gänzlichen Umstellung ihrer Produktionsweise.

Lassen sich aber nicht wenigstens kleinere Freiräume für die Feldflora finden, die das Produktionsziel der Agrar-Gesamtfläche nur unwesentlich beeinträchtigen? Hier ist die Beobachtung wichtig, daß selten gewordene Wildkräuter immer wieder an Ackerrändern auftauchen. Wuchsbedingungen früherer Äcker haben sich hier oft streifenartig erhalten, weil zu Besitzgrenzen, Wegen, Rainen oder anderen Biotopen hin die Bekämpfung, Düngung und Saatdichte nachlassen. Das magere, lockerhalmige und unkrautfreundliche Ackermilieu wurde sozusagen an den Rand gedrängt.

Ab 1977 wurden in der nördlichen Kalkeifel erstmals 2–3 m breite Randstreifen für die bedrohte Ackerflora ausgewiesen. Aus Mitteln des Bundesernährungsministeriums wird der Spritz- und Düngeverzicht mit DM 900,– je Hektar mittlerer Böden entschädigt. Inzwischen sind diese Zufluchtsstätten auf über 15 km Streifenlänge angewachsen. Innerhalb von 2–3 Jahren hat die Artenvielfalt der Begleitflora um 70–100% zugenommen. Sogar verschollen geglaubte Seltenheiten sind wieder aufgetaucht.[142]

Bayern ist diesem Beispiel gefolgt und bietet Landwirten, die Ackerrandstreifen zwar bebauen, aber nicht chemisch behandeln wollen, eine angemessene Entschädigung für die unvermeidlichen Ertragsausfälle.

Größere Zufluchtsstätten der Ackerflora liefert in gewissem Umfang der alternative Landbau. Erste Erfahrungen zeigen, daß nach wenigen Jahren bei rein mechanischer Bekämpfung fast doppelt so viele Arten wie im konventionellen Landbau vorhanden sein können. Die steigende Beliebtheit urtümlicher Feldprodukte wie z. B. Grünkern und Buchweizen läßt strichweise eine höhere Vielfalt an Kulturformen und Unkräutern erwarten.

Hervorzuheben ist die Bereitschaft auch nicht-alternativer Landwirte, kleinere Teilflächen sogar ohne Entschädigung von der »chemischen Keule« auszunehmen, so geschehen z. B. im intensiven Ackerbaugebiet der Fildern bei Stuttgart. Weit darüber hinaus geht der Bruderholzhof in der Nordwestschweiz. Er ist ein Modell dafür, daß die Ackerflora nicht losgelöst von den übrigen Lebensräumen der Kulturlandschaft geschützt werden sollte. Es werden nicht nur durch Verzicht auf chemische Dünge- und Bekämpfungsmittel auf 50 ha Ackerunkräuter erhalten, sondern auch bedrohte Nutztierrassen gehalten, Trockenwiesen ausgeschieden, Kleinstrukturen und Tümpel geschaffen und Waldränder renaturiert.

Solche »Feldflorareservate« können durch biologisch aufgewertete Ackerrandstreifen netzartig miteinander verbunden werden. Als Ausbreitungskorridore für Feldflora und -fauna durchdringen sie die Agrarlandschaft, ohne daß die ohnehin stark gespritzten Intensivkulturen ganz aufgegeben werden müssen. Ohne unvertretbare Produktionsausfälle könnte ein derartiges Netz-Insel-Biotopsystem

- weitere Artenverluste in der Feldflora verhindern
- durch Bündelung mit Rainen, Hecken, Gräben, Böschungen und Waldsäumen auch naturnahe isolierte Biotope wieder miteinander verketten
- durch Vernetzung von Räuber-Beute-Beziehungen und Nahrungsketten die Selbstregulationsfähigkeit der Agrarlandschaft stärken.

Darüber hinaus erscheint es nicht unmöglich, auch auf den weiterhin intensiv genutzten Anbauflächen den Freiraum für Wildkräuter zu erweitern. Naturschutz und Landwirtschaft haben nämlich mit ihren scheinbar völlig konträren Forderungen »Wildkräuter schonen!« und »Unkräuter bekämpfen!« verschiedene Gruppen der Feldflora im Auge. Nur 10–20% sind echte Schadkräuter; die Mehrzahl wird also gewissermaßen »unschuldig mitgerichtet«, obwohl sie vielleicht sogar zur Eindämmung der Problemunkräuter beitragen können.

Wie aber könnte man die »bösen« Unkräuter treffen, ohne die »guten« Wildkräuter mitzuschädigen? Bei der »Schadschwellenmethode« setzt die Bekämpfung erst ein, wenn der Ertragsrückgang den Mehraufwand für die Bearbeitung und Bekämpfung übersteigt. Als Faustzahl wird hierfür eine Dichte von 20 Unkrautpflanzen je Quadratmeter genannt. Ein fast unüberwindlicher Hemmschuh ist aber die bei einzelnen Unkrautarten völlig unterschiedlichen Schadschwellen und die Schwierigkeit für den »Unkrautkontrolleur«, alle auflaufenden Unkräuter bereits im Keimlingsstadium zu bestimmen.

Grundsätzlich wäre auch an Selektivherbizide für »böse« Unkräuter zu denken, zumal bestimmte Mittel heute bereits zwischen Arten derselben Pflanzenfamilie, z. B. zwischen Rübe und Gänsefuß oder Getreide und Wildgras zu unterscheiden vermögen. Agrarwissenschaftler räumen jedoch auch dieser Methode nur geringe Chancen ein, weil die »schutzwürdigen« Wildkräuter auf zu viele unterschiedliche Pflanzenfamilien verteilt sind, weil viele »Wildkräuter« mit »Unkräutern« eng verwandt sind und weil unter Umständen einzelne bisher seltene Arten nach Beseitigung ihrer Unkrautkonkurrenz zur Massenvermehrung neigen könnten.

Als Fazit ergibt sich, daß sich »Schadschwellenmethode« und Selektivherbizide zwar kaum für die komplette Wiederherstellung früherer Wildkrautgemeinschaften eignen, immerhin aber die Ernährungsgrundlage für gefährdete Feldtiere und die Selbstregulationsfähigkeit der Ackerlandschaft etwas verbessern können.

Etwa 10 Pfennige pro Quadratmeter und Jahr bewirken diese Klatschmohnpracht! Soviel etwa bezahlt die öffentliche Hand an den Bewirtschafter dieses Ackerrandstreifens in der Nordeifel für den Verzicht auf die üblichen Spritzungen und Düngegaben. Dieses Beispiel hat inzwischen in mehreren Bundesländern Schule gemacht. Es ist einer der vielen Wege einer ersprießlichen Zusammenarbeit von Landwirtschaft und Naturschutz. Denn erfolgversprechender als hoheitliches Unterschutzstellen, als Verbote und Gebote sind finanzielle Anreize zur Extensivierung bestimmter Bereiche. Eine erfreulich große Zahl von Landwirten nimmt mittlerweile derartige Angebote an.

Hecken

Was ein Halbtrockenrasen, eine Sandgrasheide oder ein Bruchwald sei, bedarf der Erläuterung. Unter »Hecke« dagegen kann sich jeder etwas vorstellen. Ein Zeichen dafür, daß jene Gehölzstreifen zwischen den Flurstücken und Schlägen, die immer wieder auf den Stock gesetzt oder ausgelichtet wurden, unmittelbar mit der Landnutzung des Menschen zu tun haben.

Landschaftsbestimmend waren oder sind die Hecken vor allem in Westeuropa von Dänemark bis Portugal. Landstriche wie die »Bocages« in Nordfrankreich und der Schlehen- oder Heckengäu in Nordwürttemberg wurden sogar nach ihnen benannt. Zwar nimmt ihre Häufigkeit vom atlantischen zum kontinentalen Klimabereich hin ab, doch sind in der Bundesrepublik nur wenige Gebiete völlig heckenfrei, etwa die Marsch, neukultivierte Moor- und Auengebiete, die »Glashüttenfluren« des Bayerischen Waldes und die meisten Lößbörden.

Name, Form, Holzartenmischung, Nutzung und Entstehung der Hecken sind so vielfältig wie die Kulturlandschaften, die sie durchziehen: Wallhecken oder »Knicks« sind das Merkmal der Moränen- und Geestgebiete Schleswig-Holsteins, des nordwestlichen Niedersachsen, der östlichen Niederlande aber auch des Westfälischen Tieflandes. Über weite Strecken gibt es etwa in der Normandie, in Südengland oder Angeln bei Flensburg keine offene Landschaft, sondern nur kleine, von Heckenwällen rings umschlossene Zellen. Das Parzellengefüge erfaßt hier sogar den bodennahen Luftraum. Zwischen dem atlantischen Heckengebiet und den Baumhecken der Alpentäler, Hage genannt, bereichern vielfältige Heckenformen die Schichtstufen- und Mittelgebirgslandschaft: die ackertrennenden »Häger« der Muschelkalkgebiete Nordwürttembergs, die Terrassenhecken auf Lesesteinwällen und -stufen in der nördlichen Frankenalb,

Hecken sind die biologisch wirksamste Form der Flurgrenzen. Kein anderer natürlicher Lebensraum hat einen so hohen Wirkungsgrad für den Artenschutz, d.h. ein so günstiges Verhältnis zwischen »erzeugter Artenvielfalt« und benötigter Fläche. Dem steht ein gewisser Entzug an Ertragsfläche gegenüber. Hält man jedoch die Erosionszunahme durch Wegnahme hanglängenverkürzender Heckenterrassen und den Ertragssteigerungseffekt neben den Hecken entgegen, so reduzieren sich die landwirtschaftlichen Nachteile dichter Heckensysteme auf arbeitswirtschaftliche Behinderungen.
Hecken sind aber auch eine Zierde der Flur. Wo ein hoher Ackeranteil nich einmal eine Löwenzahnwiese als Frühlingsanzeiger zuläßt, übernehmen strahlend weiße Schlehenhecken diese Rolle.

die »Haselboschen« des Schwarzwaldes, die Fichtenhecken an den Viehtriebwegen des Frankenwaldes, die Grünlandhecken auf Basalt- und Granitlesesteinriegeln der Hohen Rhön und der ostbayerischen Grenzgebirge, die Haus- und Flurhecken der Nordeifel, der Ardennen und Luxemburgs.

Entstehung der Hecken

Seitdem Äcker von Weiden abgetrennt bzw. Viehweiden um»hegt« werden müssen, also seit der Jungsteinzeit, gibt es Hecken als lebende Zäune. In Cornwall haben sich einige Ur-Hecken seit der Eisen- und Bronzezeit bis auf den heutigen Tag erhalten. Die nächste Heckengeneration datiert wohl aus dem Spätmittelalter. Auffallend unregelmäßig gewundene Heckenzeilen umreißen z.B. in Huntingdonshire/Südengland ehemalige Rodungsflächen in königlichen Wäldern (»assarts«). Nach dem Verschwinden der umliegenden Restwälder blieb sozusagen der ehemalige Waldsaum als Hecke erhalten. Um 1200 stellten die Könige John und Richard I. an die Pächter solcher Lichtungen die Bedingung, daß dem königlichen Wild der Zugang zu allen Nutzflächen erhalten bleiben und deshalb die Hecke auf maximal 4½ Fuß zurechtgestutzt werden müsse.
Mehr Spielraum gewährte man den Baumhecken der Alpentäler und -vorländer, die ebenfalls schon im ausgehenden Mittelalter bezeugt sind. Außer Sträuchern durften auch Bäume an den Schlaggrenzen aufkommen. In der Feldgras- oder Egartwirtschaft, wie sie z.B. im Salzburger, Berchtesgadener, Miesbacher und Lenggrieser Raum herrschte, wurden Flachs-, Rüben-, Bohnen- und Getreideschläge durch »zweistöckige« Hage von den Weiden abgegrenzt. Die Hage wurden mittelwaldartig genutzt, die Unterschicht als Stockausschläge und die Oberschicht als Hochstämme.
In Nordwesteuropa kam die hohe Zeit der Hecken mit der Agrarreform des 18. Jahrhunderts, zeitgleich mit der Verbesserung der Dreifelderwirtschaft (vgl. das Kapitel Feldflora). 1766 hob z.B. König Christian VII. von Dänemark die Feldgemeinschaften und Flurzwänge auf; die aufgeteilten Dorffluren und Gemeindeweiden waren mit »lebendem Pathwerk« einzukoppeln. Diese »Verkoppelung« überzog innerhalb weniger Jahrzehnte die ganze Landschaft mit dem Maschenwerk der Wallhecken. Zwischen zwei Aushubgräben wurde ein Erdwall aufgeworfen, darauf pflanzte man Reiser und Wurzelballen aus den jeweils nächstgelegenen Feldgehölzen, Waldmänteln, Gebüschen und »Kratts«. Unbeabsichtigt wurde auch die bodenständige Begleitflora und -fauna übertragen. Durch diese gewaltige Landschaftsveränderung wurden zwar – ähnlich wie bei einer modernen Heckenverpflanzung – gewachsene Lebensräume verschoben, die Fortpflanzungsmöglichkeiten der Arten jedoch nicht abgeschnitten. Die außerordentliche Bedeutung des »Startkapitals« an Artenvielfalt zeigt folgender Vergleich: Heute noch sind die Urhecken auf alten Flurgrenzen der Zeit vor der Verkoppelung artenreicher als die 150- bis 200jährigen Wallhecken; diese übertreffen ihrerseits jene Knicks, die schon damals aus Baumschulen beliefert worden waren. Das Schlußlicht bilden aber die Windschutzpflanzungen unserer Tage.
Alle 9–11 Jahre hackte man die Wallhecken knapp über dem Boden ab. 5–8 Jahre später waren sie wieder so hoch, daß sie zum Weidezaun taugten. Durch Verflechten und Abknicken der Zweige – daher der Name »Knick« – machte man die lebenden Zäune noch dichter. So war der Heckenrhythmus eng mit dem Phasenwechsel zwischen Grünland und Ackernutzung in der Feldgraswirtschaft gekoppelt.
Tief im Binnenland wurden die meisten Hecken nicht angelegt, sondern man bändigte nur den Wildwuchs auf den Rainen, Lesesteinwällen und Ackerterrassen. Waren die Wallhecken gewissermaßen von Anfang an »fertig« und gewährten nur mehr wenigen Arten »Einlaß«, so wurde in den Berglandhecken ein Baustein nach dem anderen durch den Wind, durch Tiere und andere natürliche Verbreitungsmedien herangetragen. Solche Hecken wuchsen unmittelbar aus der Landschaft heraus. Die benachbarten Wälder waren durch Überweidung immer mehr heruntergekommen. So war man für das Heckenholz dankbar. Die Umtriebszeit schwankte zwischen 5 und 15 Jahren, je nachdem, ob die Hecke einen lichtempfindlichen Acker oder eine Dauerweide einfaßte.

Kleine Bäume wie z.B. Feld-Ahorn, Vogelkirsche und Hainbuche ließ man vor allem in den höheren Grünlandhecken gewähren, in den niedrigen Ackerhecken herrschten dagegen niedere Sträucher vor.
Zu besonderen Zwecken kultivierte man auch eine einzige Gehölzart, so z.B. die Fichte als Einfassung der Viehtriebe im Frankenwald oder die Rotbuche in den bei 8 m Höhe nur 30-90 cm tiefen, exakt kastenförmig zugeschnittenen Hausschutzhecken des Monschauer Landes.
Im bayerisch-böhmischen Grenzgebirge und teilweise auch im österreichischen Mühl- und Waldviertel sind viele Hecken auf Steinwällen entstanden, die erst in den 30er Jahren im Zuge der Autarkiebemühungen des »Dritten Reiches« durch Sprengung unzähliger nutzungshinderlicher Felsköpfe aufgehäuft worden waren. Hier wie auch auf den älteren Steinriegeln wurden die »Stauden« viel rigoroser als anderswo kurzgehalten. Geschlossene Heckenzeilen sucht man deshalb auf älteren Landschaftsfotos oft vergeblich. Die Blütezeit der Hecken kam erst in den 50er Jahren, als Zeit und Arbeitskraft für das Abschlagen und Abbrennen zu knapp wurden. In wenigen Jahren war eine der prächtigsten Baumheckenlandschaften Mitteleuropas entstanden, die allerdings kaum etwas mit tief verwurzelter »Heckenfreundlichkeit« der Bevölkerung zu tun hat.

Lebensraum und Lebewelt Hecke

Hecken erzielen höchste biologische Vielfalt auf kleinster Fläche. Sie erzeugen Arten und Strukturenreichtum »kostengünstiger« als andere Lebensräume. Ihr Geheimnis lautet dabei: enge Bündelung verschiedenartiger Kleinlebensräume auf wenigen Metern Breite. Der Heckenlebensraum wirkt in sich ähnlich, wenn man entlanggeht, aber äußerst kontrastreich, wenn man ihn durchquert.
Die Grundausstattung einer gut erhaltenen Hecke besteht aus dem lichtarmen, dicht verzweigten Innenraum des Gebüschs, dem belaubten »Heckendach«, dem seitlichen Rankenwerk aus Schlingpflanzen und Brombeeren (»Heckenrampe«) und einem gras- und staudenreichen Grenzstreifen zum Kulturland (»Heckensaum«).

Für die Tierwelt ist die Stockwerksgliederung einer Hecke von größter Bedeutung. Boden, Bodenoberfläche, Krautschicht, Zweige und Blätterkrone sind jeweils eigenständige Nischen. Nimmt man die horizontale Gliederung noch hinzu, so bietet eine Hecke »fast für jeden etwas«: warme Sonnenplätze für licht- und wärmeliebende Lebewesen, Schatten für Dämmerungstiere, gute Nist- und Unterschlupfmöglichkeiten vor allem im Dorngesträuch, Spähplätze für Lauerer, Singwarten, gute Überwinterungs- und Sommerquartiere, Rückzugsräume während der maschinellen Bearbeitung der Felder und gute Nahrungsquellen.
Die Reichhaltigkeit eines Heckensystems hängt aber auch von der Dichte, Anordnung und der Verbindung zu anderen Biotopen ab. Für Singvögel und andere größere Tierarten ist es nicht gleichgültig, ob die Hecke einfach, verzweigt oder in mehrere Bruchstücke aufgeteilt ist. So kann ein Doppelknick in Schleswig-Holstein 50% mehr Singvogelarten beherbergen als ein einfacher Knick. 590 m Einzelknick werden von der gleichen Vogelzahl bewohnt wie 3 Knickverzweigungen mit einer Gesamtlänge von 300 m, 12 Abzweigungen vom Doppelknick mit einer Gesamtlänge von 400 m und 100 m Doppelknick.[143] Besteht eine Hecke aus 10-15 m langen Bruchstücken, so ist die Dichte der Vogelnester insgesamt höher als bei 100-200 m langen Einzelhecken.[144] Andererseits wurden in langen Hecken mehr Laufkäferarten gefunden als in kurzen.[145]
Die höchste Vogelartenzahl wird erst bei einer Heckendichte im Gelände von mindestens 80 m/ha, bei einer hohen Vielfalt an Gehölzarten und -altersklassen erreicht.[144]
Aber auch die angrenzende Nutzung wirkt sich aus: So finden sich z.B. Nester des Sumpfrohrsängers vor allem in Hecken neben Ackerland, Nester von Grasmücken, Heckenbraunelle, und Neuntöter fast ausschließlich in Grünlandhecken.
Im Heckenlebensraum lebt man dicht gedrängt. Ein Knick kann 1600-1800 Tierarten und 50-70 höhere Pflanzenarten enthalten. Großräumig bringen es Knicks auf bis zu 7000 Arten.[106]
Ein Winterspaziergang durch eine Heckenlandschaft zeigt uns eindrucksvoll, wie sich die Spuren winteraktiver Säuger im Heckenrandbereich häufen. Marder, Groß- und

Baumhecken des höheren Berglandes (hier am Grenzkamm des Böhmerwaldes bei Vorderfirmiansreut) sind völlig anders aufgebaut als dichte Gebüschhekken tieferer Lagen (siehe Foto S. 140). Ausschlagfähige Gehölze wie z.B. Esche, Berg-Ahorn, Vogelbeere, Hasel, Nordische Traubenkirsche, stellenweise aber auch Buche und Fichte wurzeln in bis über 1 m hohen Steinriegeln, die beim Entsteinen der Hufen (langgestreckte Besitzparzellen) vor allem von Kindern aufgehäuft wurden. Leider wurden auch in dieser höchsten Heckenregion außerhalb der Alpen unzählige Hecken gerodet und Lesesteinriegel abgeräumt bzw. gesprengt.

Kleinwiesel, Hasen, Rehe, aber auch Fasane und Rebhühner halten sich dort bevorzugt auf. Mit einer Singvogeldichte von 0,8–3,0 Brutpaaren je 100 m Heckenlänge – dies entspricht einer Dichte von 16–60 Brutpaaren pro Hektar bei einer Heckenbreite von 5 m – halten Hecken einen Spitzenplatz in der Kulturlandschaft.

Fast unübersehbar ist die Kleinlebewelt von Heckenlandschaften. Allein an Schlehe und Weißdorn konnten 76 Schmetterlingsarten nachgewiesen werden. Die an Schlehe, Weißdorn und Rosen fressenden Kleinschmetterlingsraupen sind in Nordbayern Wirt für mindestens 20 Raubschmarotzerarten wie z. B. Schlupf-, Brack- und Erzwespen, die wiederum mehr als 40 Schadinsekten der Ackerkulturen in Schach halten können. Viele räuberische Gliedertiere dehnen ihr Jagdrevier von den Hecken in die Landwirtschaftsflächen aus. Dazu gehören insbesondere Blattlausfeinde wie z. B. Marienkäfer, Schwebfliegen, Wanzen und Ohrwürmer. Allein 60–70% der Heckenwanzen können auch im integrierten Pflanzenschutz des Obstbaues eine Rolle spielen. Den höchsten tierischen Biomasseanteil stellen die ebenfalls schadinsektenvertilgenden Spinnen und Weberknechte. Besonders charakteristisch für Hecken sind die Skorpionsfliegen und auch Schlupfwespen, von denen etwa 90% aller mitteleuropäischen Arten angetroffen werden können.[145]

Da Hecken in fast allen Klimaregionen vorkommen, ist ihre Gehölzartenzusammensetzung und Flora sehr vielfältig. Allein in Schleswig-Holstein kann der Vegetationskundler 85 verschiedene Knicktypen unterscheiden[146]. Schlehen-Hasel-, Buchen-Hasel-, Eichen-Birken- und Bruchwald-Knicks sind die wichtigsten Grundtypen, die in verschiedenen Naturräumen ihren Schwerpunkt haben. In nordbayerischen Hecken finden sich 90 Holzgewächse, darunter 10 Rosen- und 3 Weißdornarten.[147] Insbesondere Dornsträucher bereichern die Singvogelwelt: Raubwürger, Neuntöter, Amsel und Grünling zeigen eine Vorliebe für den Weiß-

dorn; die Schlehe fördert dagegen Grasmükken, Goldammer und Heckenbraunelle.
Das Zusammenwirken der Lebewesen muß die zumindest in früheren Zeiten sehr einschneidenden Nutzungsphasen abpuffern. Der plötzliche Lichteinfall nach dem Abschlagen setzt den vielen schattenliebenden Tier- und Pflanzenarten zu. Anschließend besitzen schnell ausschlagende Gehölze wie Hasel, Hainbuche, Holunder und Esche - nicht aber Eiche - Konkurrenzvorteile. In der Weidephase sind Dorn- und Stachelträger wie z.B. Schlehe, Weißdorn, Him- und Brombeeren im Vorteil.
Tiere des Ökosystems Hecke sind daher zum Pendeln gezwungen. In den jeweils nicht vom Eingriff betroffenen Bereich können sie aber nur zurückweichen, wenn das Heckennetz genügend groß ist. Zu kleine Resthekken stellen meist nicht mehr genügend Alternativlebensräume gleichzeitig zur Verfügung.
Die Entwicklungszyklen von Tieren und Pflanzen sind in der Hecke fein aufeinander

Unweit des Hochrheintales (am Rüti bei Stein, Kanton Aargau, Schweiz) war 1968 ein bäuerlicher Wirtschaftweg von einer vielfältig bestockten Stufenhekke gesäumt. Für einzelne Pflanzen und Tiere hatte die Bandstruktur aus Hecke und Weg die Funktion eines Wanderkorridors zum und vom Tannen-Buchen-Mischwald im Hintergrund.

1982 war außer der Waldkulisse nur mehr ein einziger Apfelbaum (linker Bildrand) von der alten Szenerie geblieben. Der ganze Kulturlandschaftsausschnitt samt Weghecke war unter einer Neubausiedlung begraben, die jeden Anpassungswillen an die Landschaft vermissen läßt. Der »Artenreichtum« der Steingärtchen und Vorterrassen ist sicher nicht geringer als in der Hecke. Leider sind aber die Nadelschuppen der Zwerg-Steinzypresse nicht im Nahrungsnetz einer nordschweizer Kulturlandschaft vorgesehen.

abgestimmt. So gibt z. B. der Gehölzaustrieb den entscheidenden Anstoß für die Entwicklung von Pflanzenfresserpopulationen. Zwar wird die erste Blattgeneration der Schlehe überwiegend von der Gespinstmotte bis zu 40% genutzt; jedoch scheint die Nutzungsrate die nahrungsspendende Gehölzart kaum je ernsthaft zu schädigen.[148] Noch viele andere Beispiele könnte man für die »eingebauten biologischen Sicherungen« - der Ökologe spricht von Selbstregulationsfähigkeit des Ökosystems - der Hecke anführen. Sie deuten auf eine lange gemeinsame Entwicklungsgeschichte der pflanzlichen und tierischen Partner.

Gefährdung der Hecken

Seit dem 2. Weltkrieg bewirtschaften immer weniger Arbeitskräfte immer größere landwirtschaftliche Betriebe. Deshalb bleibt immer weniger Zeit für die Pflege und Nutzung von Randflächen. Feldobst, Brenn- und Zaunholz wird immer weniger gebraucht. Damit verwandeln sich die meisten Hecken von der willkommenen Nutzfläche zum eher lästigen Pflegeübel. Pflegeschnitte werden versäumt, die ehemals gebändigten Buschhecken »wachsen durch«, gehen in die Höhe und Breite, entwickeln sich zu Baumreihen. Ihre nachteiligen Wirkungen auf die angrenzenden Kulturen vergrößern sich damit und der Ruf nach ihrer Beseitigung ertönt. Bis zu diesem Punkt hat sich zwar das Landschaftsbild etwas gewandelt, aber die biologische Substanz der Hecken blieb im wesentlichen erhalten.

Ernstliche Eingriffe erfolgten, nachdem einige Zwischenwirte und Überträger von Kulturpflanzenkrankheiten auch in Hecken entdeckt worden waren. Weißdornsträucher wurden entfernt, weil sie als Infektionsquellen des Birnen-Feuerbrandes zur Gefährdung von Obstplantagen beitragen können; in den 50er Jahren wurde die Berberitze als Zwischenwirt des Getreiderostes auch in den Hecken bekämpft. Doch gingen auch solche Aktionen noch nicht an die Grundsubstanz.

Dies geschah vielmehr auf schleichendem Wege im Zuge der Produktionssteigerung und Technisierung der Bodennutzung. Die chemische Behandlung der Felder kam natürlich auch den Hecken »zugute«, die in der Abdriftzone des Düngerstreuers oder Spritzbalkens liegen. Nährstoffdankbare Hochgräser und Stauden wie z. B. Klebkraut, Brennessel, Giersch und Quecke überwucherten in den Ackerhecken die Vielfalt der niederen Kräuter, verdrängten sogar die Brombeerschleier, vereinheitlichten die feine kleinklimatische Zonierung am Heckenrand. Herbizide gegen zweikeimblättrige Pflanzen machten auch am Heckenrand Plätze für durchsetzungskräftige Hochgräser wie z. B. Glatthafer, Windhalm und Acker-Fuchsschwanz *(Alopecurus myosuroides)* frei. Der Mähdrescher griff in den Artenwettbewerb der Hecke ein, indem er kleine Unkrautsamen förmlich hineinblies.

Man nennt solche Veränderungen »Hypertrophierung« und »Ruderalisierung«. Mastige Arten verdrängen zahlreiche andere Arten, die Ausgangspunkte pflanzlich-tierischer Nahrungsketten sind. Die biologische Ordnung einer Hecke wird also gründlich verändert. Als Pflanzenmasse und Gehölzzeile bleibt sie jedoch erhalten - falls sie nicht auf mechanischem Wege beschädigt wird.

Hat eine Hecke ihren ursprünglichen ökonomischen Zweck verloren, läuft sie Gefahr, auf schleichendem Wege immer weiter aufgelockert zu werden und endlich ganz zu verschwinden. Rückt der moderne Tiefpflug zu dicht heran, so schneidet er die Gehölzwurzelschicht oder sogar den Erdwall an. Einmal untergraben, bröckelt er nach und verfällt allmählich ganz.

An das gleiche Schicksal erinnern in Teilen Niedersachsens und Westfalens seltsam aufgestelzte Einzelbäume mitten in der Flur. Hier wurden Weidekoppeln auf mehrere Knickparzellen erweitert und damit die Wallhecken für das Großvieh durchlässig. Heckensträucher und -kräuter wurden niedergetreten, der Wall allmählich abgetragen und damit den durchgewachsenen Restgehölzen buchstäblich der Fuß weggezogen. Nur noch Überhälter auf Stelzwurzeln künden von einer in bewundernswertem Pioniergeist geschaffenen und jahrhundertelang gepflegten Wallhecke.

Zieht sich der Ackerbau zurück, so werden Hecken als Barrieren zwischen Feld und Weide überflüssig und durch den wirkungs-

Heckenlandschaft bei Kötschdorf in der Oberpfalz vor der Flurbereinigung (1980). Im Laufe der Jahrhunderte bildeten sich in der kleinparzelligen Flur mit Pflugrichtung entlang der Höhenlinien Ackerterrassen heraus. Feldsteine wurden darauf abgelagert. Artenreiche Hecken bildeten sich, die immer wieder auf den Stock gesetzt wurden, um die Feldfrüchte nicht zu beschatten und Brennholz zu gewinnen. In der sonst biotoparmen Landschaft ist dieses Heckenterrassensystem nicht nur eine Sicherung gegen Bodenabtrag, sondern auch ein gut vernetzter Lebensraum für Singvögel und Insekten, die teilweise auch schädlingsregulierend in der Ackerkultur wirken können.

volleren Stacheldraht- oder Elektrozaun ersetzt. So werden z. B. die Feldhecken des Monschauer Landes, in dem der Ackeranteil in 50 Jahren von 50 auf 0% geschrumpft ist, zunehmend vernachlässigt. Bringt man den Weidezaun direkt am »Heckenrückgrat«, der zentralen Gehölzreihe, oder nur auf einer Seite daneben an, so wird der Auflösung der Heckensubstanz durch die mechanische Arbeit des Weideviehs Vorschub geleistet.

Die besten Überlebenschancen haben Hekken auf stabilen Besitzgrenzen und/oder Geländekanten wie Ackerterrassen und natürlichen Böschungen. Doch welches Flurstück kann sich im größtenteils klein parzellierten Mitteleuropa angesichts des Rationalisierungsdrucks in der Landwirtschaft der Flächenzusammenlegung auf Dauer entziehen? Erst die Arrondierung gibt den entscheidenden Schub für die arbeitswirtschaftliche Rationalisierung und die Produktionssteigerung. Sie verstärkt damit auch die oben geschilderten schleichenden Einflüsse. Doch kann nicht jeder Heckenverlust der Vergangenheit der Flurbereinigung angelastet werden.

In den Bergländern leiden viele Hecken unter der Nutzungsaufgabe in steileren Lagen. Ehemalige Ackerterrassenfluren an den Hängen mit ihrem dichten Heckensystem fallen brach, die Hecken gehen in der allgemeinen Gehölzentwicklung oder in Aufforstungen unter. Viele Hecken, die vor 20 Jahren Talflanken in der Frankenalb oder im Bayerischen Wald gliederten, finden sich als klägliche Reste auf schmalen Schneisen inmitten düsterer Nadelholzdickungen wieder.

Verlustbilanz der Hecken

Mehr als andere Bundesländer ist Schleswig-Holstein von Hecken geprägt. Deren Rückgang wird hier besonders aufmerksam registriert. 1950 durchzogen etwa 75 000 km Knicks das nördlichste Bundesland. Etwa 39% oder 29 000 km sind heute nicht mehr vorhanden. Die örtliche Entwicklung wird durch mehrere genau untersuchte Testgemeinden in verschiedenen Landesteilen Schleswig-Holsteins belegt (vgl. Tabelle).[149]

Rein rechnerisch verlief der Wallheckenrückgang der untersuchten Gebiete in den letzten beiden Jahrzehnten 9–17mal, in Flurbereinigungsperioden (Beispiel Hohes Elb-

Im Winter 1980/1981 hatte das gesamte Hecken- und Terrassensystem den Rationalisierungsbemühungen der Flurbereinigung weichen müssen. Bei hohem Zusammenlegungsgrad der Flurstücke kommen die Kleinstrukturen inmitten der neuen Großparzelle zu liegen und werden daher entfernt. Offenbar war es hier nicht möglich oder es wurde nicht ernsthaft versucht, möglichst viele alte Flurstücksgrenzen mit ihren Heckenzeilen zu belassen. Durch totale und schlagartige Ausräumung wurden biologische Wechselbeziehungen zwischen dem Waldsaum im Hintergrund und der Feldflur vollständig gekappt.

ufer) sogar etwa 200mal rascher als im Jahrhundert davor. Die Flurbereinigung war an den Wallheckenverlusten seit 1964 in den Gemeinden Bliesdorf, Klein- und Groß-Wittensee sowie Breitenfelde zu etwa 80% beteiligt. Der Rest geht auf das Konto von Straßenbau, Leitungsbau und bäuerlicher »Eigenleistung«. Beispielsweise sah der Wege- und Gewässerplan der Flurbereinigung in den 8 Elbufergemeinden nur 341 km Heckenbeseitigung vor; durch eigenmächtiges Handeln von Landwirten waren aber bis 1971 481,6 km verlorengegangen (Differenz: 40%).[149]

Im Raum Idstedt schrumpfte zwar das Wallheckennetz 1954 bis 1978 »nur« von 162 km (76 m/ha) auf 105 km (50 m/ha). Jedoch sind 35 km des Restbestandes nur mehr als »Knick-Ruinen« anzusprechen, die ihre Funktion nicht mehr wahrnehmen können. Gut erhalten sind nur noch 70 km (33 m/ha).[150] Dieses Beispiel erweist, daß der schleichende Zersetzungsprozeß fast ebensoviele Hecken außer Funktion setzen kann wie die großangelegte Beseitigung (Rückgang um 57%). Höchstwerte der Knick-Ausräumung liegen in Schleswig-Holstein bei 87% innerhalb weniger Jahre.

Wallheckenverluste in verschiedenen Landesteilen Schleswig-Holsteins

	8 Gemeinden am Hohen Elbufer			Bliesdorf (Kr. Ostholstein)			Klein-Wittensee (Kr. Rendsburg)			Breitenfelde (Kr. Lauenburg)		
Stichjahr	1879	1955	1971	1877	1964	1981	1877	1974	1982	1879	1964	1982
Wallhecken (km)	743,4	709,6	228,0	68,2	55,9	20,1	71,2	47,9	22,7	152,3	129,3	36,8
Rückgang (%)	–	4	67	–	18	71	–	33	69	–	15	76
Heckendichte (m/ha)	130	124	40	104	86	31	166	111	52	121	103	29
Schwundrate (%/Jahr)		0,05	11,2		0,2	3,2		0,5	4,5		0,2	3,4

Meist überproportional schrumpften die »Redder« oder Doppelknicks. In der Testgemeinde Bliesdorf blieben von 9800 m Doppelknicks im Jahre 1877 nur 230 m übrig.[149] Dabei sind Doppelknicks um etwa 50% vogelartenreicher als Einzelknicks. 100 m Doppelknick werden von der gleichen Vogelmenge bewohnt wie 590 m Einzelknick!

Die Situation Schleswig-Holsteins ist exemplarisch für viele deutsche Wallheckengebiete. Auch in den Niederlanden scheint der Heckenrückgang ebenso rasch wenn nicht noch rascher abzulaufen. Die jährlichen Verluste schwanken zwischen 1% und 40%. 1950–1975 sind regional 24–50% aller Wallhecken beseitigt worden, in den Gebieten Twente und Goese Poel sogar 85%.[151]

In vielen Heckengebieten des Binnenlandes würde bei Fortsetzung der gegenwärtigen Tendenz der Totalverlust noch vor der Jahrtausendwende eintreten. An vielen Stellen ist der Punkt bereits erreicht, wo es nichts mehr wegzuräumen, sondern nur noch wiederanzupflanzen gibt. Im Bayerischen Wald ließen frühere Flurbereinigungen oft weniger als 10% des ursprünglichen Heckenbestandes übrig, so z. B. in Rinchnach, Rosenau, Neudorf, Hirtreut-Aschberg, Heindlschlag, Oberneureuth, Krinning, Spechting, Kollersberg und Schauberg.[152] Im oberösterreichischen Mühlviertel ging man strichweise noch rigoroser vor.

Doch setzte gerade im böhmischen Grenzgebirge auch eine deutliche Wende ein: Hinsichtlich der Hecken sind neubereinigte Gebiete wie z. B. Grainet und Hohenau auf den ersten Blick kaum noch von unbereinigten zu unterscheiden. Leider ist dieser Umdenkungsprozeß noch nicht in allen Flurbereinigungsgebieten spürbar. So wurden in einigen oberpfälzischen Bereinigungsgebieten wie z. B. Kötschdorf-Wernberg bei Pfreimd noch in den letzten Jahren bis zu 90% aller Flurhecken entfernt.[153]

Heckenverluste bedeuten natürlich auch Artenverluste. Entfernt man mit einem Heckennetz die ungefähr 900 daran gebundenen Tierarten, so bedeutet das für die gesamte Lebensgemeinschaft dieser Kulturlandschaft nicht nur einen Aderlaß, sondern einen Zusammenbruch. Da in den Knicks alle 30 m ein brütendes Vogelpaar angetroffen werden kann, kommt die Entfernung von 25 000 km Wallhecken in Schleswig-Holstein einem jährlichen Verlust von etwa 800 000 Vogelbruten gleich.[154] Durch Ersatzpflanzungen konnte der Artenverlust oft nur unzureichend gemildert werden. Beispielsweise werden alte niederrheinische Hecken von 66–86 Vogelpaaren/km bewohnt, Pappelreihen dagegen von 4 Paaren/km.[155]

Fehlen in einer Landschaft andere Lebensräume mit Heckenfunktionen, wie beispielsweise geschlossene Waldmäntel, so bedeutet der Heckenverlust auch einen Artenverlust für die ganze Landschaft. In einem Untersuchungsgebiet am Bodensee sank die Zahl der Neuntöterbrutpaare seit 1950 von 50 auf 2, beim Raubwürger von 10 auf 0. Gehölzelemente wurden in dieser Zeit weitgehend ausgeräumt.[156]

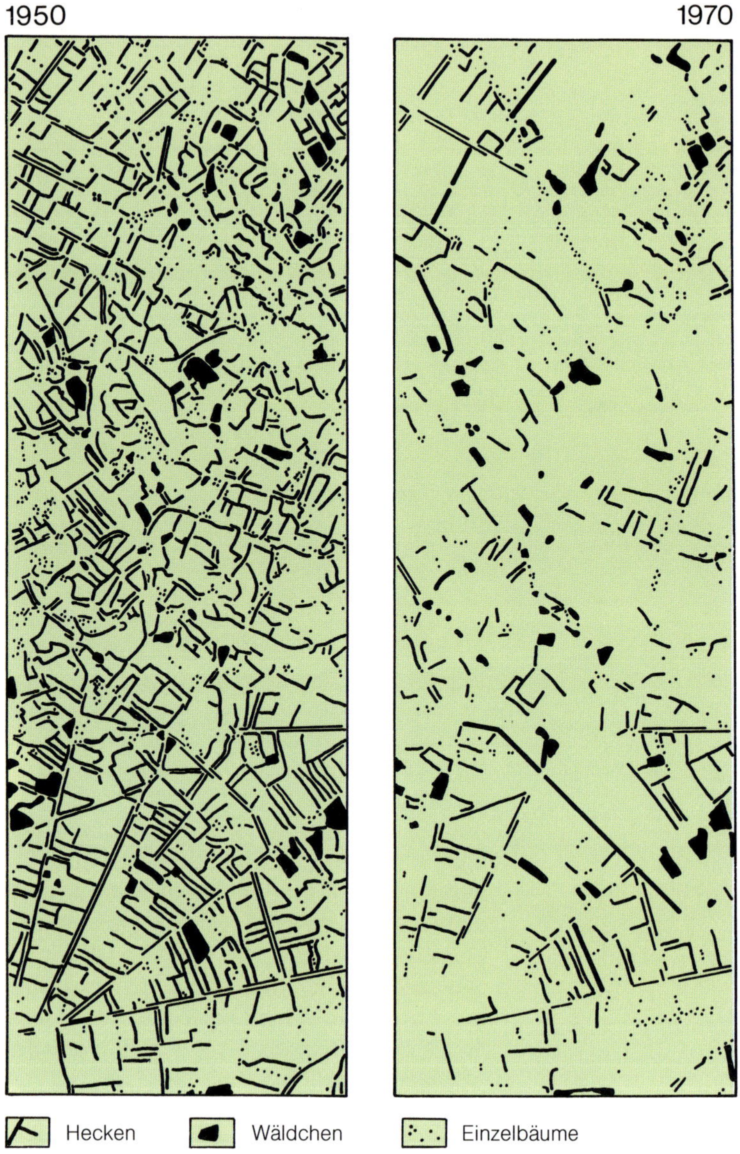

Ein 5 km langer Teststreifen in Zieuwent-Harreveld bei Groenlo (Niederlande) zeigt exemplarisch die Zersplitterung und Auflösung des Heckennetzes, ein Vorgang, wie er an vielen Stellen Nordwesteuropas in den letzten Jahrzehnten ablief (Ende 1980).
1950 bildeten Reihengehölze und Wallhekken ein gleichmäßig dichtes, kleine Räume umschließendes Netz. Die Flurbereinigung (»ruilverkaveling«) und bereits vorher durchgeführte Rodungen nahmen davon soviele Teilstücke heraus, daß die netzartigen Verbindungen weitgehend verlorengingen. Auch viele Einzelbäume, vor allem Eichen, wurden beseitigt. Als Grund für die Rodungen gaben die Bauern vor allem den Schattenwurf und Ertragsrückgänge an, Argumente, die neueren Untersuchungen kaum mehr standhalten. Gut erhalten haben sich nur die größeren Feldgehölze (»bosjes«).

Neupflanzungen als Ersatz für Verluste

Im Prinzip sind Hecken als Bodenschutz gern gesehen, leider stören sie aber häufig die neue Flurstücksverteilung. In diesem Dilemma versucht man zunehmend, für verschwundene Hecken an anderer Stelle Ersatz zu schaffen. Darüber hinaus werden schon seit den 50er Jahren erosionsgefährdete Ackerlandschaften, wie z. B. das Wiener Becken und kultivierte Moorlandschaften, mit windbremsenden Gehölzriegeln durchsetzt. 1971 bis 1980 haben die Flurbereinigungs-Teilnehmergemeinschaften in Bayern über 5 Millionen Bäume und Sträucher gepflanzt, 2 Millionen allein zwischen 1979 und 1982. Neue Hecken und Begleitpflanzungen erreichten im gleichen Zeitraum in Bayern eine Gesamtlänge von 3000 km - die Entfernung Oslo-Neapel - auf einer Gesamtfläche von 4 Millionen Quadratmetern. Im Bereich der bayerischen Flurbereinigungsdirektionen München, Landau, Krumbach und Bamberg wurden allein 1984 zusammen 66137 Bäume und 403255 Sträucher in Gestalt von fast 100 km Bodenschutz- bzw. Wege- und Gewässerbegleitpflanzungen eingebracht.[157] Der Wille der Landeskulturbehörden, ausgeräumte Landschaften zu durchgrünen, wird durch diese und viele andere Beispiele aus ganz Mitteleuropa deutlich unterstrichen.
Allerdings sind dabei einige Fragen zu stellen:

- Können neue Reihengehölze die gesamte Lebensgemeinschaft beseitigter Althecken aufnehmen? Wenn ja, welche Entwicklungszeit brauchen sie dazu? Sind sie in ihrer Vernetzung und kleinstandörtlichen Vielfalt den Althecken ebenbürtig?
- Welche Anpflanzungen können, weil im Bereich verschwundener oder aufgelichteter Heckensysteme gelegen, als direkter Ersatz gelten? Welcher Anteil entfällt auf immer schon heckenarme, aber windschutzbedürftige Ackergebiete?
- Wieviele »Planhecken« werden nicht verwirklicht, wachsen nicht richtig an oder werden nach der Flurbereinigung Zug um Zug eliminiert?

Der Grundstock einer neuen Hecke kommt aus einer Baumschule. Dort kann unmöglich die ganze Formenvielfalt der Heckengehölze und der einzelnen Heckenlandschaften herangezogen werden. Wären die richtigen Setzlinge auch verfügbar, wer registriert die genaue Altheckenzusammensetzung bis zu den Unterarten der Wildrosen und Weißdorne? Den Kartierern der »Kleinstrukturen« kann man dies nur ausnahmsweise abverlangen.
In der Vergangenheit war man sich dieser Probleme noch wenig bewußt. In den ersten Flurbereinigungen überdeckte man die Unterschiede der einzelnen Heckenlandschaften durch »Einheitshecken« mit standortfremden und sogar exotischen Gehölzen. Grau-Erle, Weichsel, Sanddorn wurden auch außerhalb ihres natürlichen Verbreitungsgebietes den Reihenpflanzungen einverleibt; die eher kalkliebenden Liguster, Wolliger Schneeball und Mehlbeere pflanzte man auch auf saure Böden außerhalb des natürlichen Gebietes der Liguster-Schlehen-Gebüsche.
Die gepflanzten Rassen können durch Einbastardierung die bodenständigen Kleinarten allmählich unterdrücken. Diese Gefahr droht beispielsweise dem Doldigen und Großfrüchtigen durch den Eingriffeligen Weißdorn. Auch der noch vielfältigere »Genpool« der Wildrosen und Brombeeren ist der erbmäßigen Nivellierung ausgesetzt. Insgesamt handelt es sich um die bisher massivste Einflußnahme des Menschen auf die erbmäßige »Werkstatt« der Wildflora in unserer Kulturlandschaft. Inzwischen ist diese Gefahr zwar erkannt, und es werden einheimische Gehölze verstärkt ausgebracht. Trotzdem ist es bisher noch nicht gelungen, den »genius loci« der einzelnen Heckenlandschaften in der Gehölzartenmischung widerzuspiegeln. Jedoch bemüht man sich weiter darum. Beispielsweise sollen bei der Heckenneuschaffung in 4 bayerischen Modellgebieten unter fachlicher Beratung eines Lehrstuhls für Pflanzenökologie die Charakterzüge des Naturraums besser berücksichtigt werden.
Nun bleibt noch eine andere Hoffnung: Was nicht gepflanzt werden kann, könnte ja von selbst einwandern. Im Schutz des künstlichen Pflanzgerüstes könnten sich alle bodenständigen Heckenbewohner allmählich einstellen. Voraussetzung dafür ist allerdings, daß genügend »Artenvorratslager« in Ge-

stalt der gewachsenen Hecken und Feldgehölze in der Nähe die Bereinigungsmaßnahmen überdauern. Die »Artenübergabe« zu den Kunsthecken wäre von vorneherein vereitelt, wenn alle gewachsenen Hecken vor Beginn der Pflanzmaßnahmen weggeräumt sind. Leider hat sich diese Hoffnung nicht einmal dort erfüllt, wo das neue Heckensystem noch mit Bruchstücken des alten durchsetzt ist.

Neuanpflanzungen enthalten auch nach 10–17 Jahren nur wenige eingewanderte Gehölze und selbst nach 40 Jahren nur 10–25% des Arteninventars gewachsener Hecken dieses Gebietes. Kräuter der Wälder und Magerrasen fehlen in den gepflanzten Hekken noch nach 15 Jahren; somit können neue Hecken nicht die alten Hecken als biologische Brücke zwischen Wald- und Trokkenbiotopen ersetzen. Leider bleibt auch die Aussicht zweifelhaft, daß sich neugeschaffene Hecken nach vielen Jahrzehnten »einrenken« werden. Was den »bunten Knicks« vor 200 Jahren in einer kaum gedüngten, anfänglich noch gehölz- und gebüschreichen Landschaft beschieden war, darf nicht von isolierten Heckenstreifen in einer artenarmen Agrarlandschaft erwartet werden. »Einwanderungskandidaten« für die neuen Hecken werden heute allenfalls von einigen Waldsäumen bereitgehalten. Als Einwanderungsblockade wirken die Herbizidbehandlung der vergrasten Heckenstreifen und ausbleibende Heckenpflege.

Viele tausend Kilometer Reihengehölze wurden seit den 30er Jahren in vorher völlig kahlen winderosionsbedrohten Ackerlandschaften angelegt, z. B. im Emsland, im Donauried und Donaumoos, im Oberrheintal und in Niederösterreich. In solchen Räumen wären sogar Pappelreihen noch ein Fortschritt. Die Pflanzstreifen müssen sich nicht an der biologischen Leistungsfähigkeit naturnaher Vorbilder, sondern nur an ihrer Bodenschutzwirkung messen lassen. Zweifellos haben sie den Bodenabtrag erheblich gemindert, ähnlich wie die gigantischen »shelterbelts« im südrussischen Steppengürtel und im Mittelwesten der USA. Immerhin haben sich die Staubsturmkatastrophen der 30er bis 50er Jahre in den ausgetrockneten Niedermoorgebieten des Münchner und Donauraumes seither nur noch in abgeschwächter Form wiederholt.

Im gesamten Pflanzprogramm spielen solche Schutzgürtel verständlicherweise eine

Eine Talstraße in den Schweizer Urgesteinsalpen wand sich vor etwa 10 Jahren um einen kleinen Felshügel. Eine vielleicht jahrhundertealte Verbauung mit meisterhaft gefügtem Trokkenmauerwerk sicherte den Hanganschnitt. Arten der Silikatmagerrassen und sogar Gehölze durchwurzelten die Fugen. Kleinsäuger, Eidechsen und Erdbienen fanden ideale Kleinlebensräume im Schutz des gemischten Böschungsgehölzes.

Dem wachsenden Verkehr wurde die Kurve zu eng. Ausbügeln der Kurve und Fahrbahnverbreiterung gingen hier nicht ohne gewaltige Eingriffe in den Hang ab. Die absatz- und fugenlose, also biologisch tote Betonstützwand war in einem Bruchteil der Zeit errichtet, die die abgetragene Trockenmauer gebraucht hatte. Nur die Apfelbäume hinter dem verschwundenen Gehölz halten noch einsame Wache auf dem Resthügel.

dominierende Rolle. Ausgesprochene Ersatzpflanzungen als Ausgleich für Heckenbeseitigung nehmen sich dagegen in der Gesamtbilanz recht bescheiden aus. In 8 Testgemeinden am Hohen Elbufer waren für die 1955–1971 verlorengegangenen 481,6 km Wallhecken nur 47 km Neuanlagen, also 10%, vorgesehen.[149] In der Gemeinde Klein-Wittensee stehen den seit Flurbereinigungsbeginn abgegangenen 25,5 km Wallhecken nur 3 km neugeplante gegenüber, von denen wiederum leider nur 1,8 km zur Ausführung kamen. Davon sind 0,22 km seit der Pflanzung zu Schaden gekommen, so daß der während und nach der Flurbereinigung eingetretene Heckenverlust bisher nur zu etwa 6% »ausgeglichen« ist.[149] Die Ersatzquote kann bis nahezu 0% absinken wie z. B. im Bereich Kötschdorf-Wernberg (Oberpfalz) und an vielen Stellen des Bayerischen Waldes. In den letzten Jahren mehren sich indessen die Verfahren, die die Heckenverluste stark einschränken bzw. die Verluste wenigstens mengenmäßig voll ausgleichen.

Wo sich Heckenzeilen beim besten Willen nicht im umgelegten Parzellenmosaik erhalten lassen, gilt heute in mehreren Bundesländern die Devise: Umpflanzen statt Wegräumen! Mit Großgeräten werden Heckenteile stückweise verlagert und wieder aneinandergefügt. Jahrzehnte oder Jahrhunderte, die eine gepflanzte Ersatzhecke bräuchte, um die Qualität von Althecken zu erreichen, werden damit quasi übersprungen. Der unbezahlbare »Entwicklungsaufwand« einer gewachsenen Heckenlebensgemeinschaft wird nicht einfach zunichte gemacht, sondern wenigstens teilweise gesichert. Zudem sind Heckenumpflanzungen billiger als Neuanlagen. Erste Erfahrungen aus dem Bayerischen Wald lassen es allerdings fraglich erscheinen, ob sogenannte »magere Hecken« nach der Verpflanzung in gleicher Form »wiederauferstehen«.

Höchste Anerkennung verdienen Heckenpflanzungen außerhalb von Flurbereinigungsverfahren durch Initiative der Landwirte. Zu 100% durch das Bayerische Alpen- und Mittelgebirgsprogramm gefördert, wurden z. B. 1984 und 1985 in der Oberpfalz 26 neue Hecken mit über 4 km Gesamtlänge angelegt. Hier lohnt es sich, dem heckenschaffenden Landwirt bei der Auswahl der landschaftstypischen Pflanzen zur Seite zu stehen. Denn: Was man selber pflanzt, erhält und pflegt man auch besser!

So breitet sich gerade bei den Hecken ein Umdenken aus. Wozu die Natur Jahrhunderte gebraucht hat, wird nicht mehr so leichtfertig geopfert wie früher. Bei den Hekken ist der Landschaftswandel deutlich gebremst. Vielerorts wäre sogar eine »Vollbremsung« möglich, ohne daß die Landwirtschaft ins Schleudern geriete.

Was können wir für die Hecken tun?

Hecken sind unentbehrlich. Sie liefern den größten Teil der Artenvielfalt einer Agrarlandschaft und sind Fundamente und Stützpfeiler für unzählige Nahrungsketten, in die auch Nutzflächen verwoben sind. Gäbe es keine Hecken mehr, wie sollte man dann die immer häufiger geforderten »Artenbrücken« über die verarmte Flur errichten?

Aber: Das Schicksal der Hecken liegt seit jeher allein in der Hand des Landbewirtschafters. Hecken sind keine von der Nutzfläche abtrennbaren Schutzgebiete. Nur vom Landwirt akzeptierte Hecken haben Zukunftschancen! Die drakonischste Heckenverordnung und die biotopfreundlichste Flurbereinigung nützen nichts, wenn der Anlieger die Hecken nur als Bearbeitungshemmnis oder Schädlingsquelle ansieht. Zu viele Möglichkeiten gibt es, um sie auf schleichende Art einzuengen und zu schädigen. Nagt sich der Pflug pro Jahr um einen halben Meter in einen Auwald hinein, so dauert es viele Jahre, bis der Biotopverlust bemerkt wird. Dagegen wäre eine Hecke schon nach wenigen Jahren vom Erdboden verschwunden.

Es kommt also darauf an, den Vorteil der Hecken den Landwirten bewußt zu machen, die Hypothek der Vorurteile abzubauen, die z. T. auch materiellen Wohlfahrtswirkungen den unbezweifelbaren Nachteilen gegenüberzustellen. Ein erster Anfang dazu ist in der landwirtschaftlichen Berufsausbildung bereits gemacht. Wichtig ist, daß neueste Erkenntnisse der umfangreichen Heckenforschung unverzüglich ins Ausbildungskonzept der landwirtschaftlichen Berufs-, Fach- und Hochschulen eingespeist werden. Ein gelegentlicher Dozentenaustausch zwischen Agrarökonomen und Biologen könnte dazu dienen, die Argumente des »anderen Lagers« besser kennenzulernen und die eigenen besser vertreten zu lernen.

Die Weichen für oder gegen Hecken werden vor allem bei Flurbereinigungen gestellt. Bei den Flurbereinigungsdirektionen ist inzwischen ein Grad der Aufgeschlossenheit erreicht, der erwarten läßt, daß derzeit noch vorkommende Heckenausräumungen die letzten ihrer Art sein werden. Es gilt nun, in allen Verfahren den positiven Beispielen zu folgen. Schon die landwirtschaftliche Chancengleichheit gebietet das!

Auch mit den oft rigorosen Schutzbestimmungen ist der anhaltende Heckenrückgang nicht in Einklang zu bringen. So verbieten § 33 des Niedersächsischen Naturschutzgesetzes und Art. 2 des Bayerischen Naturschutzergänzungsgesetzes von 1962 jede Beseitigung und Beschädigung der Hecken

Im Raum Heiligenstadt (Oberfranken) wurden flurbereinigte mit noch nicht flurbereinigten Gemarkungen hinsichtlich der Häufigkeit von Hecken, Feldrainen und Lesesteinstufen (zwischen den Äckern) verglichen (Hahn 1985). »Mittlere Anzahl« bedeutet die durchschnittliche Zahl von Schnittstellen zwischen parallelen Meßlinien und den Kleinstrukturen, bezogen auf 100 m Meßstrecke. »Mittlere Breite« und »Mittlere Höhe« ist die durchschnittliche Gesamtbreite der Hekken/Raine bzw. Gesamthöhe der Lesesteinstufen pro 100 m der Meßstrecken, ausgedrückt in Metern. Die bereinigten Hänge besitzen nur 10% der Lesesteinstufen unbereinigter Hänge. Daß der Verlust der Gesamthöhe geringer ist, deutet darauf hin, daß vor allem die mächtigeren Stufen bei der Bereinigung belassen wurden. Auch bei den Hecken ist das Verhältnis bereinigt/unbereinigt etwa 1:10, bei den Rainen und rainähnlichen Ödlandstreifen sogar 1:20 und noch weniger. Die singvogelwichtigen Dornsträucher Schlehe, Brombeere und Hekkenrose bilden über 50% der alten Hecken und fehlen in den Neupflanzungen fast völlig. Die alten, meist weniger als 100 m langen Hekken entwickelten einen jeweils individuellen Charakter. In den neugepflanzten, kilometerlangen Windschutzhekken wiederholen sich immer dieselben Holzarten alle paar Meter nach einem regelmäßigen Pflanzmuster. Der Lebensraum Hecke wird nivelliert.

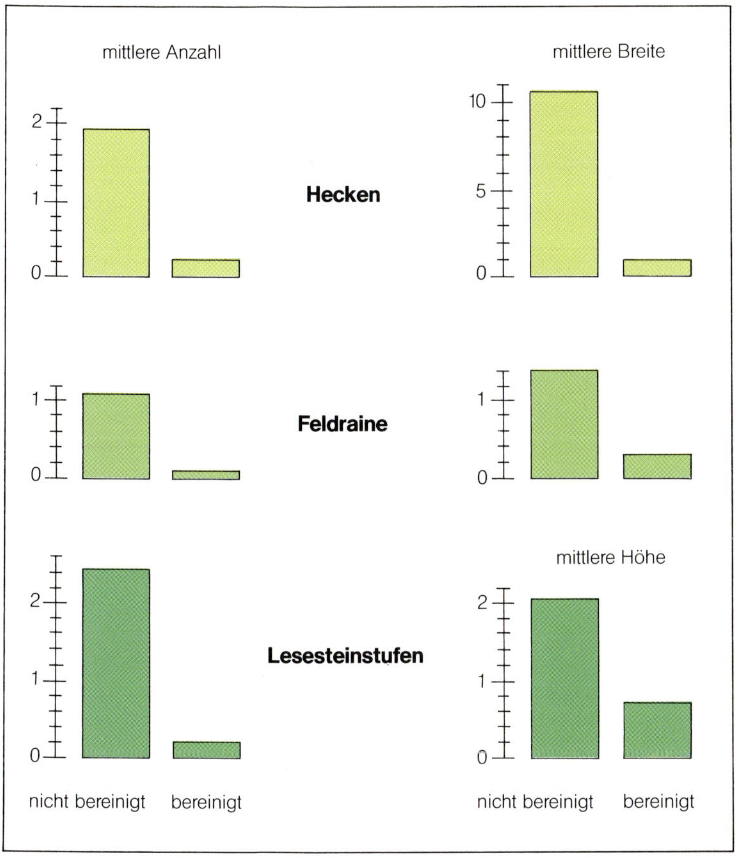

einschließlich des Abbrennens. Daß die Verlustquote in den Bundesländern ohne ausdrückliche Heckenparagraphen keinesfalls höher liegt, unterstreicht den Vorrang bewußtseinsbildender vor hoheitlichen Maßnahmen.

Wirksamer als allgemeine Verbote sind »Bremsklötze« gegen den Heckenschwund innerhalb von Flurbereinigungsverfahren. Mit Hilfe eines »Knick-Bewertungsrahmens« (in Schleswig-Holstein) und von »Kleinstrukturkartierungen« (in Westfalen-Lippe, Bayern, Rheinland-Pfalz) wird der Heckenbestand aufgenommen und bewertet. Zumindest die für besonders wertvoll gehaltenen Bestände sollen unangetastet bleiben. Zweifellos ist damit ein wichtiges Etappenziel im Ausgleich zwischen Landbewirtschaftung und Naturschutz erreicht: Die Heckendichte sinkt in derart erfaßten Gebieten nicht mehr so tief wie früher, in heckenreichen Teilen Schleswig-Holsteins z. B. kaum mehr unter 70–80 m/ha.[158]

Ehe man Heckenverluste hinnimmt, sollten alle heckenschonenden Rationalisierungsmöglichkeiten ausgeschöpft werden. Am wichtigsten ist dabei der größtmögliche Respekt vor gewachsenen Flurformen. Folgende Empfehlungen seien hervorgehoben:

- Zumindest jede zweite Flurstücksgrenze im parallelen Verband sollte eine alte Flurgrenze sein.
- Bei der Schlagvergrößerung sollten möglichst mit der Schmalseite aneinanderstoßende Flurstücke verschmolzen werden; dann müßten allenfalls die »Quersprossen« im parallelen Heckensystem geopfert werden.
- Statt Neupflanzung entlang der Reißbrett-Wege sollten sich möglichst viele Wege den bereits vorhandenen Hecken anschmiegen und diesen gleichzeitig Flankenschutz geben.
- Heckendurchlässe erleichtern die gemeinsame Bewirtschaftung benachbarter Parzellen.
- Wiederaufnahme der Heckenpflege vermindert ungünstige Auswirkungen auf angrenzende Kulturen.
- Randgräben zwischen Hecke und Acker verringern die Wurzelkonkurrenz und schaffen neue Kleinbiotope.
- In unumgänglichen Fällen sollten Hecken nicht beseitigt sondern umgepflanzt werden.
- Durch biologische Aufwertung eines belassenen Heckenzuges – z. B. durch Erweiterung zu einem Doppelknick oder Schaffung einiger kurzer Heckenverzweigungen – können unvermeidbare Verluste nahegelegener Hecken in gewissem Umfang ausgeglichen werden.

Vielflältig bewachsene, dicht vernetzte Hecken im Grünland wie im Foto links sind der ideale Lebensraum des Rotrückenwürgers (Foto rechts). Sein hoher Bekanntheitsgrad, ausgedrückt durch Volksnamen wie Neuntöter und Dorndreher, unterstreicht, wie gemein er früher gewesen sein muß. Noch in den 30er Jahren gab es Fangprämien für den Neuntöter. Heute fehlt er aber in den meisten landwirtschaftlich intensiv genutzten Räumen.

Bäume

Bisher wurden flächenhafte Lebensräume und Lebensgemeinschaften mit Tausenden von Einzelpflanzen besprochen. Die größten, ausladendsten und zugleich ältesten Lebewesen, die das Ökosystem Erde gegenwärtig »vorzuzeigen« hat, nämlich die Bäume, treten indessen nicht nur als Glieder von Pflanzenbeständen, sondern auch als Einzelelemente und eigenständige Biotope in Erscheinung. Zwar heißt es oft: »Er sieht den Wald vor lauter Bäumen nicht mehr«. Doch passiert uns Mitteleuropäern angesichts vorherrschend gleichartiger und gleichförmiger Forsten eher der umgekehrte Fall: Wir sehen oft die Bäume vor lauter Wald nicht mehr. Beim Spaziergang in den nächsten Wald stoßen wir nur noch selten auf »schöne alte« Bäume. Dazu müßten wir entlegene Naturwaldreservate und »Urwaldreste« aufsuchen, so etwa im Rothwald und Neuwald in Niederösterreich, in der Feldseewand im Schwarzwald, an der Sababurg bei Kassel, im Neuenburger »Urwald« bei Bremerhaven oder gar die 110 m Höhe erreichenden Riesensequoien kalifornischer Nationalparks. Die 62 m hohe »Luitpoldtanne« im Frankenwald, die ebenso berühmte »Ludwigstanne« im Bayerischen Wald, der »Waldvater«, ein Eichen-Methusalem am Auenrand bei Ingolstadt, die »Wolframslinde« bei Kötzting mit einem Stammumfang von 16 m oder der klägliche Überrest der altehrwürdigen »Tassilolinde« in Wessobrunn bleiben ohne »Nachfolger«, wenn ihr Schicksal vom Sturm besiegelt ist. »Baumpersönlichkeiten« ziehen sich aus der offenen Landschaft zurück. Den Letzten ihres Schlages begegnet man heute eher im Umgriff von Schlössern, Klöstern, neben Kult- und Gedächtnisstätten, auf Aussichtspunkten, auf Dorfplätzen.

Nur im Freistand wird der Baum zum beherrschenden Landschaftsmittelpunkt, zum ebenbürtigen Gegenpol oder Partner von

Der Baum in
schaft – diese
beschäftigte d
schutz vor 50-
ren viel mehr a
wässerausbau,
rasendüngung
Gewässerverscl
zung. Vor dem K
hatten viele Lanc
zwar noch kein Flächenschutzgebiet, aber viele geschützte Einzelbäume.
Dennoch gerät heute der frei stehende Baum mit den modernen Landbaumaschinen, Großflächensiedlungen und den neuzeitlichen Fluraufteilungen viel stärker in Konflikt als etwa eine dichte Rechteckspflanzung. Obwohl die Zahl der Bäume in den letzten Jahrzehnten eher zugenommen hat, verschwanden die landschaftsprägenden »Baumpersönlichkeiten« aus dem Landschaftsbild. Um so höheren Respekt verdienen jene Landwirte, die einen alten Baum mitten in ihrer Bewirtschaftungsfläche stehenlassen (vgl. Foto).

n. Nur hier zeigt er, was an Kraft in ihm steckt. Wer die weit hinauf entnadeltes Stan- nicht als tief beasteten Hut- er Weide erlebt hat, kann die »Brotbaumes« unserer Forst- t beurteilen. Welcher Kon- en einer windgeschliffenen, rüppelten Kratteiche am Ostsee- K... Darß und einer langschäftig-rundkronigen Furniereiche im Spessart, zwischen einer niedergeduckten, dichtastigen Buche an der Waldgrenze in den Vogesen und einem langschäftigen Hallenbuchenwald in Mecklenburg, Holstein oder auf der Alb!
Unbelaubte Einzelbäume verraten ihre Artzugehörigkeit schon von weitem durch ihre Wuchsform: durch das Verhältnis von Stamm- und Kronenhöhe, die Stammform, den Kronenumriß, die Biegung und Verzweigungsform der Äste.
Z. B. entwickeln Winter-Linden einen zugespitzten Kronenaufbau mit sehr scharfer Umrißlinie und eigenartig s-förmig aufgebogenen Hauptästen. Das Greisenalter drückt ihre Krone nieder, die oft wie ein gewaltiger Pilz auf dem massigen und häufig ausgehöhlten Stamm sitzt. Die weit ausladenden unteren Hauptäste neigen sich so sehr dem Boden zu, daß sie das Aufhängen von Kinderschaukeln geradezu herausfordern. Die langsamerwüchsige Eiche konserviert ihre Jugendform bis ins hohe Alter hinein viel besser. Die einzelnen Äste sind in ihrem Wuchs viel weniger aufeinander abgestimmt als bei anderen Baumarten. In kühnen Horizontal- und Vertikalverbiegungen schlängeln sie sich ganz im Gegenteil zum Gleichklang der Lindenäste. Schlank und rank strebt die kleinkronige Schwarz-Erle empor; in abenteuerlichen Drehungen krümmen sich dagegen die sturmerprobten Karpaten-Birken der Mittelgebirgshochlagen nur »mühsam« über den Boden.
So könnte man alle einheimischen Baumarten steckbrieflich kennzeichnen, und zwar nicht nur nach ihrer »Architektur«, sondern auch nach ihrem Wurzelaufbau, der Rindenstruktur, der durchschnittlichen Lebenserwartung, der Belaubungsdichte, den Standortansprüchen usw. Daraus ergibt sich natürlich eine unterschiedliche Rolle der Baumarten als Brut-, Nahrungs- und Aufenthaltsraum für Tierarten.

Bäume der offenen Landschaft sind indessen nicht nur als Arten, sondern meist auch als Individuen unverwechselbar. Das individuelle Gepräge haben sie nicht nur den Forstbäumen, sondern auch den meisten übrigen Lebewesen voraus. Bäume können der besonderen Umwelt ihres Standorts nicht ausweichen und haben zudem 20 bis 100mal mehr Zeit als andere Großlebewesen, sich danach auszurichten. So geheimnisvoll die »Biographie« eines alten Baumes sich in den Tiefen der Vergangenheit verliert, so deutlich konserviert er die Spuren dramatischer Ereignisse. Blitzeinschläge, Orkanböen, Schneebruchereignisse, Dorf- und Waldbrände, Übernutzung der Umgebung, Notfuttergewinnung an Baumzweigen, einschlagende Kanonenkugeln, Bombenangriffe oder auch ein neuer Kabelgraben im äußeren Wurzelbereich haben alte Bäume gezeichnet oder auch biologische Gegenstrategien ausgelöst; so etwa einen kandelaberartigen Ersatzwipfel bei einer Fichte, Umwallung einer großen Wundstelle bei einer Buche, dicke Absenkerwurzeln, mit denen fast abgestorbene Riesenlinden die Versorgungsengpässe ihres vermorschten Stammes überbrücken und sogar wieder frische Äste austreiben; Stelzenfichten verraten uns, daß sie ihre Jugendzeit auf einem umgefallenen Stamm verbracht haben, der ihnen »unter den Füßen« weggefault ist.
Bäume sind die einzigen Großlebewesen, die mehrere historische und klimatische Epochen überlebt haben. An der Verengung und Erweiterung der Jahresringe lassen sich Schwankungen der Umfeld- und Großklimabedingungen ablesen.

Bäume als Lebensraum

Einzeln, reihen- oder gruppenweise stehende Bäume, also Solitärbäume, Alleen und Haine entwickeln im Unterschied zum Wald kein bestandeseigenes Kleinklima. Da die Abschattung durch Nachbarbäume oder Unterholz meist gering ist, können Rinden- und Totholzhabitate im Stammbereich auch von wärmeliebenden Insekten besiedelt werden, die im dichten Forst im allgemeinen kein Fortkommen finden.[159] Kleinere Baumbestände dienen aber auch verschiedenen

Waldbaumbewohnern und -nutzern als Stützpunkt, Teil- oder Ganzlebensraum. Einzelbäume in der Flur können bereits von waldgebundenen Blattläusen, von Elster und Ringeltaube als Brutraum, von Grauammer, Schafstelze und Wiesenpieper als Singwarte, vom Baumpieper als Operationsbasis für Balz-Gleitflüge, vom Rebhuhn als Dekkung und von Greifvögeln als Ansitzwarte genutzt werden. Zusätzliche Bäume und Gebüsche ermöglichen weiteren Singvögeln wie Goldammer, Dorngrasmücke, Heckenbraunelle und Amsel die Brut.
Da die heutige Waldwirtschaft nur ausnahmsweise Bäume über das schlagreife Alter hinaus stehen läßt, sind Altbäume in Fluren, parkartigen Landschaften oder im Siedlungsbereich oft die allerletzten Zufluchtsstätten für Arten mitteleuropäischer Urwälder. Für holz-, insbesondere totholz- und mulmbewohnende Insekten, z.B. für rund 1000 Käferarten und damit für etwa ein Viertel der gesamten einheimischen Käferfauna, sind sie fast die einzigen Refugien. Mehrhundertjährige Überhälter aus früheren Weide- oder gar Urwäldern können Wohnstätten einer sonst ausgestorbenen Reliktfauna sein, z.B. für den Kurzschröter *(Aesalus scarabaeoides)*, der rotfaules Eichenholz frißt, den Großen Eichenbock *(Cerambyx cerdo)*, den Breitschulterbock *(Akimerus schaefferi)*, der in der Bundesrepublik ausschließlich in wipfeldürren mainfränkischen Eichen vorkommt, oder den farbenprächtigen Alpenbock *(Rosalia alpina)* auf morschen Rotbuchen des Alpenwaldes, deren Mulm vom seltenen Grünen Regenwurm bewohnt wird. Eine einzige Eiche im Münchner Waldfriedhofgebiet war die »Arche Noah« für den Urwaldkäfer *Osmoderma eremita* und seinen Bruträuber, den Schnellkäfer *Ludius ferrugineus*[159]. Hier überdauerten sie die Rodung der Laubwälder, Ausbreitung von Fichtenforsten und sogar die Bebauung des Stadtrandgebietes.
Nicht weniger wichtig sind Altbäume für Höhlenbrüter und -gäste wie z.B. Waldkauz, Kleiber und Fledermäuse. Dickstämmige Weiden gehören zu den insektenreichsten Lebensräumen überhaupt. Larven von über 100 Käferarten wie z.B. des flugunfähigen Weberbocks *(Lamia textor)*, aber auch von Schmetterlingen wie z.B. des stattlichen Weidenbohrers *(Cossus cossus)* sind auf alte Baumweiden angewiesen. 67 Brutvogel- und 41 Rast- bzw. Überwinterungsvogelarten bewohnen in der Geseker Unterbörde (Nordrhein-Westfalen) die Kopfweidengebiete.[160] Auch der Steinkauz ist gebietsweise eng an Kopfweiden gebunden. Sogar größere Wasservögel wie z.B. Eiderenten und Gänsesäger nutzen die einzigartige Nistgelegenheit auf den alten Weidenköpfen.

Bedeutung von Bäumen für Mensch und Landschaft

Über die Riesenlinde im Pfarrdorf Effeltrich in der Fränkischen Schweiz heißt es: »Sie erhebt sich mitten auf dem Dorfplatz und verfügt über eine fast einzig dastehende Baumkrone, unter der Hunderte von Personen sitzen können. Diese Baumkrone ist 7,50 m hoch und hat nicht weniger als 15 Äste, von denen jeder 9 m lang und 95 cm dick ist. Der Umfang ihres Stammes beträgt 6,80 bis 7,20 m, die Laubkrone mißt 23 m im Durchmesser. Das Geäst ist so weit gespannt und schwer, daß es von einem aus 24 Säulen bestehenden Holzbalkengerüst getragen werden muß. Die Wurzeln erstrecken sich unterirdisch bis zu 50 m weit und man würde aus dieser Linde nicht weniger als 36 Ster Holz erhalten. Der gesamte Raum unter der Linde dient als Wirtschaftsgarten, in dem schon bis

An einem heißen Sommertag drängt sich eine Schafherde im Schatten dieses unterallgäuer Einzelbaums zusammen. Solange der Mensch noch den ganzen Tag im Schweiße seines Angesichts auf den Feldern werkte, diente auch ihm der Flurbaum als willkommener Schattenbaum. Schon seit der Verkoppelung und Allmendeaufteilung im 19. Jahrhundert wurden Flurbäume Mangelware. Auch dem großen Rationalisierungsaufbruch der Landwirtschaft in den 50er bis 70er Jahren fielen unzählige »störende« Einzelbäume zum Opfer.

Eine hochgewachsene Linde bildete 1950 (linkes Foto) den Mittelpunkt des Kirchvorplatzes in Bockhorn/Lkr. Erding. Unter der unbefestigten Straße fanden ihre Wurzeln genügend Luft und Wasser, um ihrer Krone ein so imposantes Volumen zu verleihen. Für Fußgänger und Fahrradfahrer war der mächtige Stamm kein Hindernis, vielmehr Dreh- und Angelpunkt der sonntäglichen Dorfgespräche nach dem Kirchenbesuch.

1985: Der Durchgangsverkehr hat es inzwischen eiliger, die modernen Pferdestärken fordern ihren Tribut. Der Platz mitsamt der Linde mußte einer regelgerechten Asphaltstraße weichen. Ebenso Staketenzäune und nischenfüllende Vegetation und damit die schlichte, aber wirkungsvolle ehemalige Gesamtkomposition.

zu 500 Personen auf einmal Platz gefunden haben. Man glaubt, daß dieser Baum anläßlich der Gründung des Bistums Bamberg um das Jahr 1007 gepflanzt worden sei. Unter der Effeltricher Linde haben schon viele volkstümliche Feste ... stattgefunden; auch wurden unter ihr die sogenannten ›Mondscheinnächte‹ gefeiert. Der ›Plantanz‹ der Effeltricher Burschen und Mädchen wird heute noch zur Kirchweih unter der Linde getanzt. Den Erlanger Studenten war die Effeltricher Linde von jeher ein bevorzugter Tummelplatz bei ihren Ausflügen.«[161]

Bei der oberfränkischen »Lindenkärwa« wird sogar auf der Dorflinde getanzt. Limmersdorf, Peesten und Langenstadt bei Kulmbach besitzen heute noch die in die Lindenkrone hineingebauten jahrhundertealten Tanz-Plattformen.

Freistehende Linden sind im Unterschied zu anderen Solitärbäumen meist keine Überbleibsel der natürlichen Bewaldung. Ihre Wertschätzung war so groß, daß man sie auch außerhalb der natürlichen Wuchsbezirke lindenreicher Wälder anpflanzte. Lindenholz ist zwar als Bau- und Möbelholz nicht fest genug, lieferte dafür aber jahrhundertelang das Material für die Holzschnitzer. Romanische Kruzifixe, Riemenschneider-Madonnen oder Tiroler Barock-Krippen wären ohne Lindenholz in dieser Form und mit diesem feinen Gesichtsausdruck wohl nicht entstanden.

Als »heilige Bäume« (lignum sanctum) standen Linden bevorzugt auf Kirchhöfen, neben Feldkapellen oder Bildstöcken. Unzählige Bösewichter, die unter den Gerichtslinden abgeurteilt wurden, haben ebenso

wie ihre Richter vor Jahrhunderten das Zeitliche gesegnet, aber immer noch sind einige meist nur noch spärlich austreibende, vom »Baumdoktor« restaurierte Linden im Volksmund als »Gerichtslinden« bekannt.
Nichts kennzeichnet die mythische Bedeutung der Eiche besser, als ihre Personifizierung in vielen Bildern C. D. Friedrich's oder bei Bonifatius, der mit der Fällung dieses heiligen Baumes der Germanen ein heidnisches Bollwerk gegen die Christianisierung aus dem Feld räumen wollte. Trotzdem behielt das knorrige Geschlecht der Eichen im norddeutschen Raum seine beherrschende Stellung. Vor dem Siegeszug der Kartoffel war die Eichelmast ja eine der Grundfesten der Volksernährung. Bis heute ließ man sie auf hofnahen Schweineängern stehen, während andere Eichen im und vor dem Dorf der Säge weichen mußten. Was wäre Niedersachsen ohne Hofeichen, ohne die Eichen-Stühbüsche draußen im Feld oder auf den letzten Hügelgräbern, ohne die Eichenhaine, mit denen sich Einzelhöfe und Dörfer gegen Westen abschirmen?
Eichen konnte man aus den nahen Eichen-Birken-Wäldern holen oder selber heranziehen. Eichen sind genügsam, als Tiefwurzler sehr standfest, trotzen deshalb auch hohen Windgeschwindigkeiten. Mag man auch die volkstümliche Gewitterregel »Eichen sollst du weichen, Buchen sollst du suchen« anzweifeln, so wurden doch unzählige Holzgebäude durch die sie weit überragenden Eichenbäume vom Blitz bewahrt oder der Funkenflug von brennenden Reetdächern durch Eichen-Riegel am Übergreifen auf das ganze Dorf gehindert.[162]
Mehr als Linden stehen Eichen als machtvolle, hoch aufgereckte Einzelerscheinung auch weit draußen in der Flur, ohne Bezug zu Denkmälern oder Gedächtnisstätten. Am Rand der Nadelforsten haben sie häufig noch ein Refugium. Auf Rittergütern – etwa im Elberaum – und im Bereich von Schlössern, die noch im Familienbesitz stehen, fristen mächtige Alteichen ihr »Gnadenbrot« nicht nur in Alleen, sondern auch als Hutbäume inmitten der Weide. Landschaftliche Höhepunkte ergeben sich dort, wo Parkeichen, allmählich zu Hainen zusammentretend, einen nahtlosen Übergang zum Hartholzauwald herstellen, so z. B. bei Petronell unterhalb Wien. Im bäumerespektierenden England pflügen Farmer wie selbstverständlich um Feldeichen herum, die mit einigen

Die »Wallensteinföhre« bei Kriegenbrunn nahe Erlangen grüßte 1956 in die Regnitzniederung hinein. Wie viele andere Einzelbäume war ihr Name mit bedeutenden historischen Ereignissen verknüpft. Verglichen mit einer Aufnahme von 1935 (nicht abgebildet) hatte ihre Vitalität bereits nachgelassen. Vergreisungsanzeichen sind der kugelige Wuchs unter Verzicht auf einen wüchsigen Gipfeltrieb und eine kürzere Lebensdauer der Nadeln – das Fehlen älterer Nadeljahrgänge verleiht der Krone ein etwas schütteres Erscheinungsbild.

1985 war der Baumgreis schon seit etwa 10 Jahren gefällt. Höchstwahrscheinlich hatte das Ende nicht nur natürliche Ursachen. Siedlungen hatten die Föhre umzingelt, der Verkehr auf der direkt vorbeiführenden Autobahn Nürnberg-Frankfurt hatte sich immer mehr gesteigert, ein großes Kohlekraftwerk war in nächster Nähe entstanden. Streßfaktoren wie Stickoxide und Schwefeldioxid sind sicherlich nicht ohne Einfluß geblieben. Erhöhter Säureeintrag kann auch durch Basenauswaschung auf den hier schlecht gepufferten Sandböden die Nährstoffversorgung der Wallensteinföhre eingeengt haben. Das Schicksal ihres kleinen »Nachfolgers« scheint also höchst ungewiß!

Büschen mitten im Schlag stehen. In Deutschland kommt dies leider nur noch selten vor, so etwa beim Gut Grünau an der Donau bei Neuburg.

Nur weniges und ausgewähltes sei über andere Baumarten in der Landschaft berichtet. Der Berg-Ahorn, im allgemeinen kurz Ahorn genannt, ist vor allem der Charakterbaum der alpenländischen Kulturlandschaft. Sein leicht zersetzliches Laub war für die Mistbereitung begehrt. In den sogenannten »Tratten«, lichten Ahornhainen in Hofnähe, wie sie etwa das Berchtesgadener Land prägen, wurde Ahornstreu gewonnen. In den Hagen, flurbegrenzenden rechtwinkligen Baumreihen der Egartenlandschaft, spielt er heute noch eine dominante Rolle und wird beispielsweise im Landkreis Miesbach durch ein Hag-Pflegeprogramm in Ehren gehalten. Den Ahorn-Überhältern des berühmten Ahornbodens im Karwendel widmete man eigene Sanierungsprogramme.

Lieferte die Linde das Material für die Bildschnitzer, die Eiche eher für den monumentalen Holzbildhauer Barlach'scher Prägung, so der Ahorn nichts weniger als die materielle Grundlage der europäischen Musikkultur, nämlich die Böden der Streichinstrumente. Ähnliches könnte man der Esche für den Schilauf und das Wagnerhandwerk bescheinigen, der Zirbe für Wandvertäfelungen, der Lärche für Dachschindeln, der Eibe für das frühe Waffenhandwerk (Armbrust).

Einer wenig beachteten Baumart sei aber noch gedacht. Da und dort stößt man im nordwürttembergischen und mainfränkischen Raum bis ins Thüringische hinein auf große, auffallend regelmäßig gewachsene »Obstbäume«, die aber bei näherem Hinsehen das Laub einer Vogelbeere zu besitzen scheinen. Es sind die letzten Speierlinge oder Sperberbäume, einer vermutlich von den Römern nach Germanien gebrachten *Sorbus*-Art, deren derbsäuerliche Birnchen früher als Mittel gegen Durchfall und Ruhr, als eßbares Obst, vor allem aber als Mostzusatz begehrt waren. Um Frankfurt herum wurden noch vor dem 2. Weltkrieg Speierlinge den Obstpflanzungen beigemischt. Aufkäufer der Speierlingsfrüchte aus den Mostgegenden zogen weit herum und zahlten vor dem 1. Weltkrieg immerhin 15–20 Mark für den Zentner.[163] Nicht wenige fränkische Orte endigen oder beginnen mit »Sperber«. Die Würzburger Marktbeschreibung des Jahres 779 weist auf einen Speierling als Grenzpunkt im Ostbogen der Stadt hin: »in den ostaron egalseo, dar der spirboum stuont«. Vor dem 2. Weltkrieg waren die wärmeren Teile des nördlichen Süddeutschland geradezu reich an Speierlingen. Damals fanden sich »Stärken von ½ m in allen Wäldern um Würzburg«.[163] Zwar existiert der mit 1,30 m Stammdurchmesser größte deutsche Speierling zwischen Virnsberg und Sondernohe an der Frankenhöhe noch, doch lassen sich die letzten ihrer Art etwa im unterfränkischen Raum nur noch bei detektivischer Nachsuche auffinden. In ehemals speierlingsreichen Gebieten wie z. B. im Steigerwald stehen die letzten, nachwuchslosen Überhälter fein säuberlich registriert in den Wirtschaftswäldern. Speierlinge im Feld sind seltene Naturdenkmale geworden.

Rollenwechsel des Baumes in der Landschaft

Das Ende der 800-jährigen »Richtereiche« bei Neuhaus a. d. Waldnaab wird folgendermaßen geschildert: »Den Stamm konnten 4 Mann nicht umklaftern, eine gewöhnliche Säge war deshalb zu kurz und es mußte eigens eine gemacht werden. 4 tüchtige Holzhauer begannen die Arbeit, Hieb um Hieb sauste in das knorrige Holz des Baumriesen, 2 Tage lang kreischte die Säge, Keil um Keil wurde in die Nute getrieben, schon neigte sich die Riesenkrone, nochmals setzte das Beil ein, ein letztes Zittern, ein Stöhnen, langsam neigte er sich zur Seite, und dann ein Sausen, ein Krachen, daß die Erde zitterte – der Riese lag am Boden ... Jeder Zuschauer fühlte, daß etwas geschehen war, was besser unterblieben wäre. Anstelle des herrlichen Naturdenkmals war ein großer leerer Raum entstanden. Der Einheimischen, welche an den alten Baum gewöhnt waren, bemächtigte sich ein großer Unwille gegen die Beseitiger. Alles war empört, daß die alte Richtereiche dem Eigennutz zum Opfer fallen mußte ... Außer dem Nutzholz wurden noch 36 Ster Brennholz gewonnen. ... Der Beseitiger hatte kein Glück mehr, sein Ansehen schwand immer mehr und er verkaufte deshalb sein Anwesen, das schönste und größte im Markte und erwarb ein anderes Gut; aber auch da war ihm das Glück nicht hold ... In kurzer Zeit verspekulierte er den größten Teil seines Vermögens und sank mit der Zeit zum gewöhnlichen Schmuser herunter, um in größter Armut zugrunde zu gehen ... War es etwa die Rache der alten Richtereiche? Wie ein Bannfluch hat sie diejenigen getroffen, die ihre Vernichtung bewerkstelligt hatten. Zur Erinnerung wurde an die Stelle der Richtereiche ein Marterl gesetzt, das das Pietabild, welches früher an dem Baume hing, aufnahm und folgende Widmung trägt:

Hier stand die alte Richtereiche
Vier Mann umspannten nicht ihre Gleiche
Achthundert Jahre war sie alt
Dem Eigennutz sie als Opfer galt
Anno 1878. «[164]

Die Brunnenkapelle bei der Wallfahrtskirche St. Florian im Chiemgau hatte neben einem geistigen auch einen lebendigen Patron: Ein alter Holzbirnbaum überwölbte 1961 wie ein Torbogen den Weg.

Haben sich die 1983 festgehaltenen Veränderungen gelohnt? Wiegen die ca. 3 gewonnenen Quadratmeter nutzbarer Wiese und ein halber Meter mehr Wegbreite den Verlust des allmählich gewachsenen Ensembles auf, für dessen Harmonie selbst die geringfügig stärkere Wegkrümmung entscheidend war?

Alte, geschichtsbeladene Bäume waren immer schon im Volk verwurzelt, wie auch das Murren gegen die eben geschilderte Aktion zeigt. Die Anfänge der Naturschutzbewegung, vielleicht auch von der Blut- und Boden-Ideologie des Dritten Reiches begünstigt, waren sehr stark auf den Schutz »alter Baumrecken« ausgerichtet. In den Naturdenkmalbüchern fast aller Landkreise der Bundesrepublik spielen landschafts- und siedlungsprägende Baumgestalten klar die Hauptrolle; allenthalben sieht man das kleine grüne Dreiecksschild »Naturdenkmal« an hervorstechenden Einzelbäumen. Landwirte erhalten Urkunden der Kreisbehörde über ihre Verdienste bei der Sicherung einzelner Bäume. Baumerhaltung ist weniger konfliktträchtig als Feuchtgebietsschutz, der nicht nur größere Flächen von der Ertragssteigerung ausnimmt, sondern auch Meliorationsmaßnahmen auf benachbarten Pufferzonen erschwert. Endlich einmal ein allseits und seit langem akzeptiertes Naturschutzanliegen!

Das müßte eigentlich eine hohe Beständigkeit landschaftsprägender »Grünelemente«, insbesondere Einzelbäume, bewirken! Greifen wir zur »Bestätigung« irgendeinen für intensiv genutzte Kulturlandschaften typischen Landkreis heraus: Von den in den 50er Jahren in einer Fotoserie festgehaltenen und großenteils ins Naturdenkmalbuch des Landkreises Erding eingetragenen hervorragenden Bäumen waren überraschenderweise bis 1985

- die 4 ältesten, z.T. angeblich bis zu 1000-jährigen Hof- und Angerbäume einem Sturm zum Opfer gefallen,
- mindestens 12 Flurbäume, damals von Grünland, heute überwiegend von Acker umgeben, völlig verschwunden,
- 3 im Grünland unter Schutz gestellte und heute von Acker umgebene Flureichen wipfeldürr,
- 1 im extensiven Dauergrünland gesicherte und heute von Mais umgebene alte Birke völlig abgestorben,
- 1 den Kirchenvorplatz beherrschender Baum dem Straßenausbau zum Opfer gefallen (vgl. Fotopaar S. 157),
- 2 Eichen auf dem Anger vor der Kirche heute in einer Bungalowsiedlung eingezwängt und absterbend,
- 1 den Dorfeingang beherrschende Eiche einer Geflügelhaltung gewichen (vgl. Fotopaar S. 175),
- 1 kapitale Eiche völlig in eine Aufforstung eingewachsen.

Daraus läßt sich keineswegs eine allgemeine Baumfeindlichkeit etwa der Landwirte ableiten, wiewohl der eine oder andere Flurbaum vor allem in den 50er und 60er Jahren im Zuge von Intensivierungsanstrengungen beseitigt wurde. Zu denken gibt aber der mehr oder weniger gleichzeitige Sturmtod der Baum-»Methusalems« und vor allem die Wipfeldürre keineswegs vergreister Flurbäume in umgebrochenen Grünlandgebieten. Die Annahme konstitutioneller Schwächung entweder durch »neuartige« Baumschäden oder Einflüsse der Agrarintensivierung im Umfeld des Baumes liegt nur allzu nahe.

Straßen- und Wegsäume

Mit knapp 2 km/km^2 hat die Bundesrepublik Deutschland das viertdichteste Straßennetz der Welt. Unter Einschluß der Wirtschaftswege dürfte das »Niemandsland« zwischen Straßen bzw. Wegen und Wirtschaftsflächen kaum weniger als 4% der Landesfläche einnehmen. Das ist etwa soviel wie alle durch die Biotopkartierungen erfaßten Flächen und ein Mehrfaches anderer Lebensräume wie z.B. Heiden, Küstenbiotope und naturnaher Moore.

Die straßen- und wegbegleitenden Gras-, Stauden- und Ödlandstreifen, Böschungen, Gebüsche, Alleen und Gräben sind sowohl von der Straße als auch von der durchschnittenen Landschaft her geprägt: Wärmestau, geringe Luftfeuchte, Wind-Düsenwirkungen in Einschnitten und ständige Luftbewegung durch die Fahrzeuge erzeugen ein steppenartiges Kleinklima. Fahrzeuge und Verkehrsteilnehmer, früher auch wandernde Herden, verschleppen Pflanzensamen. Fahrtwindstöße reißen Samen und vielleicht sogar fruchttragende Pflanzenteile ab. Das Bankett, bei alten Bauernwegen auch der Streifen zwischen den Fahrgeleisen, unterliegt einer mäßigen mechanischen Belastung.

Nicht ohne Folgen bleibt andererseits die von Fahrbahnen ausgehende Fremdstoffbelastung – Tausalz, Reifenabrieb, Kohlenwasserstoffe, Schwermetalle usw. – und der seitlich abfließende Schmutzwasserschwall bei Regen. Dafür bearbeitet der Mensch diese Randstreifen im allgemeinen recht extensiv und nur in unmittelbarer Fahrbahnnähe. Die Straßen- und Wegsaum-Flora kann sich daher in vielen Fällen ohne die in Wirtschaftsflächen üblichen »Mäh-Katastrophen« entfalten. Pflanzennutzende Tiere profitieren von dieser Störungsarmut und müssen sich nicht ständig nach Ausweichflächen »umsehen«.

Viele Straßen und Wege veränderten seit dem Mittelalter weder ihren Verlauf noch

Diese ehemalige Moor- und Geestlandschaft zwischen Weser und Elbe wird von Intensivkulturen (z. B. Mais) und eintönigen Fettweiden beherrscht. Wie belebend wirkt da eine seit Jahrzehnten nicht mehr ausgebaute Chaussee, die über Kilometer von Wildstaudenbändern oder einem verwachsenen Graben mit Kleinröhrichten begleitet wird! In solchen Gebieten können Straßen- und Wegsäume die wichtigsten Insektenlebensraume überhaupt sein. Schwanenblume, Wasserfeder und Froschbiß können etwas breitere Gräben besiedeln – so etwa in Ostfriesland. Distelfinken ernten die reifen Distelköpfe ab.

ihre Breite. Ihre Säume konnten sich daher jahrhundertelang bis in die Nachkriegszeit mehr oder weniger ungestört entwickeln. Einige Römerstraßen-Abschnitte haben sich sogar über fast 2 Jahrtausende mit ihren Randstreifen erhalten. Viele Feldwege dürften indessen erst nach der Allmende-Aufteilung im frühen 19. Jahrhundert entstanden sein.

Wege und ihre Randstreifen dienen anderen Biotopen als Pufferzonen gegenüber schädlichen Einflüssen der Kulturflächen wie z. B. Einwehung von Dünger oder Spritzmitteln. Gleichzeitig verbinden sie viele Lebensräume durch entsprechende Standortbedingungen netzartig in der Landschaft, indem sie Teile von deren Arteninventar aufnehmen, oder für bestimmte Tierarten Teillebensräume bieten.

Lebensräume an Wegen und Straßen

Im Normalfall folgt auf die asphaltierte Fahrbahn nur ein schmales, schütter bewachsenes Bankett und ein wenige Meter breiter Grasstreifen bis zur Ackergrenze. Hier findet sich das unverwechselbare Blau der Wegwarte *(Cichorium intybus)*, eines Urahns unserer heutigen Salatpflanzen, oft zusammen mit den filigranen Gestalten von Wilder Möhre *(Daucus carota)* oder Pastinak *(Pastinaca sativa)*.

Eine »moderne Wegwarte« mit erstaunlichem Ausbreitungsvermögen bildet heute an nahezu allen stärker befahrenen Straßen einen braunvioletten Saum genau an der Grenze von kaum bewachsenem Bankett und Grasstreifen: das Andelgras *(Puccinellia distans)*, welches sich von den Salzwiesen der Küste aus, dem Tausalz folgend, das Straßennetz im Binnenland eroberte.

An einer alten Chaussee in der norddeutschen Geest hat sogar der feldsteingepflasterte »Winterweg« in der Fahrbahnmitte Biotopqualitäten: Den fugenbewohnenden Erdbienen, Erdwespen und Ameisen konnte der Wagenreifen nichts anhaben. In der aktiven Periode der Insekten wichen Pferd und Wagen ohnedies auf die ungepflasterten »Sommerwege« aus. Unregelmäßig hin und her pendelnd, schufen die Huftritte und Wagenreifen immer wieder offene Pionierstandorte, ließen aber auch noch Raum für Silbergrasfluren, Kleinschmielenfluren, Grasnelkensäume, für fallgrubenbauende Ameisenlöwen, unruhig aufstiebende Sandlaufkäfer und sogar für Laichpfützen der Kreuz- und Wechselkröte. Wechselfeuchte, sporadisch befahrene Dellen waren die Nischen für seltene Vertreter der Kleinlings- und Zwergbinsenfluren, so etwa den Bitterling *(Blackstonia acuminata)*, den Fadenenzian *(Cicendia filiformis)*, den Sumpf-Enzian *(Gentiana uliginosa)*, den Kleinling *(Cetunculus minimus)*, den Zwergflachs *(Radiola linoides)*, die Knorpelblume *(Illecebrum verticillatum)* und das Kleine Tausendguldenkraut *(Centaurium pulchellum)*.

Auf diese Pionier- und Sandrasenzone folgt nach außen ein Staudensaum aus Brombeere, Himbeere, Weidenröschen und vielen Arten der Knicks. Hecken, Gehölzreihen, Birkenalleen oder auch Gräben stellen den Übergang zum Kulturland her. Wege dieser Ausprägung sind also Biotop-Stränge aus mehreren, sich hervorragend ergänzenden Teil-Lebensräumen. Wo sie noch erhalten sind, gehören sie zu den Höhepunkten der ansonsten stark ausgeräumten Flachlandschaft. Ostpolnische Kulturlandschaften geben heute noch einen Begriff von der Biotopvielfalt, die der Mensch entlang seiner Verkehrswege unbeabsichtigt schuf.

Im Berg- und Hügelland begleiten immer wieder Einschnitte und Böschungen die windungsreichen Verkehrswege. Häufig sind sie Abbild und Überbleibsel von Magerrasen und Extensivwiesen, die außerhalb des Straßenraums längst der Intensivierung zum Opfer gefallen sind. Wegraine und -böschungen liefern oft die letzten Demonstrationsbeispiele für magere Glatthaferwiesen mit Karthäuser-Nelke, Wiesen-Salbei, Margerite, Bocksbart und Wiesen-Glockenblume; hier zirpen die letzten Grillen-»Orchester« und gaukeln noch Schwärme von Bläulingen. Frische Anschnitte besiedeln sich in einigen Sand- und Kristallingesteinsgebieten sehr rasch mit Berg-Sandrapunzel *(Jasione montana)*, Pechnelke *(Viscaria vulgaris)*, Silber-Fingerkraut *(Potentilla argentea)*, Flügel- und Besenginster *(Genista sagittalis, Cytisus scoparius)*. Der Wärmestau asphaltierter Straßenkörper scheint an manchen Stellen sogar gefährdete Pflanzenarten wärmelie-

bender Waldsäume wie z. B. Schwärzenden Geißklee *(Lembotropis nigricans)* und Dolden-Wucherblume *(Chrysanthemum corymbosum)* zu fördern.

Hohlwege beherbergen insbesondere an meterhohen, immer wieder abbröckelnden Lößwänden eine ganz eigenständige Fauna z. T. sehr seltener Hautflügler.

Veränderungen der Straßen- und Wegsäume

In den 60er und 70er Jahren wich das alte windungsreiche Straßen- und Wegenetz immer mehr den Sachzwängen einer exponentiell wachsenden Motorisierung - und mit ihm die oftmals jahrhundertealten Weg- und Straßenrandbiotope. Asphaltierung, Verbreiterung und Begradigung gehen Hand in Hand. Auch die unveränderten Trassen wurden zusehends in die moderne Straßenrandpflege einbezogen. Abscheren der Bankettvegetation, zu häufiges Mähen, teilweise auch Herbizideinsatz störten die Abfolge der Kleinlebensräume und unterdrückten die als Ersatz für verdrängte Trockenbiotope und Feldraine so dringend benötigten blütenreichen Staudenfluren. Immerhin wurden alte Straßenverläufe wenigstens abschnittsweise oder halbseitig in das neue »Graue Netz« übernommen und damit einige Böschungs- und Rainbiotope erhalten. Größere Kurvenradien und verringertes Fahrbahngefälle führten zu unerhörten Erdbewegungen (vgl. auch Bildpaar S. 150/151). Die neugeschaffenen Rohbodenstandorte an den Einschnitten und Straßendämmen könnten prinzipiell genauso wie ältere Anschnitte Arten aus umliegenden Biotopen aufnehmen und damit zur Erweiterung bedrohter Mangelbiotope der Agrarlandschaft beitragen. Leider sind die artenliefernden Biotope aber meist schon zu klein und zu weit entfernt, um genügend »Samendruck« für neue Straßenböschungen erzeugen zu können. Auch die zunehmende Konkurrenz von Allerwelts-Wildkräutern aus den Kulturflächen läßt nur in Sonderfällen eine naturschutzbedeutsame Lebensgemeinschaft entstehen. Selbst gutgemeinte Umpflanz- und Aussaataktionen können hier keine ernsthafte Abhilfe schaffen.

Im räumlichen Gefüge der Lebensgemeinschaft noch bedeutsamer als Straßenränder waren mehrere hunderttausend Kilometer

Eine Kreisstraße bei Oberpfaffenhofen im Lkr. Starnberg war 1963 von einer bunten Staudenflur aus blaublühender Wegwarte *(Cichorium intybus)*, Bärenklau *(Heracleum sphondylium)* und Zweijährigem Pippau *(Crepis biennis)* gesäumt. Auch in diesem Fall lieferte der Straßensaum den im Jahresverlauf beständigsten Insektennahrungsplatz dieser intensiven Agrarlandschaft.

Zur Zeit der Wegwartenblüte hatte der Saum 1985 ein völlig anderes Aussehen. Straßenrandpflege (regelmäßiges Mähen mit dem Mähbalken, Herbizide) hatten die Staudenflur restlos beseitigt. Eine eintönige »pflegeleichte« Grasflur war an ihre Stelle getreten. Die Verarmung unserer Straßensäume spielte sich auf Tausenden von Kilometern ab. Gottseidank ist zumindest in diesem Bereich nicht aller Tage Abend. Bei geringfügiger Umstellung der Straßenpflege würde sich der Zustand von 1963 rasch wieder einstellen.

an Feldwegen. Sie durchwirkten mit ihren höchstens vom fallenden Tierkot gedüngten Mittelstreifen und den mageren Wegborden spinnennetzartig die Gemarkungen. Wegeverläufe paßten sich feinfühlig der Oberflächenform an und steigerten das landschaftliche Erscheinungsbild. Kleine Schürfstellen, in denen die Bauern in eigener Regie das Wegeunterhaltungsmaterial gewannen, entwickelten sich zu Uferschwalbenkolonien, Amphibienlaichplätzen, Feldgehölzen oder Magerrasen.

Die moderne Flurbereinigung plant oft völlig neue Wirtschaftswege in meist geringerer Dichte und mehr rechtwinkliger Trassierung. Fast schlagartig wird das jahrhundertealte Wegesystem mit seinen Saumbiotopen aufgehoben und durch ein in wenigen Monaten geschobenes bzw. aufgeschüttetes, moderne Schlepper tragendes Netz ersetzt, das auch dem Mähdrescher ein Durchkommen ermöglicht. Den wegegebundenen Lebensgemeinschaften bleibt kaum Zeit zur »freiwilligen Umsiedlung«. Abgesehen davon bieten neuzeitliche Wirtschaftswege im allgemeinen keine gleichwertigen Kleinstandorte an – wiewohl derzeit in einigen Pilotprojekten von den Flurbereinigungsverwaltungen nach biologisch wirkungsvolleren Ausbauweisen gesucht wird. Nichtsdestoweniger ist das Netz der befestigten, als Biotopstruktur also unwirksamen Wirtschaftswege in der Bundesrepublik Deutschland schon etwa 7mal so lang wie der Erdumfang.[165] Befestigte Feld- oder Waldwege wirken weit stärker als schütter bewachsene »Bauernwege« als Barriere auf einen Teil der an der Oberfläche lebenden Tierwelt, so z. B. auf Kleinsäuger.[166] Die durch Autostraßen noch unzerschnittenen Räume, von denen es in der Bundesrepublik nur mehr 371 in einer Größe über 100 km^2 gibt,[167] werden also durch das Netz der ausgebauten Wirtschaftswege in noch kleinere »biologiscne Käfige« allerdings niedrigerer Barrierenhöhe unterteilt.

Auf alle Fälle aus dem landwirtschaftlichen »Verkehr gezogen« werden kaum maschinenpassierbare Wegestücke, z. B. windungsreiche Abschnitte, Steilstellen und Hohlwege; Wegebereiche also, die am reichhaltigsten mit Begleitbiotopen ausgestattet sind. Nur wenigen der funktionslos gewordenen Hohlwege bleibt das Schicksal der Totalverfüllung, der wilden Ablagerung von organischen Rückständen und Abraum oder der völligen Verbuschung erspart. Von den einst viele Kilometer langen, z.T. schluchtartig eingetieften Löß-Hohlwegen des Kaiserstuhls im Breisgau blieben nach der allgemeinen Rebumlegung nur mehr 2 km völlig intakt. Die einzigartige Insekten-Lebensgemeinschaft der Löß-Steilwände existiert in Deutschland nur noch an wenigen Stellen. Einen Begriff von der Veränderungswirkung des landwirtschaftlichen Wegebaues gibt eine Analyse der Topografischen Karten Rheinbach, Zülpich, Euskirchen im Rheinland und Ruppichteroth im Bergischen Land. In dieser überwiegend vom Getreide- und Hackfruchtbau geprägten, an sonstigen Biotopen armen Agrarlandschaft nahm die Dichte der Graswege im Zeitraum 1953–1976 von 4005 m/km^2 auf 3212 m/km^2 ab (–20%). Leicht befestigte Sand-Kies-Wege verkürzten sich von 2217 auf 1319 m/km^2 (–40%), Asphaltwege wuchsen dagegen von 421 auf 1322 m/km^2 (+314%).[168]

Ein Bauernweg bei Höhenberg (Lkr. Mühldorf) war 1978 von einem trockenen und mageren Grassaum begleitet, der durch eine Geländestufe etwas von der angrenzenden Düngung abgeschirmt war (oben). Mehrere Tagfalterarten, insbesondere Bläulinge, umschwirrten den gelb- und rot blühenden Magerstreifen mit Karthäuser-Nelken, Hufeisenklee, Tauben-Skabiose u.a. Der Wegsaum war ein Relikt verschwundener Magerwiesenformen.
1984 (Mitte) hatte eine Schubraupe die Verkehrstüchtigkeit dieses Weges etwas verbessert und dabei den Wegsaum nahezu zerstört. 1986 (unten) waren der alte Wegverlauf geändert, eine Teerdecke aufgebracht und auch die letzte Spur eines Wegsaumes beseitigt.

Alleen

Bereits in der Barockzeit erkannte man die Gestaltungsmöglichkeit von Weg- und Straßenrändern in der 3. Dimension: Man schuf bewußt die ersten wegebegleitenden Alleen. Gerade in flachen Landstrichen gliederten sie die Landschaft auf eindrucksvolle Weise, führten den Reisenden sicher und unter einem schützenden Kronendach an sein Ziel. Sie kennzeichneten ebenso den jeweiligen Naturraum mit Baumarten aus den bodenständigen Waldgesellschaften und waren gleichsam ein bedeutendes Element der Kulturlandschaft. So bemerkte man z.B. die Grenze zwischen der reichen Bördelandschaft südlich Hannover zur ärmlicheren Geest im Norden allein am Wechsel der Straßenbäume von mächtigen Linden zu anspruchsloseren Sandbirken, Stiel-Eichen oder Vogelbeeren.
Seit den 60er Jahren unseres Jahrhunderts müssen Alleen der Straßenverbreiterung oder der zu bezweifelnden Verkehrssicherheit weichen. Die vom Potsdamer Regierungsrat von Türk 1837 beschriebene Maulbeerbaumallee an der Chaussee von Berlin nach Frankfurt an der Oder kann man sich kaum mehr vorstellen. Die großen Vogelbeeralleen im Kreis Reutlingen in Baden-Württemberg sind nur noch in wenigen kläglichen Bruchstücken vorhanden, Reste alter Lindenalleen wurden erfreulicherweise zum Naturdenkmal erklärt.
Dem Schadstoffstreß, dem ein heutiger Straßenbaum ausgesetzt ist, wollte man durch die Verwendung widerstandskräftigerer Baumarten entgegenwirken. Im Fall der Linde haben giftige Zuckerarten im Nektar und Pollen von fremdländischen Lindenarten (z.B. *Tilia tomentosa*) oder Zuchtformen (z.B. *Tilia × euchlora*) mancherorts zu einem unerwarteten Bienen- und Hummelsterben geführt.

Das Schicksal unzähliger Alleen in der Hochzeit des Straßenausbaues (60er und 70er Jahre) wird durch dieses Bildpaar verdeutlicht. Im Herbst 1954 erstrahlte eine Spitzahornallee an der Kreisstraße Erding–Hohenlinden im Bereich des Hörlkofener Waldes in den schönsten Farben.

1985 war sie der Verbreiterung zum Opfer gefallen. In der Zwischenzeit hatte sich die Verkehrsfrequenz auf dieser Strecke mehr als verzehnfacht und die mittlere Fahrgeschwindigkeit etwa verdoppelt.

Ohne tödliches Risiko konnten nektar- und pollensuchende Insekten in den früher verbreiteten Obstbaumalleen weiden. Da sie kaum mehr abgeerntet werden, ist man aus Furcht vor verkehrsgefährdendem Fallobst mit der Säge rasch zur Hand oder sorgt kaum mehr für Neupflanzungen.

Ersatzbiotop Straßenrand?

Die geschilderte Bedeutung von Straßenrandbiotopen kann zu dem Schluß verleiten, Straßenbau sei im Nebeneffekt praktischer Naturschutz. Bunte Blühaspekte entlang neuer Straßen, manchmal sogar mit selten gewordenen Pflanzenarten, täuschen darüber hinweg, daß wirklicher Ersatz für seltene ursprüngliche Pflanzengemeinschaften nicht geschaffen wird. Detailierte Untersuchungen von Straßenrändern im mainfränkischen Muschelkalkgebiet haben gezeigt, daß sich auf sich selbst überlassenen neuen Straßenböschungen nicht etwa die durch starken Rückgang bedrohten »echten« Trocken- und Halbtrockenrasen sowie wärmeliebenden Saumgesellschaften, sondern bunte und unbeständige Mischungen aus den verschiedensten Vegetationstypen einstellen. Entscheidend ist nähmlich das Reservoir der angrenzenden Flächen. Selbst in direktem Kontakt zu einer »reinen« Trockenrasengesellschaft erfolgt die Ausbreitung der ihr spezifischen Artenkombination nur zögernd. Die Idealvorstellung, daß sich von einem Ausgangsbiotop erster Wahl entlang der Straßen seltene Arten bandartig beliebig weit ausbreiten, wird vor allem von »gewöhnlicheren« Pflanzen mit »Ellenbogenmentalität« durchkreuzt. Diese stellen sich den ohnehin seltenen Arten, bestärkt durch den Nährstoffeintrag benachbarter Ackerflächen, in den Weg.

Auch aus faunistischer Sicht entsteht mit einem Straßenrand keine den Ausgangszustand ersetzende Situation. Durch mehrfache Barrierewirkung des Straßenkörpers entstehen stark isolierte Tierpopulationen ohne arterhaltende Austauschmöglichkeiten und ihren Ansprüchen ausreichend großes Areal. Der Vermehrung von auf das steppenartige trockenheiße Mikroklima der Straßenränder spezialisierter Arten seht die Artenverarmung auf den enstandenen Insellagen gegenüber.

Lebensräume der Dörfer und Siedlungen

Kleinräumig verzahnen sich in den Siedlungen verschiedenartigste Lebensräume für wildlebende Pflanzen und Tiere, z. B. Wohnhäuser, Ställe, Scheunen, Geräteschuppen, Gärten, Dungstätten, Höfe, Dorfanger, Geflügelhaltungen, Obstwiesen, Wege, Wegränder, Dorfbäche und weiher. Zwischen diesen Kleinlebensräumen herrscht ein »Pendelbetrieb«, so etwa wandern Tiere der Komposthaufen im Winter in die Viehställe oder Tiere der Straßenränder in die Scheunen.

Ein Artenaustausch findet aber auch zwischen Siedlung und freier Landschaft statt. Dorfbrüter wie z.B. Mauer- und Mehlschwalbe, Steinkauz, Rotschwanz, Schleiereule oder Mauersegler dringen auf der Suche nach Nahrung oder Nistmaterial weit ins Umland vor. Umgekehrt ergattern Habicht, Sperber oder Fuchs dann und wann auch im Dorf ein Huhn oder einen Singvogel. Naturnahe Kleinbiotope wie Böschungsgehölze, Hohlwege, verfallene Mauerreste oder Bachgehölze unterstreichen die Verbindung traditioneller Dörfer zur übrigen Kulturlandschaft.

Darüber hinaus besitzen Dörfer aber eine ganz eigene Lebewelt. Denn Pflastermaterialien, schütterer Bewuchs, Windschutz und Ableitung des Oberflächenwassers in Kanälen und Regenrinnen schaffen Wärme- und Trockeninseln; Überschüttung mit Fremdmaterialien, Befahren, Betreten und Scharren, ständiges »Umräumen« und Umbauen erzeugen immer neue Pionierstandorte und halten durchsetzungsschwachen, z. T. seltenen Arten die Konkurrenz »vom Leib«. Nährstoffaufbringung durch Jauche- und Mistverluste, Abfall und Kleintierkot verschaffen der stickstoff- und phosphatliebenden Ruderalvegetation günstige Lebensmöglichkeiten. Dauerfeuchte und -schattige Winkel zwischen Gebäuden stehen im extremen kleinklimatischen Kontrast zu heißen

Dörfer sind Lebensräume für Menschen. Stets blieben aber ungenützte Winkel und Nischen für die wildlebende Tier- und Pflanzenwelt frei. Die erstaunliche Vielfalt dörflicher Kleinlebensräume reicht vom schwertlilienbestandenen, mit »Entengrütze« überzogenen Dorfteich über die hochwüchsige Staudenflur bis zum schütteren Extremtrockenrasen auf sonnigem Schotter. Kein Biotop der freien Landschaft weist eine derartige Fülle unterschiedlicher und gegensätzlicher Standortbedingungen auf. Biologische Vielfalt entsteht aber daraus nur, wenn die Ausräumung dörflicher Kleinstrukturen nicht zu weit geht.

und trockenen Dorfstraßen und Höfen. Aus dem exotischen Artenreservoir der Schloß-, Kloster-, Pfarr- und Bauerngärten sind im Laufe der Jahrhunderte immer wieder einzelne Arten »entsprungen« und haben sich in die vorhandenen Wildlebensgemeinschaften eingefügt, so etwa Immergrün, Wildtulpe und Gelber Lerchensporn. Gütertransporte, Landsknechtshorden, Viehhandel und Bevölkerungsbewegungen dürften den bereits aus jungsteinzeitlichen Siedlungsplätzen nachweisbaren Artengrundstock insbesondere seit dem Mittelalter deutlich erweitert haben.

Archaeophyten, d.h. in historischer und vorgeschichtlicher Zeit aus fremden Florengebieten eingeschleppte Pflanzenarten, sind daher für unsere traditionellen Dörfer besonders typisch. In der übrigen Natur- und Kulturlandschaft waren alle biologischen Nischen längst besetzt, so daß sie fast ausschließlich im Siedlungsbereich Fuß fassen und bis heute überleben konnten. Sehr bekannte und verbreitete Arten sind darunter, wie z.B. Eisenkraut *(Verbena officinalis)*, Schwarznessel *(Ballota nigra)* und Kleine Brennessel *(Urtica urens)*, aber auch Raritäten mit besonderer medizinischer Tradition, wie z.B. Gift-Schierling *(Conium maculatum)*, Herzgespann *(Leonurus cardiaca)*, Osterluzei *(Aristolochia clematitis)*, Andorn *(Marrubium vulgare)* und Katzenminze *(Nepeta cataria)*. Mit insgesamt 136 Heil-, Gift- und Wildgemüsepflanzen übertreffen die Ruderalstandorte, also die Siedlungsbereiche, Schuttplätze und technischen Ödländereien, alle anderen mitteleuropäischen Lebensräume bei weitem.[169] Nicht umsonst sagte Friedrich Schnack den Heilkräutern eine lästige Anhänglichkeit an den Menschen nach.[170]

Die knapp 1000 wildwachsenden Pflanzenarten der Dörfer wachsen indessen nicht wild durcheinander, sondern bilden ein feines räumliches Gefüge: Wald- und Feuchtstandortsbewohner sitzen in Gartenrandhekken und am Bachlauf; kurzlebige Ruderalgesellschaften, wie z.B. Kamillen-Vogelknöterich-, Wegerich-, Gänsefuß- und Wegmalven-Brennesselfluren, können dank ihres kurzen Lebenszyklus auf stark mechanisch belastete Flächen und Gänseanger ausweichen. Schöllkraut, Guter Heinrich und Schwarznessel suchen die stickstoffreiche Nähe des Menschen, das Eisenkraut vor allem um alte Dorfschmieden herum. Auffälliger blühen die meist zweijährigen Pionierbesiedlungen auf den nährstoffarmen Schotter- und Lagerplätzen, tonangebend vor allem Natternkopf *(Echium vulgare)*, Stein- und Honigklee *(Melilotus albus, M. officinalis)*, Nachtkerzen *(Oenothera)* und Nickende Distel *(Carduus nutans)*; auf frischen, erdigen Abraumstellen greifen rasch die ebenfalls sehr bunten Eselsdistelfluren mit Königskerzen *(Verbascum)*, Eselsdistel *(Onopordon)*, Kugeldisteln *(Echinops)*, selten auch Bilsenkraut *(Hyoscyamus niger)* und Stechapfel *(Datura stramonium)* um sich. In kühleren Ecken bilden sich hohe Staudenfluren aus Ampfer, Klettenarten und Rainfarn. Eine eigenständige Flora sitzt in den dörflichen Mauerfugen, die sich durch bessere Stickstoff- und Phosphorversorgung von natürlichen Felsfugen unterscheiden: Viele unverputzte Kirchhofmauern sind vom Zymbelkraut *(Linaria cymbalaria)* überrankt; aber auch »Irrgäste« aus den alpinen Schuttfluren wie z.B. der Schild-Ampfer *(Rumex scutatus)* tauchen gelegentlich weit vor den Alpen in Kirchhofmauern auf. Solche »anthropochoren«, d.h. dem Menschen unmittelbar zugewandten Pflanzengemeinschaften hatten früher eine vielfältige Bedeutung: als Wildgemüse, Farbstoff, Heiltee und Spinnfaser, Flecht- und Bindematerial, als Sinnbilder des Aberglaubens, als Würzwisch zur Kräuterweihe, als Duftkraut ins Gesangbuch. Die Kräuterheilkunde rankte sich im Hoch- und Spätmittelalter um weltberühmte Namen wie Hildegard von Bingen, Albertus Magnus und Paracelsus. Nach erneuter Blüte im 18. und 19. Jahrhundert, als das Buch »Chrut und Unchrut« des Kräuterpfarrers Künzle eine Millionenauflage erreichte, wurde sie durch die moderne Medizin in den Hintergrund gedrängt. Immer neue Heilpflanzenbücher und die beliebten Kräuterwanderungen deuten allerdings eine moderne Renaissance der Volksheilkunde an.

Kaum beachtet, aber manchmal nicht weniger interessant, ist die Lebensgemeinschaft in der 1. Etage des Dorfes, nämlich auf den Dächern. Auf den Faröern, in Norwegen oder Island verschmelzen die Rasenziegeldächer zu blumenreichen und insektensummenden Wildrasen. Die letzten verwitterten Kalkschieferdächer der Frankenalb sind mit

Liebe zum Detail, zusammengefügt zu einem charakteristischen Kanon, bestimmt das 1939 entstandene Bild von Altenerding nordöstlich von München. Für die ehemalige Hofmark typische Krüppelwalmdächer, kunstvoll gestaltete Schornsteine, dezenter Blumenschmuck, »weiche« Übergänge zwischen Haus, Vorgarten und Straßenraum mit Platz für dorftypische Pflanzengemeinschaften (z.B. Käsepappelflur) erzeugen Harmonie in Farbe und Form.

einem bunten Mosaik aus Mauerpfeffer und verschiedenen Moosen überzogen. Am besten erforscht sind aber die Reetdächer Nordwestdeutschlands, in besonders hoher Zahl zwischen Weser und Elbe erhalten und im Zuge der Nostalgiewelle wieder zunehmend geschätzt. Schon nach wenigen Jahren begrünen sich die frisch mit Schilfrohr gedeckten Dächer mit Luftalgen. Blatt- und Krustenflechten breiten sich nach etwa 6 Jahren bis auf maximal 65% der Reetdachfläche aus. Nach ca. 10 Jahren drängt sich das Moos *Dicranoweisia cirrhata* in den Vordergrund, wird aber bald durch andere Moose und endlich eine Kraut- und Strauchgesellschaft abgelöst. Durch Abharken, Regengüsse oder Schneeabrutschungen beginnt diese Serie von neuem, andernfalls entwickelt sich ein mehrschichtiger Biotop mit Reitgras *(Calamagrostis canescens)*, Wollgras *(Eriophorum angustifolium)*, Moor-Birke *(Betula pubescens)* und Eberesche. Solche »Reetdachgehölze« sind zu 100% mit Pflanzen bedeckt, die in der etwa 10 cm tief verrotteten Reetschicht wurzeln. Verständlicherweise erreichen sie aber dieses Stadium nur selten, werden vorher abgerissen und neu gedeckt.[106]

In Schleswig-Holstein spiegelt die Reetdachvegetation sogar die Niederschlagsabnahme von Westen nach Osten wider. Auch die Artenvielfalt und Entwicklungsgeschwindigkeit der »Dachbiotope« sinkt von der Nord- zur Ostsee hin ab. Unter Storchennestern entwickeln sich gedüngte »Dachbiotope« mit einer abweichenden Vegetation.

Einige Moos- und Flechtenarten kommen heute fast nur auf Reetdächern vor. So z.B. besiedelt das Moos *Leptodontium flexifolium* im Bergland übererdete Felsblöcke, im Flachland aber ausschließlich Reetdächer und nur in Ausnahmefällen auch Strohdächer. Insgesamt wurden auf nordwestdeutschen Reetdächern bisher 19 Algen-, 4 Pilz-, 74 Flechten- und 29 Moosarten festgestellt. Zur typischen Kleintierwelt der Reet- oder Strohdächer gehören Rädertierchen *(Rotatoria)*, Bauchhärlinge *(Gastrotricha)*, Fadenwürmer *(Nematoda)*, Bärtierchen *(Tardigrada)*, Zwerghüpferlinge *(Harpacticoidea)*, Schimmelkäfer *(Mycetophagidae)* und Pillenkäfer *(Byrrhidae)*.[106]

Lehmverfugtes, verwittertes und rissiges Mauerwerk, bevorzugt aus Sandstein, dient mindestens 11 Bienen-, Goldwespen- und Grabwespen als Ersatzlebensraum für die

Die Gesamtkonstellation hat sich 1985 kaum verändert. Die Elemente sind jedoch andere geworden. Für den Raum untypische Flachdächer, aufgesetzte Antennen, ganzjährig starre Fichten anstatt wechselhafter, die Jahreszeiten anzeigender Laubbäume und ein bis zu den Zaunsockeln zugeteerter Straßenraum mit scharfen Kanten und begleitenden Peitschenleuchten spiegeln den auf Ordnung, Sauberkeit und technische Funktionstüchtigkeit ausgelegten Zeitgeist wider.

immer seltener werdenden natürlichen Steilabbrüche. Einige Hautflüglerarten graben ihre Wohnröhren sogar in den Sandstein ein. Für die Neuanlage von Niströhren wählen die »traditionalistischen« Seidenbienenweibchen *(Colletes daviesanus)* jenes Wandmaterial, in dem sie selbst als Larve aufgewachsen sind.[106]

Für die Mehlschwalbe sind Haus- und Stallmauern Ersatzbrutstätten für Felswände. Verschiedenartige Nischen an Gebäuden wie z. B. Gesimse, Gebälk, Holzstöße oder Dachrinnen dienen Singvögeln wie Rotschwanz, Amsel und Sperling als Nistraum. Das Innere von Häusern, Ställen, Scheunen und Schuppen ersetzt vielen Baum-, Erd- und Felshöhlenbewohnern ihre immer knapper werdenden natürlichen Quartiere. Gerade jenen größeren Arten, die wegen ihres enormen Nahrungsbedarfs die Schädlingspopulationen in Schach halten, sind auf Schlupfwinkel in Dach- und Turmböden, hinter Fensterläden, in Scheunen und Schuppen angewiesen. Eine Schleiereule nimmt pro Jahr etwa 20–30 kg Kleinsäuger bzw. 1000–1500 Hausmäuse auf; ein Schleiereulenjunges braucht täglich oft 2–3 Spatzen zu je 20–25 g.

Noch mehr Einfluß auf lästige Kleintiere des Siedlungsbereiches üben starke Fledermausbestände aus. Ein Abendsegler vertilgt pro Nacht bis zu 30 Maikäfer. Eine Kolonie von 50 Wasserfledermäusen zu je 10 g erbeutet im Sommerhalbjahr 14–29 kg Insekten.

Mancher Leser, den die Tier- und Pflanzenartenvielfalt der Dörfer überrascht, wird noch mehr über das Tierleben der Holzzäune verwundert sein. In selbst- oder von anderen Insekten vorgebohrten Holzgängen der alten Zaunpfähle leben Larven von Pracht-, Bock- und Werftkäferarten, vor allem aber insgesamt 54 Bienen- und Wespenarten, darunter 4 Arten, die erst in den letzten 10 Jahren neu für Norddeutschland festgestellt wurden. Da sich Zaunpfähle oft 10–20 °C über die Umgebungstemperatur hinaus erwärmen, sind sie Ersatzlebensräume für einen Teil jener 500 Tierarten, die durch die Beseitigung trockener und sonnenbeschienener Baumstämme an Wald- und Lichtungsrändern bedroht sind.[106]

Noch weniger würde man in den Misthaufen ein »Kleinökosystem« vermuten. Von deren bakterieller Zersetzungswärme, Durchfeuchtung und energiereichen pflanzlichen Zersetzungsprodukten profitiert eine spezifisch an-

gepaßte Lebensgemeinschaft, in der eine Reihe von Springschwanzarten *(Collembola)* eine entscheidende Rolle spielen.
Im Unterschied zur Stadt sind »richtige« Dörfer eng mit Gehölzen und naturnahen Biotopen der offenen Landschaft verzahnt. Am artenreichsten sind die nicht mit monotonen Neubausiedlungen verstellten Dorfränder, in denen sich über 40 Singvogelarten einfinden können. Aber auch nützliche und seltene Säugetiere wie z.B. die Bilche und Marderarten sowie Amphibien nutzen den Grenzbereich zwischen freier Natur und menschlichen Lebensräumen. Seitdem eine gewisse Umkehr beim Einsatz von chemischen Bekämpfungsmitteln zu beobachten ist, nimmt auch die Schmetterlingsvielfalt blumenreicher Dorfzonen wieder zu und übertrifft die intensiv genutzte Agrarlandschaft bei weitem.[171]
Aus den Dörfern nicht wegzudenken, aber leider ebenso in Auflösung begriffen wie die Wildflora, sind die Bauerngärten. Allein in den Landkreisen Fürth und Ansbach finden sich in den Dörfern insgesamt etwa 600 Kulturpflanzen.[172] Bauersfrauen aller Jahrhunderte haben die Verordnung Karls des Großen »Capitulare de villis« und Pflanzpläne der Kloster- und Pfarrgärten in den Würz- und Kräutergärtlein umgesetzt. Dies führte sogar zur Herausbildung bestimmter Kulturpflanzengesellschaften. Auch diese stellten eine Fülle von Nahrungspflanzen für die Insektenfauna der Dörfer, man denke etwa an tagaktive Nachtfalter wie Taubenschwanz und Weinschwärmer, die ihren Saugrüssel im Flug in die Kronröhre des Gartenphlox hineinstecken. Die unnachahmlich enge Verzahnung von Lebensstätten der Menschen, der Kulturpflanzen, der Haustiere, der Wildflora und -fauna macht das Wesen eines echten Dorfes aus und muß auch Leitbild für die Zukunft sein.

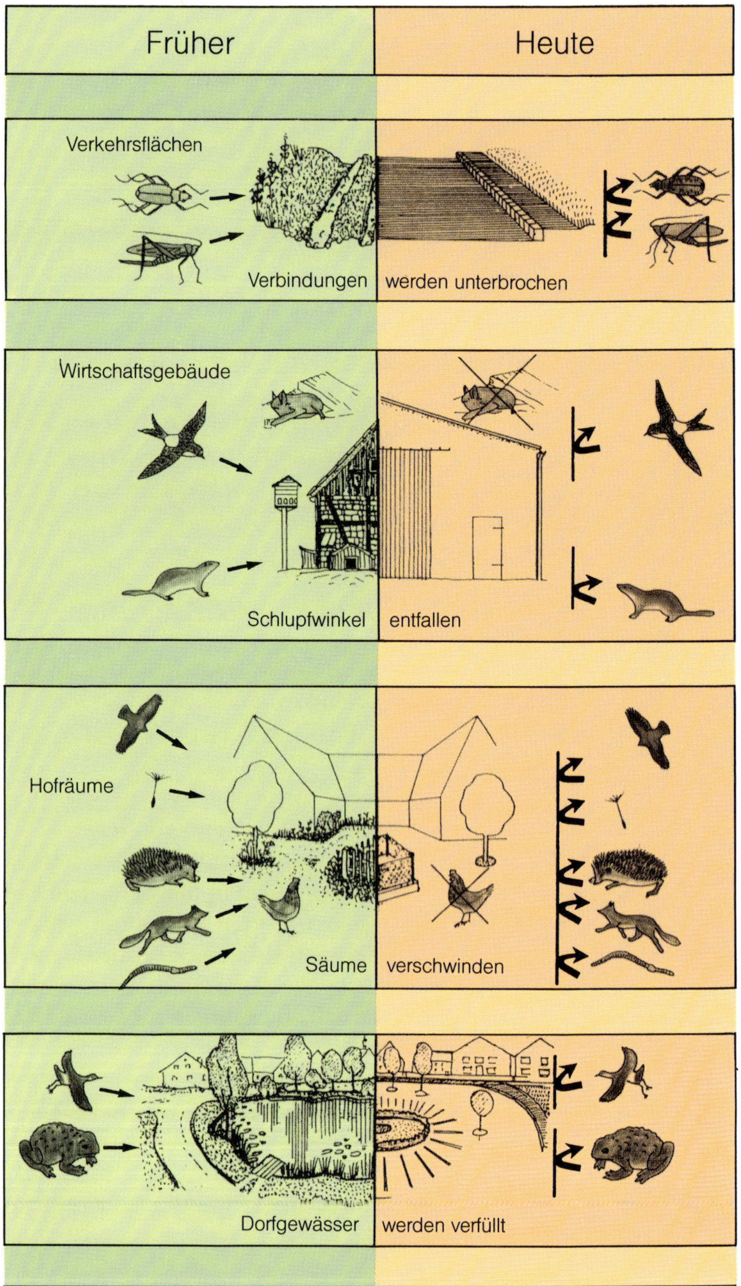

Das Schaubild zeigt, wie sich Teilräume des Dorfes (Verkehrsflächen, Wirtschaftsgebäude, Hofräume, Dorfgewässer) verändert und dabei wichtige Funktionen für bestimmte Tier- und Pflanzenarten verloren haben. Kleintiere werden an ihrer Ausbreitung gehindert (ganz oben); Schwalbe, Fledermaus und Kleinsäuger (z.B. Mauswiesel) finden keine Nistplätze bzw. Wochenstuben mehr (oben); versiegelte Flächen lassen anfliegende Samen nicht mehr keimen, Regenwurm und Igel finden weder offene Böden noch pflanzliche Nahrung und mit dem Verschwinden der »Hühnerhöfe« bleiben auch die Freßfeinde wie Fuchs oder Mäusebussard aus (unten); die Wasseramsel sucht ebenso vergebens nach einer Ansitzwarte zu Beutezügen, wenn der Dorfbach einbetoniert wurde, wie die Kröte nach einem Laichplatz, nachdem der Dorfweiher unter Abraum verschwand (ganz unten).

Bedrohung dörflicher Lebensräume

In den Grundzügen blieb der Landbau 5 Jahrtausende lang bis zum Beginn des 19. Jahrhunderts unverändert; die Grundanlage und damit Biotopstruktur unserer Dörfer war vom Mittelalter bis nach dem 2. Weltkrieg konstant. Zwischen einer Dorfdarstellung bei Dürer oder Breughel und einer Dorfpostkarte der Vorkriegszeit ist oft kein tiefgreifender Unterschied. Ludwig Richter hat die Harmonie des Dorfes in seinen Radierungen wohl am besten eingefangen. Den Lebensraum des ländlichen Menschen begleitende Wildpflanzen und -tiere hatten daher Jahrhunderte für ihre mehr oder weniger ungestörte Entwicklung zur Verfügung. Nur so konnten sich dorftypische Lebensgemeinschaften herausbilden.

Im 19. Jahrhundert setzte die Technisierung von Arbeitsvorgängen und Potenzierung menschlicher Arbeitskraft ein: Dampfkraft statt tierischer Zugkraft, Dampfpflug statt Ochsenpflug, Lokomobile statt Göpelwerk. Maschinen ersetzten die Handarbeit: Mähmaschine statt Sense, Bindemäher statt Schwadmäher oder Ableger, Sämaschine statt Säschurz. Im wesentlichen erst nach dem letzten Weltkrieg steigerten aber Verbrennungs- und Elektromotor, neuerdings auch der Computer, die Leistungskraft und damit auch den Platzbedarf des Landwirts in den Dörfern. Die Herauslösung aus der geschlossenen Hauswirtschaft wird augenfällig durch reine Futterbau-Rinderhaltungsbetriebe, reine Ackerbau- oder Sonderkulturbetriebe und bodenunabhängige Tierhaltungen.

Nun platzten die Dörfer aus allen Nähten. Von diesem Strudel wurden nicht nur die historischen Gebäude, sondern auch die weniger genutzten Freiräume und Zwickel erfaßt, in denen sich die Natur frei entfalten konnte. Besonders in der Nähe von größeren Städten verloren viele Dörfer ihr bäuerliches Gepräge überhaupt.

Mit dem Verlust der Bauernhöfe ging die alte, für viele Tierarten wichtige Bausubstanz verloren: Von den Wohngebäuden Baden-Württembergs waren 1969 nur 26,4% vor 1870 gebaut, von den 211915 Bauernhäusern jedoch 53,9%.[173] Von 1949 bis 1980 sank die Zahl der Bauernhöfe in der Bundesrepublik Deutschland von 1647000 auf 797000, also um gut 50%. Als »Ausgleich« für den Exodus des Bauernstandes siedelten sich »Stadtflüchtlinge« an; im S-Bahnbereich um München herum stieg die Einwohnerzahl von 1970 bis 1980 von 780000 auf über 1 Million. In Fremdenverkehrsgebieten zersetzten Zweitwohnungen und Altersruhesitze die Dörfer. Das bäuerliche Dorf verschwand allmählich hinter uniformen Neubausiedlungen und verstädterte auch im Inneren mehr und mehr. Das Dorf im Sinne einer »Einheit der bäuerlichen Ansiedlung mit der umgebenden Flur«[174] begann sich in den Mythos der Vergangenheit zurückzuziehen. Mit der modernen Verkehrsanbindung, den unzähligen Rückpendlern aus der großen Stadt, der Überfremdung und dem Tourismus zogen auch neue, unangepaßte Leitbilder ein. Verschönerungswettbewerbe beschleunigten die Angleichung der Ideale und die Vereinheitlichung der unendlich vielfältigen gewachsenen Dorfformen.

Wie wirkte sich diese inzwischen sehr weit fortgeschrittene Entwicklung auf die Dorflebensräume im einzelnen aus?

Asphaltierung und Betonierung vom Straßenraum oft bis in den innersten Hofwinkel beseitigte die meisten Spontanvegetations- und Ruderalbereiche an Weg- und Heckenrändern, an Wirtschaftsgebäuden, in schmalen ungenutzten Durchlässen und Zwickeln. Nicht zugeteerte Restflächen wurden als englischer Rasen oder Zierrabatte hergerichtet. Das Auskehren und Ausspritzen der hintersten Winkel nahm der dorftypischen Ruderalvegetation auch die letzten Zufluchtsstätten, zumindest auf den straßenzugewandten Seiten der Anwesen. In den Neubausiedlungen war die Wildflora von vornherein ausgeschlossen bzw. auf eine kurze Entfaltungsphase im Brachestadium des Bauerwartungslandes beschränkt.

Dem Verkehrsausbau fielen unzählige zoologisch wichtige Dorfbäume, aber auch viele Dorfteiche, Brunnen und Dorfbäche mit ihren Funktionen für Vögel, Amphibien, Uferstauden und Röhrichten zum Opfer. Mit den offenen Brunnen verschwanden die Tränkeplätze für Hufeisennasen - Fledermäuse, die wegen ihrer Unfähigkeit zu kriechen, praktisch nie auf dem Boden landen.[175] Niemand vermag zu sagen, wie vielen Unken-, Geburtshelferkröten-, Wechselkröten- und Molchpopulationen mit dem Zuschütten der Dorfgewässer der letzte Laichplatz in wasserarmen Landschaften wie Franken oder Nordwürttemberg entzogen wurde.

Die Versiegelung nimmt nicht nur den Mehl- und Rauchschwalben die pfützenreichen Lehmwege zur Beschaffung von Nistmörtel und den Tagfaltern die Ruheplätze, sondern erhöht auch den Oberflächenabfluß, trägt

zum Überlaufen von Mischkanalisationen und zur Hochwasserbildung bei.
Abgeschottet werden nicht nur die Erdoberfläche in den Dörfern sondern auch die Gebäude. Warme, dunkle und von außen leicht zugängliche Dachräume werden verschlossen oder durch glattwandige, lückenlos geschlossene Beton- und Glasbauten großenteils mit Flachdächern ersetzt. Die »Ulenflucht«, das Schlupfloch für Schleiereulen und Käuze im Giebel ist ebenso verschwunden wie der Volksglaube, Schleiereulen brächten Glück und Segen ins Haus. Fast alle der 21 einheimischen Fledermausarten kommen auch in Dachräumen vor, werden deshalb durch die Versiegelung von Häusern ebenso getroffen wie durch das hermetische Verschließen alter Erdkeller, Stollen und Bunker. Mit den hölzernen Geräteschuppen, Remisen, Zuhäuschen und Heuschobern gehen trockene Unterboden-Hohlräume, bevorzugte Quartiere z. B. für Igel, Iltis, Wiesel, verloren. Abriß und Gebäudesanierung alter Fachwerkbauten, Holzstöcke und -verschalungen nimmt staatenbildenden Insekten ungezählte Zugänge in Form von Astlöchern, Rissen und Fugen. Die Zugänge unter den Dachziegeln müssen neuartigen Belägen weichen. Mit den alten Reet- und Strohdächern verschwinden Lebensräume für Stengel- und Halmbrüter, wie z. B. verschiedene Grabwespen-, Faltenwespen- und Bienenarten.[176]
Rauchschwalben, die einst als Glücksbringer willkommen waren und zur »Musik« des Dorfes beitrugen, leiden ganz besonders unter dem Verlust alter Gebäude mit Einflugöffnungen; ihr Rückzug ist ein Indikator für den Rückzug der traditionellen Rinderhaltung, denn 70% der Rauchschwalbennester finden sich in Kuhställen.[175]
Ausnahmsweise können Arten aber auch von neuen Bauweisen profitieren. Z. B. wurden die größten in Bayern bekannten Kolonien des Abendseglers, einer Fledermausart, hinter Eternitplatten von mehrgeschossigen Wohnhäusern gefunden.[176]
Den Neubaugebieten am Ortsrand fielen häufig die zoologisch und botanisch so wichtigen Übergangsbiotope zur offenen Landschaft wie Obstwiesen, Kopfweidenreihen, heckenreiche Trockenhänge und nicht zuletzt die bunten, vielfältig bewachsenen Krautgärten zum Opfer. Damit verschwanden attraktive Frühjahrswiesen mit Träubelhyazinthe, Lerchensporn, Blaustern und Märzenbecher, aber auch die Bruträume für Kleinspecht, Steinkauz, Wiedehopf, Wendehals, Rotkopfwürger und viele andere.
Mit den Neubaugebieten hielt auch die moderne Straßenbeleuchtung ihren Einzug ins Dorf. Leuchtstoffröhren und insbesondere Quecksilber-Hochdruckdampflampen lokken Fluginsekten aller Art aus mehreren hundert Metern Entfernung an und können in lauen, windstillen Hochsommernächten verheerend auf häufige und seltene Nachtfalter, Zuckmücken, Dungkäfer, Wasserkäfer, Flor- und Köcherfliegen wirken.[177]
Die Vielfalt eingesetzter Unkraut- und Insektenvertilgungsmittel ist in den Siedlungen sehr hoch. Von der Vernichtung »störender« Ameisen zwischen den Plattenfugen der Hausveranda bis zum Schnecken- und Rattentod, von der Beseitigung des letzten Gräschens auf den Friedhofswegen bis zum Entlausungsmittel für die Balkongeranien reichen die Möglichkeiten. In den lockeren artenreichen Dörfern greifen die Nahrungsbeziehungen zwischen Tier- und Pflanzenwelt besonders eng ineinander. Der biologische Transport im Gewebe gespeicherter Fremdstoffe kann in die Lebensgemeinschaften der freien Landschaft hinausführen, z. B. von vergifteten Mäusen des Dorfes zum Bussardjungen am Waldrand.
Das Abwasserproblem tritt in kleineren Siedlungen meistens verschärft in Erscheinung, weil hier weniger gut geklärtes Abwasser auf kleinere Vorfluter trifft. Durch diffuse Abwässer aus Dungstätten, Flachsilos und Versitzgruben biologisch tote, oft stinkende Dorfbäche und -gräben liefern einen oft unwiderleglichen Vorwand für die Verrohrung. Leider verursachen auch heute noch die meisten Dörfer eine schlagartige Wassergüteverschlechterung an durchfließenden Bächen. Im Wasser unterhalb von 20 Testdörfern bei Augsburg war die Wassergüte um ½–1 Klasse schlechter als oberhalb des Ortes. Tenside aus den Waschmitteln erniedrigen die Oberflächenspannung mit der Folge, daß auf der Wasseroberfläche laufende Insekten untergehen und ertrinken. Wasserkäfer und -spinnen können sich keine Luftblase mehr holen und ersticken ebenso wie Wasserinsekten, in deren Luftröhrensystem nunmehr Wasser eindringen kann.[177]

Dieser Weiler wurde 1955 von großen Eichen bestimmt. Vom überörtlichen Verkehr abgelegen und allseits umgeben von landwirtschaftlichen Nutzflächen war er kaum Veränderungen ausgesetzt.

Das friedliche Bild wurde 1985 sowohl optisch als auch atmosphärisch durch eine Legehennenhalle »getrübt«. Nur die beiden linken Bäume (vgl. oberes Bild) waren erhalten, der Feldweg verlegt.
Ob die neue »Produktionsstätte« ehemalige Hühnerhöfe ersetzte, geht aus dem alten Foto nicht hervor. Die bayerische Legehennenstatistik deutet jedoch darauf hin, daß die Haltung freilaufender Hühner zur Rarität wird: Während 1965 noch fast 50% der Legehennen in über 375257 Betrieben mit 1–50 Tieren gehalten wurde, ging dieser Anteil bis 1982 auf 27% zurück. Jetzt fristen fast 45% der Hühner ihr Dasein in Betrieben mit einer Bestandesgröße von 10000 bis über 30000 (!) Tieren, welche 1965 nur einen Anteil von 3,4% des Gesamtbestandes stellten.

Verlustbilanz dörflicher Lebensräume

Der Mangel früherer Bestandsaufnahmen erschwert die Bilanzierung der Biotopverluste in den Siedlungen. Oft liegen nur für den Artenrückgang genauere Angaben vor.

Ein genauer untersuchtes Dorf im Steigerwald (Bayern) zeigt uns zunächst, wie sich der »Wildwuchs« in alten und neuen Dorfteilen entfalten darf: Auf der Rückseite bäuerlicher Anwesen im Außenbereich des alten Dorfkerns nehmen die Wildstaudenfluren 10–15% der Fläche ein, im Neubaugebiet nur 2%. Zurückhaltend bewirtschaftetes Grünland in Form von Obstwiesen und Angern fehlt im Neubauviertel völlig, erreicht aber im Kernrandbereich etwa 90% und sogar im lockeren Dorfkernbereich noch 40% Flächenanteil. Umgekehrt bedeckt der biologisch bedeutungslose kurzgeschorene Zierrasen in der neuen Siedlung etwa 50% der offenen Flächen, im Dorfkern dagegen nur 2–7%.[178]

Am bedrohtesten innerhalb der Dorfvegetation scheinen die stickstoffliebenden, oft wärmebegünstigten Unkrautfluren. So gewöhnlich anmutende Pflanzengesellschaften wie die Brennessel-Kreuzlaubkrautflur war 1982 in Schleswig-Holstein nur noch an 12 Stellen, vor einigen Jahrzehnten aber an mindestens 32 Orten anzutreffen. Andorn *(Marrubium vulgare)* und Katzenminze *(Nepeta cataria)* finden sich nur noch an 8 ihrer ehemals 108 Fundorte.[179]

Die Käsepappel oder Weg-Malve *(Malva neglecta)*, früher praktisch in sämtlichen ländlichen Siedlungen im nährstoffreichen Hofbereich, an Wegrändern, auf Geflügelhöfen oder zumindest auf der Südseite des Kirchhofs anzutreffen, findet man derzeit im Landkreis Gütersloh (Westfalen) nur noch in einem Drittel der Dörfer.[180] Für Nordrhein-Westfalen insgesamt rechnet man mit einem Totalverlust der Käsepappel in mehr als 60% der Dörfer, bei der Kleinen Klette *(Arctium minus)* von annähernd 70%.[181]

Eine Untersuchung im Landkreis Lippe widmete sich dem Zusammenhang zwischen dem Wettbewerb »Unser Dorf soll schöner werden« und der Dorfflora. Die drei floristisch ärmsten Dörfer rangieren auf Kreisebene zusammengenommen auf Platz 16, die drei reichhaltigsten Dörfer dagegen auf dem Durchschnittsplatz 40. Das floristisch hoch-

Auch die »Dorflandschaft« ist gefährdet. Die natürlichen Vorgaben werden – wie in der freien Landschaft – immer stärker vernachlässigt, verformt, nivelliert oder zerstört – dort, wo sie bisher so viel spürbarer waren als in städtischen Siedlungen (vgl. Geländebewegung, anstehender Wegebelag, Bauerngarten sowie hölzerne Balkons und Fensterläden auf dem linken Foto, aufgenommen 1954).

Tabula rasa 1983: Nur noch der langgestreckte Baukörper erinnert an das alte Bauernhaus. Aus dem ehemaligen alpenländischen Einhaushof (Wohn- und Wirtschaftstrakt unter einem Dachfirst) ist ein Doppelhaus im bundesweit verwechselbaren Vorstadtstil geworden. Auch das Haus im Hintergrund wurde nicht verschont. Das gesamte Umfeld ertrank im Teer.

wertigste Dorf des Landkreises schnitt im Verschönerungswettbewerb am schlechtesten ab.[182] In kleinen Dörfern des Hunsrück vernichtete bereits eine einmalige Teilnahme am Verschönerungswettbewerb die Dorfflora weitgehend. Ein Testdorf ohne Wettbewerbsteilnahme war um ein Drittel reichhaltiger als ein vergleichbares Dorf nach der Teilnahme.[183]

Eine Untersuchung rheinhessischer Dörfer ergab insgesamt 271 dorftypische Pflanzenarten, darunter 84 einheimische, 70 alteingebürgerte und 72 verwilderte Zierpflanzen. Mit größerer Nähe zu Mainz wird die botanische Ausstattung immer kümmerlicher und der Anteil der Neubaugebiete immer höher. Offensichtlich hemmen perfekt versiegelte und herausgeputzte Neubaugebiete die Pflanzenverbreitung, denn Dörfer mit mehrseitiger Siedlungserweiterung waren im Kern nur halb so reichhaltig wie solche mit einseitigen Neubaugebieten.

Früher erfolgte die Wildsamenverbreitung auch zwischen den Dörfern durch wandernde Haustiere; entlang von Wegrändern und Rainen konnten sich zusätzlich Ruderalarten ausbreiten. Diese »Artenstraßen« sind heute durch Wegteerung, Straßenrandpflege, Herbizideinsatz auf den Feldern und Beseitigung von Kleinstrukturen in der Flur praktisch blockiert. Deshalb besitzen Dörfer ohne natürliche Ausbreitungsbarrieren in der Umgebung, wie z. B. isolierende Wälder, keineswegs mehr Dorfpflanzen als Orte mit solchen Hürden. Jede Siedlung ist daher für alle nicht mit dem Wind oder den Vögeln verbreitungsfähigen Dorfpflanzen ein »Käfigbiotop«. Werden im Dorf die letzten Wildkrautbestände beseitigt, so ist nur sehr schwer eine Zuwanderung möglich.[183]

Der entscheidende Pflanzenartenrückgang erfolgte erst in den letzten 25 bis 30 Jahren. Von denjenigen Dorfpflanzen, die 1941 noch »zerstreut« oder »häufig« genannt wurden, sind in 18 untersuchten Hunsrück- und Rheinhessen-Dörfern ausgestorben: Straßen-Gänsefuß *(Chenopodium urbicum),* Andorn *(Marrubium vulgare),* Katzenminze *(Nepeta cataria),* Flohkraut *(Pulicaria vulgaris),* Rauhes Bruchkraut *(Herniaria hirsuta),* Bilsenkraut *(Hyoscyamus niger),* Herzgespann *(Leonurus cardiaca),* Rauhhaariger Hahnenfuß *(Ranunculus sardous).* Der Wilde Spinat oder Gute Heinrich *(Chenopodium bonus-henricus)* war um 1900 überall in den Dörfern und wurde 1941 immer noch »meist

Der Storch auf dem Kirchturm war Zeichen einer intakten Kulturlandschaft im Umkreis von Schwaig im Erdinger Moos. Solange Meister Adebar ausreichende Feuchtflächen zur Nahrungssuche fand, sorgte er samt Nachwuchs alljährlich für Belebung des Dorfalltags, Weiterleben der an ihn gehefteten Legenden und Begeisterung der Kinder.

1985 hat der Kirchturm seine Attraktion verloren. Die – wohl mit heimlicher Hoffnung – belassene Nistvorrichtung wird hier wie in anderen Siedlungen ungenutzt bleiben, wenn die Lebensbedingungen des Storches nicht wieder verbessert werden, z.B. durch gezieltes Wiedervernässen extensiven Grünlandes, händischer anstatt maschineller Pflege von Wiesengräben oder Ersatz für zerstörte amphibienbewohnte Kleingewässer.

häufig« genannt, war aber 1984 aus den rheinhessischen Dörfern ganz verschwunden.[183] Im Landkreis Göttingen starb die Art zwischen 1949 und 1975 in 63% der untersuchten Gemeinden aus.[184]

In Aigen/Inn (Niederbayern) verschwanden 1955–1980 nicht weniger als 37 von insgesamt 66 Vogelarten (–56%), darunter Wiedehopf, Neuntöter, Rotkopfwürger, Steinkauz, aber auch Dohle und Turmfalke.[185] Sicherlich tragen an diesem gewaltigen Aderlaß im »Vogelorchester« des Dorfes nicht nur die Umwälzungen im Dorf, sondern auch um das Dorf die Schuld. Nur 3 Neuzuwanderer, Türkentaube, Wacholderdrossel und Girlitz, stehen auf der Habenseite des vergangenen Vierteljahrhunderts.

Das Schweizer Dorf Oltingen ist demgegenüber ein Beispiel, daß nicht alle Vogelarten von der Dorfmodernisierung in Mitleidenschaft gezogen werden müssen: Zwar sank der Rauchschwalbenbestand nach der Straßenteerung (1934) von 25 auf 15 Paare ab, schwankt jedoch seither um diesen Wert; der Mehlschwalbenbestand stieg 1930–1960 sogar von 35 auf 70–80.[186]

Eine der wenigen uneingeschränkt »angesehenen« Wildtierarten des Dorfes, der Weißstorch, leidet als Dachbewohner am allerwenigsten unter dem Umbruch der Dörfer, reagiert aber sensibel auf den Verlust der amphibienreichen Feuchtgebiete. Von der Restpopulation kommen 24% im dorfumspannenden Freileitungsnetz zu Tode. Allgemein nehmen die Storchenbestände der Dörfer und Kleinstädte dramatisch ab: in Niedersachsen auf 9% des Bestandes von 1900, in Schleswig-Holstein seit 1940 auf ein Viertel des damaligen Bestandes, in Baden-Württemberg, Hessen, Holland und im Elsaß auf fast Null. In der Schweiz und in der Pfalz gibt es überhaupt keine Storchenbruten mehr.[186] Sogar in Rust am Neusiedler See, das den Storch im Wappen führt, nimmt das Geklapper bedenklich ab.

Fast noch besorgniserregender ist der Zusammenbruch dorfbewohnender Fledermausbestände. Ursachen sind die Quartiervernichtung und die negative Veränderung der Jagdgründe. In Belgien gab es 1959 noch über 300 Kleine Hufeisennasen, 1961 noch knapp 150, 1965 85 und 1973 weniger als 10. Seit 1975 ist diese Fledermausart dort ausgestorben.[187]

Lebensräume auf der Roten Liste

Kapitelweise wurden »Einzelschicksale« verschiedener Lebensräume beleuchtet. Gewissermaßen als Resümee stellt sich nun die Frage nach dem Gesamtumfang des Rückganges.

Welche Lebensräume wurden am stärksten, welche am wenigsten zurückgedrängt? Wo ist der »point of no return«, d.h. eine Regeneration ist nicht möglich, so daß zwangsweise die restlose Vernichtung folgt? Ist dieser Punkt fast erreicht oder überschritten?

Abgesicherte Angaben für alle Biotoptypen können hier nicht erwartet werden. Die Schwierigkeiten liegen nicht nur im Mangel an großräumigen Gebietsanalysen, sondern sind auch grundsätzlicher Art: Ab welchem Verfichtungsgrad hört ein ehemaliger Laubmischwald auf, »naturnah« zu sein? Bei welchem Düngungsgrad und Süßgrasanteil wird die Grenze zwischen Magerrasen und Fettwiese überschritten? Rechnet man auch stark vergraste und verbirkte Flächen zum Restbestand der Zwergstrauchheiden?

Trotzdem wird im folgenden versucht, aus vielen Literaturangaben und eigenen Eindrücken, die nur teilweise in dieses Buch aufgenommen werden konnten, ein Gesamtbild des Flächenrückganges einzelner Lebensräume zusammenzusetzen. Bezugsraum ist das Gebiet der Bundesrepublik Deutschland, Bezugszeitpunkt die Jahrhundertwende. Erfaßt und 6 Verlustklassen zugeordnet wurden nur die überdurchschnittlich gut belegbaren Lebensraumtypen. Ungeachtet aller Datenungenauigkeiten und Unsicherheiten soll hiermit ein Anstoß gegeben werden, eine umfassende Rote Liste naturnaher Lebensräume zu entwickeln. Eine fast nicht endenwollende Reihe verschollener, in absehbarer Zeit aussterbender oder stark bedrohter Pflanzen- und Tierarten kennzeichnet den Rückzug dieser Biotope.

Als Totalverlust wird nicht nur die Umwandlung in intensive Nutzflächen – z.B. einer Flutrinne durch Auffüllung in einen Maisacker – sondern auch die Veränderung des charakteristischen Artenbestandes und der ursprünglichen Funktionen gewertet.

Zu den total oder fast völlig vernichteten bzw. degenerierten Lebensräumen gehören einerseits Extremstandorte, in denen sich nur hochspezialisierte »Überlebenskünstler« und Relikte aus vergangenen Klimaepochen halten konnten, andererseits aber »Normalstandorte« mit mittleren Temperatur- und Wärmeverhältnissen, auf denen eine moderne Landnutzung keine Probleme bereitet (z.B. Magerwiesen, Ackerwildkrautflora). Vor allem aber sind die Kontaktlebensräume (Ökotone) zwischen feuchten und trockenen, offenen und bewachsenen, betretenen bzw. befahrenen und unbetretenen, nährstoffreichen und nährstoffarmen Standorten fast völlig ausgemerzt. Die Funktionstrennung der modernen Kulturlandschaft hat keinen Platz mehr für die Übergänge des »Farbspektrums« der Lebensgemeinschaften (vgl. S.11). Auch das Schwanken bestimmter Faktoren wie z.B. der Überflutung oder des Grundwassers wird nicht mehr zugelassen. Deshalb stehen viele Lebensgemeinschaften und Arten der Wechselwasser-, Wechselfeuchte- und Überschlikkungsstandorte heute auf der Aussterbeliste (Rückgang um 95–100%).

Bei den der Gefährdungsstufe II zugeordneten Lebensräumen gingen mehr als ¾ des ursprünglichen Bestandes verloren. Die Restbestände sind wie in Gefährdungsstufe I meist viel zu klein und ohne den früheren Kontakt zwischen verschiedenen Tier- und Pflanzenpopulationen. Gegen Fremdstoffeinflüsse bzw. Austrocknung aus angrenzenden Flächen besteht nur noch in Ausnahmefällen eine ausreichende Abschirmung.

Der gewaltige Aderlaß an naturnahen Lebensräumen führte dazu, daß sich heute etwa 110 natürliche Ökosystemtypen – d.h. durch Artenbestand und Wirkungsweisen voneinander unterschiedene Lebensgemeinschaften – mit insgesamt fast 77000 Tier- und Pflanzenarten auf 3% der Fläche der Bundesrepublik Deutschland zusammendrängen.[188] Dies entspricht dem Flächenanteil der Verkehrswege.

Auf den restlichen 97% hat der Mensch »das Sagen«. Auf 55% der Fläche erzeugt er mit Hilfe von etwa 20 Kulturpflanzen und etwa 7 Haustierarten Agrarprodukte, 30% dienen der Holzerzeugung, 12% werden von Sied-

Gefährdungsstufe 1 95–100% beinahe Totalverlust	Gefährdungsstufe 2 75–95% sehr hohe Verluste	Gefährdungsstufe 3 50–75% hohe Verluste	Gefährdungsstufe 4 25–50% erhebliche Verluste	Gefährdungsstufe 5 10–25% deutliche Verluste	Gefährdungsstufe 6 0–10% geringe Verluste
Zwergstrauchheiden Stromtal-Magerwiesen offene Binnendünen Kalkmagerrasen in Moränen- und Schottergebieten norddeutsche Flachmoore norddeutsche Zwischenmoore süddeutsche Zwischenmoore norddeutsche Hochmoore bodensaure Magerrasen, Sandrasen artenreiche Zweischnittwiesen Hohlweg- und Lehmwandbiotope magere Rain- u. Wegsaumbiotope Heideweiher, Kolke Ruderalvegetation typische Segetalvegetation Zwergbinsenfluren Binnen-Kiesstrandfluren Küsten-Kiesstrandfluren	Kalkmagerrasen in der Eifel und im Harzvorland Heidemoore, Schlatts alpennahe Zwischen- und Übergangsmoore Kleingewässer (Tümpel, Kuhlen, Dorfteiche) alpennahe Flachmoore Flußschotterfluren Buschauen Binnenlandsalzwiesen Weinbergsfluren	Kalkmagerrasen im Jura-Muschelkalk alpennahe Hochmoore nährstoffarme Bäche Weichholz-Auwälder Küstensalzwiesen Streuobstwiesen	Hochmoore höherer Mittelgebirge See-Röhrichte Weiher-Verlandungszonen Hartholz-Auwälder Bruchwälder Wallhecken	Felsheiden Küstendünen Laubmischwälder? Bergfichtenwälder?	Felsbiotope Schuttfluren Hage (Alpenbereich)

lungen, Infrastruktur- und Produktionsanlagen beansprucht.
Da auf einem Hektar naturnaher Fläche, z. B. einer artenreichen Feuchtwiese, rund 500 Millionen Organismen mit über 1 mm Körpergröße leben, auf 1 ha Siedlung durchschnittlich aber nur 25 Menschen leben, benötigt ein einzelner Mensch für sein Leben eine Fläche, auf der gleichzeitig 20 Millionen Tier-Individuen existieren können. Er verbesserte in den letzten Jahrzehnten seine eigenen Lebens- und Produktionsbedingungen ständig auf Kosten ungezählter wildlebender Arten.[188]

Folgen der Lebensraum-Zersplitterung

Der Flächenrückgang führt meist zu einer Aufsplitterung in immer kleinere Restflächen und Lebensraum-Inseln im »Meer« der intensiv genutzten Kulturlandschaft. Die Fragmentierung trennt bisher große zusammenhängende Lebensgemeinschaften einer oder vieler Arten in Einzelbestände mit geringem oder fehlendem Austausch auf. Der Flächenanspruch größerer Tierarten wird sehr bald unterschritten. Viele Lebensräume sind heute schon soweit zersplittert, daß nicht einmal mehr der Mindestlebensraum kleinerer Tierarten und vieler Pflanzenarten abgedeckt ist. Unzählige, viel zu kleine Populationsreste sind heute völlig voneinander isoliert. Sie unterliegen zunehmend der Gefahr der Erbgut-Degeneration (Inzucht) und dem sogenannten Zoo-Effekt: Im Zuge art- und witterungsabhängiger Populationsschwankungen kann sehr rasch die kritische Bestandesgröße unterschritten werden und die Art unwiederbringlich verschwinden, weil der »Nachschub« von Einwanderern aus Nachbar-Lebensräumen fehlt.
Mit der Verkleinerung der natürlichen Lebensräume wachsen aber auch die Einflüsse

Die Tabelle gibt einen groben Überblick über den Flächenverlust von Lebensraumtypen in der Bundesrepublik Deutschland seit der Jahrhundertwende. Die genannten Biotope stellen nur eine wenig differenzierte Auswahl dar, die weder Anspruch auf Vollständigkeit erhebt, noch für alle Naturräume in gleicher Weise gültig ist. Dennoch wird deutlich: Es befinden sich wesentlich mehr Lebensraumtypen in besorgniserregendem Rückgang als in relativ geringer Gefahr.

Die Bildleiste zeigt häufige Eingriffsformen, die zur Beeinträchtigung oder Zerstörung bislang naturnaher Lebensräume oder Kleinstrukturen führen.
Ein Beispiel für die Anpassung der Flur an das Maschinenzeitalter ist die Zusammenlegung, die in kleinparzelligen Ackerbaugebieten häufig mit einer Ausräumung von Hochrainen und Hecken verbunden ist. Das Foto oben zeigt Planierungsarbeiten in einem Oberpfälzer Heckengebiet.

Den Versuch, bisher nur einmal im Herbst gemähte oder brachgefallene Streuwiesen durch Umbruch in Maisfelder oder neueingesäte Fettwiesen umzuwandeln, zeigt das zweite Foto von oben.

Neue Gräben, die nur die Befahrbarkeit des Niedermoorgeländes mit Schlepper und Ladewagen herstellen sollen, führen zu einer Austrocknung und Vegetationsverarmung (zweites Foto von unten). Wo die Mahd mit Sense oder Rasenmäher nicht möglich ist, fallen solche Streuwiesen brach und die Mehl-Primeln verschwinden innerhalb von wenigen Jahren.

Ohne intensive Mineraldüngung und Biozidausbringung ist moderner Ackerbau nicht denkbar (Foto unten). Der vor allem bei Wind unvermeidbare Austrag von Düngerstaub oder Spritzmitteltröpfchen belastet und verändert natürliche Lebensgemeinschaften vor allem dann, wenn diese an intensive Wirtschaftsflächen angrenzen.

aus den entwässerten, gedüngten und gespritzten Agrarflächen. Der Samenregen von Massenunkräutern, Ruderalpflanzen und exotischen Gartenflüchtlingen aus Siedlungs- und Agrarräumen wird nur solange an der Keimung in einer der Naturinseln gehindert, als dort der Stoff- und Wasserhaushalt nicht »angeknackst« ist. Dies ist aber meistens nicht mehr der Fall, weil die grundwasserabsenkende Wirkung eines Dränsystems oder ausgebauten Grabens ebenso wenig an der Ackergrenze haltmacht wie die Abdrift von Düngerstaub, aufgewirbelten Bodenteilchen, Gülle- oder Herbizid-Tröpfchen. In die Biotope hineinreichende Zonen aus vorherrschend einkeimblättrigen Pflanzen sind die Folge des unbeabsichtigten Eintrags von Bekämpfungsmitteln gegen zweikeimblättrige Unkräuter. An Geländemulden und Täler gebundene Feuchtbiotope können sich nur selten der Einschwemmung von Nähr- und Fremdstoffen aus höher gelegenen Intensivflächen oder gar dem Zulauf kanalisierter oder diffuser Siedlungs- und Hofabwässer entziehen.
Die vorliegende Zusammenstellung macht deutlich, daß die Lebensgemeinschaften extremer Sonderstandorte nicht im gleichen Grade gefährdet sind wie die einst viel ausgedehnteren Lebensgemeinschaften auf »mittleren« Standorten. Im nicht zu steilen, nicht zu nassen, nicht zu trockenen und nicht zu heißen Gelände ging der Biotopschwund am weitesten, weil hier die Gewinnung neuer Anbauflächen meist ohne kulturtechnische Vorbereitung möglich, die Ertragserwartungen am höchsten und die auf neumeliorierten Extremstandorten eintretenden Rückschläge vermeidbar waren. So verschwanden in den letzten 3 Jahrzehnten fast alle wechselfeuchten bis wechseltrockenen Magerstandorte in intensivierbarer Lage. Für den Ausgleich gewisser Labilisierungen auf den Anbauflächen kommt es aber auf intakte und vielfältige Lebensgemeinschaften auf den Normalstandorten an. Wegen ihrer geringeren biologischen Spezialisierung und engeren räumlichen Zuordnung können sie besser als Sonderstandorte Funktionsausfälle der Intensivflächen auffangen, zum integrierten Pflanzenschutz beitragen, sozusagen als »Stützkorsett« des Naturhaushaltes fungieren.
Ein Magerrasen oder ein Obsthain können

einer durch Mäh- und Gülleschocks verdrängten Heuschreckenpopulation vorübergehend Zuflucht gewähren und dadurch die Wiederbesiedlung der Fettwiese ermöglichen. Ein vielleicht naturgeschützter Erdfallsee oder eine alte Eiche können dies nicht. Durch Tiefpflügen und Chemikalien reduzierte Regenwurmpopulationen können sich nicht aus einem noch so wertvollen Moor-Schutzgebiet heraus, sondern nur aus angrenzenden Biotopen mit ähnlichen Bodenverhältnissen regenerieren.

Läßt sich Verlorenes wiedergewinnen?

Der Landschaftswandel der letzten Jahrzehnte griff an die Kernsubstanz vieler jahrtausendealter Lebensräume und -gemeinschaften. Eine Reihe für den Artenbestand unentbehrlicher Standorts- und Vegetationstypen sind nur noch in unter den gegenwärtigen Bedingungen kaum überlebensfähigen Resten oder gar nicht mehr vorhanden. Die Verluste haben in den meisten Regionen das tragbare Ausmaß überschritten. Was ist zu tun?

Eine erste Devise könnte lauten: Wiederherstellen! Zerstörte Baudenkmäler lassen sich zumindest annähernd rekonstruieren. Baumaterial, Bauplan und (Wiederauf-)Bauplatz stehen in der Regel, das nötige Geld bei hoher Wertschätzung des Objekts zur Verfügung. Auch seltene Biotope und Arten erlangten inzwischen einen in den 50er oder 60er Jahren unvorstellbaren »Kurswert« und manchmal sogar eine Lobby. Naturschutzetats steigen deutlich an. Warum also nicht auch ein Wiederaufbau der Natur? Bei näherem Hinsehen stellt sich leider heraus, daß die Vorbedingungen beim Biotop-»Wiederaufbau« nicht oder nur teilweise erfüllt sind und daß zusätzliche unerfüllbare Bedingungen existieren:

Der »Wiederaufbauplatz« ist meist besetzt!
Siedlungen, Gewerbegebiete oder Verkehrsanlagen, denen Biotope oder Biotopteile zum Opfer gefallen sind, lassen sich nicht wieder verdrängen. Hochhäuser, Schrebergärten, Sportanlagen, eine Autobahn und ein Panzerübungsplatz werden auch dann nicht abgesiedelt, wenn sie Teile der in Mitteleuropa einzigartigen Mainzer Kalksandsteppe beansprucht haben. Aus einer großen Mülldeponie im Altwarmbüchener Moor nahe Hannover ist beim besten Willen kein Hochmoor mehr zu machen. Äcker, Intensivgrünland und Forstkulturen in jene »nutzlose Wildnis« zurückzuverwandeln, der sie vor kurzem abgerungen worden sind, muß jedem richtigen Landwirt »gegen den Strich« gehen und wäre häufig genug mit einer Verschleuderung von Steuergeldern in Subventionsform gleichbedeutend.

Natur hat keinen Bauplan hinterlassen!
Zwar haben Botaniker und Zoologen manchmal die genaue Artenzusammensetzung nicht mehr existierender Biotope dokumentiert. Aber kein Wissenschaftler war bei der allmählichen Entstehung dieser nur an dieser einen Stelle möglichen Lebensgemeinschaft zugegen, um zu registrieren, in welcher Reihenfolge »Baumeister Natur« die Arten eingebracht hat, welche tierischen »Helfer« an der Samen oder Pollenverbreitung beteiligt waren, welche Naturereignisse und physikalisch-chemischen Impulse geeignetes Substrat und günstige Keimbedingungen herstellten.

Auch am »Baumaterial« fehlt es meist!
In der Naturlandschaft wanderten die Arten Schritt für Schritt. Sie kamen aus der unmittelbaren Umgebung. Das Artenreservoir ist heute meist in der Nähe zum »Wiederherstellungsort« nicht mehr vorhanden.

Beim künstlichen Artentransfer von weit entfernten Standorten steigt mit der Distanz die Wahrscheinlichkeit, daß die entnommenen Pflanzen, Samen oder Tiere ein etwas anderes Erbgut verkörpern.

Immer mehr Inselbiotope der Agrarlandschaft sind allein durch indirekte Einwirkungen aus den angrenzenden Kulturflächen bedroht. So auch dieses mit Knabenkräutern übersäte Niedermoor am Auerberg (Lkr. Ostallgäu). Flüssigmist wird aus den höher liegenden Düngewiesen (Hintergrund; hell gefärbt) in wasserführenden Rinnen in das bisher nährstoffarme Moor eingeschwemmt. Der von Wiesen-Kerbel und Scharfem Hahnenfuß weiß-gelb gefärbte Streifen (vor den Personen) verrät die Düngereinschwemmung. Wenige Jahre davor war dieser Streifen kaum von der übrigen Vegetation des schutzwürdigen Quellmoores zu unterscheiden.

Bei der Einzelarten-Übertragung ist es unvermeidbar, daß unscheinbare, für das Gedeihen der ganzen Lebensgemeinschaft aber notwendige Begleitarten, wie z. B. Bodentiere und Mykorrhiza-Pilze, »abgehängt« werden. Wieviele gutgemeinte Umpflanzaktionen seltener Orchideen bei drohenden Biotopzerstörungen sind schon gescheitert, wieviele Kilogramm mühsam abgesammelter Samen am Aussähort nicht aufgelaufen!

Dem könnte durch Verpflanzung baggerschaufelgroßer Boden- und Vegetationsstücke abgeholfen werden – allerdings nur in den wenigen Sonderfällen, wo gleichartige Pflanzengemeinschaften in unmittelbarer Nähe verfügbar sind oder kurz vor einem Eingriff entnommen und danach im gleichen Bereich wieder eingebracht werden können. Die genannten Bedingungen sind manchmal wenigstens teilweise erfüllbar.

Doch da türmt sich ein weiteres ernüchterndes Hindernis auf: der Faktor Zeit. Viele der am stärksten geschrumpften und zerstückelten Lebensgemeinschaften benötigen Jahrhunderte bis Jahrtausende, um jene Struktur und jenes innige Geflecht innerer Beziehungen zu erreichen, das man als »reifes Ökosystem« bezeichnet. Beispielsweise ist bei mächtigen Torfmooren mit Eiszeitpflanzen von 8000–11 000 Jahren, bei Waldtypen auf tiefgründigen, stark horizontierten Böden von einigen Jahrtausenden Entwicklungszeit auszugehen.

Rücken andere Vorkommen der verdrängten Arten immer weiter vom »Wiederherstellungsort« ab, so sinkt die Rückkehrwahrscheinlichkeit vermutlich eher exponentiell als linear und entsprechend verlängert sich die »Vervollständigungsdauer« der ursprünglichen Lebensgemeinschaft. Prinzipiell ausgeschlossen ist eine komplette Wiederherstellung in jenen Fällen, wo isolierte Reliktarten vernichtet worden sind bzw. wo kaum ausbreitungsfähige oder nur unter früheren Klima- und Vegetationsbedingungen ansiedlungsfreudige Arten zum Arteninventar gehört haben.

Sieht man von wenigen, sehr »beweglichen« Lebensgemeinschaften wie Zwergbinsenfluren, Spülsäumen und Flugsandvegetation ab, so ist die komplette Wiederherstellung unter den heutigen Bedingungen meist unerreichbar. Ökotechnische »Biotop-Verpflanzungen« haben bisher noch in keinem Fall ihre Bewährungsprobe bestanden. Nur selten steht der zu erwartende Erfolg in einem vertretbaren Verhältnis zum enorm hohen Aufwand.

Angesichts dieser insgesamt enttäuschend geringen Möglichkeiten ist ein zweiter, weniger ehrgeiziger Weg zu prüfen:

Wiedergutmachung durch Ersatz-Lebensräume?

Ein gewisser, dank hoher Beweglichkeit und Samenreichweite ausbreitungsfreudiger Teil der Tier- und Pflanzenwelt eines Biotops wäre in der Lage, auf geeigneten Standorten in der Umgebung neue »Dependancen« zu gründen. Pflanzenarten mit windverbreiteten Samen oder Sporen wie z. B. Korbblütler, Weiden, Orchideen und Moose, Tiere mit »selbstgebauten Flugapparaten« wie z. B. Wanderspinnen des Altweibersommers oder gute Flieger können auch an weit entfernten Stellen auftauchen.

Arten mit sehr geringen Ausbreitungsmöglichkeiten können neue Standorte nur unmittelbar neben dem Ursprungsbiotop besiedeln. Solche Erweiterungsstandorte waren z. B. Kiesentnahmegruben, die nach 1850 entlang neuer Eisenbahnlinien in den Magerrasen- und Niedermoorgebieten des unteren Isartales, Lechfeldes und Donaumooses entstanden. Z. T. seltenste Magerrasen- und Niedermoorpflanzen konnten zwar »zusteigen«, aber nicht mehr »zurückkehren« und ihr früheres Areal wieder in Besitz nehmen, weil es inzwischen längst von Äckern, Fettwiesen und Siedlungen besetzt ist. Diese Gruben sind die einzigen Ersatzbiotope unwiederbringlich verschwundener Großlebensräume. Sie gleichen einer Arche Noah, die ewig auf der Sintflut treibt.

Biotopangebote, die z. T. ebensogut besiedelbar wären wie die Bahnseitenentnahmestellen des vorigen Jahrhunderts, entstehen heute immer noch: nicht rekultivierte Kies-, Ton- und Sandgruben, Steinbrüche, durch Flurbereinigungen bereitgestellte Restzwikkel, neu angelegte Kleingewässer, roh belassene Straßen- und Schnellbahnböschungen und vieles mehr. In den immer noch viel zu wenigen Fällen, wo auf eine Humussierung, Wiederverfüllung und Rekultivierung ver-

zichtet wird, bilden sich durchaus wertvolle und z. T. artenreiche Ergänzungsbiotope für das »normale« Arteninventar einer Kulturlandschaft, stellenweise auch für einzelne allgemein bedrohte Charakterarten verschwundener Lebensgemeinschaften. Die Übernahme einer geschlossenen Lebensgemeinschaft ist jedoch auf wenige Sonderfälle beschränkt, weil das beliefernde Artenreservoir in der näheren und meist auch weiteren Umgebung meist ausgerottet ist. »Archen« dieser Art wurden zu spät »gebaut«, um noch vor dem Anstieg der Sintflut bedrohte Arten aufzunehmen.

Wie steht es aber mit dem Ausgleich in anderer Form, d.h. mit neuentwickelten Lebensräumen, die es ursprünglich hier gar nicht gab? Tatsächlich gehören Sekundärlebensräume im Gefolge von technischen Anlagen zu den wenigen Naturschutzbereichen, die aus den »roten Zahlen« herauskamen. So können einige Flußstaue, Talsperren mit starken Spiegelschwankungen, verwaiste Kanäle, Dämme, Halden, Bergsenkungsgebiete, ehemalige Bunker, künstliche Fischteiche, ja sogar Nachklärteiche der allgemeinen Biotopverarmung ihre zwar häufig gebietsfremden, aber oft erstaunlich reichhaltigen Artengemeinschaften entgegenstellen.

Als Wasser- und Sumpfvogelreservate nehmen ältere und jüngere Anlagen wie das Wallnauer Teichgebiet auf Fehmarn, der ehemalige Wasserflugplatz des Rantumbekkens auf Sylt, die Meißendorfer oder Niederlausitzer Teiche, die Rieselfelder bei Münster, die Inn-Stauseen oder gar das Europareservat Ismaninger Speichersee, das große Nachklärbecken Münchens, heute bereits eine Spitzenstellung ein.

Trotz dieser unbestreitbaren Bedeutung bleibt festzustellen: Technogene Sekundärlebensräume können zwar eine (gewisse) Entschädigung, aber in der Regel keinen Ausgleich oder gar Ersatz für verlorengegangene landschaftstypische Lebensräume bewirken. Ihre Lebensgemeinschaften sind sehr verschieden von umliegenden gefährdeten Biotopen und nur bedingt zum Austausch geeignet. Die Verlust-Lebensräume sind/waren im allgemeinen netzartig über den Raum verteilt und können nicht durch ein einziges, bestenfalls bandförmiges neuartiges »Superreservat« überflüssig gemacht werden.

Auch moderne Flurbereinigungen leiden unter dem Dilemma, daß ein neu ausgewiesener, relativ großer Biotop nicht die biologischen und landschaftlichen Leistungen der vielen verschwundenen, vernetzten und andersartigen Kleinbiotope in der Flur übernehmen kann. Durchaus bereichernde Gehölz-Neupflanzungen sollen nur allzuoft den Verlust auch unbestockter Lebensgemeinschaften ganz unterschiedlicher Licht-, Wasser- und Nährstoffansprüche »ausgleichen«. Auch in vielen anderen Fällen beschränkt sich der landschaftsarchitektonische Spielraum nach Abgleich mit landwirtschaftlichen Interessen auf »Grünkulissen«, die erst nach 100–150 Jahren die Wertigkeit eines gewachsenen Auensaumes oder Feldgehölzes erreicht haben werden.

Das Fazit dieses Kapitels lautet: Die Rastlosigkeit des »Homo technicus« hat nicht nur zerstört, sondern – meist unbeabsichtigt – eine beachtliche Vielfalt von »Biotopen aus zweiter Hand« nach sich gezogen. Als Gegengewicht gegen den ungeheuren Schwund der »Lebensräume aus erster Hand« wäre dies wenigstens ein »Tropfen auf den heißen Stein« – falls Zweithand-Biotope wesentliche Teile und Funktionen der verdrängten Lebensgemeinschaften übernehmen könnten. Dies können sie aber nur ansatzweise oder überhaupt nicht.

1956 war eine Naßbaggerung in den würmeiszeitlichen Terrassenschottern bei Traubing (Lkr. Weilheim-Schongau) noch in Auskiesung begriffen. Der Abbau erfolgte extensiver als heute üblich. Nach Abbauende in den 60er Jahren blieben alle Böschungen, Grundwasseraufschlüsse und Kiesflächen unrekultiviert liegen.

Dies war 1986 daraus geworden! Im Vorder- und Hintergrund hatten sich auf dem rohen Kies schüttere Kalkmagerrasen mit Rindsauge und anderen gelbblühenden Korbblütlern gebildet. Leider verlor der Grundwassertümpel seine Bedeutung als Amphibienlaichplatz durch Umnutzung zum Fischteich. Möglicherweise rühren die dichten Algenwatten von der Fischfütterung her. Trotzdem ist dieses Bildpaar ein positives Beispiel für die Entwicklung von Abbaustellen zu reichhaltigen Sekundärbiotopen in biologisch verarmten Landschaften.

Die Verlustbilanz drängt zum Handeln

Naturverdrängung rief die Naturschutzbewegung auf den Plan. Deren Absicht, der expansiven modernen Landnutzung in den Arm zu fallen, gelang nur in Ausnahmefällen. Der Naturschutzgebietsanteil des außeralpinen Bayern betrug 1977 nur 0,21%, in intensiven Agrarräumen meist 0%. Viele unserer Schutzgebiete entfernen sich überdies immer weiter vom ursprünglichen Schutzziel (vgl. S.11).

Es ist unbestreitbar, daß der mittlerweile nach Tonnen zu messende Berg an Naturschutzprogrammen, -forderungen und -gutachten viel schneller wächst als die Schutzgebiete. Es grenzt jedoch an fruchtlosen Masochismus, stets aufs Neue über die Kluft zwischen Anspruch und Realisierung Klage zu führen. Es hat auch keinen Zweck, auf die riesigen Schutzgebiete von Staaten wie USA und Kanada zu schielen. Mitteleuropa ist nun einmal zum weitaus größten Teil bäuerliches Stammland. Fast alle »natürlichen« Lebensgemeinschaften, die wir hier erhalten wollen, wurden irgendwann einmal durch die Hand des Bauern gestaltet oder hervorgerufen. Man wird hier kleinere Brötchen backen müssen und immer von den Zwängen und Rahmenbedingungen der heutigen Landbewirtschaftung ausgehen müssen.

Naturschutz aus bäuerlichem Blickwinkel

Von der bäuerlichen Scholle aus gesehen, stellt sich das Problem anders als aus der Sicht des Naturliebhabers oder Ökologen: »Da kommt eines schönen Tages ein Herr Hopplahopp vom Naturschutz und erklärt, was ich auf meinem Grundstück tun und lassen darf!« Das Wort Enteignung belastet fast jeden Schutzversuch. Schutzgebiete können allenfalls dort errichtet werden, wo die »ordnungsgemäße« Land- und Forstwirtschaft zumindest im bisherigen Umfang weiterhin ausgeübt werden darf. Dabei steht außer Frage, daß schon die Festlegung auf die bisherige Nutzungsform im Zeichen des unaufhaltsamen Fortschritts der Agrartechnik als enteignungsähnlich empfunden werden kann. Bewirtschaftungseinschränkungen muß der Bauer für Willkür oder Schikane erachten, solange er den überörtlichen Wert, ja die Unersetzlichkeit bestimmter Lebensstätten auf seinem Besitztum nicht versteht. Die vornehmste Pflicht des Naturschutzes ist es daher, durch behutsame Information, frei von dick aufgetragenem Sendungsbewußtsein, im Eigentümer das Bewußtsein der Verantwortlichkeit zu wecken.

Selbstverständlich verhärten sich die Fronten nur, wenn der Landwirt undifferenziert zum Sündenbock wider die Natur abgestempelt wird. Freilich – ein seltenes Pflanzen- oder Tiervorkommen hindert ihn vielleicht, soviel Mais wie der Nachbar anbauen und damit seinen Viehbestand aufstocken zu können. Andererseits sollte man hervorheben, daß z. B. in Bayern viele Schutzgebiete und Naturdenkmale auf bäuerlichem Grund, z.T. sogar mitten im Schlag liegen. Dies ist nicht überall so. Wo altbäuerliche Wirtschaftsweisen nur noch in großen Freilandmuseen nachgeahmt werden (z.B. niederländische oder vom englischen Nature Conservancy Council betreute Reservate), wäre es geradezu unvorstellbar, daß noch ganze Kleinlandschaften ohne staatliche Einwirkung mit der Sense gemäht (wie die Buckelwiesen nördlich Klais) oder im mittelalterlichen Nieder- und Mittelwaldbetrieb genutzt werden (wie im Steigerwald).

Subsidiarität im Naturschutz

Lebensräume, die in der Bauernlandschaft entstanden oder ihr heutiges Gepräge erhalten haben, sollen auch nach Möglichkeit in Bauernhand verbleiben. Dies entspricht dem Grundsatz der Subsidiarität, dem »Bayerischen Weg« der Landwirtschaft, und mündet in einen noch deutlicher zu bahnenden »Bayerischen Weg« im Naturschutz! Nicht abgezäunte Reservate, sondern in die bäuerliche Kulturlandschaft eingebundene Strukturen. Inselreservate unter vorwiegend fremder Kontrolle lägen wie Dornen im Fleisch

1954

1977

Der Kartenvergleich zeigt die totale Strukturveränderung der Kulturlandschaft durch die Flurbereinigung am Beispiel der Geisdorfer Flur in der Frankenalb. Der Zusammenlegung von Flurstücken und Verschiebung von Flurgrenzen fallen natürlich die oft jahrhundertealten Flurgrenzbiotope wie z. B. Stufenraine, Hecken, Wegsäume und Steinriegel zum Opfer. Allerdings hat auch in der Flurbereinigung ein Umdenken eingesetzt: Die Zusammenlegung erfolgt nicht mehr auf Kosten sämtlicher Kleinstrukturen. Beträchtliche Mühe gibt man sich, neue Biotop-Verbundsysteme aufzubauen und – wie im Falle der Windsheimer Flur (Mittelfranken) – den Ausräumungseffekt früherer Bereinigungen rückgängig zu machen.

einer von landschaftspflegerischer Mitverantwortung entbundenen Wirtschaftslandschaft. Man brauchte sich dann nicht zu wundern, wenn sich die Beziehungen der Grundanlieger zu diesen Fremdkörpern auf das Ablagern von Ernterückständen, Gülleresten und Abraum beschränken!

Ein Brachvogel oder Frauenschuh auf meinem Grund und Boden gehen mich etwas an, darauf kann ich stolz sein. Was wäre mit den Landschaftselementen innerhalb eines Schlages – z. B. Feldholzinseln auf Hügelgräbern, Tümpeln und Flutmulden – wenn sich nicht der Bewirtschafter selbst um ihren Schutz annähme, wenn er nicht bereit ist, beim Heranackern, Wenden, Düngerausbringen ein wenig darauf Rücksicht zu nehmen. Es ist wie mit dem gedeihlichen Zusammenleben der Menschen untereinander: Wenn es die vielen kleinen Rücksichtnahmen nicht gäbe, wären auch die großen Gesetze und Verordnungen wirkungslos. Nicht jede Buschgruppe, jeder Rain, jeder Tümpel kann herausgemessen und einem Naturschutzverband übergeben werden – was aber wäre eine Kulturlandschaft ohne sie!

Der »Bayerische Weg« versucht also, nach Möglichkeit auch in den Biotopen die bäuerliche Selbstverantwortung zu erhalten. Erst danach würde die Möglichkeit der Flächenübernahme in Erwägung gezogen.

Ideelle Werte werden auch materiell entgolten

Jedoch kann eine Land- und Forstwirtschaft unter internationalem Konkurrenzdruck nicht von ideellen Werten leben. Der ökonomische Deckungsbeitrag ökologisch hochwertiger Flächen ist meistens sehr gering. Es ist daher nicht unbillig, eine Nutzungsform zu entgelten, die weniger einträgt, als der Standort mit modernen Methoden abwürfe. Da es vielfältige agrar- und strukturpolitische Förderprogramme schon gibt, bedeutet eine ergänzende naturschutzpolitische Unterstützung keine Erniedrigung des Bauern zum staatlich bestellten Landschaftspfleger.

Mit dem »Erschwernisausgleich«, dem »Wiesenbrüterprogramm« und der Übereinkunft, den Naturschutz- und Pflegefonds aufzustocken, wurden Voraussetzungen geschaffen, freiwilligen Idealismus zu entgelten und grünen Dirigismus einzuschränken. Bewirtschafter erkennen nun einen reellen materiellen Gegenwert für ihre Bereitschaft, der »nutzlosen« Kreatur Spielräume offenzuhalten. Erste Erfolge haben gezeigt, daß sich das »oder« aus dem bösen Schlagwort »Brachvogel oder bäuerlicher Arbeitsplatz« durch ein »und« ersetzen läßt!

Glossar

Allmende: »Gemeinland«; von allen Dorfbewohnern gemeinsam genutzte Viehweidefläche, ursprünglich der zur mittelalterlichen Dorfmark gehörende Wald (Waldweide); bis zum Beginn des 19. Jahrhunderts weit verbreitet, heute z. T. noch in Form von Alpgenossenschaften im Gebirge.

Alm (mask.): Aus Quellwasser in sandiger Form ausgeschiedener Kalk.

Anmoor: Boden mit hohem Volumenanteil an unzersetzter organischer Substanz und – im Gegensatz zum »echten Moor« – mit mineralischem Anteil.

Arrondierung: Zusammenlegung von Grundstücken in der Feldflur.

Artenbrücke: Vegetationsstruktur, die einer bzw. mehreren Tierarten ermöglicht, von einem bestimmten Biotop in einen naheliegenden gleichwertigen zu wandern.

artesisch (artesischer Brunnen): Natürlicher Brunnen bzw. Quelle, bei der das Grundwasser durch einen Überdruck selbsttätig aufsteigt.

Äschenregion: Abschnitt eines Fließgewässers bei schematischer Idealzonierung, nach dem Vorkommen einer typischen Fischart (hier Äsche) benannt.

Atmosphärilien: Gasförmige Bestandteile der Atmosphäre, z. B. Stickstoff und Sauerstoff.

auf den Stock setzen: Wieder austriebsfähige Gehölze (z. B. Hasel, Hainbuche) bis auf einen Stumpf abholzen; bewirkt mehrtriebiges Nachwachsen des Stammes.

Auskolkung: Bildung von topf- oder trichterförmiger Hohlform (Kolk) im Bach- oder Flußbett durch Strudel.

ausapern: Schneefrei werden.

Barbenregion: Vgl. Äschenregion.

Biotop: Durch leblose Faktoren (Gestein, Boden, Klima) bestimmter Lebensraum für eine Organismengemeinschaft (Pflanzen, Tiere); umgangssprachlich meist im Sinne von »wertvoller Biotop« bzw. des gesamten Ökosystems gebraucht, z. B. Trockenrasen, »Feuchtbiotop«.

Biotopkartierung: Erfassung flächiger und linienförmiger schützenswerter Biotope nach Lage, Typ und aktuellem Zustand; als Argumentationsgrundlage für den praktischen Naturschutz in den meisten Bundesländern durchgeführt.

Einwohnergleichwert: Maßzahl für den organischen Verschmutzungsgrad von Abwässern; 1 EGW entspricht der durchschnittlichen Abwasserverschmutzung durch einen Einwohner pro Tag.

eutroph: Nährstoffreich.

Eutrophierung: Nährstoffanreicherung; vor allem bei Gewässern (z. B. durch Abwassereinleitung), bewirkt rasche Zunahme des Pflanzenwachstums und folglich Sauerstoffzehrung durch verstärkte Abbauprozesse, Fischsterben als Folge möglich.

Faschine: Flechtwerk aus biegsamem Reisig (vor allem von Weiden) zur Böschungsbefestigung an Ufern, Straßenanschnitten u. ä.

Flutrinne: Abflußrinne des Hochwassers größerer Flüsse, nur periodisch mit Wasser gefüllt, aber meist dauerhaft grundwasserbeeinflußt.

Forellenregion: Vgl. Äschenregion.

Gleitufer: Flach geneigtes Innenufer einer Bach- oder Flußwindung, an dem sich mitgeführtes Material infolge langsamer Fließbewegung anlagert (vgl. Prallufer).

Habitat: Ort, der von einer bestimmten Tier- oder Pflanzenart regelmäßig aufgesucht wird, weil er einen Teil ihrer Lebensbedürfnisse erfüllt (z. B. Deckung bietet).

Halbtrockenrasen: In der Regel durch menschlichen oder tierischen Einfluß (Mahd oder Beweidung) entstandene und aufrechterhaltene Magerrasengesellschaft; im Gegensatz zum natürlich entstandenen »echten« Trockenrasen.

Himmelsteich: Allein von Niederschlägen gespeister Teich.

Hochäcker: Frühgeschichtliche bis mittelalterliche Form der Ackerkultur auf schlecht entwässerten Böden: in regelmäßigen Abständen aufgeworfene niedere Erdwälle, auf denen Feldfrüchte angebaut wurden.

Hutung (auch Hut, Hutweide usw.): Aus Wald hervorgegangene, mit Einzelbäumen bestandene Weidefläche, auf der das Vieh unter Aufsicht eines Hirten »gehütet« wurde.

Kratt: Eichen-Niederwald an der Ostseeküste mit windgefegten charakteristischen Baumgestalten.

Melioration: Landwirtschaftliche Bodenverbesserung, z. B. durch Be- oder Entwässerung, Kalkung.

mesotroph: Mit mittlerem Nährstoffgehalt.

mineralisches Ödland: Auch Unland; für ertraglos angesehenes, unkultiveirtes, nicht genutztes Land mit mineralischem Boden.

Minimumfaktor: Biologischer, chemischer oder physikalischer Faktor in der Umwelt eines Organismus, der am weitesten vom optimalen Zustand für den betreffenden Organismus entfernt ist, d. h. seine Änderung wirkt sich am deutlichsten aus.

Missen: Geringmächtige Hochlagenvermoorungen im Schwarzwald.

ökologische Nische: Gesamtheit aller belebten und unbelebten Umweltfaktoren, die für die Existenz einer Art notwendig sind; also nicht im räumlichen Sinn!

oligotroph: Nährstoffarm.

Plaggen: In Nordwestdeutschland einst als Stalleinstreu gewonnene Heidesoden, anschließend als Dünger im Ackerbau verwendet (Plaggenwirtschaft); abplaggen: abschlagen des Heidekrauts mitsamt der Wurzelschicht.

Polder: Eingedeichtes Land, vor allem an der Nordseeküste.

Prallufer: Steiles Außenufer einer Bach- oder Flußwindung, das durch schnelle Strömung und Strudel ständig ausgehöhlt und abgetragen wird (vgl. Gleitufer).

Pufferzone: Zwischengeschalteter Bereich, der schädliche Einflüsse (z. B. Düngereintrag) einer intensiv genutzten Fläche (z. B. Acker) auf einen naturnahen oder extensiv genutzten benachbarten Biotop (z. B. Streuwiese) abfängt (z. B. nährstoffertragende Hochstaudenflur).

Querbauwerk: Jeder abflußregulierende Einbau im Querschnitt von Bächen oder Flüssen.

Realteilung: Traditionelle bäuerliche Erbschaftsregelung: gleichmäßige Aufteilung eines landwirtschaftlichen Besitzes unter den Söhnen bzw. Erben.

Rehne: Natürlicher Uferwall eines Fließgewässers.

rigolen: Tiefes Umpflügen bei der Neuanlage von Weinbergen.

Schachten: Hoch gelegene Lichtungen im Bayerischen Wald, auf denen im Sommer Vieh geweidet wurde.

Schlotten: Ständig randvolle Gräben in der Marsch.

Schneiteln: Mittelalterliche Gewinnung von Viehfutter (oder Einstreu) durch Abschneiden belaubter Triebe von Gehölzen.

Stühbusch: Eichen-Niederwald der Geest.

Triftweide: Extensive Weideform, bei der das Vieh (vor allem Schafe) im weitläufigen Rhythmus über einst zusammenhängende offene Weideflächen (Triften) »getrieben« wurde.

Trophiestufe: Grad der Versorgung eines Ökosystems mit verfügbaren Nährstoffen (vgl. oligotroph, mesotroph und eutroph).

Urstromtal: Zu Eiszeiten vor den Gletscherrändern gelegene Täler, in denen sich Schmelzwässer und andere Oberflächenwässer vereinigten und zum Meer abflossen.

Vereinödungsgebiet: Gebiet (vor allem im Allgäu), in dem im 16. bis 18. Jahrhundert auf Weisung der Landesherren Aussiedlerhöfe entstanden.

Vorflut, Vorfluter: Jedes Gerinne (sowohl künstliche als auch natürliche Fließgewässer), das Wasser aus einem Gebiet abführt.

Weidfelder: Ehemals durch Feld-Gras-Wirtschaft genutzte talfener Lagen im Schwarzwald.

Zitierte Literatur

1 Pechmann, H. (1982): Wald und Geschichte. – In (Hrsg. Bayer. Forstverein): Bäume und Wälder in Bayern. Pfaffenhofen, Ludwig: 9–14

2 Völksen, G. (1984): Die Lüneburger Heide. – Veröff. Niedersächs. Inst. f. Landeskde u. Landesentw. Univ. Göttingen **3**

3 Wöbse, H. (1970): Untersuchungen zum Nutzungs- und Bestandeswandel der Sollingwälder, die vom Urlauber bevorzugten Waldtypen und Folgerungen für die Planung. – Forsch.ber. Inst. f. Landschaftspfl. u. Natursch. TU Hannover

4 Meister, G. (1982): Die Tanne. – In (Hrsg. Bayer. Forstverein): Bäume und Wälder in Bayern. Pfaffenhofen, Ludwig: 117–123

5 Völksen, G. (1982): Aspekte der Landschaftsentwicklung. – Veröff. Niedersächs. Inst. f. Landeskde u. Landesentw. Univ. Göttingen **1**

6 Berichte der Landesregierung Rheinland-Pfalz (1984)

7 la Rivière, A.C. (1979): Forstplanung in den Niederlanden. – LÖLF Mitt. **3**

8 Hammer, R. (1985): Waldflächenentwicklung und Walderhaltungspolitik in Ballungsräumen. – Schriftenr. d. Inst. f. Landespfl. d. Univ. Freiburg **6**: 134

9 Dilger, R. & V. Späth (1985): Kartierung und Bilanzierung schutzwürdiger Bereiche der Rheinniederungen im Regierungsbezirk Karlsruhe. – Natur und Landschaft **60** (11): 435–440

10 Beck, G. & H. (1978): Straßenbauprojekte gefährden Wälder. – Unterricht Biologie **23:** 23–30

11 wie 2

12 Heydemann, B. & J. Müller-Karch (1980): Biologischer Atlas Schleswig-Holstein. – Neumünster, Wachholtz

13 Smidt, J.T. de (1979): Origin and destruction of Northwest European heath vegetation. – Ber. Intern. Symp. Intern. Vereinig. Veg.kde, Werden und Vergehen von Pflanzengesellschaften, Rinteln 1978. Vaduz, Cramer

14 Baaijens, G.J. & J.G. de Molenaar (1980): Water, water management and nature conservation. – In: Seminar on economic instruments for rational utilization of water resources, Veldhoven (The Netherlands) 13–18 Oct. 1980. Committee on Water Problems of the United Nations, 20 p.

15 Venov, N. (1966): Die Arbeiten der Dänischen Heidegesellschaft 1866–1966. – Wasser u. Boden 1966 (2)

16 Wittig, R. (1979): Untersuchungen zur Belastung des im Ballungsrandgebiet gelegenen Naturschutzgebietes Westruper Heide durch Erholungssuchende. – Verh. Ges. f. Ökologie **VII** (Münster 1978)

17 Bracker, H.-H. & W. Riedel (Hrsg.) (1982): Die Niederung der Oberen Arlau. – Husum

18 Riedel, W. (1978): Landschaftswandel und gegenwärtige Umweltbeeinflussung im nördlichen Landesteil Schleswig. – Hrsg. Dt. Grenzverein e.V., Schleswig

19 Schwaar, J. (1972): Kulturlandschaften Nordwestdeutschlands und der Eifel in der Vergangenheit, Gegenwart und Zukunft. – Zt. f. Kulturtechn. u. Flurber. **13**

20 Eigene Interpretation nach Kartenbeispielen aus Völksen, G. (i.Dr.): Landschaftsveränderungen im Raum Lathen. – Aktuelle Themen z. Niedersächs. Landeskde **4,** Göttingen

21 wie 5

22 Eigene Interpretation nach Kartenbeispielen aus Völksen, G. (1982): Wie 5

23 Krause, A. & L. Schröder (1979): Vegetationskarte der BRD 1:200000, Blatt CC 3118 Hamburg-West. – Schriftenr. f. Veg.kde **14,** Bonn-Bad Godesberg

24 Hartmann, W. (1969): Kulturlandschaftswandel im Raum der Mittleren Wümme seit 1770. – Landschaft u. Stadt, Beih. **2**

25 Skrubbeltrang, F. (1966): Det Indvundne Danmark. – København, Nordisk Forlag, 497 S.

26 Westhoff, V. (1956): De verarming van flora en vegetatie. – In: Vijftig jaar Natuurbescherming in Nederland: 151–186

27 Schwabe-Braun, A. (1980): Eine pflanzensoziologische Modelluntersuchung als Grundlage für Naturschutz und Planung. – Urbs et Regio, Kasseler Schriften zur Geographie und Planung **18** (1980)

28 Eigene Interpretationen

29 wie 27

30 Müller, F. (1983): Kulturfolger, aber Zivilisationsflüchtling – das Birkhuhn in der Rhön und die Problematik seines Schutzes. – In (Hrsg. Der Hess. Min. f. Landesentw., Umwelt, Landw. u. Forsten): Vogel und Umwelt, Zeitschr. f. Vogelkde u. Natursch. in Hessen **2** (6)

31 Kratochwil, A. & A. Schwabe (1984): Trockenstandorte und ihre Lebensgemeinschaften in Mitteleuropa: Ausgewählte Beispiele. – In: Ökosystem III, Sonderdruck Fernlehrg. Ökolog. u. ihre biol. Grundl., Inst. f. chem. Pflanzenphys. Univ. Tübingen

32 Wolf, R. (1984): Heiden im Kreis Ludwigsburg. – In (Hrsg. Landesanst. f. Umweltsch. Bad.-Württ., Inst. f. Ökol. u. Natursch.): Beih. Veröff. Natursch. u. Landsch.pfl. Bad.-Württ. **35:** 1–76, Karlsruhe
und Mattern, H. et al. (1980): Heiden im Regierungsbezirk Stuttgart – Zwischenbilanz im Jahre 1980. – Veröff. Natursch. u. Landsch.pfl. Bad.-Württ. **51/52:** 153–165, Karlsruhe

33 Wolkinger, F. & S. Plank (1981): The Grasslands of Europe. – In (Hrsg. Council of Europe): Nature and Environment Series **21,** Strasbourg

34 Friedrich, J. (1958): Entwicklung und Stand der Kultivierung von Moor und Ödland in Bayern und ihre Zukunft im gemeinsamen europäischen Markt. – Bayer. Landw. Jb. **3**

35 Schober, H.M. (1982): Erfassung und Wertung der Buckelfluren im Berchtesgadener Land. – Laufener Seminarbeitr. 6/82: 47–50, ANL Laufen

36 Sendtner, O. (1854): Vegetations-Verhältnisse Südbayerns. – München, Liter.-artistische Anstalt: 496

37 Weber, C.A. (1931): Sumpfwiesen. – Arb. Dt. Landw.gesellschaft **380** (Zitat S. 1)

38 Frese, H. (1983): Schutz der feuchten Wiesen. – LÖLF Mitt. **8** (3): 3

39 Woike, M. (1983): Bedeutung von feuchten Wiesen und Weiden für den Artenschutz. – LÖLF Mitt. **8** (3): 5–15

40 Burnhauser, H. (1983): Zur ökologischen Situation des Weißstorchs in Bayern etc. – unveröff. Schlußber. Inst. f. Vogelkde, Garmisch-Partenkirchen

41 de Molenaar, J.G. (1983): Agriculture and its effects on birdlife in Europe. – Intern. Council f. Bird Preserv., Doorn

42 Der Rat von Sachverständigen für Umweltfragen (1985): Umweltprobleme der Landwirtschaft, Sondergutachten März 1985. – Stuttgart und Mainz, Kohlhammer

43 Meineke, J.U. (1978): Die Tagfalter des Federseebeckens im württembergischen Oberland. – Veröff. Natursch. u. Landschpfl. Bad.-Württ. **47/48:** 351–392
und Marktanner, T. (1978): Die Tagfalter des Moorgebietes Bodener Moos, Riedmüllermoos, Dornweidmoos bei Isny. – Mitt. AG Naturschutz Wangen **1:** 16–23

44 Göttke-Krogmann (1983): Grünland in Niedersachsen – Gefährdung und Schutz. – LÖLF Mitt. **8** (3)

45 Thomas, P., R. Knebel & S. Bauer (1979): Naturkundliches aus dem Gründlenried bei Kißlegg. – Mitt. AG Naturschutz Wangen **2:** 50–66

46 Ranftl, H. (1983): Brachvögel in Bayern. – LÖLF Mitt. **8** (3)

47 Baldock, D. (1984): Wetland Drainage

in Europe. - The Institute f. Europ. Environmental Policy and The Intern. Inst. f. Environm. a. Development, Nottingham
48 wie 47
49 wie 42
50 wie 12
51 Droste, M., H. Nentwig & M. Vogel (1980): Lebensraum Niedermoor, Zustand und geplante Entwicklung. - Ber. ANL **4:** 86-91, Laufen
52 Jasnowski, M. (1977): Probleme und Methoden des Moorschutzes in Polen. - TELMA **7:** 215-239
53 Vier wichtige Aktenstücke zur Kultur-Geschichte des Donaumooses in Bayern. - Germanien 1796
54 Baumann, A. (1897): Die Moore und die Moorkultur in Bayern. - Forstl.-naturwiss. Zt. **VI** (11): 393-415
55 Eggelsmann, R. (1973): Dränanleitung. - Hamburg, Wasser und Boden
56 wie 55
57 wie 54
58 Conger, D.H. (1971): Estimating Magnitude and Frequency of Floods in Wisconsin. - U.S. Geological Survey, Open File Report, Madison
59 Schmeidl, H., M. Schuch & R. Wanke (1970): Wasserhaushalt und Klima einer kultivierten und unberührten Hochmoorfläche am Alpenrand. - Schriftenr. Kur. Kulturbauwesen **19**
60 Dufour, B. & P. Robin (1982): Etude du recul d'une rive du Lac du Neuchatel. - Trav. rech. postgr. Ecole Polytechn Fed. Lausanne
61 Sukopp, H. & B. Markstein (1981): Veränderungen von Röhrichtbeständen und -pflanzen als Indikatoren von Gewässernutzungen, dargestellt am Beispiel der Havel in Berlin (West). - Limnologica **13** (2): 459-471, Berlin
62 Schmid, P. (1980): Landschaftswandel und Nutzungskonflikte am Greifenseeufer. - Dipl.arb. Geograph. Inst. ETH Zürich
63 Kadner, D. (1978): Freizeitprobleme an Gewässern. - In (Hrsg. G. Olschowy): Natur- und Umweltsch. in der Bundesrepublik Deutschland, Hamburg-Berlin, Parey: 158-167
64 Schröder, R. (1976): Der gegenwärtige Zustand der Schilfgebiete des Bodensee-Untersees. - Ber. Inst. f. Seenforschg. u. Fischereiwesen an die LA f. Umweltsch. Bad.-Württ., 27 S.
65 Burian, K. (1973): Phragmites communis Trin. im Röhricht des Neusiedler Sees. - In (Hrsg. H. Ellenberg): Ökosystemforschung, Berlin-Heidelberg-New York, Springer: 61-78
66 wie 61
67 Herzner, E.: mdl. Mitt. 1986
68 Grünig, A. (1975): Lochbildungen im Röhricht. - Dipl.arb. Geobot. Inst. ETH Zürich
69 Grünberger, M. (1978): Der Rückzug des Schilfröhrichts am thurgauischen Bodenseeufer. - Ber. Amt f. Raumplanung, Frauenfeld, 24 S.
70 Lachavanne, J.B. (1979): Le site de Grangettes au debut du siecle. - Bull. soc. vaud. Sc. nat. **352,** Vol. 73 (4): 339-349
71 Burnand, J. (1980): Die Entwicklung des Röhrichts am Zürcher Ufer des Zürichsees. - Jb. Verb. z. Schutze d. Landschaftsbildes am Zürichsee **53:** 53-67
72 Grünig, A. (1980): Unsere Seeufer in Vergangenheit und Gegenwart. - Jb. Verb. z. Schutze d. Landschaftsbildes am Zürichsee **53:** 15-34
73 Raabe, E.-W. (1979): Über die Entwicklung der Kleingewässer, dargestellt am Beispiel der Gemeinde Heikendorf. - In: Die Heimat. Zeitschr. f. Nat.- und Landeskde v. Schlesw.-Holst. u. Hamburg **86** (4), Neumünster
74 Freier, R. von (1979): Eingriffe in die Landschaft und ihr Ausgleich. - Allg. Forstzt. **35:** 930-931
75 Arbeitsgruppe Artenschutzprogramm Berlin (Hrsg): Landschaftsentwicklung und Umweltforschung. Schrift.rhe. d. Fachber. Landschaftsentwicklung d. TU Berlin **23** (1) 1984
76 Dierking-Westphal, U. & A. Rüger (1982): Zur Situation der Amphibien und Reptilien in Schleswig-Holstein. - In: Bauernblatt Landpost **29,** 24.7. 1982
77 Ringler, A. (1976): Verlustbilanz nasser Kleinbiotope in Moränengebieten der Bundesrepublik Deutschland. - In: Natur u. Landschaft **51** (7/8): 205-209
78 Sukopp, H. (1981): Ökologische Risiken bei Grundwasserentnahmen. - In (Hrsg. Deutscher Naturschutzring e.V. u. Bundesverband f. Umweltschutz Bonn): Referate u. Ergebn. d. Grundwassertagung am 29.-31.5. 1981 in Haustedt (Nordheide)
79 Krüger, W. (1980): Rückzugsgebiete von Amphibien im Landkreis Osnabrück. - Inf. Natursch. u. Landsch.pflege **2,** Wardenburg
80 Ant, H. & P. Bellinghof (1980): Der Rückgang der Kleingewässer, dargestellt am Beispiel der Stadt Hamm. - Natur- u. Landschaftskde Westf. **16** (1): 9-12
81 Merx, I. (1983): Dorfteiche im Tertiären Hügelland bei Freising. - Dipl.arb. Lehrst. f. Landsch.ökol. d. TU München-Weihenstephan
82 Mattern, H. & H. Buchmann (1982): Die Hülben der nordöstlichen Schwäbischen Alb - Bestandsaufnahme, Erhaltungsmaßnahmen. - Veröff. Natursch. u. Landsch.pfl. Bad.-Württ. **55/56:** 101-166
83 Brandt, T. (1981): Ein Niederschlag-Abfluß-Modell für ein dichtbesiedeltes Einzugsgebiet, Beispiel Körsch. - Fortbildungslehrgang Stadthydrologie, Bad Herrenalb, 5.-9.10. 1981
84 Konold, W. & S. Obermann (1983): Die Auswirkungen wasserwirtschaftlicher Maßnahmen in historischer und vegetationskundlicher Sicht. - Zeitschr. f. Kulturtechnik u. Flurbereinig. **24:** 117-127
85 Blab, J. (1986): Grundlagen des Biotopschutzes für Tiere. - Schriftenr. f. Landsch.pfl. u. Natursch. **24,** Bonn-Bad Godesberg
86 Kellerhof, J. (1984): Flurbereinigung - Anspruch und Wirklichkeit. Saerbeck
87 Lohmeyer, W. & A. Krause (1977): Über die Auswirkungen des Gehölzbewuchses an kleinen Wasserläufen des Münsterlandes auf die Vegetation im Wasser und an den Böschungen im Hinblick auf die Unterhaltung der Gewässer. - Schriftenr. f. Veg.kde **9,** Bonn-Bad Godesberg
88 Brunken, H. (1986): Zustand der Fließgewässer im Landkreis Helmstedt - ein einfaches Bewertungsverfahren. - Natur u. Landschaft **61** (4): 130-133
89 wie 47
90 Welte, E. & F. Timmermann (1977/78): Anteil der Abwässer landwirtschaftlicher Herkunft an der Eutrophierung und Belastung von Fließgewässern. - Ber. Ldw. **55:** 665-682
91 De Molenaar, J.G. (1985): Manuskript Cursus Ecologie DBL
92 Bless, R. (1985): Zur Regeneration von Bächen in der Agrarlandschaft. - Schriftenr. f. Landsch.pfl. u. Natursch. **26,** Bonn-Bad Godesberg
93 Zucchi H. & A. Goll (1981): Untersuchungen zum Einfluß wasserbaulicher Maßnahmen auf Süßwasserfische an Abschnitten der Oberen Hase (Lkrs. Osnabrück). - Natur u. Landschaft **56** (11): 430-436
94 Konold, W. et al. (1980): Zur Ökologie von Kleingewässern im ländlichen Raum. Ein Vergleich unterschiedlicher Ausbauarten. - In: Daten u. Dokum. z. Umweltsch., Sonderreihe Umwelttag, Nr. 30, Universität Hohenheim
95 Bauer, G. (1980): Die Situation der Flußperlmuschel (Margaritifera margaritifera) in der Oberpfalz und in Niederbayern. - Ber. ANL **4:** 101-103, Laufen
96 Seibert, P. (1958): Die Pflanzengesellschaften im Naturschutzgebiet Pupplinger Au. - Landsch.pfl. u. Veg.kde **1**
97 Buchwald, K. & W. Engelhardt (Hrsg.) (1968): Handbuch für Naturschutz und Landschaftspflege. - München, BLV
98 Bayer. Staatsmin. f. Landesentw. u. Umweltfragen (Hrsg.) (1979): Wasserwirtschaftlicher Rahmenplan Isar, Kurzfassung
99 Bayer. Landesamt f. Wasserwirtschaft (Hrsg.) (1984): 100 Jahre Wasserbau am Lech zwischen Landsberg und Augsburg. - Schriftenr. Bayer. Landesamt f. Wasserw. **19,** München
100 Eigene Interpretation nach (98)

101 Süddeutsche Zeitung, 4.12. 1985
102 Wösendorfer, H. (1984): Auwaldverluste und Konsequenzen. - Wasser-Gesetze, Schutzwasserbau und Wasserkraftnutzung **17:** 143-157
103 Hügin, G. (1981): Die Auenwälder des südlichen Oberrheintals - ihre Veränderung und Gefährdung durch den Rheinausbau. - In: Landschaft u. Stadt **13** (2): 83
104 Olschowy, G. (1978): Natur- und Umweltschutz in der Bundesrepublik Deutschland. - Hamburg und Berlin, Parey
105 Ellenberg, H. (1978): Vegetation Mitteleuropas mit den Alpen in ökologischer Sicht (2. Auflage). - Stuttgart, Ulmer
106 wie 12
107 wie 12
108 van Heurck, H. (1960): Der holländische Deltaplan. - Wasser und Boden 2/1960
109 Wijngaarden, A. van (1984): Threatened mammals. - In: European Nature Conservation; twenty years of activities. Council of Europe, Environment and Natural Resources Division, Strasbourg
110 Beirat für Naturschutz und Landschaftspflege beim BML (1980): Stellungnahme zur ökologischen Situation des Wattenmeers. - Natur u. Landschaft **55** (6): 226-231
111 wie 110
112 Schauer, T.: mdl. Mitt.
113 Cernusca, A. (1984): Beurteilung der Skipistenplanierungen in Tirol aus ökologischer Sicht. - Verh. Ges. f. Ökol., Bern (1982)
114 Berg, R. (1981): Einfluß des Menschen auf die Vegetation der alpinen Stufe im Jennergebiet. - Dipl.arb. Lehrst. f. Landsch.ökol. TU München-Weihenstephan
115 Ringler, A. (1983): Veränderungen der Pflanzenwelt im Gebirge durch Fremdenverkehr und Bergsteigen. - Laufener Seminarbeitr. 4/83: 25-84, ANL Laufen
116 Weiss, H. (1981): Die friedliche Zerstörung der Landschaft. - Zürich, Orell Füssli
117 Amt der Tiroler Landesregierung (1981): Tiroler Seilbahn- und Pistenkonzept. - Innsbruck
118 wie 113
119 ÖER (1978): Österreichisches Seilbahnenkonzept. - Bundesmin. f. Verkehr (Hrsg.), Wien
120 Meile, P. (1982): Wintersportanlagen in alpinen Lebensräumen des Birkhuhns. - Veröff. Univ. Innsbruck
121 Dietmann, T. (1983): Veränderung von Relief, Boden und Vegetation am Fellhorn bei Oberstdorf/Allgäu (LSG) von 1953-1982 unter besonderer Berücksichtigung der Morphodynamik durch Massenskisport etc. - Dipl.arb. Inst. f. Geographie L.-M.-Univ. München
122 Karl, J. & W. Danz (1969): Der Einfluß des Menschen auf die Erosion im Bergland. - Schriftenr. Bayer. Landesst. f. Gew.kde **1,** München
123 Schmidt, H. (1985): Die erhaltenswerten Landschaftsbestandteile in den Weinbergen Frankens. - Schriftenr. Bayer. Landesamt f. Umweltsch. **62:** 51-82
124 Leicht, H. (1985): Geschichte und geographischer Überblick über den Weinbau in Franken. - Schriftenr. Bayer. Landesamt f. Umweltsch. **62:** 7-15
125 Werner, W. & G. Kneitz (1978): Die Fauna der mitteleuropäischen Weinbaugebiete etc. - Bayer. Landw. Jb. **55** (5)
und Vogel, H. (1981): Untersuchungen zur Arthropodenfauna in Weinbergen der Rheinpfalz unter besonderer Berücksichtigung der Carabiden. - Dipl.arb. Univ. Bonn
126 Miotk, P. (1979): Das Lößwandökosystem im Kaiserstuhl. - Veröff. Natursch. u. Landsch.pfl. Bad.-Württ. **49/50:** 158-198
127 Schwab, H. (1986): Die Auswirkungen der Rebflurbereinigung und Humuswirtschaft etc. - Dipl.-arb. Inst. f. Landeskult. u. Pfl.ökol. Univ. Hohenheim
128 Helfrich, O. (1982): Weinbergsflurbereinigung - Auswirkungen auf Vegetation und Fauna dargestellt am Beispiel mehrerer Flurbereinigungsverfahren im Weinanbaugebiet »Mittelhaardt«. - Dipl.arb. Lehrst. f. Landsch.ökol. TU München-Weihenstephan
129 Karl, H. (1978): Weinanbau und ökologische Probleme der Weinbergsflurbereinigung in Franken. - Natur u. Landschaft **53** (11): 335-340
130 Sukopp, H. (1976): Dynamik und Konstanz in der Flora der Bundesrepublik Deutschland. - Schriftenr. f. Veg.kde **10:** 9-26
131 Hanf, M. (1986): Unkraut bekämpfen - Ackerwildkräuter erhalten? - Bayer. Landw. Jb. **62** (7): 777-864
132 Engelhardt, W., R. Obergruber & J. Reichholf (1985): Lebensbedingungen des europäischen Feldhasen (Lepus europaeus) in der Kulturlandschaft und ihre Wirkungen auf Physiologie und Verhalten. - Beih. 5, Ber. ANL, Laufen
133 wie 131
134 Mittnacht, A. (1979): Wandel in der Getreideunkrautflora seit 1948 untersucht an einem Beispiel in Südwestdeutschland. - Proc. EWRS Symp.: 209-216
135 Meisel, K. (1985): Gefährdete Ackerwildkräuter - historisch gesehen. - Natur u. Landschaft **60** (2)
136 Nezadal, W. (1980): Naturschutz für Unkräuter? - Schriftenr. f. Natursch. u. Landsch.pfl. **12:** 17-28, München
137 wie 131
138 Bachthaler, G. (1967): Die Entwicklung der Ackerunkrautflora in Abhängigkeit von veränderten Feldbaumethoden. - Zt. Acker- u. Pfl.bau **127:** 149-170
139 wie 131
140 Callauch, R. (1981): Vergleich der Segetalvegetation auf konventionell und biologisch bewirtschafteten Äckern in SO-Niedersachsen. - Zt. f. Pfl.krankheiten u. Pfl.schutz, Sonderh. **IX:** 85-95
141 Eigene Interpretationen nach mehreren Quellen
142 Schumacher, W. (1984): Gefährdete Ackerwildkräuter können auf ungespritzten Feldrändern erhalten werden. - LÖLF Mitt. **9:** 14-20
143 Bruchstein, K. (1980): Zur Vogelwelt der Schleswig-Holsteinischen Knicklandschaft mit einer ornitho-ökologischen Bewertung der Knickstrukturen. - Corax **8:** 62-106
144 Zwölfer, H. et al. (1984): Die tierökologische Bedeutung und Bewertung von Hecken. - Beih. 3, Teil 2, Ber. ANL, Laufen
145 Mader, H.-J. (1984): Vortrag beim 2. Laufener Ökologie-Symposium »Inselökologie«
146 Weber, H.E. (1967): Über die Vegetation der Knicks in Schleswig-Holstein. - Mitt. AG Flor. Schlesw.-Holst. u. Hamburg **15,** Kiel
147 Schultze, E.D., A. Reif & M. Küppers (1984): Die pflanzenökologische Bedeutung und Bewertung von Hecken. - Beih. 3, Teil 1, Ber. ANL, Laufen
148 Heusinger, G. (1984): Ökologie der Gespinstmotte (Yponomeuta padellus) im Heckensystem. - Laufener Seminarbeitr. 5/82, ANL Laufen
149 Hahn-Herse, G. (1979): Landschaftswandel durch Agrarstrukturwandel. - Garten u. Landschaft 9/10
und Kellerhoff, J. (1984): Flurbereinigung - Anspruch und Wirklichkeit. - Sarbeck, BIOlogik
150 Riedel, W. (1978): Landschaftswandel in den letzten hundert Jahren im Raum Idstedt. - Schlesw.-Holst. Heimatbd. u. Lkr. Schlesw.-Flensb. (Hrsg.)
151 de Molenaar, J.G. (1981): Het natuurlijk milieu-toen, nu en straks. - In: Perspectieven voor de relatie tussen landbow en natuurbehoud. Symposium verslag 4 maart, 's-Graveland
152 Reif, A. (1985): Flora und Vegetation der Hecken des Hinteren und Südlichen Bayerischen Waldes. - Hoppea **44:** 179-276
153 Milbradt, J. (1986): mündl. Mitt.
154 Eigner, J. (1975): Unsere Knicks im Natur- und Landschaftshaushalt. - Schlesw.-Holst. **7:** 172-176
155 Zenker, W. (1982): Beziehungen zwischen dem Vogelbestand und der

Struktur der Kulturlandschaft. - Beitr. z. Avifauna d. Rheinlandes **15:** 24-94
156 Poltz, W. (1975): Über den Rückgang des Neuntöters (Lanius collurio). - Vogelwelt **96:** 1-19
157 Berichte aus der Flurbereinigung (1985): Bayer. Flurber.verwalt. München (Hrsg.)
158 Eigner, J. (1978): Ökologische Knickbewertung in Schleswig-Holstein. - Die Heimat **10/11:** 241-249
159 Geiser, R. (1980): Grundlagen und Maßnahmen zum Schutz der einheimischen Käferfauna. - Schriftenr. f. Natursch. u. Landsch.pfl. **12:** 71-80, München
160 Loske, K.-H. & R. Loske (1981): Quantitative Erfassung von Biotopverlusten, dargestellt am Beispiel des Langeneicher Bruches (Kr. Soest). - Natur- u. Landschaftskde Westfalen **17** (3): 79-82
161 Sieghardt, A. (1932): Uralte Bäume in der Fränkischen Schweiz. - Bl. f. Natursch. u. Naturpfl. **15** (1): 73-79
162 Wöbse, H. H. (1983): Unser Dorf soll grüner werden? - In (Hrsg. Hauptmeyer, C.-H.): Annäherungen an das Dorf. Hannover, Fackelträger: 181-194
163 Scheitel, o. V. (1932): Sorbenbäume in der fränkischen Landschaft. - Bl. f. Natursch. u. Naturpfl. **15** (2): 150-153
164 Windschiegl, F. (1934): Die Richtereiche. - Bl. f. Natursch. u. Naturpfl. **17** (2): 120
165 Reichelt, G. (1979): Landschaftsverlust durch Straßenbau. - Natur u. Landschaft **54** (10): 335-338
166 Mader, H.-J. & G. Pauritsch (1981): Nachweis des Barriere-Effektes von verkehrsarmen Straßen und Forstwegen auf Kleinsäuger der Waldbiozönose durch Markierungs- und Umsetzungsversuche. - Natur u. Landschaft **56** (12): 451-454
167 Lassen, D. (1979): Unzerschnittene verkehrsarme Räume in der Bundesrepublik Deutschland. - Natur u. Landschaft **54** (10): 333-334
168 Borchert, J. (1980): Landwirtschaftliches Wegenetz und Gehölzbesatz in ausgewählten Gebieten der rheinischen Agrarlandschaft. - Natur u. Landschaft **55** (10): 380-385
169 Ringler, A. (1985): Eigene Interpretation nach E. Oberdorfer
170 Bocksch, M., I. Bott & H. Zucchi (1983): Das Öko-Kräuterbuch. - Frankfurt, Kruger
171 Reichholf, J. (1986): Tagfalter: Indikatoren für Umweltveränderungen. - Ber. ANL **10,** Laufen
172 Titze, P. (1984): Das Pflanzenkleid des Dorfes - seine Gärten. - Laufener Seminarbeitr. 1/83-84: 29-55, ANL Laufen
173 Gerlach, P. (1979): Probleme des ländlichen Bauens. - KTBL-Schrift 235: 19-38, Münster-Hiltrup, Landwirtschaftsverlag
174 Heringer, J. (1984): Dorfökologie - eine neue Wissenschaft? - Laufener Seminarbeitr. 1/83-84: 6-25, ANL Laufen
175 Stöcklein, B. (1984): Das Dorf und seine freilebende Tierwelt. - Laufener Seminarbeitr. 1/83-84: 56-70, ANL Laufen
176 wie 85
177 Schreiner, J. (1984): Gefährdung der Fauna. - In (Hrsg. P. Köhler): Naturraum Menschenlandschaft, München, Meyster: 113-126
178 Ringler, A. (1985): Ökologische Grundlagen der Dorferneuerung. - Dorf-Forum Berlin 85 - Internat. Grüne Woche Berlin **22:** 74-80
179 Dierssen, K. (1983): Rote Liste der Pflanzengesellschaften Schleswig-Holsteins. - Schriftenr. Landesamt f. Natursch. u. Landsch.pfl. Schlesw.-Holst. **6,** 159 S.
180 Sukopp, H. & H. Köstler (1986): Stand der Untersuchungen über dörfliche Flora und Vegetation in der Bundesrepublik Deutschland. - Natur u. Landschaft **61** (7/8): 264-267
181 Wittig, R. (1984): Sterben die Dorfpflanzen aus? - Der Gemeinderat **27** (6): 36-37
182 Bergmeier, E. (1983): Bemerkungen zum Rückgang der Dorfflora am Beispiel der Gemeinde Kalletal (Kr. Lippe). - Natur u. Landschaft **58** (3): 330-332
183 Dechent, H.-J., J. Müller-Schönborn & H. Sperber (1986): Untersuchungen und Vorschläge zur Kartierung und Erhaltung der Dorfflora in Rheinland-Pfalz. - Natur u. Landschaft **61** (7/8): 268-274
184 Krauss, G. (1977): Über den Rückgang der Ruderalpflanzen, dargestellt an Chenopodium bonus-henricus L. im alten Landkreis Göttingen. - Mitt.flor.-soz. AG N. F. **19/20:** 67-72
185 Reichholf-Riehm, H. (1980): Stummer Frühling im Dorf? - Nationalpark **27** (2): 40-41
186 Bezzel, E. (1982): Vögel in der Kulturlandschaft. - Stuttgart, Ulmer
187 Blab, J. (1980): Grundlagen für ein Fledermaus-Hilfsprogramm. - Themen der Zeit **5.** Greven, Kilda
188 Heydemann, B. (1980): Die Bedeutung von Tier- und Pflanzenarten in Ökosystemen, ihre Gefährdung und ihr Schutz. - Jb. Natursch. u. Landsch.pfl. **30:** 15-87

Quellenangaben in den Bildlegenden

Bezzel, E. (1982): wie 186
Bielefeld, U. (1985): an den Verfasser gesandte Kartengrundlage (ohne Quelle)
Dietmann, T. (1983): wie 121
Ende, W. J. H. van der (1980): Gevolgen van ruilverkaveling voor het landschap. - Rijksinst. »De Dorschkamp«, Rapp. **240**
Grünig, A. et al. (1986): Die Hoch- und Übergangsmoore der Schweiz. - Ber. Eidg. Anst. forstl. Versuchswesen Birmensdorf **281**
Hahn, R. (1985): Anordnung und Verteilung der Lesesteinriegel der nördlichen Frankenalb - am Beispiel der Großgemeinde Heiligenstadt in Oberfranken. - Ber. ANL **9**: 93-98, Laufen
Hansen, O. & A. Winkelbrandt (1984): Erfassung der Veränderung von Vegetations- und Landnutzungsformen im Raum Regensburg-Straubing. - Natur u. Landschaft **59** (6): 238-241
Hustede-Stumpf, A. (1960): Floristische und pflanzensoziologische Untersuchungen der Trockenrasen in der nördlichen Wetterau. - Ber. Oberhess. Ges. Natur- u. Heilkde, N. F., **30**
Koeppel, H. D. & R. Maurer (1981): Der Rückgang des Schilfbestandes am Hallwiler See. - Mnskr. Baudept. Kanton Aargau, Abt. Raumplanung
Lamp, J. & N. Kempf (1986): Internationale Salzwiesen-Fachtagung. - Natur u. Landschaft **61** (12): 471-475
Overbeck, F. (1975): Botanisch-geologische Moorkunde. - Neumünster, Wachholtz
Reichholf, J. (1973): Der Einfluß der Flurbereinigung auf den Bestand an Rebhühnern. - Anzeiger d. Orn. Ges. in Bayern **2**: 100-106
RSU (1985): wie 42
Schäfer, W. (1973/74): Der Oberrhein, sterbende Landschaft? - Natur u. Museum **103/104**
Schedler, J. (in Vorber.): Artenschwund bei Pflanzen nach Rebflurbereinigungen im Württembergischen Unterland
Schwab, H. (1986): wie 127
Völksen, G. (1986): Landschaftsveränderungen im Raum Lathen während der letzten 130 Jahre. - Akt. Themen Nieders. Landeskde **4**
Wöbse, H. (1970): wie 3
Woike, M. (1983): wie 39

Register